# は じ め に

　近年、低成長下での経営努力を続けるに伴って、企業の信頼性を揺るがすような事象が起きることが多くなっています。品質管理データや財務会計数値にかかわる不正、行き過ぎた労働など相次ぐ不祥事は、合理化を追求し、厳しい経費削減策を取り続けるあまりに判断を誤り、ルールを逸脱してしまったと見ることもできます。

　しかしながら、厳しい企業環境への対応を強いられているとはいえ、こうした動きに消費者やステークホルダーは、企業の信頼性や透明性に対する規範意識を高めていると思われます。利潤を上げようとするだけでなく、企業がどういった理念や文化を持ち、コーポレート・ガバナンスが機能しているか、より深く知ってもらうことが求められていると言えます。

　一方で、企業コミュニケーションの手法は多様化しています。消費者自らが発信する場も増え、評価や実感が広く引き渡ります。好意的な反応が広がることも期待できるため、良い印象やファン意識を持ってもらうことが大切になってきています。

　「日経企業イメージ調査」は1988年に現在の調査フレームで行うようになってから、今回で30回目を迎えました。積極的なコミュニケーションを展開する企業や、新製品・新事業創造に取り組み、話題にのぼる企業をはじめ、B to B領域が中心の企業、新興著しい企業、躍進する外資系企業まで、数多くの企業についての評価をビジネスパーソンと一般個人の回答者から聞いています。調査の結果からは消費者が抱く各社の位置付けを確認でき、競合他社との比較を交えて、今後の方向性を考えるきっかけになるかと思います。

　調査は2017年8月から10月にかけて、ビジネスパーソン、一般個人の計15,600人に、31の項目にわたって個別企業のイメージを尋ねるかたちで行いました。本報告書では31項目ごとにビジネスパーソン、一般個人別に100位（主要6項目は200位）までのランキングを掲載するとともに、企業イメージの変化の分析・解説を行っています。第4章「企業イメージのエッセンス」の執筆は、清水聰・慶應義塾大学教授と赤松直樹・千葉商科大学助教にお願いしました。

　なお、調査は日本経済新聞社が企画し、日経広告研究所が設計、日経リサーチが実査を担当して、日経広告研究所が本報告書を編集しました。

　この報告書が、企業イメージの動向に関心を持たれる方々のお役に立てば幸いです。

2018年2月

日本経済新聞社<br>日経広告研究所

# 目　　次

調査概要と回答者属性 ——————————————————————— 4

  1.　調査概要 ………………………………………………………………………………… 4

  2.　イメージ調査項目 …………………………………………………………………… 5

  3.　回答者の属性 ………………………………………………………………………… 6


## 第１章　2017年度「日経企業イメージ調査」の結果について ———————— 8

## 第２章　企業イメージの経年変化～現代に求められる企業イメージ ———— 16

## 第３章　イメージ項目ごとの上位100社ランキング ———————————— 25

  ——主要６項目は200社ランキング

  ・ランキングの見方、作成方法とスコアの与え方 ……………………………… 25

  ・主要６項目のランキング ………………………………………………………… 26

    （広告接触度、企業認知度、一流評価、好感度、株購入意向、就職意向）

  ・イメージ項目のランキング ……………………………………………………… 50

    ▼継続調査の21項目のランキング

     （顧客ニーズへの対応に熱心である／よい広告活動をしている／親しみやすい／営業・販売力が強い／センスがよい／個性がある／文化・スポーツ・イベント活動に熱心である／研究開発力・商品開発力が旺盛である／技術力がある／扱っている製品・サービスの質がよい／活気がある／成長力がある／新分野進出に熱心である／社会の変化に対応できる／国際化がすすんでいる／優秀な人材が多い／経営者がすぐれている／財務内容がすぐれている／安定性がある／伝統がある／信頼性がある）

    ▼21項目平均のランキング

    ▼トピック・イメージ４項目のランキング

     （地球環境に気を配っている／コーポレートガバナンスがしっかりしている／女性が活躍している／社会貢献への取り組みに積極的）


## 第４章　企業イメージのエッセンス ———————————————————— 102

  ——企業イメージの因子分析


## 付　表 ————————————————————————————————————— 115

  主要６項目、継続調査イメージ項目、トピック・イメージ項目の計31項目間の相関係数

# 調査概要と回答者属性

## 1. 調査概要

　「日経企業イメージ調査」では、証券市場に上場している企業および非上場企業のうち各業種の大手企業を中心に672社についての企業イメージを測定している。有効回答者は、実際に企業に勤務しているビジネスパーソン5,547人と、首都圏40km圏内在住の18歳から69歳までの一般個人4,284人。企業イメージに関する調査内容はビジネスパーソンと一般個人で共通である。

　なお、1人の回答者が672社全ての企業イメージを答えることは負担が大きすぎるため、672社を業種に従って21グループに分け、1人の回答者には32社の企業について答えてもらっている。

### 《ビジネスパーソン調査》

**調査地域**　首都圏40km圏内

**調査対象**　民間有力企業に勤務する男女ビジネスパーソン

　　　　　　1事業所につき男性管理職（課長以上）　　　1人

　　　　　　　　　　　　　　男性一般社員　　　　　　　2人

　　　　　　　　　　　　　　女性管理職または一般社員　1人

**抽出方法**　首都圏40km圏内所在の上場企業および有力非上場企業（資本金3,000万円以上、従業員100人以上）より2,831事業所（マスコミ関係は除く）を抽出

**サンプル**

| 調査サンプル数（設定数） | 有　効回答者数 | 回収率 |
|---|---|---|
| 11,324 | 5,547 | 49.0 |

**調査方法**　訪問留置調査

**調査時期**　2017年8月9日〜10月19日

**調査実施**　日経リサーチ

### 《一般個人調査》

**調査地域**　首都圏40km圏内

**調査対象**　18歳〜69歳の男女個人

**抽出方法**　エリアサンプリング性年代割当法

**サンプル**

| 有効回答者数 | 4,284 |
|---|---|

**調査時期**　2017年8月9日〜10月19日

調査方法、調査実施は《ビジネスパーソン調査》と同じ

## 2. イメージ調査項目

イメージ調査項目はビジネスパーソン、一般個人共通で、下記の通りである。このうち、「広告接触度」「企業認知度」「一流評価」「好感度」「株購入意向」「就職意向」の主要6項目は程度を表す複数の選択肢を設けて、その中から当てはまるものを選んでもらった。それ以外の25項目（継続調査のイメージ項目が21項目、調査年によって入れ替わることもあるトピック・イメージ項目が4項目）は当てはまると思うものに〇印をつけてもらった。

# 調 査 項 目 一 覧

▶主要6項目

**広告接触度**
- 広告をよく見かける
- 広告をときどき見かける
- 広告をあまり見かけない
- 広告を見たことがない

**企業認知度**
- 扱っている製品・サービスの内容をよく知っている
- 扱っている製品・サービスの内容を少しは知っている
- 社名だけは知っている
- 全く知らない

**一流評価**
- 一流だと思う
- 二流だと思う
- 三流だと思う
- わからない

**好感度**
- 好き
- まあ好き
- あまり好きでない
- わからない

**株購入意向**
- ぜひ買いたい
- 買ってもよい
- 買いたくない
- わからない

**就職意向**
- ぜひ就職したい（させたい）
- 就職してもよい（させてもよい）
- 就職したくない（させたくない）
- わからない

▶継続調査のイメージ項目（21項目）

- 顧客ニーズへの対応に熱心である
- よい広告活動をしている
- 親しみやすい
- 営業・販売力が強い
- センスがよい
- 個性がある
- 文化・スポーツ・イベント活動に熱心である
- 研究開発力・商品開発力が旺盛である
- 技術力がある
- 扱っている製品・サービスの質がよい
- 活気がある
- 成長力がある
- 新分野進出に熱心である
- 社会の変化に対応できる
- 国際化がすすんでいる
- 優秀な人材が多い
- 経営者がすぐれている
- 財務内容がすぐれている
- 安定性がある
- 伝統がある
- 信頼性がある

▶トピック・イメージ項目（4項目）

- 社会貢献への取り組みに積極的
- 女性が活躍している
- しっかりしているコーポレートガバナンス（企業統治）が
- 地球環境に気を配っている

# 3．回答者の属性

## 《ビジネスパーソン調査》

性　別

| | 全回答者数（人） | 男性 | 女性 |
|---|---|---|---|
| 数字は<br>上段：実数<br>下段：% | 5,547<br>100.0 | 4,160<br>75.0 | 1,387<br>25.0 |

年　齢

| 全回答者数（人） | 30歳未満 | 30〜39歳 | 40〜49歳 | 50〜59歳 | 60歳以上 |
|---|---|---|---|---|---|
| 5,547<br>100.0 | 1,095<br>19.7 | 1,609<br>29.0 | 1,790<br>32.3 | 917<br>16.5 | 136<br>2.5 |

## 勤め先の業種

| 全回答者数（人） | 農鉱業 | 建設業 | 製造業 | 卸売業 | 代理商・仲立業 | 小売業 | 金融業 | 証券・保険 | 不動産 | 運輸・通信 | 電力・ガス・水道 | サービス業 | 公務 | 無回答 |
|---|---|---|---|---|---|---|---|---|---|---|---|---|---|---|
| 5,547<br>100.0 | 34<br>0.6 | 702<br>12.7 | 2,225<br>40.1 | 782<br>14.1 | 7<br>0.1 | 345<br>6.2 | 230<br>4.1 | 325<br>5.9 | 229<br>4.1 | 399<br>7.2 | 56<br>1.0 | 891<br>16.1 | 0<br>0.0 | 0<br>0.0 |

## 勤め先での部署

| 全回答者数（人） | 役員 | 社業全般に関わる部署（社長室等） | 企画・調査 | 経理・財務・会計 | 総務・庶務 | 法務 | 人事・労務 | 営業・販売 | 宣伝・広報 | 購買・資材 | 生産・製造 | 技術 | 研究・開発 | 情報処理 | 海外・国際 | 編集・編成・制作 | 関連事業・グループ管理 | その他 | 無回答 |
|---|---|---|---|---|---|---|---|---|---|---|---|---|---|---|---|---|---|---|---|
| 5,547<br>100.0 | 40<br>0.7 | 122<br>2.2 | 345<br>6.2 | 484<br>8.7 | 1,360<br>24.5 | 42<br>0.8 | 315<br>5.7 | 1,795<br>32.4 | 304<br>5.5 | 86<br>1.6 | 72<br>1.3 | 205<br>3.7 | 88<br>1.6 | 123<br>2.2 | 41<br>0.7 | 8<br>0.1 | 16<br>0.3 | 101<br>1.8 | 0<br>0.0 |

## 《一般個人調査》

### 性　別

| | 全回答者数（人） | 男性 | 女性 |
|---|---|---|---|
| 数字は上段：実数 | 4,284 | 2,205 | 2,079 |
| 下段：％ | 100.0 | 51.5 | 48.5 |

### 年　齢

| 全回答者数（人） | 30歳未満 | 30〜39歳 | 40〜49歳 | 50〜59歳 | 60〜69歳 |
|---|---|---|---|---|---|
| 4,284 | 825 | 895 | 1,022 | 749 | 793 |
| 100.0 | 19.3 | 20.9 | 23.9 | 17.5 | 18.5 |

### 主な職業

| 全回答者数（人） | 勤め人（フルタイム） | 勤め人（パート・アルバイト） | 経営・個人経営の自営 | 自由業 | その他 | 主婦 | 学生 | 無職 | 無回答 |
|---|---|---|---|---|---|---|---|---|---|
| 4,284 | 1,776 | 740 | 490 | 30 | 111 | 659 | 286 | 192 | 0 |
| 100.0 | 41.5 | 17.3 | 11.5 | 0.7 | 2.6 | 15.4 | 6.7 | 4.5 | 0.0 |

### 勤め先の業種（「勤め人」のみ集計）

| 全回答者数（人） | 農鉱業 | 建設業 | 製造業 | 卸売業 | 代理商・仲立業 | 小売業 | 金融業 | 証券・保険 | 不動産 | 運輸・通信 | 電力・ガス・水道 | サービス業 | 公務 | 無回答 |
|---|---|---|---|---|---|---|---|---|---|---|---|---|---|---|
| 2,516 | 6 | 148 | 441 | 163 | 1 | 434 | 57 | 68 | 61 | 224 | 14 | 811 | 160 | 54 |
| 100.0 | 0.2 | 5.9 | 17.5 | 6.5 | 0.0 | 17.2 | 2.3 | 2.7 | 2.4 | 8.9 | 0.6 | 32.2 | 6.4 | 2.1 |

### 学　歴

| 全回答者数（人） | 中学校卒 | 高校卒 | 専門学校・短大・高専・卒 | 各種学校卒 | 大学・大学院卒 | 大学（短大・専門学校を含む）在学中 | 高校（予備校など）を含む在学中 | 無回答 |
|---|---|---|---|---|---|---|---|---|
| 4,284 | 140 | 1,346 | 1,023 | 86 | 1,383 | 246 | 34 | 26 |
| 100.0 | 3.3 | 31.4 | 23.9 | 2.0 | 32.3 | 5.7 | 0.8 | 0.6 |

### 家族人数（本人含む）

| 全回答者数（人） | 1人 | 2人 | 3人 | 4人 | 5人 | 6人以上 | 無回答 |
|---|---|---|---|---|---|---|---|
| 4,284 | 359 | 806 | 1,039 | 1,424 | 453 | 190 | 13 |
| 100.0 | 8.4 | 18.8 | 24.3 | 33.2 | 10.6 | 4.4 | 0.3 |

# 第1章　2017年度「日経企業イメージ調査」の結果について

　戦後2番目の景気拡張期間である57カ月の「いざなぎ景気」を超え、2017年の景気は堅調に推移した。今回の調査が実施された17年7、8月では、内閣府の景気ウォッチャー調査による現状判断指数が好調。特に、企業関連では、製造業で受注が好調に推移していた。ただ、小売業や飲料など一部の業種では、8月の長雨によるマイナスの影響も受けていた。広告コミュニケーション活動も、環境が変化する中で行われていた。

　こうした情勢を背景に実施された17年度の「日経企業イメージ調査」では、どのような結果が表れたのか。本稿では17年度調査の結果全体や各イメージ項目の傾向を探ってみる。

## 企業イメージ向上のメリット

　企業イメージの向上を狙った取り組みは、「企業ブランディング」を意味する。米国のブランド研究の第一人者であるデービッド・アーカー氏は、著書『ブランド・エクイティ戦略』（ダイヤモンド社）の中で、「ブランドの価値を上げれば商品の価値も増大し、ブランドを放置したり傷つけたりすると、企業や商品の価値も下がる」と述べている。企業ブランディングを経営の重要課題と捉えている経営者は、国内外で非常に多い。

　それでは、企業ブランドの価値が上がるということは、企業にとってどのようなメリットがあるのだろうか。

　まず、商品の安売り競争に巻き込まれにくくなることが考えられる。ブランド力が高ければ、競合他社よりも価格の面で優位なポジションにいることができる。また、消費者（BtoBの場合は企業）の購買時には自社の商品が選択肢となりやす

くなることや、取引先の信用を得やすくなるだろう。

　第二に、人の面でもメリットが大きい。就職活動中の学生やその親族、知人などの間で企業イメージが上がれば、採用時に優秀な人材を確保しやすくなる。また、勤めている会社のイメージ向上は、社員のモチベーションアップにもつながるだろう。

　第三に、投資対象としての魅力が増し、長期的な安定株主の増加が期待できる。敵対的買収をされるリスクも減るだろう。このようなことも、会社の持続的な成長には不可欠な要素だ。

　顧客、取引先、就職活動中の学生（とその親族、知人）、投資家など多様なステークホルダーにおけるこれらのメリットを考えると、企業イメージ向上の重要性は明らかである。

## 1988年から定点調査

　「日経企業イメージ調査」は原則的に、枠組みを変えることなく毎年実施している定点調査である。1988年に現在の形で調査を開始してから、今回でちょうど30回目の調査になる。31の測定項目のうち27項目は固定されており、変わっていない。時系列での長期的なイメージ変化や傾向を、多岐にわたり見ることができるのが特徴だ。例えば、88年と17年では、イメージのもたれ方が全く異なる企業も存在する。

　**図表1**は各測定項目の平均値である。前回調査（カッコ内、2016年）と今回の2回とも対象企業として測定した645社に限って集計している。「主要6項目」は、4つの選択肢の中での回答に重みをつけて各企業のスコアを算出している。「イメージ項目」は25のイメージの中で、それぞれ当

**図表1　調査項目別平均値（前回と同じ対象企業645社）**

| | | ビジネスパーソン | | 一般個人 | |
|---|---|---|---|---|---|
| 主要6項目 | 広告接触度 | 129.2 | (129.5) | 104.6 | (104.7) |
| | 企業認知度 | 163.2 | (163.1) | 130.0 | (129.5) |
| | 一流評価 | 48.5 | (48.3) | 41.8 | (40.6) |
| | 好感度 | 43.7 | (43.1) | 35.8 | (34.9) |
| | 株購入意向 | 34.5 | (33.4) | 24.4 | (24.3) |
| | 就職意向 | 39.4 | (39.4) | 31.1 | (31.6) |
| 継続調査の イメージ項目 | 顧客ニーズへの対応に熱心である | 10.1 | (10.0) | 9.6 | (9.3) |
| | よい広告活動をしている | 10.6 | (10.4) | 8.5 | (8.6) |
| | 親しみやすい | 20.8 | (20.2) | 21.2 | (21.1) |
| | 営業・販売力が強い | 9.6 | (9.3) | 8.3 | (8.4) |
| | センスがよい | 8.0 | (7.5) | 6.6 | (6.5) |
| | 個性がある | 6.5 | (6.3) | 6.3 | (6.1) |
| | 文化・スポーツ・イベント活動に熱心である | 4.4 | (4.3) | 3.6 | (3.4) |
| | 研究開発力・商品開発力が旺盛である | 11.2 | (10.6) | 9.5 | (9.5) |
| | 技術力がある | 9.5 | (9.1) | 7.8 | (8.4) |
| | 扱っている製品・サービスの質がよい | 12.1 | (11.7) | 9.7 | (9.6) |
| | 活気がある | 6.2 | (6.2) | 6.5 | (6.5) |
| | 成長力がある | 5.9 | (5.6) | 5.9 | (5.9) |
| | 新分野進出に熱心である | 2.8 | (2.8) | 2.6 | (2.7) |
| | 社会の変化に対応できる | 5.2 | (5.0) | 5.0 | (4.5) |
| | 国際化がすすんでいる | 7.3 | (7.5) | 5.2 | (5.2) |
| | 優秀な人材が多い | 7.9 | (7.8) | 5.4 | (5.5) |
| | 経営者がすぐれている | 3.5 | (3.2) | 3.1 | (2.9) |
| | 財務内容がすぐれている | 4.9 | (4.6) | 3.3 | (3.2) |
| | 安定性がある | 19.1 | (18.8) | 16.7 | (17.1) |
| | 伝統がある | 16.0 | (15.1) | 14.5 | (13.8) |
| | 信頼性がある | 19.6 | (18.7) | 17.1 | (16.8) |
| | 21項目平均 | 9.6 | (9.3) | 8.4 | (8.3) |
| トピック・ イメージ項目 | 地球環境に気を配っている | 11.5 | (11.9) | 13.0 | (13.1) |
| | コーポレートガバナンス（企業統治）がしっかりしている | 27.3 | (25.6) | 27.6 | (26.8) |
| | 女性が活躍している | 11.2 | (10.9) | 11.1 | (10.4) |
| | 社会貢献への取り組みに積極的 | 14.0 | (13.7) | 15.7 | (14.4) |

※（　　）内は前回調査の平均値スコア

てはまるものに○をつけるかたちで回答を求め、企業ごとに割合を算出している。25のイメージの中で、21の"継続調査のイメージ項目"は定型として毎年質問を続けている。一方、4つの"トピック・イメージ項目"は、時代性を反映したイメージを毎回設定している。今回の17年調査においては、前年の調査項目を踏襲している。

まず、主要6項目のスコアについて説明する。

「広告接触度」は「広告をよくみかける」に3点、「広告をときどきみかける」に2点、「広告をあまりみかけない」に1点を与え、その平均を100倍にした数値をスコアにしている。その3つの選択肢に○をつけた人が広告接触者であるという考え方だ。この項目は「いつ広告をみたか」については聞いていないので、調査日直近1年の広告接触という意味ではなく、今までの累積効果がスコア

に表れていると推察される。最近広告を出稿していなくても、以前はかなり出稿量が多かった場合、高い年代層を中心にスコアが高いままである場合もある。

「企業認知度」でも、「扱っている製品・サービスの内容をよく知っている」「扱っている製品・サービスの内容を少しは知っている」「社名だけは知っている」にそれぞれ、3点、2点、1点を与え、その平均を100倍している。この項目では、上2つの項目の単純合計を「事業・商品内容の認知率」、上から3つの項目の合計を「社名認知率」として捉えることができる。例えば、「社名だけを知っている」の割合が非常に高く、上2つの選択肢の合計が低い企業は、コミュニケーション活動によって、事業・商品内容を認知させる必要があるだろう。

また、「一流評価」では「一流だと思う」企業かどうかを主観で尋ねており、この選択肢が選ばれた割合だけがスコアとなる。不祥事を起こした企業は、比較的このスコアに悪い影響が出やすい。継続調査のイメージ項目の中では「信頼性がある」イメージとの相関も高い。

「好感度」「株購入意向」「就職意向」はそれぞれ上から2つの選択肢がポジティブで、その合計がスコアとなっている。企業活動で大事な3つの視点「企業への好感」「資金獲得」「人材獲得」と結びついた項目で、経営のKPI（評価指標）とも言えるだろう。

継続調査のイメージ項目では、ビジネスパーソン、一般個人とも「親しみやすい」の平均値が最も高く出ている。商品やサービスが身近に感じられる企業は比較的そのイメージが形成されやすい。「信頼性がある」「安定性がある」「伝統がある」などがこれに続いている。それに次いで「扱っている製品・サービスの質がよい」や「研

究開発力・商品開発力が旺盛である」など、製品・サービスを通して形成されるイメージが高くなっている。これらの項目をビジネスパーソンや一般個人にイメージ構築させている企業は多い。

トピック・イメージ項目（4項目）では時代に即した項目を入れているため、全体的に平均値は高くなっている。特に、「コーポレートガバナンス（企業統治）がしっかりしている」の平均値が最も高い。

## ほとんどの項目で平均値が上昇

今回の調査では、ビジネスパーソン、一般個人ともにほとんどの項目の平均値が上がっていた（前回と同じ対象企業645社に絞った場合）。31項目中、ビジネスパーソン編での上昇項目は25、一般個人では18であった。前回と同じ平均値だった項目数は、ビジネスパーソンが3、一般個人が4である。

詳細項目、トピック・イメージ項目で特に大きく上がったのが「コーポレートガバナンスがしっかりしている」（ビジネスパーソン1.7ポイント増、一般個人0.8ポイント増）、「伝統がある」（ビジネスパーソン0.9ポイント増、一般個人0.7ポイント増）、「信頼性がある」（ビジネスパーソン0.9ポイント増、一般個人0.3ポイント増）、「社会貢献への取り組みに積極的」（ビジネスパーソン0.3ポイント増、一般個人1.3ポイント増）などのイメージ項目である。イメージ総量と言える「21項目平均」でも、ビジネスパーソンで0.3ポイント、一般個人で0.1ポイント増加した。

一方、平均値を低下させた項目は少なく、「地球環境に気を配っている」（ビジネスパーソン0.4ポイント減、一般個人0.1ポイント減）などであった。

## 医薬品など多くの業種でイメージ総量が増加

　次いで、業種別の動向を見てみる。**図表２**は、業種別に見た、１社あたりの21項目イメージ計の増減ポイント（ビジネスパーソン）となっている。構成する社数に差があることには注意しなければならない（電力・ガスは３社のため省略）が、特徴をつかむことができる。今回増加幅が特に大きかった業種は、医薬品、繊維・紙パルプ、運輸、輸送用機器である。

　医薬品の平均スコアでは、「研究・商品開発力が旺盛」（5.1ポイント増）、「信頼性がある」（4.5ポイント増）、「製品・サービスの質がよい」（3.8ポイント増）の３項目が特に増加していた。個別では、久光製薬、ロート製薬、大塚製薬などの伸びが大きかった。

**図表２　業種別１社あたりの21項目イメージ増減（ビジネスパーソン）**

※前回と同じ対象企業から算出

| 業種 | 社数 | 21項目計イメージ増減ポイント | １社あたり増減ポイント |
|---|---|---|---|
| 医薬品 | 27 | 39.9 | 1.48 |
| 繊維・紙パルプ | 12 | 10.5 | 0.88 |
| 運輸 | 22 | 16.8 | 0.76 |
| 輸送用機器 | 32 | 18.9 | 0.59 |
| 機械 | 27 | 12.6 | 0.47 |
| 建設 | 24 | 10.5 | 0.44 |
| 通信 | 20 | 6.3 | 0.32 |
| 食品 | 55 | 14.7 | 0.27 |
| 不動産 | 31 | 8.4 | 0.27 |
| 化学 | 37 | 6.3 | 0.17 |
| 電気・精密機械 | 74 | 6.3 | 0.09 |
| サービス | 98 | 6.3 | 0.06 |
| 金融・保険 | 74 | 0.0 | 0.00 |
| 石油・土石 | 17 | -2.1 | -0.12 |
| 小売 | 29 | -8.4 | -0.29 |
| その他製造 | 27 | -8.4 | -0.31 |
| 鉄・非鉄 | 12 | -4.2 | -0.35 |
| 商社 | 24 | -8.4 | -0.35 |

※　電力・ガスは３社のため省略

　170周年を迎えた久光製薬は、テレビCMなど広告出稿を継続している。「伝統」「信頼性」「研究・商品開発力」「親しみやすい」「製品・サービスの質」などを中心にスコアが伸びた。ロート製薬は、「センスがよい」「信頼性」「よい広告活動をしている」イメージなどが上昇。大塚製薬は、「製品・サービスの質」「信頼性」「よい広告活動をしている」「営業・販売力」「研究・商品開発力」イメージが特に伸びている。

　繊維・紙パルプでは、「親しみやすい」（2.8ポイント増）、「伝統がある」（2.6ポイント増）、「技術力がある」（2.1ポイント増）などの伸びが大きかった。個別では、帝人、旭化成などが上昇。「だけじゃない。テイジン」をキャッチフレーズに16年から広告展開をしている帝人は、「技術力」「親しみやすい」「信頼性」「伝統」などが伸びている。旭化成は、「伝統」「安定性」「製品・サービスの質」などが上昇していた。

　運輸では、「安定性がある」（3.7ポイント増）、「信頼性がある」（3.0ポイント増）、「製品・サービスの質がよい」（2.5ポイント増）が大きく増加している。個別では、日本航空（JAL）、東日本旅客鉄道（JR東日本）などの伸びが大きかった。日本航空（JAL）は、「親しみやすい」「よい広告活動」「信頼性」「センス」「技術力」「顧客ニーズへの対応に熱心」などが上昇。東日本旅客鉄道（JR東日本）は、「製品・サービスの質」が伸びた。

　輸送用機器では、「信頼性がある」（1.6ポイント増）、「個性がある」（0.6ポイント増）などが増加。個別では、SUBARUなど自動車が伸びている。SUBARUは、17年４月１日に「富士重工業」から社名変更した。以前から親しまれていたブランドネームを社名にした効果もあり、「親しみやすい」などが上昇している。

— 11 —

## トヨタ自動車が17年連続で21項目平均1位

　第3章のランキングを見ると、企業イメージの目標値が設定しやすいのではないだろうか。向上させたいイメージ項目を競合他社やブランディング・カンパニーと比較すると、コミュニケーション上の課題が浮き彫りになってくる。

　ビジネスパーソンの21項目平均の1位はトヨタ自動車で、17年連続であった。21項目平均は企業イメージの総量を平準化していることを表している。21項目の中では、ビジネスパーソンでは「優秀な人材が多い」など9項目で1位、一般個人では5項目で1位であった。

　主要6項目のビジネスパーソン編の「広告接触度」では、サントリーが3位から1位に上昇した。ランキングの上位は、飲料・携帯電話・自動車の会社が占めている。「企業認知度」はファーストリテイリングが1位。「一流評価」では、トヨタ自動車が4位から1位に、サントリーが4位から2位となった。「好感度」では、カルビーが5位から1位に上昇。全日本空輸（ANA）やサントリーが大きく順位を上げた。「株購入意向」では、トヨタ自動車に次いで、東日本旅客鉄道（JR東日本）が2位に入った。また、サントリー、アサヒビール、キリンビールなど飲料会社が10位以内にランクイン。「就職意向」は全日本空輸（ANA）が前年の6位から1位となった。日本航空（JAL）も大きく順位を上げている。

　一般個人編では、ソフトバンクが「広告接触度」で前年の5位から1位となった。広告出稿量の多い携帯電話のNTTドコモとKDDI（au）もそれぞれ順位を上げている。「企業認知度」は日本マクドナルドが1位。「一流評価」では、日本コカ・コーラとトヨタ自動車が1位となった。好感度では、前回に続いて明治が1位。森永乳業やヤ

クルト本社など飲料会社がスコアを伸ばしている。「株購入意向」では、アサヒビールが前年の15位から1位となった。サントリーやキリンビールも順位を大きく上げている。「就職意向」では、アサヒ飲料が35位から1位となった。

　次に、詳細項目を見ていく。ビジネスパーソン編の「よい広告活動をしている」では、「広告接触度」と同様にサントリーなどの飲料会社や、ソフトバンクなどの携帯会社が上位にランキングしていた。接触頻度だけでなく、広告の内容についても評価されたことになる。「研究開発力・商品開発力が旺盛である」では、アップルジャパンが前年の6位から1位に大きく上昇。「成長力がある」では、LINEが前年の3位から1位に上昇した。

　一般個人編では、「よい広告活動をしている」でソフトバンクが前年の6位から1位となった。2位も携帯電話のKDDI（au）である。「親しみやすい」では、日本マクドナルドが1位となった。ファミリーマートやローソンも順位を上げている。

　各企業は調査結果を参考にしながら、「3年後に技術力イメージを10ポイント上昇させる」「競合企業A社の親しみイメージを追い抜く」などの具体的な数値目標を設定することができる。

　また、従業員にも同様のイメージ調査を実施し、社内外のイメージを比較することで、コミュニケーション戦略を検討する企業も見られる。社外の評価の方が低いイメージは、コミュニケーション不足でうまく伝わっていない。一方、社内の評価の方が低いイメージは、他のイメージに引っ張られて外の評価が高くなっている可能性が高く、現状を改善する必要があるだろう。

## ESG投資が2017年のキーワードに

　前述したように、この調査では、4つの「トピック・イメージ項目」を調査している。

**図表3　ESG（環境・社会・ガバナンス）関連イメージ**

## 地球環境に気を配っている

**ビジネスパーソン（上位10社）**

| 順位 | 企業名 | スコア(%) | 前回順位 |
|---|---|---|---|
| 1 | トヨタ自動車 | 60.8 | 1 |
| 2 | 日産自動車 | 45.3 | 4 |
| 3 | TOTO | 43.4 | 2 |
| 4 | ブリヂストン | 41.5 | 3 |
| 5 | 日立製作所 | 39.2 | 5 |
| 6 | ホンダ | 37.7 | 6 |
| 7 | コスモ石油 | 37.4 | 19 |
| 8 | ダイキン工業 | 36.6 | 8 |
| 8 | ダイハツ工業 | 36.6 | 21 |
| 10 | 住友ゴム工業（ダンロップ） | 35.1 | 24 |

**一般個人（上位10社）**

| 順位 | 企業名 | スコア(%) | 前回順位 |
|---|---|---|---|
| 1 | トヨタ自動車 | 50.5 | 1 |
| 2 | 日産自動車 | 45.6 | 2 |
| 3 | 日立製作所 | 42.2 | 9 |
| 4 | ホンダ | 41.7 | 3 |
| 5 | ブリヂストン | 39.7 | 4 |
| 6 | TOTO | 39.2 | 5 |
| 7 | 東芝 | 37.3 | 14 |
| 8 | パナソニック | 36.8 | 11 |
| 9 | 横浜ゴム | 35.8 | 8 |
| 10 | SUBARU | 34.3 | 39 |

## 社会貢献への取り組みに積極的

**ビジネスパーソン（上位10社）**

| 順位 | 企業名 | スコア(%) | 前回順位 |
|---|---|---|---|
| 1 | トヨタ自動車 | 47.5 | 1 |
| 2 | サントリー | 40.0 | 4 |
| 3 | 日本たばこ産業（JT） | 38.9 | 2 |
| 4 | オリエンタルランド（東京ディズニーリゾート） | 36.6 | 11 |
| 5 | 日本コカ・コーラ | 34.0 | 7 |
| 6 | セコム | 33.5 | 18 |
| 7 | 日産自動車 | 32.5 | 14 |
| 7 | グーグル | 32.5 | 6 |
| 9 | キリンビール | 32.1 | 9 |
| 10 | オムロン | 31.9 | 38 |

**一般個人（上位10社）**

| 順位 | 企業名 | スコア(%) | 前回順位 |
|---|---|---|---|
| 1 | トヨタ自動車 | 35.8 | 8 |
| 2 | セコム | 34.8 | 1 |
| 3 | 綜合警備保障 | 33.8 | 7 |
| 4 | 味の素 | 33.3 | 14 |
| 5 | サントリー | 32.4 | 20 |
| 5 | セントラル警備保障 | 32.4 | 9 |
| 7 | 日本放送協会（NHK） | 31.9 | 50 |
| 8 | パナソニック | 31.4 | 9 |
| 8 | ヤマト運輸 | 31.4 | 40 |
| 8 | 東日本高速道路（NEXCO東日本） | 31.4 | 12 |

## コーポレートガバナンス（企業統治）がしっかりしている

**ビジネスパーソン（上位10社）**

| 順位 | 企業名 | スコア(%) | 前回順位 |
|---|---|---|---|
| 1 | トヨタ自動車 | 69.1 | 1 |
| 2 | 三井住友銀行 | 62.6 | 6 |
| 3 | 伊藤忠商事 | 61.9 | 3 |
| 3 | 三菱東京UFJ銀行 | 61.9 | 9 |
| 5 | サントリー | 61.5 | 5 |
| 6 | 三菱地所 | 60.4 | 7 |
| 7 | アサヒビール | 59.6 | 4 |
| 8 | キリンビール | 58.5 | 2 |
| 9 | 三菱商事 | 57.4 | 11 |
| 10 | みずほ銀行 | 57.0 | 12 |

**一般個人（上位11社）**

| 順位 | 企業名 | スコア(%) | 前回順位 |
|---|---|---|---|
| 1 | 伊藤忠商事 | 59.8 | 1 |
| 2 | アサヒビール | 58.8 | 8 |
| 3 | トヨタ自動車 | 58.3 | 5 |
| 4 | 東日本旅客鉄道（JR東日本） | 57.8 | 26 |
| 5 | キリンビール | 57.4 | 4 |
| 5 | みずほ銀行 | 57.4 | 13 |
| 7 | サントリー | 56.9 | 5 |
| 7 | 三井物産 | 56.9 | 2 |
| 7 | アサヒ飲料 | 56.9 | 19 |
| 10 | サッポロビール | 56.4 | 12 |
| 10 | 日本コカ・コーラ | 56.4 | 5 |

近年、国連が定めた「SDGs」（持続可能な開発目標）を重要視する日本企業が増えている。取り組み度合いで企業を評価する投資家も増えており、SDGsに配慮した事業活動が相次いでいる。そして、「ESG投資」（環境対策、社会貢献、企業統治を重視する企業に注目する投資）も活発だ。

企業が提出した温暖化ガスの削減目標に対して、国際的な環境保護団体がお墨付きを与える「SBT認定」も広がっており、機関投資家に注目されている。このように、ホームページやCSR報告書での開示や、企業広告などでステークホルダーとコミュニケーションをしていくことが、さ

らに重要となるであろう。

日経企業イメージ調査では、ESGに関連した項目（「地球環境に気を配っている」「社会貢献への取り組みに積極的」「コーポレートガバナンス（企業統治）がしっかりしている」）を調査している（**図表3**）。「地球環境に気を配っている」では、トヨタ自動車が1位。日産自動車、ホンダ、ダイハツ工業（ビジネスパーソンのみ）、SUBARU（一般個人のみ）も上位に入っている。「社会貢献への取り組みに積極的」も同様に、ビジネスパーソン、一般個人ともにトヨタ自動車が1位。サントリーが順位を上げている。

16〜17年にかけてはいくつかの企業で不祥事があり、コーポレートガバナンスがクローズアップされた。また、不祥事の防止だけでなく、収益性や競争力向上の観点からも株主の意見を経営に反映させるよう求める声が高まっている。現在、企業の優先課題のひとつになっている。「コーポレートガバナンスがしっかりしている」は、**図表1**を見ても平均値が大きく伸びている。個別では、ビジネスパーソンはトヨタ自動車が1位、一般個人では伊藤忠商事が1位だった。

## 「女性が活躍している」イメージでは資生堂が1位

4つの「トピック・イメージ項目」の残り1つは、「女性が活躍している」イメージだ。15年から質問項目に入れており、今回が3回目である。

安倍内閣が女性活躍推進を経済成長戦略の重要な柱に据えており、女性の管理職登用や育児支援に力を入れる企業が増加している。イメージを向上させることは企業にとっても、優秀な人材の確保や女性顧客増加などのメリットがある。このスコアが高くなる理由は、「女性の従業員比率が高い」「店頭や販売営業を女性が担当している」「女

**図表4　女性が活躍している**

ビジネスパーソン（上位10社）

| 順位 | 企業名 | スコア(%) | 前回順位 |
|---|---|---|---|
| 1 | 資生堂 | 71.7 | 2 |
| 2 | 全日本空輸（ANA） | 62.6 | 3 |
| 3 | ポーラ | 62.3 | − |
| 4 | 日本航空（JAL） | 60.8 | 4 |
| 5 | カネボウ化粧品 | 60.0 | 6 |
| 6 | コーセー | 59.6 | 8 |
| 7 | ワコール | 57.7 | 1 |
| 7 | JTB | 57.7 | 5 |
| 9 | エイチ・アイ・エス | 57.0 | 9 |
| 10 | オリエンタルランド（東京ディズニーリゾート） | 55.3 | 9 |

一般個人（上位11社）

| 順位 | 企業名 | スコア(%) | 前回順位 |
|---|---|---|---|
| 1 | 資生堂 | 69.6 | 1 |
| 2 | ポーラ | 64.2 | − |
| 3 | ワコール | 62.3 | 2 |
| 4 | コーセー | 60.8 | 6 |
| 5 | カネボウ化粧品 | 59.3 | 7 |
| 6 | 全日本空輸（ANA） | 58.8 | 4 |
| 7 | 日本航空（JAL） | 57.8 | 3 |
| 8 | 日本マクドナルド | 54.9 | 28 |
| 9 | オリエンタルランド（東京ディズニーリゾート） | 53.4 | 10 |
| 10 | 伊勢丹 | 52.5 | 5 |
| 10 | 高島屋 | 52.5 | 9 |

性向けの製品を扱っている」「女性管理職を積極登用している」「ワーク・ライフ・バランスを推進しているイメージが強い」ことなどが考えられる。

今回は、資生堂がビジネスパーソン、一般個人ともに1位。化粧品や下着メーカー、百貨店、航空会社などの企業が高かった。これらの企業では女性が第一線で活躍するイメージが、結果に強く影響しているのであろう。女性顧客を多く持つ企業にとっては、特にこの項目が重要だと言えそうである。

## グループとしての企業イメージ

企業イメージは、「グループのブランドイメージ」「業種イメージ」「その企業特有のイメージ」

**図表5　NTTグループの企業イメージの傾向**

21項目内で最もスコアが高いイメージ項目　■
21項目で高く評価（4番目以内）されているイメージ項目　■
21項目内で最も評価が低いイメージ項目　■

**ビジネスパーソン編**

| | 顧客ニーズへの対応に熱心である | よい広告活動をしている | 親しみやすい | 営業・販売力が強い | センスがよい | 個性がある | 文化・スポーツ・イベント活動に熱心である | 研究開発力・商品開発力が旺盛である | 技術力がある | 扱っている製品・サービスの質がよい | 活気がある | 成長力がある | 新分野進出に熱心である | 社会の変化に対応できる | 国際化がすすんでいる | 優秀な人材が多い | 経営者がすぐれている | 財務内容がすぐれている | 安定性がある | 伝統がある | 信頼性がある | 21項目平均 | 平均チェック数 |
|---|---|---|---|---|---|---|---|---|---|---|---|---|---|---|---|---|---|---|---|---|---|---|---|
| ＮＴＴ都市開発 | 3.4 | 2.3 | 6.0 | 6.0 | 3.8 | 3.4 | 1.1 | 4.9 | 3.0 | 3.8 | 3.4 | 1.5 | 3.0 | 3.4 | 1.9 | 4.9 | 3.0 | 5.3 | 17.7 | 6.8 | 16.2 | 5.0 | 0.4 |
| ＮＴＴファシリティーズ | 3.4 | 5.7 | 4.9 | 3.4 | 3.8 | 4.5 | 0.8 | 3.4 | 2.6 | 2.6 | 3.8 | 1.9 | 1.5 | 2.3 | 1.5 | 3.4 | 1.9 | 3.8 | 12.5 | 4.5 | 14.3 | 4.1 | 0.3 |
| ＮＴＴコミュニケーションズ | 8.8 | 8.1 | 19.2 | 6.9 | 6.5 | 2.7 | 4.2 | 10.8 | 12.3 | 10.0 | 4.2 | 5.0 | 2.3 | 6.2 | 5.0 | 7.7 | 4.2 | 9.2 | 30.0 | 10.4 | 22.7 | 9.4 | 0.8 |
| ＮＴＴコムウェア | 6.2 | 4.2 | 7.7 | 4.6 | 5.0 | 2.7 | 2.7 | 7.7 | 6.9 | 4.2 | 4.2 | 4.6 | 2.3 | 5.4 | 1.9 | 3.5 | 1.9 | 4.6 | 16.5 | 5.8 | 10.8 | 5.4 | 0.4 |
| ＮＴＴデータ | 12.1 | 9.4 | 20.0 | 10.9 | 6.0 | 4.9 | 4.5 | 15.8 | 12.1 | 9.4 | 3.4 | 7.2 | 2.3 | 9.1 | 5.7 | 21.1 | 4.2 | 10.2 | 34.0 | 18.1 | 29.1 | 11.9 | 0.9 |
| ＮＴＴドコモ | 25.4 | 28.5 | 49.2 | 21.2 | 12.3 | 6.2 | 9.2 | 14.2 | 13.8 | 20.0 | 13.1 | 10.8 | 6.9 | 10.4 | 6.2 | 10.4 | 5.4 | 13.1 | 37.7 | 17.7 | 33.5 | 17.4 | 1.4 |

**一般個人編**

| | 顧客ニーズへの対応に熱心である | よい広告活動をしている | 親しみやすい | 営業・販売力が強い | センスがよい | 個性がある | 文化・スポーツ・イベント活動に熱心である | 研究開発力・商品開発力が旺盛である | 技術力がある | 扱っている製品・サービスの質がよい | 活気がある | 成長力がある | 新分野進出に熱心である | 社会の変化に対応できる | 国際化がすすんでいる | 優秀な人材が多い | 経営者がすぐれている | 財務内容がすぐれている | 安定性がある | 伝統がある | 信頼性がある | 21項目平均 | 平均チェック数 |
|---|---|---|---|---|---|---|---|---|---|---|---|---|---|---|---|---|---|---|---|---|---|---|---|
| ＮＴＴ都市開発 | 6.4 | 2.5 | 9.3 | 5.9 | 2.0 | 4.9 | 1.5 | 2.0 | 2.5 | 1.0 | 3.4 | 2.9 | 2.5 | 4.4 | 3.9 | 3.4 | 1.5 | 4.9 | 12.3 | 5.9 | 13.7 | 4.6 | 0.5 |
| ＮＴＴファシリティーズ | 3.9 | 3.4 | 4.9 | 3.9 | 2.0 | 6.9 | 1.5 | 3.4 | 2.1 | 2.0 | 3.4 | 4.4 | 3.9 | 2.9 | 2.5 | 2.9 | 2.0 | 3.4 | 8.3 | 2.9 | 9.3 | 3.9 | 0.4 |
| ＮＴＴコミュニケーションズ | 12.3 | 6.4 | 18.6 | 10.3 | 4.4 | 3.9 | 2.9 | 8.8 | 7.8 | 4.9 | 4.9 | 5.4 | 2.9 | 5.4 | 5.9 | 5.4 | 1.5 | 3.9 | 25.5 | 10.8 | 18.6 | 8.1 | 0.8 |
| ＮＴＴコムウェア | 4.4 | 4.4 | 8.3 | 4.9 | 3.4 | 5.9 | 1.0 | 9.3 | 5.9 | 3.4 | 4.4 | 2.5 | 2.5 | 2.9 | 2.9 | 1.5 | 1.5 | 2.5 | 10.8 | 3.4 | 9.8 | 4.7 | 0.5 |
| ＮＴＴデータ | 14.2 | 8.8 | 18.6 | 9.3 | 3.9 | 5.4 | 2.5 | 15.2 | 11.3 | 4.9 | 5.9 | 6.9 | 2.9 | 10.8 | 4.9 | 13.2 | 3.4 | 5.4 | 27.0 | 14.2 | 27.0 | 10.3 | 1.1 |
| ＮＴＴドコモ | 22.5 | 36.3 | 50.0 | 20.1 | 13.2 | 8.3 | 7.8 | 16.2 | 14.7 | 17.6 | 15.7 | 13.2 | 2.9 | 8.3 | 8.3 | 8.8 | 5.9 | 7.8 | 36.3 | 16.2 | 33.8 | 17.3 | 1.8 |

という３つの側面から構成されているだろう。グループ企業のイメージには、親会社の信用価値が加わっている。グループ企業の中には、ブランド使用料を親会社が徴収して、ブランディングの費用に当てているところもある。

　図表５は、調査対象企業の中で「NTT」ブランドが社名に付いているグループ企業のイメージ（ビジネスパーソン・21項目）である。NTT都市開発、NTTファシリティーズ、NTTコミュニケーションズ、NTTコムウェア、NTTデータ、NTTドコモの６社が対象となっている。「21項目内で最もスコアが高いイメージ項目」「21項目で高く評価（４番目以内）されているイメージ項目」「21項目内で最も評価が低いイメージ項目」には網を掛けた。

　まず、共通して高いイメージは「安定性がある」「信頼性がある」「親しみやすい」である。こういったイメージが、NTTブランドの核だと言えるだろう。６社の中では、NTTドコモの21項目平均と平均チェック数が一番高く、イメージ総量が多かった。各社が共通して高い項目や、個別に高い項目を見ていくことが、グループの中での自社のブランドを知ることにつながる。

　グループとしてのブランディングを進める場合は、こういった各社比較も参考になるだろう。

# 第2章　企業イメージの経年変化〜現代に求められる企業イメージ

## 1. 5年前との比較にみる評価される企業イメージ

現代に評価される企業のイメージとは、どのようなものだろうか。

これまで人々に求められる企業像は時代とともに変化し、それに伴って、評価される企業イメージのポイントは変化してきた。本稿では、5年前との比較によってそれを明らかにする。

図表1は、過去5年間において企業イメージ（ビジネスパーソン）の各項目の平均値がどの程度伸びたかを示すものである。比較可能な495社を対象に2012年と2017年で比較している。どの項目のイメージが伸びたかを比較することで、評価のポイントの変化を示している。最もスコアの伸び率が大きかったのは「財務内容がすぐれている」（33.3％）、続いて「優秀な人材が多い」（23.8％）、「信頼性がある」（13.6％）となった。「財務内容

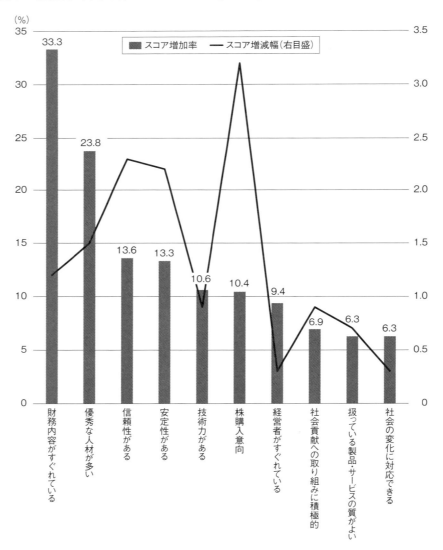

図表1　過去5年間で伸びたイメージ（2012年とのビジネスパーソンでの比較）

**図表2　過去5年間の増加率ランキング（「優秀な人材が多い」「信頼性がある」）**

| | 優秀な人材が多い | (%) | 信頼性がある | (%) |
|---|---|---|---|---|
| 1 | 薩摩酒造（白波） | 475.0 | 東京電力ホールディングス | 508.7 |
| 2 | いすゞ自動車 | 426.7 | ゴールドマン・サックス | 302.2 |
| 3 | 富士通マーケティング | 390.0 | 日本航空（JAL） | 252.2 |
| 4 | 東洋ゴム工業 | 381.8 | 野村不動産パートナーズ | 252.0 |
| 5 | ジェイテクト | 325.0 | フィデリティ | 234.6 |
| 6 | 日本エイサー（acer） | 300.0 | ミウラ（三浦工業） | 232.4 |
| 7 | 西松建設 | 281.8 | JPモルガン | 224.6 |
| 8 | 日野自動車 | 280.0 | 日立キャピタル | 205.7 |
| 9 | ミロク情報サービス（MJS） | 280.0 | エアバス | 200.0 |
| 10 | アルペン | 275.0 | 富士通マーケティング | 198.3 |
| 11 | 霧島酒造 | 275.0 | SMBCコンシューマーファイナンス（プロミス） | 190.0 |
| 12 | スズキ | 260.9 | 大和リース | 186.8 |
| 13 | 山善（YAMAZEN） | 245.5 | 三井不動産レジデンシャルサービス | 185.1 |
| 14 | 日本航空（JAL） | 237.3 | ピクテ投信投資顧問 | 179.0 |
| 15 | ダイハツ工業 | 236.8 | 日興アセットマネジメント | 176.7 |
| 16 | 堀場製作所 | 232.4 | 西松建設 | 167.7 |
| 17 | アサヒ飲料 | 226.7 | 椿本チエイン | 160.9 |
| 18 | 三和酒類（いいちこ） | 225.0 | 中部電力 | 160.3 |
| 19 | 日立物流 | 209.1 | 新生銀行 | 160.0 |
| 20 | ディー・エヌ・エー（DeNA） | 202.2 | ドイツ銀行グループ | 159.5 |
| 21 | 三菱UFJ国際投信 | 198.1 | 野村アセットマネジメント | 150.0 |
| 22 | エイスース・ジャパン（ASUS） | 195.7 | 首都高速道路 | 146.9 |
| 23 | 東京ガス | 191.8 | アビームコンサルティング | 146.2 |
| 24 | アルプス電気 | 188.5 | 野村不動産アーバンネット | 144.1 |
| 25 | リンナイ | 180.0 | ディー・エヌ・エー（DeNA） | 126.7 |
| 26 | TKC | 179.0 | UBS | 126.7 |
| 27 | 日本郵便 | 178.3 | 日本電産 | 123.5 |
| 28 | 東京急行電鉄（東急電鉄） | 176.7 | 日野自動車 | 120.8 |
| 29 | ネットワンシステムズ | 172.7 | ダンロップスポーツ | 119.4 |
| 30 | SUBARU | 168.9 | いすゞ自動車 | 116.8 |
| 31 | 塩野義製薬（シオノギ製薬） | 168.4 | 長瀬産業（NAGASE） | 113.3 |
| 32 | 東京地下鉄（東京メトロ） | 168.4 | ミロク情報サービス（MJS） | 113.3 |
| 33 | メタウォーター | 168.4 | ネットワンシステムズ | 113.0 |
| 34 | NECネッツエスアイ | 160.9 | 三井住友ファイナンス＆リース | 112.8 |
| 35 | 横浜ゴム | 157.9 | オービック | 109.8 |
| 36 | キユーピー | 153.3 | 三菱UFJリース | 107.1 |
| 37 | フジッコ | 153.3 | 日本ユニシス | 106.7 |
| 38 | 国際石油開発帝石（INPEX） | 147.8 | 東和薬品 | 106.3 |
| 39 | エア・ウォーター | 147.4 | シスメックス | 103.9 |
| 40 | 住友ゴム工業（ダンロップ） | 147.4 | 長谷工コーポレーション | 103.5 |
| 41 | 三菱自動車工業 | 140.0 | 富士通テン | 101.5 |
| 42 | トヨタ紡織 | 139.5 | 東建コーポレーション | 100.0 |
| 43 | 佐川急便 | 136.4 | 日立物流 | 100.0 |
| 44 | UDトラックス | 136.4 | ヒューリック | 97.6 |
| 45 | GREE | 135.6 | ボーイング | 93.4 |
| 46 | サンスター | 134.2 | SUBARU | 93.2 |
| 47 | 三菱ガス化学（MGC） | 134.2 | LIXIL | 92.9 |
| 48 | 伊藤忠テクノソリューションズ（CTC） | 132.4 | 双日 | 90.3 |
| 49 | あおぞら銀行 | 130.8 | イチネンホールディングス | 90.0 |
| 50 | 中部電力 | 129.0 | シマンテック | 88.7 |

※　数字は2012年と比較して、ビジネスパーソンの増加幅が大きかった企業の増減率

がすぐれている」はスコアの平均値が小さく、伸び率の変動が大きく出る傾向にある。ここでは、「優秀な人材が多い」「信頼性がある」の２つについて考察する。

## SNSの普及と企業イメージ

　５年前と比較して「優秀な人材が多い」「信頼性がある」が伸びたのは、SNSの普及と密接な関係があると考えられる。SNSの普及によって、商品について語られるようになるだけでなく、それを手がける「企業の人」にも注目が集まり、経営者や社員について語られるようになったからだ。企業によって商品の差別化が以前よりつくりにくい環境において、「何をつくっているか」よりも、ときに「誰がつくっているか」のほうが重視されることもある。そのため、企業側も、商品の特徴だけでなく、開発者を登場させる機会も増えている。また一方で、企業の多くの不祥事についても、それに関わった経営者や社員が注目され、SNS上で話題になることが多くなった。

　そうした背景もあって「優秀な人材が多い」が全体として評価のポイントになったと見られる。「信頼性がある」も人との関連で、企業評価の基準が変わってきたことと関係があると考えられる。SNS時代で重要になった企業イメージと言える。

　それでは、どのような企業が、「優秀な人材が多い」「信頼性がある」のイメージを伸ばしたのだろうか。

## 「優秀な人材が多い」「信頼性がある」を伸ばした企業

　**図表２**は、５年前と比較して、「優秀な人材が多い」「信頼性がある」のイメージが伸びた企業の50位までのランキングである（比較可能な企業のみ掲載）。

　今回の比較では、50位までのランキングに「優秀な人材が多い」「信頼性がある」に自動車メーカーが、それぞれ６社と３社入った。各社とも海外を中心に業績が好調であることに加え、環境対策や安全性向上、自動運転技術など、技術革新が進んだことが、これらのイメージの向上に寄与した。

　「優秀な人材が多い」で２位になったいすゞ自動車と８位に入った日野自動車は、「信頼性がある」でもそれぞれ30位と28位に入った。ともにクリーンディーゼル車に力を入れるなどコミュニケーション活動に力を入れている。

　軽自動車が主力の自動車メーカーであるスズキやダイハツ工業は、「優秀な人材が多い」がそれぞれ12位と15位とランクインした。軽自動車の快適性や安全性の向上などにより、市場が拡大し、企業の人への評価につながったものと見られる。

　ブランドイメージ戦略が、企業イメージの向上に寄与したとみられるのが、SUBARUである。「優秀な人材が多い」では30位、「信頼性がある」では46位となった。軽自動車から撤退し、５年間で販売台数を５倍に増やしたことや、社名を富士重工業からSUBARUに変更し、ブランドイメージを向上させた。

　同じく、広告コミュニケーションの活動が寄与したとみられるのが、東京地下鉄（東京メトロ）である。駅のホームなどの自社媒体を中心に、人をテーマにしたコミュニケーション活動を行ったことも影響し、「優秀な人材が多い」で32位となった。

　野村不動産パートナーズは「信頼性がある」で４位に入った、PROUDをはじめとする野村不動産グループのブランドイメージ戦略が寄与した。

　LIXILは、「信頼性がある」で47位に入った。11年４月、トステムを存続会社として、INAX、新日軽、東洋エクステリアなど４社を吸収してできた企業であるが、社名の認知度が十分に浸透し

ていなかった12年と比べて、5年間で信頼性を大きく向上させた。

東和薬品は、主力のジェネリックを中心とした広告コミュニケーション活動を展開、薬品メーカーで重要な「信頼性がある」イメージを伸ばし、38位となった。

## 2．注目のイメージ

先の節では5年間のイメージスコアの増加率をもとに、近年、企業をとらえる中心的な視点を指摘した。ここではさらに短期的な変化を合わせて見るようにし、現在強まっている企業評価の視点をさぐる。これからの企業評価の軸となる可能性をもつイメージともいえよう。

## 高まる「経営者」「センス」「顧客ニーズ」の視点

図表3は各イメージ項目の全社平均値を、前回調査の16年と比較し、その伸び率を算出してランキングにしたものである。上位のイメージで、先

**図表3**

ビジネスパーソン

| | 2年間：スコアの増減 | 2年間：増減率（％） |
|---|---|---|
| 経営者がすぐれている | 0.4 | 12.90 |
| センスがよい | 0.6 | 8.22 |
| 伝統がある | 1.0 | 6.80 |
| 財務内容がすぐれている | 0.3 | 6.67 |
| コーポレートガバナンス（企業統治）がしっかりしている | 1.6 | 6.32 |
| 研究開発力・商品開発力が旺盛である | 0.6 | 5.77 |
| 技術力がある | 0.5 | 5.62 |
| 成長力がある | 0.3 | 5.45 |
| 信頼性がある | 0.9 | 4.92 |
| 個性がある | 0.3 | 4.84 |
| 扱っている製品・サービスの質がよい | 0.5 | 4.39 |
| 社会の変化に対応できる | 0.2 | 4.08 |
| 親しみやすい | 0.7 | 3.54 |
| 株価購入意向 | 1.1 | 3.35 |
| 21項目平均 | 0.3 | 3.30 |
| 営業・販売力が強い | 0.3 | 3.26 |
| よい広告活動をしている | 0.3 | 2.97 |
| 社会貢献への取り組みに積極的 | 0.4 | 2.96 |
| 顧客ニーズへの対応に熱心である | 0.2 | 2.04 |
| 女性が活躍している | 0.2 | 1.83 |
| 安定性がある | 0.3 | 1.63 |
| 好感度 | 0.6 | 1.42 |
| 優秀な人材が多い | 0.1 | 1.30 |
| 一流評価 | 0.3 | 0.63 |
| 企業認知度 | 0.2 | 0.12 |
| 文化・スポーツ・イベント活動に熱心である | 0.0 | 0.00 |
| 活気がある | 0.0 | 0.00 |
| 広告接触度 | -0.1 | -0.08 |
| 就職意向 | -0.1 | -0.26 |
| 地球環境に気を配っている | -0.3 | -2.56 |
| 国際化がすすんでいる | -0.2 | -2.70 |
| 新分野進出に熱心である | -0.1 | -3.57 |

一般個人

| | 2年間：スコアの増減 | 2年間：増減率（％） |
|---|---|---|
| 社会の変化に対応できる | 0.5 | 11.36 |
| 経営者がすぐれている | 0.3 | 10.71 |
| 社会貢献への取り組みに積極的 | 1.2 | 8.39 |
| 女性が活躍している | 0.8 | 7.77 |
| 文化・スポーツ・イベント活動に熱心である | 0.2 | 6.06 |
| 伝統がある | 0.7 | 5.19 |
| 顧客ニーズへの対応に熱心である | 0.3 | 3.30 |
| 個性がある | 0.2 | 3.28 |
| コーポレートガバナンス（企業統治）がしっかりしている | 0.8 | 3.03 |
| 一流評価 | 1.2 | 3.02 |
| 好感度 | 1.0 | 2.92 |
| 信頼性がある | 0.4 | 2.44 |
| センスがよい | 0.1 | 1.56 |
| 21項目平均 | 0.1 | 1.22 |
| 扱っている製品・サービスの質がよい | 0.1 | 1.06 |
| 親しみやすい | 0.2 | 0.97 |
| 企業認知度 | 0.9 | 0.71 |
| 株価購入意向 | 0.1 | 0.42 |
| 広告接触度 | 0.3 | 0.30 |
| よい広告活動をしている | 0.0 | 0.00 |
| 研究開発力・商品開発力が旺盛である | 0.0 | 0.00 |
| 活気がある | 0.0 | 0.00 |
| 成長力がある | 0.0 | 0.00 |
| 国際化がすすんでいる | 0.0 | 0.00 |
| 財務内容がすぐれている | 0.0 | 0.00 |
| 地球環境に気を配っている | -0.1 | -0.77 |
| 営業・販売力が強い | -0.1 | -1.20 |
| 就職意向 | -0.4 | -1.29 |
| 優秀な人材が多い | -0.1 | -1.85 |
| 安定性がある | -0.4 | -2.38 |
| 新分野進出に熱心である | -0.1 | -3.70 |
| 技術力がある | -0.6 | -7.23 |

の節でふれた5年間で伸びたイメージのなかでも、その伸び率を上回るものに網掛けをしている。ビジネスパーソンの場合は「経営者がすぐれている」「センスがよい」の2項目が、一般個人では「経営者がすぐれている」「顧客ニーズへの対応に熱心である」が当てはまる。これらの項目は5年間での上昇が大きかっただけでなく、今回調査で大きく伸びたイメージであり、より強く、現在、生活者の意識が向けられている企業の評価ポイントと見られる。トピック・イメージ4項目のうち、今回調査が2回目の測定となる「コーポレートガバナンス（企業統治）がしっかりしている」企業のビジネスパーソンでの視点、今回調査が3回目となる「女性が活躍している」企業の一般個人での視点も重要性を増しているようだ。

ただ、留意しておくべきは「新分野進出に熱心である」や「経営者がすぐれている」「財務内容がすぐれている」といったイメージは、スコアが非常に低いことである。対象672社全社平均では数パーセント程度にしかならず、変動幅（増減率）はスコアが少し上下しただけで大きく振れてしまう。変化を過大視するおそれがあり、評価ポイントとして用いるには不向きとも言えるため、中期的な傾向を確認した後、評価されている企業が他の多くの企業にも適用できるケースであるかどうかを踏まえながら見ていきたい。

以下、ビジネスパーソンと一般個人に分けて、上記のイメージ項目の動きを確認するとともに、実際にどの企業が評価を高めているか見てみる。

## 【ビジネスパーソン】

### 期待を集める「経営者がすぐれている」企業

**図表4**は「経営者がすぐれている」の10年間の

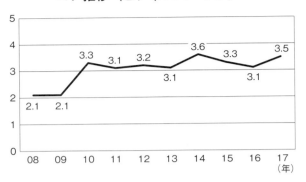

図表4　「経営者がすぐれている」の10年間のスコア推移（ビジネスパーソン）

スコア推移である。全社の平均値は最高でも14年調査の3.6にすぎないが、10年に1.2ポイント上昇してからは、大きく下がることなく安定した動きを示している。16年調査から0.4ポイント上昇したことで図表3では5年間を上回る形となったわけではあるが、重要なイメージではないだろうか。

ビジネスパーソンが抱く「経営者がすぐれている」というイメージは、因子分析を行うと例年"躍動感"を表す因子に含まれる（第4章を参照）。「新分野進出に熱心である」「成長力がある」といったイメージと同時に、"この企業には当てはまる"と判断される傾向が強い。当因子を構成するイメージをもつ企業は変化に対応する力や将来性が評価されていると見られ、活発で未来への期待も集めていると解釈できる。その中で「経営者がすぐれている」イメージが伸びているということは、経営トップが今後の企業成長のカギを握るとの意識が強まり、このイメージへの注目度が上がっていると思われる。また、躍進の背景にトップの存在が認められる企業が増えていることも考えられる。

### M&Aに注目─ソフトバンク、キヤノン

「経営者がすぐれている」と、ビジネスパーソンから最も支持を得られたのはソフトバンクでスコアは35.0だった。2年連続の1位で、16年調査か

図表5　キヤノンの「経営者がすぐれている」の5年間のスコア推移（ビジネスパーソン）

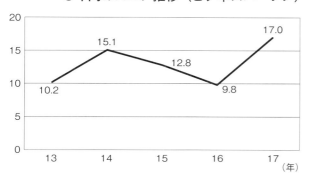

図表6　「センスがよい」の10年間のスコア推移（ビジネスパーソン）

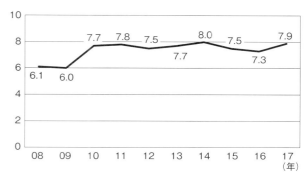

ら1.8ポイント上昇した。10年前（07年）には11.6、5年前（12年）は25.3だったスコアを大きく伸ばしている。M&Aを活用した事業領域の拡大、ファンド設立によるIT企業への投資などに積極的で、未来を見据えた戦略をとるソフトバンクグループの孫正義氏への注目度が上がっているようだ。

16年調査との比較で、最もスコアを上げた企業はキヤノンだった。7.2ポイント上昇し、17.0のスコアを獲得。この項目での順位も30位から10位に上がった。同社は近年、M&Aを通じてヘルスケアやネットワークカメラなど新規事業を拡大しており、新しい経営の柱として強化している。16年には東芝から東芝メディカルシステムズを買収し、注目を集めた。17年12月期の決算は、4年ぶりの増収増益となる見通し。

広告接触度別に見た場合、広告に比較的接したことがある層（「広告をよくみかける」と「広告をときどきみかける」の計）が、その広告主企業を「経営者がすぐれている」と判断した、最も高い企業はソフトバンクの36.3だった。2位はトヨタ自動車の34.5で、全体の順位と同じである。経営者が広告に出る場合は限られており、相関係数も0.488と飛び抜けて高いわけではないが、高く評価している人は広告にも注意を払っているのかもしれない。

## 「センスがよい」企業が存在感を高める

次に「センスがよい」イメージだが、図表6は10年間のスコア推移である。同イメージも10年に上昇してから、元の水準に戻ることなく推移している。

因子分析では"存在感"を表す因子に属する。「個性がある」や「よい広告活動をしている」などのイメージと似た傾向で企業評価される。良い製品・サービスを創り出している、売り上げを伸ばしている、企業発信に積極的であるといったことから存在感を放ち、生き生きと活動している企業に対する評価軸である。構成するイメージの中でも伸びが見られ、差別化の視点として重要性を増してくることも考えられる。

「センスがよい」企業としてビジネスパーソンから最も多く挙げられたのはナイキジャパンで、スコアは57.8だった。前回調査ではアップルジャパンと同率1位だったが3.5ポイントスコアを伸ばし、単独1位となった。60.1だった10年前（07年）の水準には及ばないものの、12年に44.2まで落ち込んだ状態から、5年間で大きく戻したかっこうだ。有名アスリートの名前を冠した商品を継続的に発売する一方で、最新のテクノロジーを生かした製品開発、顧客が自分の好みに合わせて商品をカスタマイズできる仕組みの導入といった取り組

図表7　SUBARUの「センスがよい」の5年間の
　　　 スコア推移（ビジネスパーソン）

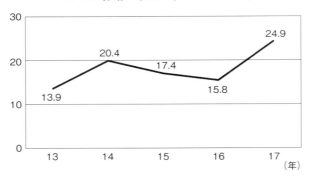

図表8　ソフトバンクの「経営者がすぐれている」
　　　 の5年間のスコア推移（一般個人）

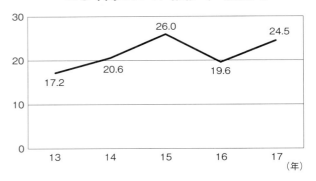

みを行っており、洗練されたセンスをもつ企業と再評価されたようだ。

前年から最もスコアを上げたのは、16年4月に富士重工業から社名変更したSUBARUだった。社名変更に伴いSUBARUとして回答してもらったところ、スコアは15.8から24.9へと大幅に上昇した。この項目での順位も32位となっている。

広告接触度別で、広告に比較的接したことがある層が挙げる場合も全体と同様に1位はナイキジャパンで、以下、アップルジャパン、アディダスジャパンと続く。コミュニケーション活動によっても、「センスがよい」との印象が強められていると考えられる。

【一般個人】

## 「経営者がすぐれている」は一般個人でも上昇

先述のように、一般個人による回答でも「経営者がすぐれている」の上昇が見られた。全社平均のスコアは17年調査で3.1と低いものの、2.8程度で推移していたところから上向いた。今後どのような動きを見せるか、注意しておきたいイメージだ。

一般個人が抱く「経営者がすぐれている」というイメージは、因子分析では"躍動感"を表す因子と"安定感"を表す因子の双方に強く影響している。「新分野進出に熱心である」「成長力がある」などのイメージが持たれ、将来性が評価される場合と、「優秀な人材が多い」や「伝統がある」などのイメージがあり、過去から堅実に企業活動を続けてきていると判断される場合の、どちらの評価も併せ持っている。

「経営者がすぐれている」と最も支持を得られたのは、ビジネスパーソンによる場合と同様にソフトバンクだった。ただ、ビジネスパーソンによる評価が16年に続き1位であったのに対して、一般個人は5位から一気に上昇した。スコアも19.6から24.5へと、4.9ポイント伸びている。人型ロボット「Pepper」の販売、携帯電話ショップでの応対や、孫正義社長の米国トランプ大統領との会談などが、人々に大きなインパクトを与えたと思われる。

前年からスコアを上げた企業では、ほかにLINEやグーグル、アマゾンジャパンなどが挙げられる。いずれも一定のスコアを得ていたものが、さらに評価を上げた。AIを取り入れ、新商品／サービスを開発するなど、時代を先取りした動きは「経営者がすぐれている」イメージの向上と結びついているようだ。

広告接触度別では、ビジネスパーソンと同様にソフトバンクやトヨタ自動車のスコアが高い。

## 「顧客ニーズ対応」が"現在"の活動を評価

「顧客ニーズへの対応に熱心である」は、21のイメージのなかでは比較的高いスコアをとる項目である。全体では21項目平均8.3に対して、「顧客ニーズへの対応に熱心である」は9.4となっている（17年）。相対的にスコアの増減率は抑えられがちとなるが、3年連続で上がり続けている。

因子分析では"存在感"を表す因子に属し、「親しみやすい」や「営業・販売力が強い」などのイメージとの結びつきが強い。構成するイメージの中で、ほかよりもスコア上昇の動きが見られ、支持を得る企業の存在がうかがえる。個人の企業評価の視点として、"ニーズへの対応"が強まっている可能性もある。

「顧客ニーズへの対応に熱心である」企業として、一般個人から最も多く挙げられたのはオリエンタルランド（東京ディズニーリゾート）で、14年に調査対象として設定して以来、1位を維持している。スコアは45.1で、前年より2.4ポイント減少したものの、2位の全日本空輸（ANA）35.8との開きは大きい。

前年から最もスコアを上げたのは、調査票での表記を変えた丸亀製麺を除くと、日本マクドナルドだった。15年調査の17.2、16年の20.1、そして今回調査では28.9へと大きく上昇した。話題となる商品やマーケティング施策を次々に打ち出し、存在感を一気に高めた。

広告接触度別で、広告に比較的接したことがある層が「顧客ニーズ対応に熱心」として挙げる企業では、オリエンタルランド（東京ディズニーリゾート）の46.9、全日本空輸（ANA）の41.4、阪急交通社の41.2などが高い。阪急交通社は「顧客ニーズへの対応に熱心である」の全体順位では21.6のスコアで56位だが、広告に接触したことがある層の評価がより高くなっている。

## 「女性が活躍している」、広告でもイメージ向上

次に、今回調査で3回目の測定となる「女性が活躍している」について見てみる。安倍晋三首相は経済成長に女性の就労拡大が欠かせないとし、16年4月から「成長戦略」のひとつとして女性活躍推進法が施行された。日本の労働市場における男女間の格差は他の先進国に比べると大きいが、早くから女性の働き方の見直しに取り組む企業も見られる。企業を評価する視点として「女性が活躍している」かどうかは、今後いっそう重要になってくると思われる。

図表9　日本マクドナルドの「顧客ニーズへの対応に熱心である」の5年間のスコア推移（一般個人）

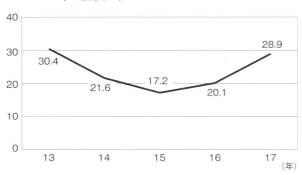

図表10　日本マクドナルドの「女性が活躍している」の3年間のスコア推移（一般個人）

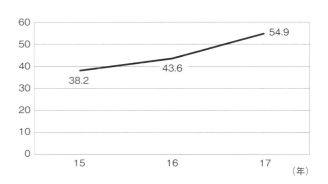

「女性が活躍している企業」の全体スコアは、設定以来10.9、10.3、11.1と推移している。今回調査では大幅な上昇が見られた。最も多く挙げられたのは資生堂で、設定以来1位を維持している。上位には化粧品メーカーや航空会社が並ぶが、そのなかで8位に、前年の28位から大きく順位を上げた日本マクドナルドが入った。スコアも43.6から54.9へと、10ポイント以上上昇した。多様性のある職場を目指す同社では、主婦を高い水準のホスピタリティをもつ重要なクルーと位置づけており、“主婦向けクルー体験会”も実施している。

　3年間の推移ではほかにNTTドコモ、ヤフー、ヤマダ電機などが上昇を続け、高いスコアとなっている。女性のキャリア形成強化、ライフイベントの支援などへの取り組みに積極的といった評価が広まりつつあるようだ。

　広告接触度別では、資生堂、ポーラ、ワコールといった全体ランキングでも上位の企業が高いが、第一生命保険、クラブツーリズム、再春館製薬所、パソナなどは広告接触者による評価のほうが、全体よりも大幅に高くなっている。さまざまな企業コミュニケーションの中で、広告を通して「女性が活躍している」と印象をもつ消費者も多いことがうかがえる。

# 第3章　イメージ項目ごとの上位100社ランキング
## ―主要6項目は200社ランキング

　この章では、企業イメージの各項目について回答者の反応が高い順にランキングを行い、上位100位を表にまとめた。「広告接触度」「企業認知度」などの主要な6項目については、スコアが高い順に200位までのランキングを載せた。

## ＜ランキングの見方＞

　「広告接触度」「企業認知度」などの主要6項目については、1つの項目をビジネスパーソン、一般個人の順に計4ページで掲載した。次にイメージ項目のランキングを、各項目ごとに見開き2ページで構成し、左側のページにビジネスパーソン、右側のページに一般個人のランキングを載せた。

　いずれも、前回の2016年調査の順位とスコアをカッコ内で示した。前回は測定していない企業の順位やスコアは（－）としてある。

## ＜ランキングの作成方法とスコアの与え方＞

　イメージ項目は、「当てはまる」ものにいくつでも○を付けてもらっているが、その割合（％）の数値をスコア（得点）とし、スコアが高い順に順位を付けた（同じスコアは同順位）。

　主要6項目のうち、「広告接触度」「企業認知度」については4段階（5ページの調査項目一覧参照）で尋ねている。度合いの高い順にそれぞれ3、2、1、0点を得点として与え、その平均を100倍にした数値をスコアとした。

　また、「好感度」「株購入意向」「就職意向」も4段階の選択肢を示して回答を求めた。度合いが高い方の2つの選択肢（好感度の場合は「好き」「まあ好き」のどちらか）を選んだ人の割合（％）を、また,「一流評価」は「一流だと思う」と答えた人のみの割合（％）をスコアとした。

　92、93ページの「21項目平均」では、1988年からの現行調査の中で毎年尋ねている継続調査イメージ項目である21項目のスコアの単純平均を参考のために掲載した。

# 広告接触度
## 〈ビジネスパーソン〉

| 順位 | 社名 | 2017年 スコア | （順位） | （スコア） | 順位 | 社名 | 2017年 スコア | （順位） | （スコア） |
|---|---|---|---|---|---|---|---|---|---|
| 1 | サントリー | 281.5 | 3 | 278.5 | 51 | キヤノン | 242.6 | 35 | 253.2 |
| 2 | キリンビール | 279.6 | 2 | 280.4 | 52 | イオン | 241.5 | 75 | 234.1 |
| 3 | 日本マクドナルド | 279.2 | 8 | 270.6 | 53 | モスフードサービス（モスバーガー） | 240.4 | - | - |
| 4 | アサヒビール | 278.5 | 1 | 282.6 | 54 | スズキ | 240.0 | 64 | 238.5 |
| 4 | ソフトバンク | 278.5 | 6 | 273.2 | 55 | すかいらーく（ガスト） | 239.2 | 181 | 193.6 |
| 6 | 日本コカ・コーラ | 274.7 | 5 | 274.0 | 55 | AOKI | 239.2 | 54 | 243.8 |
| 7 | サッポロビール | 274.0 | 7 | 272.8 | 55 | セブン&アイ・ホールディングス | 239.2 | 102 | 223.8 |
| 8 | NTTドコモ | 272.3 | 9 | 269.4 | 58 | 積水ハウス | 238.9 | 81 | 230.7 |
| 9 | トヨタ自動車 | 271.7 | 4 | 274.7 | 58 | 三菱東京UFJ銀行 | 238.9 | 51 | 244.3 |
| 10 | 日産自動車 | 270.6 | 10 | 268.7 | 58 | ヤフー | 238.9 | 71 | 235.5 |
| 11 | 花王 | 269.3 | 28 | 258.9 | 61 | ブリヂストン | 238.1 | 64 | 238.5 |
| 12 | ファーストリテイリング（ユニクロ） | 267.9 | 12 | 265.7 | 62 | 三菱電機 | 237.7 | 56 | 241.4 |
| 13 | KDDI（au） | 265.8 | 15 | 263.8 | 62 | SUBARU | 237.7 | 192 | 187.9 |
| 14 | ライオン | 265.0 | 18 | 261.6 | 62 | 三井住友銀行 | 237.7 | 66 | 238.2 |
| 15 | オリエンタルランド（東京ディズニーリゾート） | 259.9 | 11 | 267.3 | 62 | グーグル | 237.7 | 83 | 229.1 |
| 16 | ビックカメラ | 259.7 | 22 | 260.8 | 66 | アマゾン ウェブ サービス ジャパン | 237.4 | 78 | 232.8 |
| 17 | パナソニック | 258.5 | 31 | 255.6 | 67 | キッコーマン | 236.7 | 50 | 244.9 |
| 18 | ヨドバシカメラ | 258.2 | 19 | 261.5 | 68 | ダイハツ工業 | 235.8 | 63 | 239.2 |
| 19 | 明治 | 258.0 | 16 | 263.4 | 69 | 日清食品 | 235.6 | 68 | 237.0 |
| 20 | ヤマダ電機 | 257.0 | 20 | 261.1 | 70 | ローソン | 235.1 | 94 | 226.1 |
| 21 | ホンダ | 256.6 | 29 | 258.5 | 71 | ナイキジャパン | 234.6 | 44 | 247.9 |
| 22 | 日本航空（JAL） | 256.2 | 23 | 260.4 | 72 | ファミリーマート | 234.3 | 88 | 227.6 |
| 23 | 全日本空輸（ANA） | 255.8 | 14 | 264.2 | 73 | アップルジャパン | 233.8 | 95 | 226.0 |
| 24 | キユーピー | 255.7 | 30 | 257.4 | 73 | コジマ | 233.8 | 46 | 247.2 |
| 25 | ロッテ | 254.5 | 26 | 259.6 | 75 | 富士フイルム | 233.6 | 45 | 247.5 |
| 25 | 味の素 | 254.5 | 26 | 259.6 | 76 | 日本中央競馬会（JRA） | 233.5 | 167 | 198.5 |
| 27 | キリンビバレッジ | 253.6 | 33 | 254.2 | 76 | セコム | 233.5 | 79 | 232.5 |
| 28 | ハウス食品 | 253.4 | 37 | 252.1 | 78 | ヤマト運輸 | 232.8 | 60 | 240.0 |
| 29 | ニトリ | 252.8 | 39 | 251.3 | 79 | アディダスジャパン | 232.7 | 49 | 246.4 |
| 30 | 東日本旅客鉄道（JR東日本） | 252.5 | 12 | 265.7 | 80 | ヤクルト本社 | 232.5 | 71 | 235.5 |
| 31 | 森永製菓 | 252.3 | 23 | 260.4 | 80 | ロート製薬 | 232.5 | 82 | 229.4 |
| 32 | エイチ・アイ・エス | 251.3 | 17 | 262.3 | 82 | WOWOW | 232.3 | 91 | 226.8 |
| 33 | ダイソン | 250.6 | 38 | 252.0 | 83 | 富士通 | 232.1 | 61 | 239.8 |
| 34 | ソニー | 250.2 | 39 | 251.3 | 83 | 三菱地所 | 232.1 | 58 | 240.4 |
| 35 | 伊藤園 | 249.8 | 32 | 255.0 | 85 | 大塚製薬 | 231.7 | 77 | 233.6 |
| 36 | カルビー | 249.2 | 23 | 260.4 | 86 | ユニ・チャーム | 231.5 | 101 | 224.7 |
| 37 | アフラック（アメリカンファミリー生命保険） | 249.0 | 46 | 247.2 | 87 | 東急リバブル | 231.3 | 117 | 216.2 |
| 38 | マツダ | 248.7 | 42 | 249.8 | 88 | タマホーム | 230.9 | 99 | 225.2 |
| 39 | セブン-イレブン・ジャパン | 247.2 | 67 | 237.2 | 89 | P&G（プロクター・アンド・ギャンブル・ジャパン） | 230.0 | 92 | 226.6 |
| 40 | ジャパネットたかた | 246.8 | 52 | 244.2 | 90 | 日立製作所 | 229.4 | 55 | 242.5 |
| 41 | 日本たばこ産業（JT） | 246.0 | 36 | 252.5 | 91 | 楽天 | 228.7 | 116 | 216.5 |
| 41 | 資生堂 | 246.0 | 20 | 261.1 | 92 | 大正製薬 | 228.3 | 90 | 227.2 |
| 43 | TOTO | 244.5 | 70 | 236.2 | 93 | トリドールホールディングス（丸亀製麺） | 227.5 | 561 | 40.0 |
| 43 | シャープ | 244.5 | 61 | 239.8 | 94 | 東芝 | 227.2 | 48 | 246.7 |
| 45 | アサヒ飲料 | 244.2 | 41 | 250.4 | 95 | インテル | 226.8 | 105 | 221.8 |
| 46 | JTB | 243.8 | 34 | 254.0 | 96 | ミツカン | 226.5 | 80 | 231.3 |
| 46 | みずほ銀行 | 243.8 | 59 | 240.1 | 97 | ABCマート | 226.0 | 96 | 225.3 |
| 48 | 江崎グリコ | 243.6 | 43 | 249.1 | 98 | 佐川急便 | 224.9 | 74 | 234.3 |
| 49 | カゴメ | 243.2 | 57 | 240.8 | 99 | 東京地下鉄（東京メトロ） | 223.0 | 89 | 227.5 |
| 49 | サンスター | 243.2 | 73 | 235.4 | 100 | エステー | 222.6 | 142 | 206.8 |

# 広 告 接 触 度
## 〈ビジネスパーソン〉

| 順位 | 社名 | 2017年 スコア | （2016年）（順位） | （スコア） | 順位 | 社名 | 2017年 スコア | （2016年）（順位） | （スコア） |
|---|---|---|---|---|---|---|---|---|---|
| 100 | バンダイナムコホールディングス | 222.6 | ( 111) | ( 217.9) | 150 | 日本テレビ放送網（日本テレビ） | 204.6 | ( 127) | ( 210.9) |
| 100 | タカラトミー | 222.6 | ( 120) | ( 214.8) | 152 | ワコール | 203.8 | ( 96) | ( 225.3) |
| 103 | レオパレス21 | 222.4 | ( -) | ( -) | 153 | マルコメ | 203.4 | ( 150) | ( 203.8) |
| 104 | セイコー | 222.3 | ( 93) | ( 226.4) | 154 | 住友林業 | 203.0 | ( 168) | ( 198.0) |
| 105 | フマキラー | 221.5 | ( 146) | ( 205.3) | 155 | テレビ朝日 | 202.7 | ( 138) | ( 208.3) |
| 106 | 味の素AGF | 221.1 | ( 119) | ( 215.6) | 156 | コナミホールディングス（KONAMI） | 202.3 | ( 172) | ( 197.0) |
| 106 | 森永乳業 | 221.1 | ( 68) | ( 237.0) | 156 | LINE | 202.3 | ( 205) | ( 182.0) |
| 106 | 養命酒製造 | 221.1 | ( 121) | ( 214.7) | 158 | 宝酒造（宝ホールディングス） | 201.9 | ( 132) | ( 209.4) |
| 106 | 大和ハウス工業 | 221.1 | ( 140) | ( 207.1) | 158 | マイナビ | 201.9 | ( 123) | ( 214.0) |
| 106 | 東京ガス | 221.1 | ( 87) | ( 227.9) | 160 | スカパーJSAT | 201.5 | ( 172) | ( 197.0) |
| 106 | ゆうちょ銀行 | 221.1 | ( 96) | ( 225.3) | 161 | 丸美屋食品工業 | 201.1 | ( 174) | ( 196.2) |
| 112 | 東海旅客鉄道（JR東海） | 219.6 | ( 85) | ( 228.3) | 162 | ニコン | 200.8 | ( 112) | ( 217.4) |
| 113 | 日本生命保険 | 219.0 | ( 104) | ( 223.0) | 162 | 明治安田生命保険 | 200.8 | ( 134) | ( 209.1) |
| 114 | 東日本電信電話（NTT東日本） | 218.8 | ( 114) | ( 217.0) | 164 | 伊藤ハム | 199.6 | ( 146) | ( 205.3) |
| 115 | NEC（日本電気） | 218.5 | ( 76) | ( 233.7) | 165 | 近畿日本ツーリスト | 199.2 | ( 148) | ( 204.5) |
| 116 | 龍角散 | 217.7 | ( -) | ( -) | 166 | 月桂冠 | 197.7 | ( 160) | ( 200.8) |
| 117 | シチズン | 217.0 | ( 107) | ( 219.2) | 166 | ツムラ | 197.7 | ( 176) | ( 195.8) |
| 117 | カネボウ化粧品 | 217.0 | ( 103) | ( 223.4) | 166 | ベネッセコーポレーション | 197.7 | ( 135) | ( 208.7) |
| 119 | 王将フードサービス（餃子の王将） | 216.6 | ( 169) | ( 197.7) | 166 | ぐるなび | 197.7 | ( 164) | ( 200.4) |
| 119 | LIXIL | 216.6 | ( 153) | ( 203.1) | 170 | 日清オイリオグループ | 197.0 | ( 177) | ( 195.5) |
| 121 | メルセデス・ベンツ | 215.8 | ( 130) | ( 210.2) | 171 | 住友生命保険 | 196.6 | ( 160) | ( 200.8) |
| 122 | エーザイ | 215.5 | ( 108) | ( 218.9) | 172 | NTTコミュニケーションズ | 195.4 | ( 156) | ( 202.3) |
| 123 | しまむら | 215.1 | ( -) | ( -) | 173 | リンナイ | 195.1 | ( 191) | ( 188.2) |
| 124 | イトーヨーカ堂 | 214.3 | ( 133) | ( 209.2) | 174 | 塩野義製薬（シオノギ製薬） | 194.7 | ( 180) | ( 194.0) |
| 125 | オリンパス | 212.8 | ( 112) | ( 217.4) | 175 | 大塚商会 | 194.0 | ( 169) | ( 197.7) |
| 125 | ダイキン工業 | 212.8 | ( 122) | ( 214.2) | 175 | 大東建託 | 194.0 | ( 139) | ( 207.9) |
| 125 | コーセー | 212.8 | ( 85) | ( 228.3) | 177 | 小林製薬 | 192.8 | ( 189) | ( 188.7) |
| 128 | アマゾンジャパン | 211.7 | ( 174) | ( 196.2) | 178 | テレビ東京 | 192.7 | ( 188) | ( 189.4) |
| 129 | エスビー食品 | 211.4 | ( 142) | ( 206.8) | 179 | 損害保険ジャパン日本興亜 | 192.4 | ( 202) | ( 182.6) |
| 130 | 武田薬品工業 | 210.6 | ( 131) | ( 209.8) | 179 | はごろもフーズ | 192.4 | ( 203) | ( 182.3) |
| 131 | 第一生命保険 | 210.3 | ( 117) | ( 216.2) | 181 | 三菱自動車工業 | 192.1 | ( 212) | ( 178.1) |
| 132 | 雪印メグミルク | 209.4 | ( 106) | ( 221.0) | 181 | リクルートホールディングス | 192.1 | ( 148) | ( 204.5) |
| 132 | ファンケル | 209.4 | ( 84) | ( 228.7) | 183 | 再春館製薬所 | 191.3 | ( 164) | ( 200.4) |
| 134 | 日本電信電話（NTT） | 208.8 | ( 127) | ( 210.9) | 184 | ウォルト・ディズニー・ジャパン | 191.2 | ( -) | ( -) |
| 134 | フジテレビジョン | 208.8 | ( 129) | ( 210.6) | 185 | ヤマハ | 190.6 | ( 156) | ( 202.3) |
| 136 | セイコーエプソン（EPSON） | 207.9 | ( 123) | ( 214.0) | 186 | ユニリーバ・ジャパン | 190.3 | ( 200) | ( 183.7) |
| 136 | ミサワホーム | 207.9 | ( 160) | ( 200.8) | 187 | 日本郵政（日本郵政グループ） | 190.2 | ( 182) | ( 192.8) |
| 136 | ダイドードリンコ | 207.9 | ( 141) | ( 206.9) | 188 | アクサ生命保険 | 190.1 | ( 155) | ( 202.6) |
| 139 | ダスキン | 207.5 | ( 151) | ( 203.4) | 189 | 綜合警備保障 | 189.6 | ( 158) | ( 201.9) |
| 139 | 旭化成 | 207.5 | ( 110) | ( 218.4) | 190 | カルチュア・コンビニエンス・クラブ（TSUTAYA） | 189.1 | ( 166) | ( 199.6) |
| 139 | BMWジャパン | 207.5 | ( 158) | ( 201.9) | 191 | ポーラ | 188.3 | ( -) | ( -) |
| 142 | コスモ石油 | 206.8 | ( 123) | ( 214.0) | 192 | フジッコ | 187.9 | ( 190) | ( 188.3) |
| 143 | ネスレ | 206.4 | ( 126) | ( 213.7) | 193 | アシックス | 187.5 | ( 144) | ( 206.1) |
| 143 | マンダム | 206.4 | ( 115) | ( 216.6) | 193 | 野村不動産 | 187.5 | ( 196) | ( 185.7) |
| 145 | 日本ハム | 205.7 | ( 145) | ( 205.7) | 195 | 富士ゼロックス | 187.2 | ( 183) | ( 192.5) |
| 145 | 久光製薬 | 205.7 | ( 169) | ( 197.7) | 196 | 野村ホールディングス（野村證券） | 187.1 | ( 185) | ( 191.3) |
| 145 | 三井不動産 | 205.7 | ( 135) | ( 208.7) | 197 | 三井ホーム | 186.8 | ( 226) | ( 170.9) |
| 148 | ミズノ | 204.9 | ( 100) | ( 224.9) | 198 | 日本マイクロソフト | 186.7 | ( 151) | ( 203.4) |
| 148 | パナホーム | 204.9 | ( 154) | ( 202.8) | 199 | りそな銀行 | 186.0 | ( 208) | ( 179.8) |
| 150 | TBS | 204.6 | ( 135) | ( 208.7) | 200 | 第一三共 | 185.7 | ( 217) | ( 175.8) |

# 広告接触度
## 〈一般個人〉

| 2017年 順位 | 社名 | スコア | (2016年)(順位) | (スコア) | 2017年 順位 | 社名 | スコア | (2016年)(順位) | (スコア) |
|---|---|---|---|---|---|---|---|---|---|
| 1 | ソフトバンク | 272.1 | ( 5) | ( 259.8) | 51 | 江崎グリコ | 217.6 | ( 47) | ( 223.6) |
| 2 | NTTドコモ | 270.1 | ( 12) | ( 249.0) | 52 | マツダ | 216.7 | ( 64) | ( 218.1) |
| 3 | 日本コカ・コーラ | 268.6 | ( 3) | ( 262.3) | 53 | ミツカン | 216.2 | ( 80) | ( 210.8) |
| 4 | 日本マクドナルド | 265.2 | ( 8) | ( 256.9) | 54 | カゴメ | 215.7 | ( 82) | ( 209.4) |
| 5 | キリンビール | 263.2 | ( 1) | ( 267.2) | 54 | キヤノン | 215.7 | ( 54) | ( 221.1) |
| 6 | サントリー | 262.7 | ( 4) | ( 261.8) | 54 | 日本航空（JAL） | 215.7 | ( 39) | ( 227.0) |
| 7 | アサヒビール | 261.3 | ( 2) | ( 266.2) | 57 | ヤフー | 215.2 | ( 99) | ( 198.5) |
| 8 | トヨタ自動車 | 259.8 | ( 9) | ( 254.4) | 58 | イオン | 214.7 | ( 53) | ( 222.1) |
| 9 | サッポロビール | 258.3 | ( 6) | ( 258.3) | 59 | 富士フイルム | 213.7 | ( 48) | ( 223.5) |
| 10 | 日産自動車 | 253.4 | ( 16) | ( 246.1) | 59 | スズキ | 213.7 | ( 60) | ( 219.1) |
| 10 | ファーストリテイリング（ユニクロ） | 253.4 | ( 7) | ( 257.4) | 59 | 積水ハウス | 213.7 | ( 64) | ( 218.1) |
| 12 | KDDI（au） | 250.0 | ( 20) | ( 243.6) | 59 | セブン-イレブン・ジャパン | 213.7 | ( 56) | ( 220.1) |
| 13 | ライオン | 249.0 | ( 14) | ( 247.5) | 63 | 雪印メグミルク | 213.2 | ( 86) | ( 207.8) |
| 14 | 伊藤園 | 248.5 | ( 17) | ( 244.6) | 64 | WOWOW | 212.7 | ( 120) | ( 190.2) |
| 15 | 花王 | 248.0 | ( 15) | ( 247.1) | 65 | キッコーマン | 212.3 | ( 61) | ( 218.7) |
| 16 | アサヒ飲料 | 243.6 | ( 34) | ( 230.4) | 65 | ダイハツ工業 | 212.3 | ( 67) | ( 216.7) |
| 16 | ヤマダ電機 | 243.6 | ( 11) | ( 250.5) | 65 | ローソン | 212.3 | ( 94) | ( 202.0) |
| 18 | ビックカメラ | 242.2 | ( 23) | ( 241.2) | 65 | 全日本空輸（ANA） | 212.3 | ( 37) | ( 229.4) |
| 19 | 明治 | 239.7 | ( 22) | ( 241.4) | 69 | タマホーム | 211.3 | ( 69) | ( 216.2) |
| 20 | キユーピー | 238.2 | ( 13) | ( 248.3) | 69 | フマキラー | 211.3 | ( 97) | ( 200.5) |
| 21 | パナソニック | 237.3 | ( 17) | ( 244.6) | 71 | ナイキジャパン | 210.3 | ( 51) | ( 222.5) |
| 21 | オリエンタルランド（東京ディズニーリゾート） | 237.3 | ( 19) | ( 244.1) | 72 | JTB | 209.8 | ( 36) | ( 229.9) |
| 23 | ロッテ | 236.8 | ( 24) | ( 240.4) | 73 | 日立製作所 | 208.8 | ( 86) | ( 207.8) |
| 24 | 味の素 | 236.3 | ( 26) | ( 239.9) | 74 | ロート製薬 | 208.3 | ( 71) | ( 215.3) |
| 24 | ヨドバシカメラ | 236.3 | ( 28) | ( 235.8) | 74 | 富士通 | 208.3 | ( 67) | ( 216.7) |
| 26 | ニトリ | 235.8 | ( 21) | ( 243.1) | 76 | 大塚製薬 | 207.8 | ( 70) | ( 215.8) |
| 27 | ジャパネットたかた | 235.3 | ( 10) | ( 253.9) | 76 | ファミリーマート | 207.8 | ( 85) | ( 208.3) |
| 28 | TOTO | 234.3 | ( 41) | ( 226.0) | 76 | ゆうちょ銀行 | 207.8 | ( 43) | ( 225.0) |
| 29 | 森永製菓 | 233.8 | ( 27) | ( 236.5) | 79 | ブリヂストン | 207.4 | ( 75) | ( 212.7) |
| 29 | ヤクルト本社 | 233.8 | ( 56) | ( 220.1) | 79 | SUBARU | 207.4 | ( 218) | ( 145.1) |
| 31 | ホンダ | 233.3 | ( 31) | ( 233.3) | 79 | アマゾン ウェブ サービス ジャパン | 207.4 | ( 143) | ( 180.4) |
| 32 | カルビー | 231.4 | ( 24) | ( 240.4) | 82 | エイチ・アイ・エス | 206.4 | ( 41) | ( 226.0) |
| 32 | ソニー | 231.4 | ( 34) | ( 230.4) | 83 | モスフードサービス（モスバーガー） | 205.9 | ( -) | ( -) |
| 34 | コジマ | 230.9 | ( 33) | ( 231.9) | 84 | フジテレビジョン | 205.4 | ( 125) | ( 186.3) |
| 35 | ハウス食品 | 228.4 | ( 30) | ( 233.5) | 85 | ユニ・チャーム | 204.9 | ( 92) | ( 203.4) |
| 35 | キリンビバレッジ | 228.4 | ( 55) | ( 220.6) | 85 | 東京ガス | 204.9 | ( 40) | ( 226.5) |
| 37 | サンスター | 227.9 | ( 56) | ( 220.1) | 85 | グーグル | 204.9 | ( 157) | ( 175.0) |
| 38 | 森永乳業 | 226.0 | ( 72) | ( 214.7) | 88 | イトーヨーカ堂 | 204.4 | ( 62) | ( 218.6) |
| 38 | ダイソン | 226.0 | ( 31) | ( 233.3) | 89 | TBS | 202.5 | ( 135) | ( 183.8) |
| 40 | 味の素AGF | 223.5 | ( 102) | ( 197.5) | 90 | 日本テレビ放送網（日本テレビ） | 202.0 | ( 131) | ( 184.3) |
| 40 | 東芝 | 223.5 | ( 45) | ( 224.0) | 91 | 日清食品 | 201.5 | ( 59) | ( 219.2) |
| 40 | 東日本旅客鉄道（JR東日本） | 223.5 | ( 66) | ( 217.6) | 91 | AOKI | 201.5 | ( 76) | ( 212.3) |
| 43 | すかいらーく（ガスト） | 223.0 | ( 124) | ( 186.8) | 91 | アディダスジャパン | 201.5 | ( 48) | ( 223.5) |
| 43 | シャープ | 223.0 | ( 51) | ( 222.5) | 94 | 三菱東京UFJ銀行 | 200.5 | ( 88) | ( 206.9) |
| 45 | 東急リバブル | 222.1 | ( 137) | ( 183.3) | 95 | テレビ朝日 | 200.0 | ( 142) | ( 181.9) |
| 46 | ヤマト運輸 | 221.1 | ( 44) | ( 224.5) | 96 | 三井住友銀行 | 199.5 | ( 78) | ( 211.3) |
| 47 | セコム | 220.6 | ( 62) | ( 218.6) | 96 | 佐川急便 | 199.5 | ( 74) | ( 213.2) |
| 48 | 三菱電機 | 219.6 | ( 48) | ( 223.5) | 96 | しまむら | 199.5 | ( -) | ( -) |
| 48 | アフラック（アメリカンファミリー生命保険） | 219.6 | ( 38) | ( 227.9) | 99 | 大正製薬 | 199.0 | ( 84) | ( 208.9) |
| 50 | 資生堂 | 218.1 | ( 29) | ( 235.3) | 100 | ミサワホーム | 198.5 | ( 118) | ( 191.7) |

# 広 告 接 触 度
## 〈一般個人〉

| 順位 | 社名 | 2017年 スコア | (2016年) (順位) | (スコア) | 順位 | 社名 | 2017年 スコア | (2016年) (順位) | (スコア) |
|---|---|---|---|---|---|---|---|---|---|
| 100 | みずほ銀行 | 198.5 | ( 90) | ( 203.9) | 151 | ダイキン工業 | 178.9 | ( 168) | ( 170.6) |
| 100 | セブン&アイ・ホールディングス | 198.5 | ( 90) | ( 203.9) | 151 | メルセデス・ベンツ | 178.9 | ( 138) | ( 182.4) |
| 103 | 養命酒製造 | 197.5 | ( 102) | ( 197.5) | 153 | 再春館製薬所 | 178.4 | ( 80) | ( 210.8) |
| 103 | 三菱地所 | 197.5 | ( 102) | ( 197.5) | 153 | ウォルト・ディズニー・ジャパン | 178.4 | ( -) | ( -) |
| 105 | ネスレ | 197.1 | ( 118) | ( 191.7) | 155 | 丸大食品 | 177.9 | ( 170) | ( 170.4) |
| 106 | 日本ハム | 196.6 | ( 127) | ( 186.2) | 156 | 三菱自動車工業 | 177.0 | ( 154) | ( 175.5) |
| 106 | ダイドードリンコ | 196.6 | ( 115) | ( 192.2) | 157 | 日本生命保険 | 176.5 | ( 162) | ( 173.0) |
| 108 | リンナイ | 196.1 | ( 152) | ( 177.5) | 157 | タカラトミー | 176.5 | ( 115) | ( 192.2) |
| 108 | 東日本電信電話（NTT東日本） | 196.1 | ( 122) | ( 188.2) | 159 | 三井不動産 | 176.0 | ( 163) | ( 172.5) |
| 110 | 伊藤ハム | 194.6 | ( 127) | ( 186.2) | 160 | 武田薬品工業 | 174.0 | ( 149) | ( 178.3) |
| 111 | 楽天 | 194.1 | ( 131) | ( 184.3) | 160 | インテル | 174.0 | ( 163) | ( 172.5) |
| 112 | 日本電信電話（NTT） | 193.6 | ( 138) | ( 182.4) | 160 | ヤマハ | 174.0 | ( 143) | ( 180.4) |
| 112 | トリドールホールディングス（丸亀製麺） | 193.6 | ( 615) | ( 11.8) | 160 | NTTコミュニケーションズ | 174.0 | ( 176) | ( 163.7) |
| 114 | 丸美屋食品工業 | 193.1 | ( 99) | ( 198.5) | 164 | アシックス | 173.5 | ( 138) | ( 182.4) |
| 115 | ダスキン | 192.6 | ( 83) | ( 209.3) | 164 | 大和ハウス工業 | 173.5 | ( 113) | ( 192.6) |
| 115 | エステー | 192.6 | ( 109) | ( 194.6) | 164 | 綜合警備保障 | 173.5 | ( 179) | ( 161.8) |
| 117 | セイコー | 191.7 | ( 110) | ( 193.6) | 167 | バンダイナムコホールディングス | 173.0 | ( 135) | ( 183.8) |
| 117 | NEC（日本電気） | 191.7 | ( 96) | ( 201.0) | 168 | 西松屋チェーン（西松屋） | 172.5 | ( 157) | ( 175.0) |
| 117 | パナホーム | 191.7 | ( 94) | ( 202.0) | 169 | 塩野義製薬（シオノギ製薬） | 171.1 | ( 155) | ( 175.4) |
| 117 | テレビ東京 | 191.7 | ( 175) | ( 164.7) | 169 | BMWジャパン | 171.1 | ( 163) | ( 172.5) |
| 121 | P&G（プロクター・アンド・ギャンブル・ジャパン） | 191.2 | ( 102) | ( 197.5) | 169 | 近畿日本ツーリスト | 171.1 | ( 122) | ( 188.2) |
| 122 | エスビー食品 | 190.7 | ( 107) | ( 195.6) | 172 | 山田養蜂場 | 170.1 | ( 159) | ( 174.0) |
| 122 | スカパーJSAT | 190.7 | ( 181) | ( 160.8) | 173 | セイコーエプソン（EPSON） | 169.6 | ( 107) | ( 195.6) |
| 124 | エーザイ | 190.2 | ( 110) | ( 193.6) | 173 | クリナップ | 169.6 | ( 173) | ( 168.6) |
| 124 | 龍角散 | 190.2 | ( -) | ( -) | 173 | ハナマルキ | 169.6 | ( 151) | ( 177.8) |
| 126 | コスモ石油 | 189.7 | ( 98) | ( 199.5) | 173 | イオンモール | 169.6 | ( 174) | ( 167.2) |
| 127 | 東海旅客鉄道（JR東海） | 188.7 | ( 115) | ( 192.2) | 177 | ニコン | 169.1 | ( 121) | ( 189.7) |
| 127 | 王将フードサービス（餃子の王将） | 188.7 | ( 131) | ( 184.3) | 178 | 三井ホーム | 168.6 | ( 177) | ( 162.3) |
| 129 | カネボウ化粧品 | 188.2 | ( 76) | ( 212.3) | 178 | 日本放送協会（NHK） | 168.6 | ( 216) | ( 146.1) |
| 130 | ミズノ | 187.3 | ( 101) | ( 198.0) | 180 | ベネッセコーポレーション | 168.1 | ( 129) | ( 185.3) |
| 131 | 宝酒造（宝ホールディングス） | 186.8 | ( 143) | ( 180.4) | 181 | 住友生命保険 | 167.6 | ( 184) | ( 156.9) |
| 131 | ツムラ | 186.8 | ( 141) | ( 182.3) | 182 | 日清オイリオグループ | 165.2 | ( 180) | ( 161.6) |
| 131 | マルコメ | 186.8 | ( 134) | ( 184.2) | 183 | パロマ | 164.7 | ( 183) | ( 159.8) |
| 131 | アマゾンジャパン | 186.8 | ( 177) | ( 162.3) | 184 | 富士通ゼネラル | 164.2 | ( 218) | ( 145.1) |
| 135 | オリンパス | 186.3 | ( 113) | ( 192.6) | 184 | はごろもフーズ | 164.2 | ( 147) | ( 180.3) |
| 136 | 日本中央競馬会（JRA） | 185.8 | ( 230) | ( 141.7) | 184 | ドンキホーテホールディングス | 164.2 | ( 192) | ( 154.4) |
| 137 | フジッコ | 184.8 | ( 149) | ( 178.3) | 187 | 明治安田生命保険 | 163.7 | ( 184) | ( 156.9) |
| 138 | 月桂冠 | 184.3 | ( 143) | ( 180.4) | 188 | りそな銀行 | 163.2 | ( 189) | ( 155.4) |
| 138 | ABCマート | 184.3 | ( 110) | ( 193.6) | 189 | 久光製薬 | 162.3 | ( 167) | ( 170.9) |
| 140 | 日本たばこ産業（JT） | 183.8 | ( 78) | ( 211.3) | 190 | UCC上島珈琲 | 161.3 | ( 171) | ( 170.1) |
| 140 | アップルジャパン | 183.8 | ( 153) | ( 176.0) | 190 | 大東建託 | 161.3 | ( 192) | ( 154.4) |
| 140 | ワコール | 183.8 | ( 106) | ( 197.1) | 192 | LINE | 159.3 | ( 204) | ( 149.5) |
| 143 | 第一生命保険 | 181.9 | ( 163) | ( 172.5) | 193 | LIXIL | 157.8 | ( 228) | ( 142.2) |
| 144 | レオパレス21 | 181.4 | ( -) | ( -) | 194 | 京セラ | 156.9 | ( 197) | ( 153.4) |
| 145 | ファンケル | 180.9 | ( 89) | ( 204.9) | 195 | 旭化成 | 156.4 | ( 160) | ( 173.5) |
| 145 | 東京地下鉄（東京メトロ） | 180.9 | ( 125) | ( 186.3) | 196 | マンダム | 155.9 | ( 168) | ( 170.6) |
| 147 | シチズン | 180.4 | ( 129) | ( 185.3) | 196 | ぐるなび | 155.9 | ( 196) | ( 153.9) |
| 148 | かんぽ生命保険 | 179.9 | ( 160) | ( 173.5) | 198 | 野村不動産 | 154.9 | ( 217) | ( 145.6) |
| 149 | 住友林業 | 179.4 | ( 148) | ( 179.9) | 199 | メットライフ生命 | 153.4 | ( 190) | ( 154.9) |
| 149 | コーセー | 179.4 | ( 93) | ( 202.5) | 199 | マイナビ | 153.4 | ( 226) | ( 142.6) |

# 企 業 認 知 度
## 〈ビジネスパーソン〉

| 順位 | 社名 | 2017年 スコア | （2016年）(順位) | （スコア) | 順位 | 社名 | 2017年 スコア | （2016年）(順位) | （スコア) |
|---|---|---|---|---|---|---|---|---|---|
| 1 | ファーストリテイリング（ユニクロ） | 277.0 | ( 2) | ( 276.2) | 50 | テレビ東京 | 253.8 | ( 67) | ( 250.9) |
| 2 | ヤマダ電機 | 274.9 | ( 2) | ( 276.2) | 52 | 森永製菓 | 253.4 | ( 14) | ( 263.4) |
| 3 | 日本マクドナルド | 273.2 | ( 10) | ( 267.9) | 52 | カルビー | 253.4 | ( 21) | ( 261.5) |
| 4 | コジマ | 273.0 | ( 5) | ( 275.5) | 52 | カゴメ | 253.4 | ( 46) | ( 254.7) |
| 5 | ヨドバシカメラ | 272.6 | ( 2) | ( 276.2) | 55 | ソニー | 253.2 | ( 108) | ( 241.4) |
| 5 | ビックカメラ | 272.6 | ( 1) | ( 277.7) | 56 | トヨタ自動車 | 252.8 | ( 72) | ( 249.4) |
| 7 | モスフードサービス（モスバーガー） | 270.9 | ( -) | ( -) | 56 | アマゾンジャパン | 252.8 | ( 59) | ( 253.3) |
| 8 | ニトリ | 268.7 | ( 6) | ( 271.7) | 58 | 伊藤園 | 252.1 | ( 84) | ( 246.2) |
| 9 | オリエンタルランド（東京ディズニーリゾート） | 268.5 | ( 9) | ( 268.1) | 58 | 大塚家具 | 252.1 | ( 25) | ( 260.8) |
| 10 | セブン-イレブン・ジャパン | 268.3 | ( 11) | ( 267.8) | 60 | 日本マイクロソフト | 251.7 | ( 42) | ( 255.5) |
| 10 | ローソン | 268.3 | ( 12) | ( 267.4) | 61 | 江崎グリコ | 251.5 | ( 23) | ( 261.1) |
| 12 | すかいらーく（ガスト） | 267.9 | ( 81) | ( 246.8) | 61 | 味の素 | 251.5 | ( 60) | ( 253.2) |
| 13 | ファミリーマート | 267.5 | ( 8) | ( 268.6) | 61 | NTTドコモ | 251.5 | ( 40) | ( 255.8) |
| 14 | 花王 | 266.5 | ( 18) | ( 262.4) | 64 | ヤクルト本社 | 251.3 | ( 93) | ( 244.7) |
| 15 | 良品計画（無印良品） | 266.0 | ( 7) | ( 269.8) | 65 | キッコーマン | 251.1 | ( 64) | ( 251.7) |
| 16 | ヤフー | 265.3 | ( 27) | ( 260.0) | 66 | シャープ | 250.9 | ( 113) | ( 240.6) |
| 17 | ライオン | 264.2 | ( 22) | ( 261.2) | 67 | ロッテ | 250.8 | ( 16) | ( 263.0) |
| 18 | トリドールホールディングス（丸亀製麺） | 263.8 | ( 599) | ( 62.6) | 67 | ハウス食品 | 250.8 | ( 70) | ( 250.2) |
| 19 | 王将フードサービス（餃子の王将） | 263.4 | ( 78) | ( 247.5) | 69 | バンダイナムコホールディングス | 250.6 | ( 78) | ( 247.5) |
| 19 | しまむら | 263.4 | ( -) | ( -) | 69 | 三越 | 250.6 | ( 37) | ( 256.7) |
| 21 | イオン | 261.5 | ( 20) | ( 261.7) | 71 | ソフトバンク | 250.4 | ( 67) | ( 250.9) |
| 21 | アマゾン ウェブ サービス ジャパン | 261.5 | ( 38) | ( 256.6) | 72 | 東芝 | 250.2 | ( 111) | ( 241.0) |
| 23 | サントリー | 261.1 | ( 27) | ( 260.0) | 72 | 髙島屋 | 250.2 | ( 34) | ( 257.9) |
| 23 | ジャパネットたかた | 261.1 | ( 14) | ( 263.4) | 72 | ぐるなび | 250.2 | ( 86) | ( 245.3) |
| 25 | フジテレビジョン | 260.8 | ( 52) | ( 254.3) | 75 | 日本航空（JAL） | 249.4 | ( 62) | ( 252.5) |
| 26 | グーグル | 260.0 | ( 42) | ( 255.5) | 76 | 日産自動車 | 249.1 | ( 82) | ( 246.4) |
| 27 | セブン&アイ・ホールディングス | 258.9 | ( 17) | ( 262.8) | 76 | 全日本空輸（ANA） | 249.1 | ( 52) | ( 254.3) |
| 28 | 日本テレビ放送網（日本テレビ） | 258.5 | ( 46) | ( 254.7) | 78 | 伊勢丹 | 248.7 | ( 39) | ( 256.3) |
| 29 | テレビ朝日 | 258.1 | ( 55) | ( 254.0) | 79 | JTB | 248.3 | ( 55) | ( 254.0) |
| 30 | キリンビール | 257.7 | ( 23) | ( 261.1) | 80 | セコム | 247.3 | ( 110) | ( 241.1) |
| 30 | イトーヨーカ堂 | 257.7 | ( 30) | ( 259.4) | 81 | コクヨ | 247.2 | ( 94) | ( 244.5) |
| 30 | TBS | 257.7 | ( 52) | ( 254.3) | 81 | キリンビバレッジ | 247.2 | ( 98) | ( 243.1) |
| 30 | 日本放送協会（NHK） | 257.7 | ( 46) | ( 254.7) | 83 | 東京ガス | 246.4 | ( 58) | ( 253.6) |
| 34 | アサヒビール | 257.4 | ( 26) | ( 260.4) | 84 | 日本ハム | 246.2 | ( 86) | ( 245.3) |
| 34 | アップルジャパン | 257.4 | ( 46) | ( 254.7) | 84 | 日清食品 | 246.2 | ( 73) | ( 248.7) |
| 36 | ABCマート | 257.0 | ( 36) | ( 257.0) | 86 | 富士通 | 246.0 | ( 117) | ( 239.1) |
| 37 | ヤマト運輸 | 256.6 | ( 46) | ( 254.7) | 87 | イオンモール | 245.7 | ( 80) | ( 247.1) |
| 37 | AOKI | 256.6 | ( 19) | ( 261.9) | 88 | ダイソン | 245.6 | ( 134) | ( 232.7) |
| 39 | タカラトミー | 256.4 | ( 73) | ( 248.7) | 89 | TOTO | 245.3 | ( 109) | ( 241.3) |
| 40 | アディダスジャパン | 256.3 | ( 31) | ( 259.2) | 90 | 森永乳業 | 244.9 | ( 106) | ( 242.0) |
| 41 | サッポロビール | 255.8 | ( 33) | ( 258.5) | 91 | ミツカン | 244.3 | ( 97) | ( 243.4) |
| 41 | 日本コカ・コーラ | 255.8 | ( 65) | ( 251.5) | 92 | 日立製作所 | 244.2 | ( 126) | ( 236.0) |
| 43 | ドンキホーテホールディングス | 255.5 | ( 46) | ( 254.7) | 92 | 西武（SEIBU） | 244.2 | ( 75) | ( 247.9) |
| 44 | キユーピー | 255.3 | ( 31) | ( 259.2) | 92 | エイチ・アイ・エス | 244.2 | ( 60) | ( 253.2) |
| 45 | 佐川急便 | 255.1 | ( 42) | ( 255.5) | 95 | セイコー | 243.8 | ( 91) | ( 245.2) |
| 46 | サンスター | 254.1 | ( 63) | ( 252.1) | 95 | ミズノ | 243.8 | ( 45) | ( 255.2) |
| 47 | パナソニック | 254.0 | ( 107) | ( 241.8) | 95 | ホンダ | 243.8 | ( 86) | ( 245.3) |
| 47 | 東日本旅客鉄道（JR東日本） | 254.0 | ( 27) | ( 260.0) | 95 | 東京地下鉄（東京メトロ） | 243.8 | ( 71) | ( 249.8) |
| 47 | ナイキジャパン | 254.0 | ( 35) | ( 257.4) | 99 | 三菱電機 | 243.4 | ( 128) | ( 234.9) |
| 50 | 明治 | 253.8 | ( 13) | ( 264.9) | 100 | 伊藤ハム | 242.8 | ( 94) | ( 244.5) |

# 企業認知度
## 〈ビジネスパーソン〉

| 順位 | 社名 | スコア | (順位) | (スコア) | 順位 | 社名 | スコア | (順位) | (スコア) |
|---|---|---|---|---|---|---|---|---|---|
| | | 2017年 | （2016年） | | | | 2017年 | （2016年） | |
| 101 | 楽天 | 242.3 | （92） | （244.8） | 152 | 三菱自動車工業 | 227.9 | （129） | （234.7） |
| 102 | エスビー食品 | 242.0 | （99） | （243.0） | 152 | カネボウ化粧品 | 227.9 | （141） | （230.9） |
| 103 | マルコメ | 241.7 | （120） | （237.7） | 154 | 東日本高速道路（NEXCO東日本） | 227.4 | （161） | （224.9） |
| 104 | シチズン | 241.1 | （105） | （242.1） | 154 | 首都高速道路 | 227.4 | （173） | （221.9） |
| 105 | WOWOW | 240.8 | （114） | （240.4） | 156 | 東京急行電鉄（東急電鉄） | 226.8 | （148） | （229.4） |
| 105 | 日本郵便 | 240.8 | （146） | （230.2） | 157 | アルペン | 226.0 | （152） | （229.1） |
| 107 | アサヒ飲料 | 240.4 | （104） | （242.4） | 158 | UCC上島珈琲 | 225.7 | （144） | （230.5） |
| 107 | KDDI（au） | 240.4 | （82） | （246.4） | 158 | 東京電力ホールディングス | 225.7 | （55） | （254.0） |
| 109 | ダスキン | 240.0 | （114） | （240.4） | 160 | メルセデス・ベンツ | 225.3 | （154） | （227.2） |
| 109 | NEC（日本電気） | 240.0 | （121） | （236.8） | 160 | 三菱東京UFJ銀行 | 225.3 | （165） | （223.7） |
| 111 | ユニ・チャーム | 239.7 | （134） | （232.7） | 162 | ヨネックス | 224.2 | （116） | （239.5） |
| 112 | 雪印メグミルク | 239.6 | （124） | （236.3） | 162 | 龍角散 | 224.2 | （-） | （-） |
| 112 | ヤマハ | 239.6 | （66） | （251.0） | 162 | ハナマルキ | 224.2 | （193） | （213.2） |
| 112 | 大丸 | 239.6 | （96） | （244.1） | 165 | 大塚商会 | 223.8 | （139） | （231.3） |
| 112 | 日本郵政（日本郵政グループ） | 239.6 | （119） | （238.1） | 165 | LINE | 223.8 | （207） | （209.2） |
| 112 | ゆうちょ銀行 | 239.6 | （40） | （255.8） | 167 | オリンパス | 223.4 | （157） | （226.4） |
| 117 | アシックス | 239.2 | （69） | （250.6） | 167 | 日本通運 | 223.4 | （148） | （229.4） |
| 118 | レオパレス21 | 238.8 | （-） | （-） | 169 | セイコーエプソン（EPSON） | 222.3 | （156） | （226.8） |
| 119 | ブリヂストン | 238.5 | （152） | （229.1） | 169 | BMWジャパン | 222.3 | （157） | （226.4） |
| 119 | 西松屋チェーン（西松屋） | 238.5 | （85） | （246.0） | 171 | ロート製薬 | 221.9 | （180） | （218.9） |
| 121 | 帝国ホテル | 238.1 | （131） | （234.3） | 171 | 積水ハウス | 221.9 | （216） | （205.1） |
| 122 | マツダ | 237.7 | （100） | （242.6） | 173 | みずほ銀行 | 221.5 | （167） | （223.3） |
| 122 | 東海旅客鉄道（JR東海） | 237.7 | （86） | （245.3） | 174 | 三井住友銀行 | 221.1 | （172） | （222.1） |
| 124 | 日本電信電話（NTT） | 237.3 | （118） | （238.5） | 174 | コーセー | 221.1 | （168） | （223.0） |
| 125 | プリンスホテル | 237.0 | （125） | （236.2） | 176 | YKK | 220.8 | （196） | （211.8） |
| 126 | 日本たばこ産業（JT） | 236.2 | （75） | （247.9） | 177 | スカパーJSAT | 220.4 | （171） | （222.3） |
| 126 | 資生堂 | 236.2 | （100） | （242.6） | 178 | ダイキン工業 | 220.0 | （189） | （214.6） |
| 126 | キヤノン | 236.2 | （112） | （240.8） | 179 | 大塚製薬 | 219.6 | （175） | （221.5） |
| 129 | 日本中央競馬会（JRA） | 235.8 | （323） | （169.4） | 179 | ワコール | 219.6 | （136） | （232.6） |
| 130 | ヤマトホールディングス | 235.5 | （177） | （221.1） | 181 | 中日本高速道路（NEXCO中日本） | 219.4 | （184） | （217.4） |
| 131 | 味の素AGF | 234.3 | （148） | （229.4） | 182 | 日清製粉グループ本社 | 219.3 | （220） | （203.4） |
| 132 | 東日本電信電話（NTT東日本） | 234.2 | （123） | （236.6） | 183 | 養命酒製造 | 218.9 | （200） | （210.9） |
| 133 | フジッコ | 233.7 | （160） | （225.7） | 184 | ダンロップスポーツ | 217.7 | （137） | （231.8） |
| 134 | コナミホールディングス（KONAMI） | 233.5 | （140） | （231.2） | 185 | 京セラ | 217.4 | （209） | （208.0） |
| 135 | SUBARU | 233.2 | （183） | （218.5） | 186 | リコー | 217.0 | （168） | （223.0） |
| 135 | 松坂屋 | 233.2 | （103） | （242.5） | 187 | 日清オイリオグループ | 216.7 | （187） | （215.5） |
| 135 | 近畿日本ツーリスト | 233.2 | （86） | （245.3） | 188 | 富士ゼロックス | 216.6 | （143） | （230.6） |
| 138 | カシオ計算機 | 232.8 | （121） | （236.8） | 188 | コスモ石油 | 216.6 | （157） | （226.4） |
| 139 | 丸大食品 | 232.6 | （173） | （221.9） | 190 | 大正製薬 | 216.2 | （202） | （210.6） |
| 140 | 富士フイルム | 232.1 | （133） | （233.2） | 190 | マンダム | 216.2 | （163） | （224.2） |
| 141 | スズキ | 231.7 | （127） | （235.8） | 192 | 月桂冠 | 215.8 | （185） | （216.6） |
| 142 | ダイドードリンコ | 231.3 | （138） | （231.7） | 193 | 宝島社 | 215.6 | （199） | （211.0） |
| 143 | カルチュア・コンビニエンス・クラブ（TSUTAYA） | 231.1 | （100） | （242.6） | 194 | 大和ハウス工業 | 215.5 | （230） | （201.6） |
| 144 | 丸美屋食品工業 | 230.7 | （161） | （224.9） | 195 | はごろもフーズ | 213.3 | （238） | （198.9） |
| 145 | ニコン | 230.6 | （141） | （230.9） | 196 | オムロン | 213.2 | （186） | （216.0） |
| 146 | ダイハツ工業 | 229.8 | （132） | （234.0） | 197 | 昭和シェル石油 | 212.8 | （170） | （222.6） |
| 147 | 綜合警備保障 | 229.6 | （146） | （230.2） | 198 | 中部電力 | 212.5 | （178） | （220.8） |
| 148 | ネスレ | 229.4 | （144） | （230.5） | 198 | 東映アニメーション | 212.5 | （210） | （206.8） |
| 148 | 小田急電鉄 | 229.4 | （148） | （229.4） | 200 | ミサワホーム | 212.1 | （226） | （202.4） |
| 150 | ウォルト・ディズニー・ジャパン | 228.5 | （-） | （-） | 200 | LIXIL | 212.1 | （262） | （192.1） |
| 151 | P&G（プロクター・アンド・ギャンブル・ジャパン） | 228.0 | （164） | （224.0） | 200 | フマキラー | 212.1 | （228） | （201.9） |

# 企 業 認 知 度
## 〈一般個人〉

| 順位 | 社名 | 2017年 スコア | (順位) | (2016年 スコア) | 順位 | 社名 | 2017年 スコア | (順位) | (2016年 スコア) |
|---|---|---|---|---|---|---|---|---|---|
| 1 | 日本マクドナルド | 259.3 | ( 1) | ( 256.4) | 48 | グーグル | 233.8 | ( 102) | ( 218.6) |
| 2 | ファーストリテイリング（ユニクロ） | 256.9 | ( 4) | ( 253.9) | 52 | カゴメ | 232.8 | ( 37) | ( 241.9) |
| 3 | すかいらーく（ガスト） | 253.4 | ( 45) | ( 236.8) | 52 | ソニー | 232.8 | ( 55) | ( 233.3) |
| 4 | 花王 | 252.9 | ( 26) | ( 245.6) | 52 | トヨタ自動車 | 232.8 | ( 72) | ( 226.5) |
| 4 | ライオン | 252.9 | ( 23) | ( 246.6) | 52 | ゆうちょ銀行 | 232.8 | ( 26) | ( 245.6) |
| 6 | TBS | 251.0 | ( 17) | ( 247.5) | 56 | ソフトバンク | 232.4 | ( 66) | ( 227.9) |
| 7 | テレビ朝日 | 250.0 | ( 17) | ( 247.5) | 56 | 良品計画（無印良品） | 232.4 | ( 35) | ( 242.6) |
| 7 | テレビ東京 | 250.0 | ( 40) | ( 240.7) | 58 | トリドールホールディングス（丸亀製麺） | 231.9 | ( 626) | ( 20.6) |
| 7 | フジテレビジョン | 250.0 | ( 20) | ( 247.1) | 59 | ミツカン | 231.4 | ( 49) | ( 234.5) |
| 10 | 日本テレビ放送網（日本テレビ） | 249.5 | ( 20) | ( 247.1) | 60 | マルコメ | 230.9 | ( 54) | ( 233.5) |
| 11 | 日本放送協会（NHK） | 249.0 | ( 29) | ( 245.1) | 61 | 伊藤ハム | 230.4 | ( 60) | ( 230.5) |
| 12 | モスフードサービス（モスバーガー） | 248.5 | ( -) | ( -) | 61 | 東芝 | 230.4 | ( 75) | ( 225.5) |
| 12 | ファミリーマート | 248.5 | ( 3) | ( 254.9) | 63 | パナソニック | 229.9 | ( 52) | ( 233.8) |
| 14 | ローソン | 248.0 | ( 2) | ( 255.4) | 63 | タカラトミー | 229.9 | ( 50) | ( 234.3) |
| 15 | サントリー | 247.5 | ( 23) | ( 246.6) | 65 | セブン＆アイ・ホールディングス | 229.4 | ( 40) | ( 240.7) |
| 16 | キリンビール | 247.1 | ( 16) | ( 248.0) | 66 | アディダスジャパン | 228.9 | ( 46) | ( 236.3) |
| 17 | 明治 | 246.6 | ( 9) | ( 250.7) | 67 | ナイキジャパン | 228.4 | ( 57) | ( 232.8) |
| 18 | アサヒビール | 246.1 | ( 26) | ( 245.6) | 68 | ヤマハ | 227.9 | ( 63) | ( 228.4) |
| 19 | 森永製菓 | 245.6 | ( 11) | ( 249.8) | 69 | 東京ガス | 227.5 | ( 38) | ( 241.7) |
| 19 | セブン-イレブン・ジャパン | 245.6 | ( 10) | ( 250.5) | 70 | 森永乳業 | 227.0 | ( 80) | ( 224.5) |
| 21 | ロッテ | 244.6 | ( 13) | ( 249.3) | 70 | シャープ | 227.0 | ( 80) | ( 224.5) |
| 21 | ヤフー | 244.6 | ( 61) | ( 229.9) | 70 | 日産自動車 | 227.0 | ( 80) | ( 224.5) |
| 23 | ニトリ | 244.1 | ( 20) | ( 247.1) | 70 | アサヒ飲料 | 227.0 | ( 102) | ( 218.6) |
| 24 | カルビー | 243.6 | ( 15) | ( 248.8) | 74 | キヤノン | 226.0 | ( 68) | ( 227.0) |
| 25 | 日本コカ・コーラ | 243.1 | ( 44) | ( 237.3) | 74 | セコム | 226.0 | ( 98) | ( 219.6) |
| 25 | サンスター | 243.1 | ( 47) | ( 235.3) | 74 | WOWOW | 226.0 | ( 112) | ( 216.7) |
| 25 | ヤマダ電機 | 243.1 | ( 4) | ( 253.9) | 77 | エスビー食品 | 225.5 | ( 71) | ( 226.6) |
| 28 | サッポロビール | 242.6 | ( 17) | ( 247.5) | 78 | TOTO | 225.0 | ( 94) | ( 220.1) |
| 29 | ヨドバシカメラ | 242.2 | ( 6) | ( 252.5) | 79 | 日清食品 | 223.5 | ( 65) | ( 228.1) |
| 29 | ビックカメラ | 242.2 | ( 12) | ( 249.5) | 80 | 日本電信電話（NTT） | 223.0 | ( 98) | ( 219.6) |
| 31 | キユーピー | 241.7 | ( 33) | ( 242.9) | 81 | AOKI | 222.5 | ( 55) | ( 233.3) |
| 31 | イトーヨーカ堂 | 241.7 | ( 14) | ( 249.0) | 81 | KDDI（au） | 222.5 | ( 94) | ( 220.1) |
| 33 | オリエンタルランド（東京ディズニーリゾート） | 241.2 | ( 6) | ( 252.5) | 81 | ドンキホーテホールディングス | 222.5 | ( 87) | ( 222.1) |
| 33 | しまむら | 241.2 | ( -) | ( -) | 84 | 髙島屋 | 222.1 | ( 72) | ( 226.5) |
| 35 | イオン | 240.2 | ( 35) | ( 242.6) | 85 | 富士フイルム | 221.6 | ( 75) | ( 225.5) |
| 35 | NTTドコモ | 240.2 | ( 52) | ( 233.8) | 85 | ABCマート | 221.6 | ( 123) | ( 211.3) |
| 35 | 王将フードサービス（餃子の王将） | 240.2 | ( 50) | ( 234.3) | 87 | 西松屋チェーン（西松屋） | 221.1 | ( 90) | ( 221.1) |
| 38 | コジマ | 239.7 | ( 6) | ( 252.5) | 88 | 日本たばこ産業（JT） | 220.6 | ( 102) | ( 218.6) |
| 39 | 江崎グリコ | 239.2 | ( 31) | ( 243.3) | 88 | アシックス | 220.6 | ( 72) | ( 226.5) |
| 39 | キッコーマン | 239.2 | ( 33) | ( 242.9) | 88 | ホンダ | 220.6 | ( 91) | ( 220.6) |
| 41 | ハウス食品 | 237.7 | ( 42) | ( 238.9) | 88 | 東日本旅客鉄道（JR東日本） | 220.6 | ( 85) | ( 223.0) |
| 42 | ヤマト運輸 | 236.3 | ( 38) | ( 241.7) | 92 | 三菱電機 | 220.1 | ( 91) | ( 220.6) |
| 43 | ヤクルト本社 | 235.8 | ( 68) | ( 227.0) | 93 | 日本航空（JAL） | 219.6 | ( 101) | ( 219.1) |
| 43 | ミズノ | 235.8 | ( 47) | ( 235.3) | 93 | 丸美屋食品工業 | 219.6 | ( 105) | ( 218.2) |
| 43 | アマゾン ウェブ サービス ジャパン | 235.8 | ( 83) | ( 223.5) | 95 | 雪印メグミルク | 219.1 | ( 106) | ( 218.1) |
| 46 | ジャパネットたかた | 234.8 | ( 32) | ( 243.1) | 95 | 三越 | 219.1 | ( 67) | ( 227.5) |
| 47 | 味の素 | 234.3 | ( 30) | ( 243.8) | 97 | ダスキン | 218.6 | ( 59) | ( 230.9) |
| 48 | 伊藤園 | 233.8 | ( 63) | ( 228.4) | 97 | JTB | 218.6 | ( 68) | ( 227.0) |
| 48 | 日本ハム | 233.8 | ( 58) | ( 232.0) | 99 | 丸大食品 | 217.2 | ( 108) | ( 217.7) |
| 48 | 佐川急便 | 233.8 | ( 43) | ( 238.2) | 99 | セイコー | 217.2 | ( 106) | ( 218.1) |

# 企 業 認 知 度
## 〈一般個人〉

| 2017年 順位 | 社名 | スコア | （2016年）（順位） | （スコア） | 2017年 順位 | 社名 | スコア | （2016年）（順位） | （スコア） |
|---|---|---|---|---|---|---|---|---|---|
| 99 | 大塚家具 | 217.2 | （ 75） | （225.5） | 151 | 日本マイクロソフト | 200.0 | （136） | （204.9） |
| 102 | 富士通 | 216.7 | （116） | （214.2） | 151 | 東海旅客鉄道（JR東海） | 200.0 | （141） | （202.9） |
| 102 | フジッコ | 216.7 | （115） | （214.3） | 153 | リンナイ | 199.5 | （156） | （198.5） |
| 102 | アマゾンジャパン | 216.7 | （ 79） | （225.0） | 154 | 大塚製薬 | 199.0 | （149） | （201.0） |
| 105 | 資生堂 | 216.2 | （ 91） | （220.6） | 154 | 三菱東京UFJ銀行 | 199.0 | （154） | （199.0） |
| 105 | 東京地下鉄（東京メトロ） | 216.2 | （117） | （212.7） | 156 | 月桂冠 | 198.5 | （154） | （199.0） |
| 105 | ぐるなび | 216.2 | （139） | （203.9） | 157 | みずほ銀行 | 198.0 | （158） | （197.5） |
| 108 | コクヨ | 215.7 | （127） | （209.3） | 158 | コスモ石油 | 197.5 | （126） | （210.8） |
| 108 | 全日本空輸（ANA） | 215.7 | （111） | （217.2） | 158 | ダイドードリンコ | 197.5 | （157） | （198.0） |
| 108 | 東日本電信電話（NTT東日本） | 215.7 | （ 94） | （220.1） | 160 | メルセデス・ベンツ | 197.1 | （171） | （192.6） |
| 111 | バンダイナムコホールディングス | 215.2 | （ 86） | （222.5） | 161 | ネスレ | 196.1 | （162） | （195.6） |
| 111 | ブリヂストン | 215.2 | （109） | （217.6） | 161 | コーセー | 196.1 | （153） | （200.0） |
| 111 | ハナマルキ | 215.2 | （ 97） | （219.7） | 161 | レオパレス21 | 196.1 | （ -） | （ -） |
| 111 | イオンモール | 215.2 | （ 61） | （229.9） | 164 | 積水ハウス | 195.6 | （194） | （184.3） |
| 115 | 西武（SEIBU） | 214.7 | （ 75） | （225.5） | 164 | 東京急行電鉄（東急電鉄） | 195.6 | （183） | （189.2） |
| 115 | ウォルト・ディズニー・ジャパン | 214.7 | （ -） | （ -） | 164 | 農業協同組合（JAグループ） | 195.6 | （166） | （194.1） |
| 117 | 伊勢丹 | 214.2 | （ 83） | （223.5） | 167 | 宝酒造（宝ホールディングス） | 195.1 | （165） | （194.6） |
| 118 | マツダ | 213.2 | （117） | （212.7） | 167 | 大正製薬 | 195.1 | （159） | （197.0） |
| 118 | スカパーJSAT | 213.2 | （163） | （195.1） | 167 | BMWジャパン | 195.1 | （179） | （189.7） |
| 120 | 味の素AGF | 212.7 | （141） | （202.9） | 167 | フマキラー | 195.1 | （168） | （193.6） |
| 120 | ワコール | 212.7 | （114） | （214.7） | 171 | ミサワホーム | 194.6 | （217） | （174.0） |
| 120 | キリンビバレッジ | 212.7 | （139） | （203.9） | 172 | 三井住友銀行 | 194.1 | （166） | （194.1） |
| 123 | ニコン | 212.3 | （ 89） | （221.6） | 173 | 日本郵政（日本郵政グループ） | 193.6 | （132） | （206.9） |
| 123 | NEC（日本電気） | 212.3 | （128） | （208.8） | 173 | ダンロップスポーツ | 193.6 | （163） | （195.1） |
| 123 | 楽天 | 212.3 | （ 87） | （222.1） | 175 | 養命酒製造 | 193.1 | （174） | （192.1） |
| 126 | 日立製作所 | 210.8 | （122） | （211.8） | 176 | P&G（プロクター・アンド・ギャンブル・ジャパン） | 192.6 | （149） | （201.0） |
| 126 | 綜合警備保障 | 210.8 | （171） | （192.6） | 176 | 首都高速道路 | 192.6 | （179） | （189.7） |
| 128 | シチズン | 210.3 | （117） | （212.7） | 178 | LINE | 191.7 | （207） | （178.9） |
| 129 | ヨネックス | 208.8 | （123） | （211.3） | 179 | はごろもフーズ | 190.7 | （175） | （191.1） |
| 129 | スズキ | 208.8 | （131） | （207.4） | 180 | 井村屋 | 190.2 | （186） | （187.7） |
| 131 | ユニ・チャーム | 208.3 | （130） | （208.3） | 181 | パロマ | 189.7 | （176） | （190.7） |
| 132 | 三菱自動車工業 | 207.8 | （132） | （206.9） | 181 | グンゼ | 189.7 | （149） | （201.0） |
| 133 | 龍角散 | 206.4 | （ -） | （ -） | 181 | 出光興産 | 189.7 | （184） | （188.7） |
| 133 | カネボウ化粧品 | 206.4 | （123） | （211.3） | 184 | セイコーエプソン（EPSON） | 189.2 | （160） | （196.6） |
| 133 | ダイソン | 206.4 | （134） | （206.4） | 185 | YKK | 188.7 | （189） | （186.3） |
| 136 | カシオ計算機 | 205.9 | （144） | （202.5） | 186 | 大丸 | 187.3 | （145） | （202.0） |
| 136 | エイチ・アイ・エス | 205.9 | （109） | （217.6） | 187 | 富士ゼロックス | 186.8 | （205） | （179.4） |
| 138 | 帝国ホテル | 204.9 | （136） | （204.9） | 187 | いすゞ自動車 | 186.8 | （210） | （177.0） |
| 138 | 日本郵便 | 204.9 | （141） | （202.9） | 187 | 東日本高速道路（NEXCO東日本） | 186.8 | （197） | （182.8） |
| 140 | ダイハツ工業 | 204.4 | （145） | （202.0） | 190 | パナホーム | 186.3 | （227） | （169.6） |
| 140 | SUBARU | 204.4 | （226） | （170.1） | 190 | 昭和シェル石油 | 186.3 | （161） | （196.1） |
| 140 | 日本中央競馬会（JRA） | 204.4 | （328） | （129.4） | 190 | タマホーム | 186.3 | （229） | （168.6） |
| 140 | プリンスホテル | 204.4 | （135） | （205.9） | 193 | 京セラ | 185.8 | （199） | （181.9） |
| 144 | オリンパス | 202.9 | （128） | （208.8） | 193 | 日本通運 | 185.8 | （177） | （190.2） |
| 145 | ロート製薬 | 202.5 | （138） | （204.4） | 193 | 宝島社 | 185.8 | （177） | （190.2） |
| 146 | アップルジャパン | 202.0 | （117） | （212.7） | 196 | 三井ホーム | 184.8 | （243） | （162.7） |
| 146 | 小田急電鉄 | 202.0 | （145） | （202.0） | 197 | りそな銀行 | 184.3 | （196） | （183.3） |
| 148 | UCC上島珈琲 | 201.5 | （152） | （200.5） | 197 | ベネッセコーポレーション | 184.3 | （186） | （187.7） |
| 148 | 近畿日本ツーリスト | 201.5 | （113） | （216.2） | 199 | ダイキン工業 | 183.8 | （194） | （184.3） |
| 150 | 松坂屋 | 200.5 | （121） | （212.3） | 200 | コナミホールディングス（KONAMI） | 183.3 | （189） | （186.3） |

# 一流評価
## 〈ビジネスパーソン〉

| 順位 | 社名 | 2017年 スコア | （2016年） （順位） | （スコア） | 順位 | 社名 | 2017年 スコア | （2016年） （順位） | （スコア） |
|---|---|---|---|---|---|---|---|---|---|
| 1 | トヨタ自動車 | 94.0 | ( 4) | ( 91.7) | 51 | アサヒ飲料 | 83.8 | ( 24) | ( 88.2) |
| 2 | サントリー | 92.8 | ( 4) | ( 91.7) | 52 | 日清食品 | 83.7 | ( 58) | ( 83.0) |
| 3 | キリンビール | 92.1 | ( 3) | ( 92.5) | 53 | 東日本電信電話（NTT東日本） | 83.5 | ( 99) | ( 77.4) |
| 3 | アサヒビール | 92.1 | ( 2) | ( 92.8) | 54 | 武田薬品工業 | 83.4 | ( 83) | ( 80.0) |
| 5 | TOTO | 91.7 | ( 11) | ( 90.9) | 55 | KDDI（au） | 83.1 | ( 110) | ( 75.1) |
| 6 | 日本コカ・コーラ | 90.9 | ( 1) | ( 93.5) | 56 | 三菱電機 | 83.0 | ( 70) | ( 81.6) |
| 6 | 全日本空輸（ANA） | 90.9 | ( 14) | ( 89.8) | 57 | ソフトバンク | 82.7 | ( 115) | ( 74.3) |
| 8 | 味の素 | 90.5 | ( 4) | ( 91.7) | 58 | ヤクルト本社 | 82.6 | ( 52) | ( 83.6) |
| 8 | 明治 | 90.5 | ( 34) | ( 86.8) | 58 | 資生堂 | 82.6 | ( 58) | ( 83.0) |
| 10 | メルセデス・ベンツ | 89.8 | ( 17) | ( 89.1) | 60 | 森永乳業 | 82.3 | ( 52) | ( 83.6) |
| 11 | サッポロビール | 89.4 | ( 34) | ( 86.8) | 60 | ブリヂストン | 82.3 | ( 62) | ( 82.6) |
| 11 | BMWジャパン | 89.4 | ( 17) | ( 89.1) | 62 | 日本マイクロソフト | 82.1 | ( 68) | ( 81.9) |
| 13 | キヤノン | 88.7 | ( 8) | ( 91.3) | 63 | 富士通 | 81.9 | ( 54) | ( 83.5) |
| 13 | 東日本旅客鉄道（JR東日本） | 88.7 | ( 45) | ( 84.5) | 63 | 東海旅客鉄道（JR東海） | 81.9 | ( 71) | ( 81.5) |
| 15 | 花王 | 88.3 | ( 51) | ( 83.7) | 65 | ロッテ | 81.1 | ( 95) | ( 77.7) |
| 15 | 富士フイルム | 88.3 | ( 8) | ( 91.3) | 65 | NEC（日本電気） | 81.1 | ( 54) | ( 83.5) |
| 17 | 日産自動車 | 87.5 | ( 48) | ( 83.8) | 65 | 伊勢丹 | 81.1 | ( 19) | ( 88.9) |
| 18 | 日本航空（JAL） | 87.2 | ( 62) | ( 82.6) | 65 | 髙島屋 | 81.1 | ( 19) | ( 88.9) |
| 18 | オリエンタルランド（東京ディズニーリゾート） | 87.2 | ( 42) | ( 84.8) | 65 | 住友商事 | 81.1 | ( 48) | ( 83.8) |
| 18 | キリンビバレッジ | 87.2 | ( 7) | ( 91.6) | 65 | ヤフー | 81.1 | ( 76) | ( 80.8) |
| 21 | キユーピー | 87.1 | ( 13) | ( 90.6) | 71 | 大正製薬 | 80.8 | ( 103) | ( 76.6) |
| 22 | 三菱東京UFJ銀行 | 86.8 | ( 22) | ( 88.5) | 72 | 日本生命保険 | 80.6 | ( 68) | ( 81.9) |
| 23 | 森永製菓 | 86.7 | ( 38) | ( 85.7) | 73 | シチズン | 80.0 | ( 76) | ( 80.8) |
| 23 | キッコーマン | 86.7 | ( 41) | ( 84.9) | 73 | セイコーエプソン（EPSON） | 80.0 | ( 74) | ( 81.1) |
| 25 | ハウス食品 | 86.4 | ( 27) | ( 87.9) | 73 | 三越 | 80.0 | ( 25) | ( 88.1) |
| 25 | セイコー | 86.4 | ( 30) | ( 87.4) | 73 | 東京ガス | 80.0 | ( 47) | ( 84.2) |
| 25 | パナソニック | 86.4 | ( 25) | ( 88.1) | 73 | セコム | 80.0 | ( 108) | ( 75.8) |
| 25 | 伊藤忠商事 | 86.4 | ( 15) | ( 89.4) | 78 | 江崎グリコ | 79.9 | ( 95) | ( 77.7) |
| 25 | 三井住友銀行 | 86.4 | ( 10) | ( 91.2) | 79 | 三菱重工業 | 79.2 | ( 88) | ( 78.9) |
| 30 | 日本電信電話（NTT） | 86.2 | ( 74) | ( 81.1) | 80 | オリンパス | 78.9 | ( 71) | ( 81.5) |
| 31 | 三菱地所 | 86.0 | ( 34) | ( 86.8) | 80 | ミズノ | 78.9 | ( 32) | ( 87.0) |
| 32 | NTTドコモ | 85.8 | ( 91) | ( 78.5) | 80 | YKK | 78.9 | ( 87) | ( 79.1) |
| 33 | 日立製作所 | 85.7 | ( 30) | ( 87.4) | 80 | ヤマハ | 78.9 | ( 43) | ( 84.7) |
| 33 | ソニー | 85.7 | ( 32) | ( 87.0) | 80 | 旭化成 | 78.9 | ( 54) | ( 83.5) |
| 33 | ホンダ | 85.7 | ( 58) | ( 83.0) | 85 | 日清製粉グループ本社 | 78.8 | ( 152) | ( 69.8) |
| 33 | 帝国ホテル | 85.7 | ( 29) | ( 87.5) | 86 | 伊藤園 | 78.1 | ( 66) | ( 82.1) |
| 33 | みずほ銀行 | 85.7 | ( 12) | ( 90.8) | 86 | インテル | 78.1 | ( 43) | ( 84.7) |
| 38 | ライオン | 85.6 | ( 65) | ( 82.5) | 86 | 東京地下鉄（東京メトロ） | 78.1 | ( 95) | ( 77.7) |
| 39 | 三菱商事 | 85.3 | ( 27) | ( 87.9) | 86 | アマゾン ウェブ サービス ジャパン | 78.1 | ( 88) | ( 78.9) |
| 40 | カルビー | 85.2 | ( 48) | ( 83.8) | 90 | 日本ハム | 78.0 | ( 83) | ( 80.0) |
| 41 | 味の素AGF | 84.9 | ( 82) | ( 80.2) | 90 | ミツカン | 78.0 | ( 103) | ( 76.6) |
| 41 | 大塚製薬 | 84.9 | ( 81) | ( 80.4) | 92 | P&G（プロクター・アンド・ギャンブル・ジャパン） | 77.8 | ( 114) | ( 74.5) |
| 41 | 三井物産 | 84.9 | ( 23) | ( 88.3) | 92 | ユニ・チャーム | 77.8 | ( 141) | ( 70.7) |
| 41 | グーグル | 84.9 | ( 45) | ( 84.5) | 94 | ニコン | 77.4 | ( 62) | ( 82.6) |
| 45 | カゴメ | 84.8 | ( 21) | ( 88.7) | 94 | カシオ計算機 | 77.4 | ( 85) | ( 79.3) |
| 45 | ナイキジャパン | 84.8 | ( 39) | ( 85.3) | 96 | 第一生命保険 | 77.2 | ( 88) | ( 78.9) |
| 47 | JTB | 84.5 | ( 15) | ( 89.4) | 97 | タカラトミー | 76.7 | ( 156) | ( 69.6) |
| 48 | アップルジャパン | 84.4 | ( 57) | ( 83.4) | 98 | 富士ゼロックス | 76.6 | ( 71) | ( 81.5) |
| 49 | 三井不動産 | 84.2 | ( 39) | ( 85.3) | 98 | 清水建設 | 76.6 | ( 102) | ( 76.8) |
| 50 | アディダスジャパン | 84.0 | ( 37) | ( 86.0) | 98 | 丸紅 | 76.6 | ( 76) | ( 80.8) |

# 一 流 評 価
## 〈ビジネスパーソン〉

| 順位 | 社名 | 2017年<br>スコア | （2016年）<br>（順位） | （スコア） | 順位 | 社名 | 2017年<br>スコア | （2016年）<br>（順位） | （スコア） |
|---|---|---|---|---|---|---|---|---|---|
| 101 | ネスレ | 76.2 | （106） | （76.3） | 151 | 積水ハウス | 70.2 | （129） | （72.4） |
| 101 | ロート製薬 | 76.2 | （111） | （74.7） | 151 | 日本通運 | 70.2 | （157） | （69.4） |
| 101 | 鹿島 | 76.2 | （109） | （75.6） | 151 | 日本郵船 | 70.2 | （122） | （73.2） |
| 104 | 住友生命保険 | 76.0 | （91） | （78.5） | 155 | 日本中央競馬会（JRA） | 70.0 | （225） | （60.4） |
| 105 | サンスター | 75.9 | （170） | （67.7） | 155 | 東映アニメーション | 70.0 | （190） | （64.3） |
| 105 | バンダイナムコホールディングス | 75.9 | （151） | （70.0） | 157 | 雪印メグミルク | 69.8 | （126） | （72.9） |
| 107 | 塩野義製薬（シオノギ製薬） | 75.8 | （145） | （70.2） | 157 | 東京急行電鉄（東急電鉄） | 69.8 | （178） | （66.4） |
| 107 | セブン-イレブン・ジャパン | 75.8 | （111） | （74.7） | 157 | ヤマトホールディングス | 69.8 | （145） | （70.2） |
| 109 | 野村ホールディングス（野村證券） | 75.7 | （99） | （77.4） | 160 | マツダ | 69.4 | （169） | （67.9） |
| 109 | ダイソン | 75.7 | （162） | （68.9） | 160 | 大成建設 | 69.4 | （122） | （73.2） |
| 111 | ワコール | 75.5 | （94） | （78.2） | 162 | 伊藤ハム | 68.9 | （122） | （73.2） |
| 111 | ヤマト運輸 | 75.5 | （86） | （79.2） | 163 | 住友化学 | 68.7 | （171） | （67.5） |
| 111 | 日本郵便 | 75.5 | （103） | （76.6） | 163 | リコー | 68.7 | （111） | （74.7） |
| 114 | 日本テレビ放送網（日本テレビ） | 75.4 | （157） | （69.4） | 163 | SUBARU | 68.7 | （199） | （63.4） |
| 115 | 日本アイ・ビー・エム（IBM） | 75.1 | （76） | （80.8） | 163 | 昭和シェル石油 | 68.7 | （143） | （70.6） |
| 115 | ダイキン工業 | 75.1 | （107） | （76.0） | 167 | 住友林業 | 68.3 | （174） | （67.3） |
| 115 | リクルートホールディングス | 75.1 | （137） | （71.3） | 168 | 東京海上日動火災保険 | 67.3 | （166） | （68.3） |
| 118 | 東レ | 74.7 | （61） | （82.8） | 168 | フジテレビジョン | 67.3 | （197） | （63.8） |
| 118 | 住友不動産 | 74.7 | （115） | （74.3） | 170 | 積水化学工業 | 67.2 | （166） | （68.3） |
| 118 | アウディ・ジャパン | 74.7 | （101） | （77.0） | 170 | 久光製薬 | 67.2 | （204） | （62.6） |
| 121 | 日本放送協会（NHK） | 74.6 | （157） | （69.4） | 170 | 竹中工務店 | 67.2 | （180） | （66.1） |
| 122 | オムロン | 74.3 | （141） | （70.7） | 173 | シャープ | 66.8 | （220） | （60.9） |
| 122 | 森ビル | 74.3 | （131） | （72.1） | 174 | クボタ | 66.4 | （204） | （62.6） |
| 122 | 日本郵政（日本郵政グループ） | 74.3 | （137） | （71.3） | 174 | 良品計画（無印良品） | 66.4 | （192） | （64.2） |
| 122 | セブン&アイ・ホールディングス | 74.3 | （120） | （73.9） | 176 | 住友ゴム工業（ダンロップ） | 66.0 | （178） | （66.4） |
| 126 | TBS | 74.2 | （163） | （68.7） | 176 | 東京電力ホールディングス | 66.0 | （137） | （71.3） |
| 127 | 明治安田生命保険 | 74.1 | （115） | （74.3） | 178 | 出光興産 | 65.7 | （127） | （72.5） |
| 128 | アシックス | 74.0 | （67） | （82.0） | 178 | 野村総合研究所（NRI） | 65.7 | （182） | （65.9） |
| 129 | エーザイ | 73.6 | （137） | （71.3） | 180 | ダスキン | 65.3 | （209） | （62.3） |
| 129 | 野村不動産 | 73.6 | （115） | （74.3） | 180 | 三菱UFJフィナンシャル・グループ | 65.3 | （152） | （69.8） |
| 131 | エスビー食品 | 73.5 | （115） | （74.3） | 182 | ユニリーバ・ジャパン | 65.0 | （240） | （58.2） |
| 132 | 日本たばこ産業（JT） | 73.2 | （95） | （77.7） | 183 | スズキ | 64.9 | （214） | （61.5） |
| 132 | 京セラ | 73.2 | （80） | （80.5） | 184 | はごろもフーズ | 64.8 | （221） | （60.8） |
| 134 | NTTコミュニケーションズ | 73.1 | （157） | （69.4） | 184 | マルコメ | 64.8 | （214） | （61.5） |
| 135 | コクヨ | 72.8 | （122） | （73.2） | 186 | 損害保険ジャパン日本興亜 | 64.6 | （251） | （57.4） |
| 135 | 大林組 | 72.8 | （135） | （71.7） | 186 | コナミホールディングス（KONAMI） | 64.6 | （185） | （64.6） |
| 137 | テレビ朝日 | 72.7 | （171） | （67.5） | 188 | 三菱UFJ信託銀行 | 64.5 | （187） | （64.5） |
| 137 | ウォルト・ディズニー・ジャパン | 72.7 | （-） | （-） | 188 | プリンスホテル | 64.5 | （143） | （70.6） |
| 139 | 大和証券 | 72.6 | （131） | （72.1） | 188 | YKK AP | 64.5 | （236） | （59.1） |
| 139 | 三井住友海上火災保険 | 72.6 | （163） | （68.7） | 191 | みずほ証券 | 64.3 | （231） | （60.0） |
| 141 | 大日本印刷 | 72.5 | （91） | （78.5） | 192 | NTTデータ | 64.2 | （150） | （70.1） |
| 142 | 川崎重工業 | 71.7 | （145） | （70.2） | 192 | みずほフィナンシャルグループ | 64.2 | （161） | （69.1） |
| 142 | ファーストリテイリング（ユニクロ） | 71.7 | （127） | （72.5） | 194 | 東日本高速道路（NEXCO東日本） | 63.9 | （238） | （58.9） |
| 144 | 凸版印刷 | 71.3 | （145） | （70.2） | 194 | 東京海上ホールディングス | 63.9 | （209） | （62.3） |
| 144 | ジャガージャパン | 71.3 | （135） | （71.7） | 196 | エステー | 63.8 | （251） | （57.4） |
| 144 | アマゾンジャパン | 71.3 | （195） | （64.0） | 196 | デンソー | 63.8 | （261） | （56.2） |
| 147 | 日清オイリオグループ | 71.2 | （145） | （70.2） | 196 | 三井住友信託銀行 | 63.8 | （194） | （64.1） |
| 148 | 大丸 | 70.9 | （129） | （72.4） | 196 | 商船三井 | 63.8 | （171） | （67.5） |
| 148 | コスモ石油 | 70.9 | （131） | （72.1） | 196 | 三井造船 | 63.8 | （185） | （64.6） |
| 150 | フォルクスワーゲングループジャパン | 70.6 | （163） | （68.7） | 196 | LIXIL | 63.8 | （236） | （59.1） |
| 151 | コマツ（小松製作所） | 70.2 | （152） | （69.8） | 196 | キヤノン電子 | 63.8 | （195） | （64.0） |

# 一 流 評 価
## 〈一般個人〉

| 順位 | 社名 | 2017年 スコア | (2016年)(順位) | (スコア) |
|---|---|---|---|---|
| 1 | 日本コカ・コーラ | 93.1 | ( 2) | ( 92.6) |
| 1 | トヨタ自動車 | 93.1 | ( 9) | ( 89.7) |
| 3 | キリンビール | 92.2 | ( 3) | ( 92.2) |
| 4 | TOTO | 90.2 | ( 15) | ( 87.7) |
| 4 | 日本航空（JAL） | 90.2 | ( 18) | ( 86.3) |
| 4 | 全日本空輸（ANA） | 90.2 | ( 5) | ( 90.7) |
| 7 | サントリー | 89.7 | ( 5) | ( 90.7) |
| 7 | 花王 | 89.7 | ( 22) | ( 85.8) |
| 7 | ライオン | 89.7 | ( 27) | ( 84.8) |
| 10 | アサヒビール | 89.2 | ( 5) | ( 90.7) |
| 11 | パナソニック | 88.7 | ( 1) | ( 94.6) |
| 11 | ソニー | 88.7 | ( 3) | ( 92.2) |
| 11 | 日産自動車 | 88.7 | ( 43) | ( 81.9) |
| 14 | 明治 | 88.2 | ( 8) | ( 90.6) |
| 15 | キヤノン | 87.7 | ( 12) | ( 88.7) |
| 16 | サッポロビール | 87.3 | ( 16) | ( 87.3) |
| 16 | 東日本旅客鉄道（JR東日本） | 87.3 | ( 36) | ( 82.8) |
| 16 | ナイキジャパン | 87.3 | ( 13) | ( 88.2) |
| 19 | 味の素AGF | 86.8 | ( 77) | ( 75.5) |
| 20 | 味の素 | 86.3 | ( 11) | ( 89.2) |
| 20 | メルセデス・ベンツ | 86.3 | ( 53) | ( 79.9) |
| 20 | キリンビバレッジ | 86.3 | ( 27) | ( 84.8) |
| 23 | ヤクルト本社 | 85.8 | ( 41) | ( 82.4) |
| 23 | キユーピー | 85.8 | ( 9) | ( 89.7) |
| 25 | 森永製菓 | 85.3 | ( 17) | ( 87.2) |
| 25 | BMWジャパン | 85.3 | ( 53) | ( 79.9) |
| 25 | ソフトバンク | 85.3 | ( 69) | ( 77.0) |
| 28 | キッコーマン | 84.8 | ( 26) | ( 85.2) |
| 28 | 森永乳業 | 84.8 | ( 31) | ( 83.8) |
| 28 | 髙島屋 | 84.8 | ( 27) | ( 84.8) |
| 28 | NTTドコモ | 84.8 | ( 36) | ( 82.8) |
| 28 | アサヒ飲料 | 84.8 | ( 24) | ( 85.3) |
| 33 | 伊勢丹 | 84.3 | ( 34) | ( 83.3) |
| 34 | ハウス食品 | 83.8 | ( 42) | ( 82.3) |
| 34 | 伊藤園 | 83.8 | ( 52) | ( 80.4) |
| 34 | 富士フイルム | 83.8 | ( 13) | ( 88.2) |
| 34 | アディダスジャパン | 83.8 | ( 24) | ( 85.3) |
| 38 | ブリヂストン | 83.3 | ( 43) | ( 81.9) |
| 39 | 日立製作所 | 82.8 | ( 22) | ( 85.8) |
| 39 | ミズノ | 82.8 | ( 34) | ( 83.3) |
| 39 | ホンダ | 82.8 | ( 69) | ( 77.0) |
| 39 | 三越 | 82.8 | ( 36) | ( 82.8) |
| 39 | 東海旅客鉄道（JR東海） | 82.8 | ( 55) | ( 79.4) |
| 39 | オリエンタルランド（東京ディズニーリゾート） | 82.8 | ( 18) | ( 86.3) |
| 45 | セイコー | 82.4 | ( 67) | ( 77.5) |
| 45 | 帝国ホテル | 82.4 | ( 18) | ( 86.3) |
| 47 | 日本電信電話（NTT） | 81.9 | ( 36) | ( 82.8) |
| 47 | 東京地下鉄（東京メトロ） | 81.9 | ( 60) | ( 78.9) |
| 49 | 三菱電機 | 81.4 | ( 31) | ( 83.8) |
| 49 | 三井住友銀行 | 81.4 | ( 60) | ( 78.9) |
| 51 | JTB | 80.9 | ( 60) | ( 78.9) |
| 52 | カルビー | 80.4 | ( 30) | ( 84.2) |
| 52 | カゴメ | 80.4 | ( 51) | ( 80.8) |
| 52 | 大塚製薬 | 80.4 | ( 59) | ( 79.3) |
| 52 | みずほ銀行 | 80.4 | ( 55) | ( 79.4) |
| 56 | 東京ガス | 79.9 | ( 55) | ( 79.4) |
| 56 | セコム | 79.9 | ( 80) | ( 75.0) |
| 56 | 東日本電信電話（NTT東日本） | 79.9 | ( 55) | ( 79.4) |
| 59 | 資生堂 | 78.9 | ( 66) | ( 77.9) |
| 59 | ヤフー | 78.9 | ( 69) | ( 77.0) |
| 61 | 日本ハム | 78.4 | ( 83) | ( 74.9) |
| 61 | 日清食品 | 78.4 | ( 46) | ( 81.3) |
| 61 | 日本放送協会（NHK） | 78.4 | ( 105) | ( 70.6) |
| 61 | KDDI（au） | 78.4 | ( 73) | ( 76.0) |
| 65 | ロッテ | 77.9 | ( 36) | ( 82.8) |
| 65 | 富士通 | 77.9 | ( 18) | ( 86.3) |
| 65 | 三菱地所 | 77.9 | ( 93) | ( 73.0) |
| 65 | 伊藤忠商事 | 77.9 | ( 101) | ( 71.1) |
| 69 | 三井物産 | 77.5 | ( 95) | ( 72.5) |
| 69 | 三菱東京UFJ銀行 | 77.5 | ( 60) | ( 78.9) |
| 71 | 雪印メグミルク | 77.0 | ( 93) | ( 73.0) |
| 71 | ミツカン | 77.0 | ( 78) | ( 75.4) |
| 71 | サンスター | 77.0 | ( 89) | ( 74.0) |
| 74 | ロート製薬 | 76.5 | ( 78) | ( 75.4) |
| 74 | 大正製薬 | 76.5 | ( 72) | ( 76.8) |
| 74 | オリンパス | 76.5 | ( 65) | ( 78.4) |
| 74 | ニコン | 76.5 | ( 48) | ( 80.9) |
| 74 | ヤマハ | 76.5 | ( 48) | ( 80.9) |
| 74 | 三井不動産 | 76.5 | ( 80) | ( 75.0) |
| 74 | TBS | 76.5 | ( 89) | ( 74.0) |
| 81 | ヤマト運輸 | 76.0 | ( 67) | ( 77.5) |
| 82 | シチズン | 75.5 | ( 105) | ( 70.6) |
| 82 | セイコーエプソン（EPSON） | 75.5 | ( 48) | ( 80.9) |
| 82 | 三菱商事 | 75.5 | ( 101) | ( 71.1) |
| 82 | 日本テレビ放送網（日本テレビ） | 75.5 | ( 80) | ( 75.0) |
| 86 | 江崎グリコ | 75.0 | ( 46) | ( 81.3) |
| 86 | シャープ | 75.0 | ( 73) | ( 76.0) |
| 86 | グーグル | 75.0 | ( 119) | ( 68.6) |
| 89 | NEC（日本電気） | 74.5 | ( 31) | ( 83.8) |
| 89 | アシックス | 74.5 | ( 60) | ( 78.9) |
| 89 | テレビ朝日 | 74.5 | ( 85) | ( 74.5) |
| 92 | フジテレビジョン | 74.0 | ( 112) | ( 70.1) |
| 93 | 積水ハウス | 73.5 | ( 73) | ( 76.0) |
| 93 | アマゾン ウェブ サービス ジャパン | 73.5 | ( 151) | ( 63.2) |
| 95 | ワコール | 73.0 | ( 91) | ( 73.5) |
| 96 | 武田薬品工業 | 72.5 | ( 83) | ( 74.9) |
| 96 | 第一生命保険 | 72.5 | ( 117) | ( 69.1) |
| 98 | エスビー食品 | 72.1 | ( 111) | ( 70.4) |
| 99 | 旭化成 | 71.1 | ( 119) | ( 68.6) |
| 99 | 住友林業 | 71.1 | ( 98) | ( 71.6) |

# 一 流 評 価
## 〈一般個人〉

| 2017年 順位 | 社名 | スコア | （2016年）(順位) | （スコア） | 2017年 順位 | 社名 | スコア | （2016年）(順位) | （スコア） |
|---|---|---|---|---|---|---|---|---|---|
| 99 | 住友商事 | 71.1 | ( 91) | ( 73.5) | 149 | カネボウ化粧品 | 65.2 | ( 133) | ( 65.7) |
| 99 | 日本生命保険 | 71.1 | ( 101) | ( 71.1) | 149 | 明治安田生命保険 | 65.2 | ( 151) | ( 63.2) |
| 99 | プリンスホテル | 71.1 | ( 85) | ( 74.5) | 153 | 日本マクドナルド | 64.7 | ( 249) | ( 50.5) |
| 99 | アウディ・ジャパン | 71.1 | ( 144) | ( 64.2) | 153 | 日本たばこ産業（JT） | 64.7 | ( 105) | ( 70.6) |
| 105 | 伊藤ハム | 70.6 | ( 100) | ( 71.4) | 153 | バンダイナムコホールディングス | 64.7 | ( 112) | ( 70.1) |
| 105 | 東芝 | 70.6 | ( 43) | ( 81.9) | 153 | クリナップ | 64.7 | ( 188) | ( 58.8) |
| 105 | ミサワホーム | 70.6 | ( 144) | ( 64.2) | 153 | テレビ東京 | 64.7 | ( 178) | ( 59.8) |
| 105 | 丸紅 | 70.6 | ( 158) | ( 62.7) | 153 | はごろもフーズ | 64.7 | ( 157) | ( 63.1) |
| 105 | タカラトミー | 70.6 | ( 73) | ( 76.0) | 159 | 宝酒造（宝ホールディングス） | 64.2 | ( 179) | ( 59.3) |
| 110 | ネスレ | 70.1 | ( 123) | ( 68.1) | 159 | インテル | 64.2 | ( 173) | ( 60.3) |
| 110 | リンナイ | 70.1 | ( 133) | ( 65.7) | 159 | コクヨ | 64.2 | ( 119) | ( 68.6) |
| 110 | 清水建設 | 70.1 | ( 95) | ( 72.5) | 159 | スズキ | 64.2 | ( 217) | ( 54.9) |
| 110 | 住友生命保険 | 70.1 | ( 112) | ( 70.1) | 159 | 東日本高速道路（NEXCO東日本） | 64.2 | ( 199) | ( 57.4) |
| 114 | 塩野義製薬（シオノギ製薬） | 69.6 | ( 118) | ( 69.0) | 159 | 首都高速道路 | 64.2 | ( 164) | ( 61.3) |
| 114 | YKK | 69.6 | ( 85) | ( 74.5) | 165 | 大和ハウス工業 | 63.7 | ( 125) | ( 67.6) |
| 114 | 東京急行電鉄（東急電鉄） | 69.6 | ( 133) | ( 65.7) | 165 | パナホーム | 63.7 | ( 133) | ( 65.7) |
| 114 | ゆうちょ銀行 | 69.6 | ( 119) | ( 68.6) | 165 | 住友不動産 | 63.7 | ( 127) | ( 66.7) |
| 118 | アップルジャパン | 69.1 | ( 127) | ( 66.7) | 165 | 綜合警備保障 | 63.7 | ( 213) | ( 55.4) |
| 118 | ウォルト・ディズニー・ジャパン | 69.1 | ( -) | ( -) | 169 | 富士ゼロックス | 63.2 | ( 167) | ( 60.8) |
| 120 | 京セラ | 68.6 | ( 167) | ( 60.8) | 169 | 大日本印刷 | 63.2 | ( 105) | ( 70.6) |
| 120 | マツダ | 68.6 | ( 179) | ( 59.3) | 169 | グンゼ | 63.2 | ( 144) | ( 64.2) |
| 120 | 小田急電鉄 | 68.6 | ( 144) | ( 64.2) | 169 | 東レ | 63.2 | ( 131) | ( 66.2) |
| 123 | 日清製粉グループ本社 | 68.1 | ( 88) | ( 74.4) | 169 | 龍角散 | 63.2 | ( -) | ( -) |
| 123 | ダイキン工業 | 68.1 | ( 131) | ( 66.2) | 169 | 丸美屋食品工業 | 63.2 | ( 176) | ( 60.1) |
| 123 | 野村不動産 | 68.1 | ( 133) | ( 65.7) | 175 | 月桂冠 | 62.3 | ( 167) | ( 60.8) |
| 126 | エーザイ | 67.6 | ( 126) | ( 67.5) | 175 | ダイハツ工業 | 62.3 | ( 235) | ( 52.5) |
| 126 | ユニ・チャーム | 67.6 | ( 149) | ( 63.7) | 177 | ヨネックス | 61.8 | ( 151) | ( 63.2) |
| 126 | カシオ計算機 | 67.6 | ( 158) | ( 62.7) | 177 | 三井ホーム | 61.8 | ( 161) | ( 62.3) |
| 126 | フォルクスワーゲングループジャパン | 67.6 | ( 179) | ( 59.3) | 177 | 鹿島 | 61.8 | ( 112) | ( 70.1) |
| 126 | マルコメ | 67.6 | ( 138) | ( 65.5) | 180 | ダイドードリンコ | 61.3 | ( 210) | ( 55.9) |
| 126 | NTTコミュニケーションズ | 67.6 | ( 162) | ( 61.8) | 180 | 中日本高速道路（NEXCO中日本） | 61.3 | ( 235) | ( 52.5) |
| 126 | ダイソン | 67.6 | ( 105) | ( 70.6) | 180 | フマキラー | 61.3 | ( 203) | ( 56.7) |
| 133 | P&G（プロクター・アンド・ギャンブル・ジャパン） | 67.2 | ( 98) | ( 71.6) | 183 | 大和証券 | 60.8 | ( 167) | ( 60.8) |
| 133 | 日本郵政（日本郵政グループ） | 67.2 | ( 101) | ( 71.1) | 183 | WOWOW | 60.8 | ( 292) | ( 43.1) |
| 133 | 日本郵便 | 67.2 | ( 127) | ( 66.7) | 183 | アマゾンジャパン | 60.8 | ( 201) | ( 56.9) |
| 136 | 日本マイクロソフト | 66.7 | ( 149) | ( 63.7) | 183 | 東映アニメーション | 60.8 | ( 204) | ( 56.4) |
| 136 | ジャガージャパン | 66.7 | ( 151) | ( 63.2) | 187 | 大成建設 | 60.3 | ( 123) | ( 68.1) |
| 138 | 富士通ゼネラル | 66.2 | ( 194) | ( 57.8) | 187 | 昭和シェル石油 | 60.3 | ( 158) | ( 62.7) |
| 138 | 三菱重工業 | 66.2 | ( 105) | ( 70.6) | 187 | ハナマルキ | 60.3 | ( 200) | ( 57.1) |
| 138 | 大丸 | 66.2 | ( 151) | ( 63.2) | 190 | 丸大食品 | 59.8 | ( 165) | ( 61.1) |
| 138 | セブン-イレブン・ジャパン | 66.2 | ( 151) | ( 63.2) | 190 | 養命酒製造 | 59.8 | ( 193) | ( 58.1) |
| 138 | 日本中央競馬会（JRA） | 66.2 | ( 254) | ( 49.0) | 190 | パロマ | 59.8 | ( 194) | ( 57.8) |
| 143 | 住友ゴム工業（ダンロップ） | 65.7 | ( 140) | ( 64.7) | 190 | りそな銀行 | 59.8 | ( 194) | ( 57.8) |
| 143 | 西武（SEIBU） | 65.7 | ( 179) | ( 59.3) | 190 | 佐川急便 | 59.8 | ( 112) | ( 70.1) |
| 143 | 松坂屋 | 65.7 | ( 144) | ( 64.2) | 195 | オムロン | 59.3 | ( 140) | ( 64.7) |
| 143 | コスモ石油 | 65.7 | ( 139) | ( 65.2) | 195 | イオン | 59.3 | ( 204) | ( 56.4) |
| 143 | 日清オイリオグループ | 65.7 | ( 176) | ( 60.1) | 195 | 野村ホールディングス（野村證券） | 59.3 | ( 179) | ( 59.3) |
| 143 | セブン&アイ・ホールディングス | 65.7 | ( 127) | ( 66.7) | 195 | 日本通運 | 59.3 | ( 173) | ( 60.3) |
| 149 | SUBARU | 65.2 | ( 231) | ( 52.9) | 195 | フジッコ | 59.3 | ( 245) | ( 51.2) |
| 149 | 出光興産 | 65.2 | ( 191) | ( 58.3) | 195 | 農業協同組合（JAグループ） | 59.3 | ( 241) | ( 52.2) |

# 好　感　度
## 〈ビジネスパーソン〉

| 順位 | 社名 | 2017年 スコア | （順位） | （2016年 スコア） |
|---|---|---|---|---|
| 1 | カルビー | 92.4 | ( 5) | ( 92.1) |
| 2 | モスフードサービス（モスバーガー） | 92.1 | ( -) | ( -) |
| 2 | 全日本空輸（ANA） | 92.1 | ( 18) | ( 88.3) |
| 4 | 森永製菓 | 92.0 | ( 2) | ( 92.5) |
| 5 | 明治 | 91.3 | ( 1) | ( 92.8) |
| 6 | サントリー | 90.9 | ( 20) | ( 87.5) |
| 6 | カゴメ | 90.9 | ( 6) | ( 90.9) |
| 6 | キリンビバレッジ | 90.9 | ( 4) | ( 92.4) |
| 9 | 日本コカ・コーラ | 90.6 | ( 13) | ( 88.9) |
| 9 | ヤクルト本社 | 90.6 | ( 13) | ( 88.9) |
| 11 | キッコーマン | 90.5 | ( 6) | ( 90.9) |
| 11 | ハウス食品 | 90.5 | ( 11) | ( 89.4) |
| 13 | サッポロビール | 90.2 | ( 26) | ( 86.4) |
| 13 | 伊藤園 | 90.2 | ( 17) | ( 88.5) |
| 15 | キユーピー | 89.4 | ( 2) | ( 92.5) |
| 16 | キリンビール | 89.1 | ( 15) | ( 88.7) |
| 16 | ソニー | 89.1 | ( 30) | ( 85.4) |
| 16 | 東日本旅客鉄道（JR東日本） | 89.1 | ( 15) | ( 88.7) |
| 19 | 味の素 | 89.0 | ( 6) | ( 90.9) |
| 20 | アサヒビール | 88.7 | ( 11) | ( 89.4) |
| 21 | 森永乳業 | 88.3 | ( 22) | ( 87.0) |
| 22 | ミツカン | 87.9 | ( 24) | ( 86.8) |
| 22 | パナソニック | 87.9 | ( 42) | ( 83.5) |
| 22 | セブン-イレブン・ジャパン | 87.9 | ( 10) | ( 90.8) |
| 22 | ファーストリテイリング（ユニクロ） | 87.9 | ( 45) | ( 83.4) |
| 26 | 日清食品 | 87.5 | ( 40) | ( 84.2) |
| 26 | ファミリーマート | 87.5 | ( 22) | ( 87.0) |
| 26 | 日本航空（JAL） | 87.5 | ( 53) | ( 80.8) |
| 29 | 江崎グリコ | 86.7 | ( 6) | ( 90.9) |
| 30 | 良品計画（無印良品） | 86.4 | ( 26) | ( 86.4) |
| 31 | ライオン | 86.0 | ( 48) | ( 82.5) |
| 31 | トヨタ自動車 | 86.0 | ( 31) | ( 85.3) |
| 31 | アサヒ飲料 | 86.0 | ( 19) | ( 88.2) |
| 31 | 王将フードサービス（餃子の王将） | 86.0 | ( 84) | ( 75.8) |
| 31 | トリドールホールディングス（丸亀製麺） | 86.0 | ( 552) | ( 16.6) |
| 36 | グーグル | 85.7 | ( 31) | ( 85.3) |
| 37 | アディダスジャパン | 85.6 | ( 20) | ( 87.5) |
| 38 | TOTO | 85.3 | ( 42) | ( 83.5) |
| 39 | エスビー食品 | 85.2 | ( 38) | ( 84.9) |
| 39 | マルコメ | 85.2 | ( 31) | ( 85.3) |
| 41 | テレビ東京 | 84.6 | ( 61) | ( 79.6) |
| 42 | 東京地下鉄（東京メトロ） | 84.5 | ( 31) | ( 85.3) |
| 43 | オリエンタルランド（東京ディズニーリゾート） | 84.4 | ( 39) | ( 84.4) |
| 44 | ローソン | 83.8 | ( 28) | ( 86.2) |
| 44 | ヤフー | 83.8 | ( 24) | ( 86.8) |
| 46 | 花王 | 83.7 | ( 52) | ( 81.4) |
| 47 | 味の素AGF | 83.4 | ( 56) | ( 80.5) |
| 47 | すかいらーく（ガスト） | 83.4 | ( 96) | ( 73.2) |
| 49 | ナイキジャパン | 83.3 | ( 29) | ( 86.0) |
| 50 | アマゾン ウェブ サービス ジャパン | 82.6 | ( 53) | ( 80.8) |
| 51 | タカラトミー | 82.5 | ( 73) | ( 77.9) |
| 52 | 帝国ホテル | 82.3 | ( 86) | ( 75.5) |
| 53 | バンダイナムコホールディングス | 82.1 | ( 88) | ( 74.9) |
| 54 | セイコー | 81.9 | ( 49) | ( 82.4) |
| 54 | ホンダ | 81.9 | ( 61) | ( 79.6) |
| 54 | 髙島屋 | 81.9 | ( 42) | ( 83.5) |
| 54 | JTB | 81.9 | ( 31) | ( 85.3) |
| 58 | 日本ハム | 81.8 | ( 41) | ( 83.8) |
| 59 | 日産自動車 | 81.5 | ( 71) | ( 78.5) |
| 60 | ミズノ | 80.8 | ( 36) | ( 85.1) |
| 61 | ロッテ | 80.7 | ( 50) | ( 81.5) |
| 61 | 伊藤ハム | 80.7 | ( 50) | ( 81.5) |
| 61 | 丸美屋食品工業 | 80.7 | ( 66) | ( 79.2) |
| 64 | サンスター | 80.5 | ( 81) | ( 76.4) |
| 65 | 雪印メグミルク | 80.4 | ( 64) | ( 79.4) |
| 65 | 富士フイルム | 80.4 | ( 58) | ( 80.4) |
| 67 | フジッコ | 80.3 | ( 108) | ( 71.3) |
| 68 | ヨドバシカメラ | 80.2 | ( 68) | ( 78.9) |
| 69 | ネスレ | 80.0 | ( 60) | ( 79.8) |
| 69 | 東海旅客鉄道（JR東海） | 80.0 | ( 68) | ( 78.9) |
| 71 | 伊勢丹 | 79.6 | ( 56) | ( 80.5) |
| 71 | TBS | 79.6 | ( 108) | ( 71.3) |
| 71 | 日本テレビ放送網（日本テレビ） | 79.6 | ( 90) | ( 74.3) |
| 71 | ニトリ | 79.6 | ( 66) | ( 79.2) |
| 71 | セブン&アイ・ホールディングス | 79.6 | ( 47) | ( 83.1) |
| 76 | キヤノン | 79.2 | ( 45) | ( 83.4) |
| 76 | ヤマト運輸 | 79.2 | ( 61) | ( 79.6) |
| 78 | シチズン | 78.9 | ( 74) | ( 77.8) |
| 79 | カシオ計算機 | 78.5 | ( 79) | ( 76.6) |
| 80 | 三越 | 77.7 | ( 75) | ( 77.4) |
| 81 | 日本マクドナルド | 77.4 | ( 143) | ( 66.0) |
| 81 | 日立製作所 | 77.4 | ( 68) | ( 78.9) |
| 81 | アシックス | 77.4 | ( 36) | ( 85.1) |
| 81 | ヤマハ | 77.4 | ( 59) | ( 80.1) |
| 81 | ブリヂストン | 77.4 | ( 103) | ( 72.1) |
| 86 | ハナマルキ | 77.3 | ( 114) | ( 70.6) |
| 87 | 富士通 | 77.0 | ( 78) | ( 77.0) |
| 87 | シャープ | 77.0 | ( 133) | ( 67.4) |
| 87 | プリンスホテル | 77.0 | ( 123) | ( 69.4) |
| 87 | ぐるなび | 77.0 | ( 98) | ( 72.8) |
| 91 | 日清製粉グループ本社 | 76.9 | ( 102) | ( 72.5) |
| 91 | 丸大食品 | 76.9 | ( 93) | ( 73.6) |
| 93 | UCC上島珈琲 | 76.6 | ( 64) | ( 79.4) |
| 93 | 大塚製薬 | 76.6 | ( 108) | ( 71.3) |
| 93 | ニコン | 76.6 | ( 86) | ( 75.5) |
| 93 | コクヨ | 76.6 | ( 53) | ( 80.8) |
| 97 | ビックカメラ | 76.4 | ( 75) | ( 77.4) |
| 98 | はごろもフーズ | 76.1 | ( 136) | ( 67.2) |
| 99 | イトーヨーカ堂 | 75.8 | ( 82) | ( 75.9) |
| 99 | ABCマート | 75.8 | ( 75) | ( 77.4) |

# 好　感　度
## 〈ビジネスパーソン〉

| 2017年 | | 2017年 | |
|---|---|---|---|
| 順位　社名 | スコア（順位）（スコア） | 順位　社名 | スコア（順位）（スコア） |
| 101　ロート製薬 | 75.5（ 106）（ 71.7） | 152　インテル | 66.8（ 116）（ 70.5） |
| 101　三菱電機 | 75.5（ 108）（ 71.3） | 152　富士ゼロックス | 66.8（ 112）（ 70.9） |
| 103　テレビ朝日 | 75.4（ 120）（ 69.8） | 152　YKK | 66.8（ 151）（ 65.0） |
| 104　大丸 | 75.1（ 112）（ 70.9） | 152　メルセデス・ベンツ | 66.8（ 120）（ 69.8） |
| 105　日清オイリオグループ | 75.0（ 106）（ 71.7） | 152　東京ガス | 66.8（ 140）（ 66.4） |
| 106　大正製薬 | 74.7（ 127）（ 68.7） | 157　ソフトバンク | 66.5（ 208）（ 57.7） |
| 106　NEC（日本電気） | 74.7（ 96）（ 73.2） | 158　久光製薬 | 66.0（ 193）（ 59.2） |
| 108　井村屋 | 74.6（ 126）（ 69.1） | 158　エーザイ | 66.0（ 175）（ 61.9） |
| 109　コナミホールディングス（KONAMI） | 74.3（ 117）（ 70.3） | 158　スズキ | 66.0（ 140）（ 66.4） |
| 110　ダイドードリンコ | 74.0（ 85）（ 75.6） | 158　日本郵便 | 66.0（ 230）（ 54.3） |
| 111　P&G（プロクター・アンド・ギャンブル・ジャパン） | 73.9（ 137）（ 66.9） | 162　ヨネックス | 65.3（ 98）（ 72.8） |
| 111　東映アニメーション | 73.9（ 122）（ 69.6） | 163　ドンキホーテホールディングス | 64.9（ 189）（ 60.4） |
| 113　セイコーエプソン（EPSON） | 73.6（ 103）（ 72.1） | 164　カプコン | 64.6（ 228）（ 54.8） |
| 113　SUBARU | 73.6（ 131）（ 67.5） | 165　ダンロップスポーツ | 64.5（ 154）（ 64.8） |
| 113　イオン | 73.6（ 71）（ 78.5） | 165　ヤマトホールディングス | 64.5（ 152）（ 64.9） |
| 113　東京急行電鉄（東急電鉄） | 73.6（ 114）（ 70.6） | 167　ヤマダ電機 | 64.3（ 131）（ 67.5） |
| 117　ユニ・チャーム | 73.2（ 158）（ 64.3） | 168　小林製薬 | 63.8（ 224）（ 55.1） |
| 117　ゆうちょ銀行 | 73.2（ 118）（ 70.2） | 168　LINE | 63.8（ 234）（ 53.6） |
| 119　オムロン | 72.8（ 158）（ 64.3） | 170　日本電信電話（NTT） | 63.5（ 143）（ 66.0） |
| 119　アマゾンジャパン | 72.8（ 82）（ 75.9） | 171　三菱地所 | 63.4（ 166）（ 63.4） |
| 121　ダイソン | 72.6（ 105）（ 72.0） | 171　三菱東京UFJ銀行 | 63.4（ 127）（ 68.7） |
| 122　エイチ・アイ・エス | 72.5（ 92）（ 74.0） | 173　フジテレビジョン | 63.1（ 200）（ 58.5） |
| 123　フマキラー | 72.1（ 182）（ 61.1） | 174　ユニリーバ・ジャパン | 63.0（ 241）（ 52.1） |
| 124　カルチュア・コンビニエンス・クラブ（TSUTAYA） | 72.0（ 91）（ 74.1） | 175　リコー | 62.6（ 161）（ 63.8） |
| 125　アップルジャパン | 71.9（ 98）（ 72.8） | 175　みずほ銀行 | 62.6（ 148）（ 65.3） |
| 126　NTTドコモ | 71.5（ 130）（ 67.9） | 175　LIXIL | 62.6（ 207）（ 57.9） |
| 126　ウォルト・ディズニー・ジャパン | 71.5（ -）（ -） | 178　コジマ | 62.4（ 166）（ 63.4） |
| 128　小田急電鉄 | 71.3（ 146）（ 65.7） | 179　フォルクスワーゲングループジャパン | 62.3（ 152）（ 64.9） |
| 128　近畿日本ツーリスト | 71.3（ 98）（ 72.8） | 179　東日本電信電話（NTT東日本） | 62.3（ 138）（ 66.8） |
| 130　BMWジャパン | 70.6（ 79）（ 76.6） | 181　塩野義製薬（シオノギ製薬） | 61.5（ 186）（ 60.8） |
| 131　セコム | 70.4（ 123）（ 69.4） | 181　東芝 | 61.5（ 133）（ 67.4） |
| 132　マツダ | 70.2（ 93）（ 73.6） | 181　旭化成 | 61.5（ 202）（ 58.2） |
| 133　KDDI（au） | 69.6（ 148）（ 65.3） | 184　住友ゴム工業（ダンロップ） | 60.8（ 214）（ 56.6） |
| 134　京セラ | 69.4（ 133）（ 67.4） | 184　ダイハツ工業 | 60.8（ 182）（ 61.1） |
| 134　ダイキン工業 | 69.4（ 155）（ 64.6） | 186　セガサミーホールディングス | 60.7（ 274）（ 46.4） |
| 134　龍角散 | 69.4（ -）（ -） | 187　パイオニア | 60.5（ 173）（ 62.6） |
| 137　東洋水産 | 69.3（ 173）（ 62.6） | 188　宝酒造（宝ホールディングス） | 60.4（ 156）（ 64.5） |
| 138　エステー | 69.1（ 156）（ 64.5） | 188　東レ | 60.4（ 180）（ 61.3） |
| 139　赤城乳業 | 68.9（ 186）（ 60.8） | 188　キヤノン電子 | 60.4（ 231）（ 54.0） |
| 140　ツムラ | 68.7（ 161）（ 63.8） | 191　養命酒製造 | 60.0（ 208）（ 57.7） |
| 140　イオンモール | 68.7（ 93）（ 73.6） | 191　AOKI | 60.0（ 160）（ 64.2） |
| 142　日本放送協会（NHK） | 68.5（ 166）（ 63.4） | 191　楽天 | 60.0（ 180）（ 61.3） |
| 143　武田薬品工業 | 68.3（ 146）（ 65.7） | 194　三井住友銀行 | 59.6（ 165）（ 63.7） |
| 144　日本マイクロソフト | 68.1（ 123）（ 69.4） | 194　ジンズ（JINS） | 59.6（ 293）（ 43.4） |
| 145　資生堂 | 67.9（ 89）（ 74.7） | 194　しまむら | 59.6（ -）（ -） |
| 145　オリンパス | 67.9（ 118）（ 70.2） | 197　ワコール | 59.2（ 150）（ 65.1） |
| 145　日本郵政（日本郵政グループ） | 67.9（ 189）（ 60.4） | 197　WOWOW | 59.2（ 211）（ 57.0） |
| 148　ダスキン | 67.5（ 140）（ 66.4） | 199　グンゼ | 58.9（ 145）（ 65.9） |
| 148　アウディ・ジャパン | 67.5（ 127）（ 68.7） | 199　リンナイ | 58.9（ 224）（ 55.1） |
| 150　西武（SEIBU） | 67.2（ 170）（ 63.2） | 199　ジャパネットたかた | 58.9（ 166）（ 63.4） |
| 151　宝島社 | 66.9（ 197）（ 58.9） | 199　BOSE | 58.9（ 138）（ 66.8） |

# 好　感　度
## 〈一般個人〉

| 順位 | 社名 | スコア | (順位) | (スコア) | 順位 | 社名 | スコア | (順位) | (スコア) |
|---|---|---|---|---|---|---|---|---|---|
| | | 2017年 | （2016年） | | | | 2017年 | （2016年） | |
| 1 | 明治 | 90.2 | ( 1) | ( 93.1) | 51 | すかいらーく（ガスト） | 79.4 | ( 43) | ( 79.9) |
| 2 | 森永乳業 | 89.2 | ( 18) | ( 84.8) | 51 | イオン | 79.4 | ( 69) | ( 75.5) |
| 2 | ヤクルト本社 | 89.2 | ( 14) | ( 85.8) | 53 | 日本マクドナルド | 78.4 | ( 106) | ( 67.6) |
| 2 | キユーピー | 89.2 | ( 2) | ( 91.6) | 53 | サンスター | 78.4 | ( 87) | ( 72.1) |
| 2 | 伊藤園 | 89.2 | ( 13) | ( 86.3) | 53 | オリエンタルランド（東京ディズニーリゾート） | 78.4 | ( 48) | ( 78.4) |
| 6 | 日本コカ・コーラ | 88.7 | ( 14) | ( 85.8) | 56 | ニトリ | 77.9 | ( 68) | ( 76.0) |
| 6 | ファーストリテイリング（ユニクロ） | 88.7 | ( 24) | ( 83.8) | 57 | セイコー | 77.5 | ( 77) | ( 74.0) |
| 8 | 森永製菓 | 88.2 | ( 2) | ( 91.6) | 57 | 日産自動車 | 77.5 | ( 81) | ( 73.0) |
| 8 | キッコーマン | 88.2 | ( 9) | ( 88.7) | 57 | ヨドバシカメラ | 77.5 | ( 45) | ( 79.4) |
| 10 | ハウス食品 | 87.7 | ( 5) | ( 90.6) | 57 | ビックカメラ | 77.5 | ( 47) | ( 78.9) |
| 11 | カルビー | 87.3 | ( 5) | ( 90.6) | 57 | 東京地下鉄（東京メトロ） | 77.5 | ( 72) | ( 75.0) |
| 11 | アサヒ飲料 | 87.3 | ( 14) | ( 85.8) | 57 | 王将フードサービス（餃子の王将） | 77.5 | ( 63) | ( 76.5) |
| 13 | 味の素 | 85.8 | ( 7) | ( 90.1) | 57 | トリドールホールディングス（丸亀製麺） | 77.5 | ( 596) | ( 5.4) |
| 13 | TBS | 85.8 | ( 36) | ( 81.4) | 64 | ネスレ | 77.0 | ( 81) | ( 73.0) |
| 15 | サントリー | 85.3 | ( 28) | ( 83.3) | 64 | UCC上島珈琲 | 77.0 | ( 59) | ( 77.5) |
| 15 | ライオン | 85.3 | ( 42) | ( 80.4) | 64 | 丸美屋食品工業 | 77.0 | ( 39) | ( 81.3) |
| 15 | パナソニック | 85.3 | ( 4) | ( 91.2) | 64 | 良品計画（無印良品） | 77.0 | ( 28) | ( 83.3) |
| 15 | ファミリーマート | 85.3 | ( 10) | ( 88.2) | 64 | ゆうちょ銀行 | 77.0 | ( 73) | ( 74.5) |
| 15 | ローソン | 85.3 | ( 14) | ( 85.8) | 69 | アシックス | 76.5 | ( 48) | ( 78.4) |
| 20 | モスフードサービス（モスバーガー） | 84.8 | ( -) | ( -) | 69 | ミズノ | 76.5 | ( 53) | ( 77.9) |
| 20 | ソニー | 84.8 | ( 11) | ( 87.3) | 69 | ホンダ | 76.5 | ( 63) | ( 76.5) |
| 20 | セブン-イレブン・ジャパン | 84.8 | ( 21) | ( 84.3) | 69 | ヤマト運輸 | 76.5 | ( 53) | ( 77.9) |
| 20 | 日本テレビ放送網（日本テレビ） | 84.8 | ( 40) | ( 80.9) | 69 | アマゾン ウェブ サービス ジャパン | 76.5 | ( 81) | ( 73.0) |
| 24 | カゴメ | 84.3 | ( 8) | ( 89.2) | 74 | 日清食品 | 76.0 | ( 19) | ( 84.7) |
| 24 | 花王 | 84.3 | ( 53) | ( 77.9) | 74 | フジッコ | 76.0 | ( 62) | ( 76.8) |
| 24 | キリンビバレッジ | 84.3 | ( 40) | ( 80.9) | 76 | フジテレビジョン | 75.0 | ( 69) | ( 75.5) |
| 24 | グーグル | 84.3 | ( 90) | ( 71.1) | 76 | セブン&アイ・ホールディングス | 75.0 | ( 53) | ( 77.9) |
| 28 | 江崎グリコ | 83.8 | ( 12) | ( 87.2) | 78 | コジマ | 74.5 | ( 89) | ( 71.6) |
| 28 | ミツカン | 83.8 | ( 26) | ( 83.7) | 78 | ヤマダ電機 | 74.5 | ( 48) | ( 78.4) |
| 28 | トヨタ自動車 | 83.8 | ( 34) | ( 81.9) | 80 | シャープ | 74.0 | ( 61) | ( 77.0) |
| 28 | 日本航空（JAL） | 83.8 | ( 48) | ( 78.4) | 81 | シチズン | 73.0 | ( 102) | ( 68.1) |
| 28 | テレビ朝日 | 83.8 | ( 36) | ( 81.4) | 81 | JTB | 73.0 | ( 63) | ( 76.5) |
| 33 | キリンビール | 83.3 | ( 33) | ( 82.4) | 83 | ハナマルキ | 72.5 | ( 100) | ( 69.0) |
| 33 | 全日本空輸（ANA） | 83.3 | ( 24) | ( 83.8) | 83 | タカラトミー | 72.5 | ( 73) | ( 74.5) |
| 33 | マルコメ | 83.3 | ( 46) | ( 79.3) | 85 | 丸大食品 | 72.1 | ( 60) | ( 77.3) |
| 33 | ヤフー | 83.3 | ( 53) | ( 77.9) | 85 | 日立製作所 | 72.1 | ( 81) | ( 73.0) |
| 37 | テレビ東京 | 82.8 | ( 48) | ( 78.4) | 85 | キヤノン | 72.1 | ( 79) | ( 73.5) |
| 37 | ナイキジャパン | 82.8 | ( 31) | ( 82.8) | 85 | ABCマート | 72.1 | ( 118) | ( 64.7) |
| 39 | 東日本旅客鉄道（JR東日本） | 82.4 | ( 43) | ( 79.9) | 89 | 富士通 | 71.6 | ( 63) | ( 76.5) |
| 40 | サッポロビール | 81.9 | ( 34) | ( 81.9) | 89 | ヤマハ | 71.6 | ( 73) | ( 74.5) |
| 40 | 味の素AGF | 81.9 | ( 63) | ( 76.5) | 89 | 日本放送協会（NHK） | 71.6 | ( 116) | ( 65.2) |
| 40 | TOTO | 81.9 | ( 36) | ( 81.4) | 92 | 髙島屋 | 71.1 | ( 95) | ( 70.1) |
| 40 | イトーヨーカ堂 | 81.9 | ( 69) | ( 75.5) | 92 | はごろもフーズ | 71.1 | ( 86) | ( 72.9) |
| 40 | アディダスジャパン | 81.9 | ( 28) | ( 83.3) | 94 | コクヨ | 70.6 | ( 102) | ( 68.1) |
| 45 | アサヒビール | 81.4 | ( 31) | ( 82.8) | 95 | NTTドコモ | 70.1 | ( 81) | ( 73.0) |
| 45 | ロッテ | 81.4 | ( 22) | ( 84.2) | 96 | カシオ計算機 | 69.6 | ( 106) | ( 67.6) |
| 45 | 日本ハム | 81.4 | ( 19) | ( 84.7) | 96 | バンダイナムコホールディングス | 69.6 | ( 108) | ( 67.2) |
| 48 | 伊藤ハム | 80.9 | ( 26) | ( 83.7) | 96 | ダイドードリンコ | 69.6 | ( 92) | ( 70.6) |
| 49 | 雪印メグミルク | 80.4 | ( 53) | ( 77.9) | 99 | 大正製薬 | 69.1 | ( 121) | ( 64.5) |
| 50 | エスビー食品 | 79.9 | ( 22) | ( 84.2) | 99 | ソフトバンク | 69.1 | ( 127) | ( 63.2) |

— 40 —

# 好 感 度
## 〈一般個人〉

| 順位 | 社名 | 2017年 スコア | (2016年) (順位) | (スコア) | 順位 | 社名 | 2017年 スコア | (2016年) (順位) | (スコア) |
|---|---|---|---|---|---|---|---|---|---|
| 99 | ぐるなび | 69.1 | ( 137) | ( 60.3) | 150 | 三菱東京UFJ銀行 | 59.3 | ( 133) | ( 60.8) |
| 102 | 井村屋 | 68.6 | ( 101) | ( 68.5) | 152 | 武田薬品工業 | 58.8 | ( 154) | ( 58.1) |
| 103 | ロート製薬 | 68.1 | ( 97) | ( 69.5) | 152 | フマキラー | 58.8 | ( 154) | ( 58.1) |
| 103 | 富士フイルム | 68.1 | ( 79) | ( 73.5) | 154 | オムロン | 58.3 | ( 162) | ( 56.9) |
| 103 | 三菱電機 | 68.1 | ( 77) | ( 74.0) | 154 | 近畿日本ツーリスト | 58.3 | ( 116) | ( 65.2) |
| 103 | ブリヂストン | 68.1 | ( 108) | ( 67.2) | 154 | 赤城乳業 | 58.3 | ( 164) | ( 56.7) |
| 103 | ドンキホーテホールディングス | 68.1 | ( 146) | ( 59.3) | 157 | コナミホールディングス（KONAMI） | 57.8 | ( 151) | ( 58.3) |
| 108 | NEC（日本電気） | 67.6 | ( 90) | ( 71.1) | 158 | ツムラ | 57.4 | ( 131) | ( 62.6) |
| 109 | 東京ガス | 67.2 | ( 98) | ( 69.1) | 158 | エーザイ | 57.4 | ( 150) | ( 58.6) |
| 109 | イオンモール | 67.2 | ( 92) | ( 70.6) | 158 | パロマ | 57.4 | ( 184) | ( 52.5) |
| 111 | KDDI（au） | 66.7 | ( 118) | ( 64.7) | 158 | ダイハツ工業 | 57.4 | ( 176) | ( 53.4) |
| 111 | アマゾンジャパン | 66.7 | ( 102) | ( 68.1) | 158 | SUBARU | 57.4 | ( 204) | ( 49.0) |
| 111 | しまむら | 66.7 | ( -) | ( -) | 163 | ダイキン工業 | 56.9 | ( 137) | ( 60.3) |
| 114 | ニコン | 66.2 | ( 96) | ( 69.6) | 163 | スズキ | 56.9 | ( 156) | ( 57.8) |
| 114 | ウォルト・ディズニー・ジャパン | 66.2 | ( -) | ( -) | 163 | クリナップ | 56.9 | ( 167) | ( 55.9) |
| 116 | 大塚製薬 | 65.7 | ( 114) | ( 66.0) | 163 | みずほ銀行 | 56.9 | ( 170) | ( 55.4) |
| 116 | リンナイ | 65.7 | ( 133) | ( 60.8) | 167 | グンゼ | 56.4 | ( 146) | ( 59.3) |
| 118 | ダスキン | 65.2 | ( 158) | ( 57.4) | 167 | 三井住友銀行 | 56.4 | ( 165) | ( 56.4) |
| 118 | 東芝 | 65.2 | ( 73) | ( 74.5) | 167 | WOWOW | 56.4 | ( 195) | ( 50.5) |
| 118 | セコム | 65.2 | ( 137) | ( 60.3) | 167 | LINE | 56.4 | ( 170) | ( 55.4) |
| 118 | 日清オイリオグループ | 65.2 | ( 159) | ( 57.1) | 171 | エステー | 55.9 | ( 159) | ( 57.1) |
| 122 | 東海旅客鉄道（JR東海） | 64.7 | ( 108) | ( 67.2) | 171 | 京セラ | 55.9 | ( 184) | ( 52.5) |
| 123 | プリンスホテル | 64.2 | ( 92) | ( 70.6) | 171 | 積水ハウス | 55.9 | ( 173) | ( 54.9) |
| 124 | P&G（プロクター・アンド・ギャンブル・ジャパン） | 63.7 | ( 122) | ( 64.2) | 171 | ダンロップスポーツ | 55.9 | ( 178) | ( 52.9) |
| 124 | 伊勢丹 | 63.7 | ( 112) | ( 66.7) | 175 | 住友ゴム工業（ダンロップ） | 55.4 | ( 195) | ( 50.5) |
| 126 | 帝国ホテル | 63.2 | ( 87) | ( 72.1) | 175 | ジャパネットたかた | 55.4 | ( 167) | ( 55.9) |
| 127 | 日清製粉グループ本社 | 62.7 | ( 105) | ( 68.0) | 175 | カルチュア・コンビニエンス・クラブ（TSUTAYA） | 55.4 | ( 137) | ( 60.3) |
| 127 | ワコール | 62.7 | ( 133) | ( 60.8) | 175 | 農業協同組合（JAグループ） | 55.4 | ( 159) | ( 57.1) |
| 127 | メルセデス・ベンツ | 62.7 | ( 175) | ( 53.9) | 179 | コスモ石油 | 54.9 | ( 128) | ( 62.7) |
| 127 | 三越 | 62.7 | ( 125) | ( 63.7) | 179 | 西松屋チェーン（西松屋） | 54.9 | ( 188) | ( 51.5) |
| 131 | 資生堂 | 62.3 | ( 98) | ( 69.1) | 181 | コーセー | 53.9 | ( 151) | ( 58.3) |
| 131 | ユニ・チャーム | 62.3 | ( 122) | ( 64.2) | 181 | AOKI | 53.9 | ( 188) | ( 51.5) |
| 133 | 日本電信電話（NTT） | 61.8 | ( 137) | ( 60.3) | 181 | 東洋水産 | 53.9 | ( 145) | ( 59.6) |
| 133 | ヨネックス | 61.8 | ( 122) | ( 64.2) | 184 | 塩野義製薬（シオノギ製薬） | 53.4 | ( 190) | ( 51.2) |
| 133 | 西武（SEIBU） | 61.8 | ( 146) | ( 59.3) | 184 | 日本郵政（日本郵政グループ） | 53.4 | ( 133) | ( 60.8) |
| 133 | エイチ・アイ・エス | 61.8 | ( 146) | ( 59.3) | 184 | カネボウ化粧品 | 53.4 | ( 156) | ( 57.8) |
| 137 | アップルジャパン | 61.3 | ( 112) | ( 66.7) | 187 | 養命酒製造 | 52.9 | ( 199) | ( 49.8) |
| 137 | BMWジャパン | 61.3 | ( 178) | ( 52.9) | 187 | 日本マイクロソフト | 52.9 | ( 170) | ( 55.4) |
| 137 | 東京急行電鉄（東急電鉄） | 61.3 | ( 128) | ( 62.7) | 187 | 出光興産 | 52.9 | ( 200) | ( 49.5) |
| 137 | ダイソン | 61.3 | ( 128) | ( 62.7) | 190 | 宝酒造（宝ホールディングス） | 52.5 | ( 178) | ( 52.9) |
| 137 | 東映アニメーション | 61.3 | ( 137) | ( 60.3) | 191 | サンヨー食品 | 52.0 | ( 207) | ( 48.8) |
| 142 | 小田急電鉄 | 60.8 | ( 118) | ( 64.7) | 191 | 富士ゼロックス | 52.0 | ( 178) | ( 52.9) |
| 142 | 龍角散 | 60.8 | ( -) | ( -) | 193 | 富士通ゼネラル | 51.5 | ( 195) | ( 50.5) |
| 144 | YKK | 60.3 | ( 151) | ( 58.3) | 193 | ミサワホーム | 51.5 | ( 200) | ( 49.5) |
| 144 | 楽天 | 60.3 | ( 143) | ( 59.8) | 195 | 旭化成 | 51.0 | ( 191) | ( 51.0) |
| 146 | オリンパス | 59.8 | ( 132) | ( 61.8) | 195 | 三菱地所 | 51.0 | ( 224) | ( 44.6) |
| 146 | セイコーエプソン（EPSON） | 59.8 | ( 108) | ( 67.2) | 195 | アウディ・ジャパン | 51.0 | ( 237) | ( 42.2) |
| 146 | マツダ | 59.8 | ( 115) | ( 65.7) | 195 | NTTコミュニケーションズ | 51.0 | ( 216) | ( 46.6) |
| 146 | 東日本電信電話（NTT東日本） | 59.8 | ( 143) | ( 59.8) | 195 | 宝島社 | 51.0 | ( 162) | ( 56.9) |
| 150 | 佐川急便 | 59.3 | ( 125) | ( 63.7) | 195 | キヤノン電子 | 51.0 | ( 216) | ( 46.6) |

# 株 購 入 意 向
## 〈ビジネスパーソン〉

| 順位 | 社名 | スコア | (順位) | (スコア) | 順位 | 社名 | スコア | (順位) | (スコア) |
|---|---|---|---|---|---|---|---|---|---|
| | | **2017年** | **（2016年）** | | | | **2017年** | **（2016年）** | |
| 1 | トヨタ自動車 | 79.6 | ( 1) | ( 77.0) | 51 | セブン-イレブン・ジャパン | 62.6 | ( 78) | ( 56.3) |
| 2 | 東日本旅客鉄道（JR東日本） | 75.8 | ( 4) | ( 74.7) | 51 | セブン&アイ・ホールディングス | 62.6 | ( 93) | ( 54.4) |
| 3 | オリエンタルランド（東京ディズニーリゾート） | 75.1 | ( 14) | ( 71.1) | 53 | ダイソン | 62.4 | ( 49) | ( 61.4) |
| 4 | サントリー | 74.7 | ( 6) | ( 72.8) | 54 | タカラトミー | 62.3 | ( 109) | ( 52.9) |
| 5 | アサヒビール | 74.3 | ( 3) | ( 75.8) | 55 | セイコー | 61.9 | ( 51) | ( 61.3) |
| 6 | キリンビール | 74.0 | ( 8) | ( 72.5) | 55 | バンダイナムコホールディングス | 61.9 | ( 93) | ( 54.4) |
| 7 | 全日本空輸（ANA） | 73.2 | ( 6) | ( 72.8) | 55 | マツダ | 61.9 | ( 65) | ( 58.1) |
| 8 | 日産自動車 | 72.5 | ( 32) | ( 64.5) | 58 | 森永乳業 | 61.5 | ( 48) | ( 61.8) |
| 9 | キリンビバレッジ | 71.7 | ( 2) | ( 76.0) | 58 | P&G（プロクター・アンド・ギャンブル・ジャパン） | 61.5 | ( 62) | ( 58.9) |
| 10 | 花王 | 71.6 | ( 24) | ( 67.3) | 58 | 東京急行電鉄（東急電鉄） | 61.5 | ( 62) | ( 58.9) |
| 11 | 日本コカ・コーラ | 71.3 | ( 15) | ( 71.0) | 61 | 日清食品 | 61.4 | ( 26) | ( 66.8) |
| 12 | 東海旅客鉄道（JR東海） | 70.9 | ( 17) | ( 69.4) | 62 | ロート製薬 | 61.1 | ( 75) | ( 57.0) |
| 13 | TOTO | 69.4 | ( 5) | ( 73.2) | 62 | 三菱地所 | 61.1 | ( 64) | ( 58.5) |
| 13 | 大塚製薬 | 69.4 | ( 42) | ( 62.6) | 62 | 伊藤忠商事 | 61.1 | ( 35) | ( 64.2) |
| 15 | サッポロビール | 69.1 | ( 23) | ( 67.5) | 62 | JTB | 61.1 | ( 55) | ( 60.4) |
| 15 | ホンダ | 69.1 | ( 36) | ( 63.8) | 66 | エーザイ | 60.8 | ( 86) | ( 55.1) |
| 17 | 味の素 | 68.9 | ( 11) | ( 71.7) | 66 | 三菱電機 | 60.8 | ( 43) | ( 62.5) |
| 18 | 武田薬品工業 | 68.7 | ( 40) | ( 63.0) | 66 | SUBARU | 60.8 | ( 77) | ( 56.6) |
| 19 | 伊藤園 | 67.9 | ( 29) | ( 66.0) | 66 | ファーストリテイリング（ユニクロ） | 60.8 | ( 55) | ( 60.4) |
| 20 | ブリヂストン | 67.5 | ( 58) | ( 59.6) | 66 | ニトリ | 60.8 | ( 75) | ( 57.0) |
| 21 | 明治 | 67.4 | ( 19) | ( 67.9) | 71 | 江崎グリコ | 60.6 | ( 53) | ( 60.8) |
| 22 | グーグル | 67.2 | ( 8) | ( 72.5) | 72 | NTTドコモ | 60.0 | ( 107) | ( 53.2) |
| 23 | アサヒ飲料 | 66.8 | ( 13) | ( 71.4) | 72 | アマゾンジャパン | 60.0 | ( 80) | ( 55.9) |
| 24 | ライオン | 66.5 | ( 30) | ( 65.0) | 74 | ユニ・チャーム | 59.9 | ( 103) | ( 53.6) |
| 25 | 大正製薬 | 66.0 | ( 71) | ( 57.4) | 75 | 日本電信電話（NTT） | 59.6 | ( 91) | ( 54.7) |
| 25 | 富士フイルム | 66.0 | ( 8) | ( 72.5) | 75 | 三菱商事 | 59.6 | ( 40) | ( 63.0) |
| 25 | キヤノン | 66.0 | ( 16) | ( 70.2) | 77 | 日本マイクロソフト | 59.3 | ( 71) | ( 57.4) |
| 28 | ハウス食品 | 65.9 | ( 45) | ( 62.3) | 78 | 資生堂 | 59.2 | ( 47) | ( 61.9) |
| 29 | 東京地下鉄（東京メトロ） | 65.7 | ( 18) | ( 68.3) | 78 | ウォルト・ディズニー・ジャパン | 59.2 | ( -) | ( -) |
| 30 | アディダスジャパン | 65.4 | ( 36) | ( 63.8) | 80 | オムロン | 59.1 | ( 103) | ( 53.6) |
| 31 | 日本航空（JAL） | 65.3 | ( 52) | ( 61.1) | 81 | シチズン | 58.5 | ( 70) | ( 57.5) |
| 32 | ナイキジャパン | 65.0 | ( 32) | ( 64.5) | 81 | 三井物産 | 58.5 | ( 39) | ( 63.4) |
| 33 | 日立製作所 | 64.9 | ( 12) | ( 71.6) | 81 | セコム | 58.5 | ( 95) | ( 54.3) |
| 33 | パナソニック | 64.9 | ( 43) | ( 62.5) | 84 | 日清製粉グループ本社 | 58.3 | ( 91) | ( 54.7) |
| 35 | カルビー | 64.8 | ( 19) | ( 67.9) | 85 | ネスレ | 58.1 | ( 89) | ( 55.0) |
| 35 | カゴメ | 64.8 | ( 19) | ( 67.9) | 85 | 三菱東京UFJ銀行 | 58.1 | ( 74) | ( 57.3) |
| 35 | キユーピー | 64.8 | ( 26) | ( 66.8) | 87 | ダイキン工業 | 57.4 | ( 49) | ( 61.4) |
| 38 | ソフトバンク | 64.6 | ( 110) | ( 52.5) | 87 | 三井住友銀行 | 57.4 | ( 97) | ( 54.2) |
| 39 | 味の素AGF | 64.5 | ( 31) | ( 64.9) | 89 | 久光製薬 | 57.0 | ( 135) | ( 47.9) |
| 39 | ヤクルト本社 | 64.5 | ( 19) | ( 67.9) | 89 | カシオ計算機 | 57.0 | ( 110) | ( 52.5) |
| 39 | 良品計画（無印良品） | 64.5 | ( 36) | ( 63.8) | 91 | サンスター | 56.8 | ( 90) | ( 54.8) |
| 42 | 森永製菓 | 64.4 | ( 32) | ( 64.5) | 92 | 第一三共 | 56.6 | ( 118) | ( 50.6) |
| 43 | インテル | 64.2 | ( 99) | ( 54.0) | 92 | エステー | 56.6 | ( 122) | ( 49.4) |
| 44 | アップルジャパン | 63.9 | ( 58) | ( 59.6) | 92 | 東レ | 56.6 | ( 60) | ( 59.0) |
| 45 | ソニー | 63.8 | ( 57) | ( 59.8) | 95 | モスフードサービス（モスバーガー） | 56.2 | ( -) | ( -) |
| 45 | KDDI（au） | 63.8 | ( 118) | ( 50.6) | 95 | ツムラ | 56.2 | ( 118) | ( 50.6) |
| 45 | アマゾン ウェブ サービス ジャパン | 63.8 | ( 25) | ( 67.2) | 95 | 旭化成 | 56.2 | ( 80) | ( 55.9) |
| 48 | 塩野義製薬（シオノギ製薬） | 63.4 | ( 95) | ( 54.3) | 95 | 東日本電信電話（NTT東日本） | 56.2 | ( 122) | ( 49.4) |
| 49 | ヤフー | 63.0 | ( 26) | ( 66.8) | 99 | ミズノ | 55.8 | ( 54) | ( 60.5) |
| 50 | キッコーマン | 62.9 | ( 45) | ( 62.3) | 99 | みずほ銀行 | 55.8 | ( 97) | ( 54.2) |

# 株 購 入 意 向
## 〈ビジネスパーソン〉

| 順位 | 社名 | 2017年 スコア | （2016年） (順位) | （スコア） |
|---|---|---|---|---|
| 99 | フマキラー | 55.8 | ( 161) | ( 44.9) |
| 102 | 住友商事 | 55.5 | ( 71) | ( 57.4) |
| 102 | 東京ガス | 55.5 | ( 130) | ( 48.7) |
| 104 | ミツカン | 55.3 | ( 86) | ( 55.1) |
| 105 | 京セラ | 55.1 | ( 99) | ( 54.0) |
| 105 | 富士通 | 55.1 | ( 80) | ( 55.9) |
| 107 | NEC（日本電気） | 54.7 | ( 99) | ( 54.0) |
| 107 | 三菱重工業 | 54.7 | ( 137) | ( 47.5) |
| 107 | BMWジャパン | 54.7 | ( 83) | ( 55.8) |
| 107 | 小田急電鉄 | 54.7 | ( 86) | ( 55.1) |
| 111 | 三井不動産 | 54.0 | ( 103) | ( 53.6) |
| 111 | ゆうちょ銀行 | 54.0 | ( 67) | ( 57.7) |
| 113 | エスビー食品 | 53.8 | ( 107) | ( 53.2) |
| 114 | コマツ（小松製作所） | 53.6 | ( 132) | ( 48.3) |
| 114 | メルセデス・ベンツ | 53.6 | ( 99) | ( 54.0) |
| 116 | ニコン | 53.2 | ( 67) | ( 57.7) |
| 116 | YKK | 53.2 | ( 115) | ( 51.2) |
| 116 | ヤマハ | 53.2 | ( 66) | ( 57.9) |
| 116 | エイチ・アイ・エス | 53.2 | ( 116) | ( 50.9) |
| 120 | ユニリーバ・ジャパン | 52.9 | ( 137) | ( 47.5) |
| 121 | オリンパス | 52.8 | ( 116) | ( 50.9) |
| 121 | スズキ | 52.8 | ( 141) | ( 47.2) |
| 121 | ダイハツ工業 | 52.8 | ( 161) | ( 44.9) |
| 124 | 小林製薬 | 52.5 | ( 161) | ( 44.9) |
| 124 | 富士ゼロックス | 52.5 | ( 84) | ( 55.5) |
| 124 | 帝国ホテル | 52.5 | ( 132) | ( 48.3) |
| 127 | セイコーエプソン（EPSON） | 52.1 | ( 103) | ( 53.6) |
| 127 | デンソー | 52.1 | ( 153) | ( 45.7) |
| 127 | 住友ゴム工業（ダンロップ） | 52.1 | ( 135) | ( 47.9) |
| 130 | 日清オイリオグループ | 51.9 | ( 122) | ( 49.4) |
| 131 | コナミホールディングス（KONAMI） | 51.8 | ( 122) | ( 49.4) |
| 132 | 丸紅 | 51.7 | ( 79) | ( 56.2) |
| 133 | NTTコミュニケーションズ | 51.5 | ( 157) | ( 45.3) |
| 134 | コクヨ | 51.3 | ( 84) | ( 55.5) |
| 135 | 村田製作所 | 50.9 | ( 145) | ( 46.7) |
| 135 | ダイドードリンコ | 50.9 | ( 129) | ( 48.9) |
| 137 | ロッテ | 50.8 | ( 110) | ( 52.5) |
| 137 | 日本ハム | 50.8 | ( 118) | ( 50.6) |
| 139 | アシックス | 50.6 | ( 60) | ( 59.0) |
| 140 | はごろもフーズ | 50.4 | ( 128) | ( 49.1) |
| 141 | NTTデータ | 50.2 | ( 114) | ( 51.3) |
| 142 | 川崎重工業 | 49.8 | ( 169) | ( 44.2) |
| 143 | 中外製薬 | 49.4 | ( 185) | ( 42.6) |
| 143 | 日本アイ・ビー・エム（IBM） | 49.4 | ( 67) | ( 57.7) |
| 143 | 大日本印刷 | 49.4 | ( 148) | ( 46.0) |
| 143 | ワコール | 49.4 | ( 130) | ( 48.7) |
| 143 | クボタ | 49.4 | ( 195) | ( 41.9) |
| 148 | 雪印メグミルク | 49.1 | ( 113) | ( 52.3) |
| 148 | ヤマト運輸 | 49.1 | ( 141) | ( 47.2) |
| 148 | ファイザー | 49.1 | ( 185) | ( 42.6) |
| 148 | アステラス製薬 | 49.1 | ( 180) | ( 43.0) |
| 152 | 龍角散 | 48.7 | ( -) | ( -) |
| 152 | 東日本高速道路（NEXCO東日本） | 48.7 | ( 148) | ( 46.0) |
| 154 | UCC上島珈琲 | 48.3 | ( 126) | ( 49.2) |
| 154 | 日本郵便 | 48.3 | ( 216) | ( 40.0) |
| 154 | トリドールホールディングス（丸亀製麺） | 48.3 | ( 549) | ( 15.1) |
| 157 | 伊藤ハム | 48.1 | ( 161) | ( 44.9) |
| 158 | カルチュア・コンビニエンス・クラブ（TSUTAYA） | 47.9 | ( 137) | ( 47.5) |
| 158 | キヤノン電子 | 47.9 | ( 225) | ( 39.5) |
| 160 | テレビ東京 | 47.7 | ( 167) | ( 44.5) |
| 161 | 養命酒製造 | 47.5 | ( 172) | ( 43.8) |
| 161 | 清水建設 | 47.5 | ( 191) | ( 42.5) |
| 161 | 楽天 | 47.5 | ( 171) | ( 44.1) |
| 164 | ダスキン | 47.2 | ( 229) | ( 38.9) |
| 164 | 凸版印刷 | 47.2 | ( 193) | ( 42.3) |
| 164 | LIXIL | 47.2 | ( 126) | ( 49.2) |
| 167 | テルモ | 47.1 | ( 173) | ( 43.7) |
| 167 | 首都高速道路 | 47.1 | ( 185) | ( 42.6) |
| 167 | 東映アニメーション | 47.1 | ( 185) | ( 42.6) |
| 170 | 横浜ゴム | 46.8 | ( 207) | ( 40.8) |
| 170 | 日本郵政（日本郵政グループ） | 46.8 | ( 147) | ( 46.4) |
| 172 | 日本中央競馬会（JRA） | 46.7 | ( 244) | ( 38.5) |
| 173 | 住友不動産 | 46.4 | ( 144) | ( 46.8) |
| 173 | 森ビル | 46.4 | ( 207) | ( 40.8) |
| 173 | 王将フードサービス（餃子の王将） | 46.4 | ( 244) | ( 38.5) |
| 176 | 野村不動産 | 46.0 | ( 132) | ( 48.3) |
| 176 | 野村ホールディングス（野村證券） | 46.0 | ( 161) | ( 44.9) |
| 176 | アウディ・ジャパン | 46.0 | ( 153) | ( 45.7) |
| 176 | LINE | 46.0 | ( 201) | ( 41.8) |
| 180 | 日本テレビ放送網（日本テレビ） | 45.8 | ( 157) | ( 45.3) |
| 181 | 日本マクドナルド | 45.7 | ( 305) | ( 33.6) |
| 181 | YKK AP | 45.7 | ( 211) | ( 40.6) |
| 183 | BOSE | 45.6 | ( 193) | ( 42.3) |
| 184 | 綜合警備保障 | 45.4 | ( 180) | ( 43.0) |
| 185 | ヤマトホールディングス | 45.3 | ( 221) | ( 39.6) |
| 186 | 中日本高速道路（NEXCO中日本） | 45.2 | ( 185) | ( 42.6) |
| 187 | 日本放送協会（NHK） | 45.0 | ( 229) | ( 38.9) |
| 188 | TDK | 44.5 | ( 287) | ( 35.6) |
| 188 | イオン | 44.5 | ( 173) | ( 43.7) |
| 188 | 日本通運 | 44.5 | ( 229) | ( 38.9) |
| 191 | 宝酒造（宝ホールディングス） | 44.2 | ( 176) | ( 43.4) |
| 191 | すかいらーく（ガスト） | 44.2 | ( 281) | ( 35.8) |
| 191 | 鹿島 | 44.2 | ( 264) | ( 37.0) |
| 191 | プリンスホテル | 44.2 | ( 207) | ( 40.8) |
| 191 | TBS | 44.2 | ( 195) | ( 41.9) |
| 196 | マルコメ | 43.9 | ( 161) | ( 44.9) |
| 197 | 帝人 | 43.8 | ( 218) | ( 39.8) |
| 197 | テレビ朝日 | 43.8 | ( 205) | ( 41.1) |
| 199 | 東京海上日動火災保険 | 43.7 | ( 269) | ( 36.6) |
| 200 | WOWOW | 43.5 | ( 212) | ( 40.4) |

# 株 購 入 意 向
## 〈一般個人〉

| 順位 | 社名 | 2017年 スコア | （2016年） (順位) | （スコア) |
|---|---|---|---|---|
| 1 | アサヒビール | 63.2 | ( 15) | ( 58.3) |
| 2 | サントリー | 62.3 | ( 21) | ( 57.4) |
| 2 | キリンビール | 62.3 | ( 11) | ( 58.8) |
| 2 | オリエンタルランド（東京ディズニーリゾート） | 62.3 | ( 5) | ( 60.8) |
| 5 | 明治 | 60.8 | ( 8) | ( 60.1) |
| 5 | グーグル | 60.8 | ( 16) | ( 57.8) |
| 7 | ヤフー | 60.3 | ( 5) | ( 60.8) |
| 8 | 森永製菓 | 59.3 | ( 12) | ( 58.6) |
| 9 | キヤノン | 58.8 | ( 31) | ( 53.9) |
| 10 | サッポロビール | 57.8 | ( 28) | ( 55.4) |
| 10 | 日本コカ・コーラ | 57.8 | ( 5) | ( 60.8) |
| 10 | 花王 | 57.8 | ( 46) | ( 50.0) |
| 13 | キユーピー | 56.4 | ( 3) | ( 62.1) |
| 13 | ライオン | 56.4 | ( 61) | ( 46.6) |
| 13 | トヨタ自動車 | 56.4 | ( 1) | ( 68.1) |
| 13 | キリンビバレッジ | 56.4 | ( 30) | ( 54.9) |
| 13 | アサヒ飲料 | 56.4 | ( 16) | ( 57.8) |
| 13 | アマゾン ウェブ サービス ジャパン | 56.4 | ( 24) | ( 55.9) |
| 19 | 味の素 | 55.9 | ( 2) | ( 64.0) |
| 20 | TOTO | 55.4 | ( 4) | ( 61.3) |
| 20 | パナソニック | 55.4 | ( 24) | ( 55.9) |
| 22 | カルビー | 54.4 | ( 8) | ( 60.1) |
| 23 | 江崎グリコ | 53.9 | ( 32) | ( 53.7) |
| 24 | アディダスジャパン | 53.4 | ( 16) | ( 57.8) |
| 25 | サンスター | 52.9 | ( 121) | ( 40.2) |
| 25 | 富士フイルム | 52.9 | ( 24) | ( 55.9) |
| 25 | 全日本空輸（ANA） | 52.9 | ( 24) | ( 55.9) |
| 25 | ソフトバンク | 52.9 | ( 77) | ( 45.1) |
| 29 | ハウス食品 | 52.5 | ( 12) | ( 58.6) |
| 29 | ナイキジャパン | 52.5 | ( 10) | ( 59.3) |
| 31 | 味の素AGF | 52.0 | ( 43) | ( 50.5) |
| 31 | 日産自動車 | 52.0 | ( 28) | ( 55.4) |
| 31 | 東日本旅客鉄道（JR東日本） | 52.0 | ( 33) | ( 53.4) |
| 31 | セブン＆アイ・ホールディングス | 52.0 | ( 85) | ( 43.6) |
| 35 | セイコー | 51.5 | ( 42) | ( 51.0) |
| 36 | 日清食品 | 51.0 | ( 12) | ( 58.6) |
| 36 | セブン-イレブン・ジャパン | 51.0 | ( 71) | ( 45.6) |
| 38 | ロッテ | 50.5 | ( 37) | ( 52.2) |
| 38 | ヤクルト本社 | 50.5 | ( 33) | ( 53.4) |
| 38 | カゴメ | 50.5 | ( 19) | ( 57.6) |
| 38 | 日本航空（JAL） | 50.5 | ( 40) | ( 51.5) |
| 38 | アマゾンジャパン | 50.5 | ( 91) | ( 43.1) |
| 43 | 伊藤園 | 50.0 | ( 22) | ( 56.9) |
| 44 | ソニー | 49.5 | ( 36) | ( 52.5) |
| 44 | ホンダ | 49.5 | ( 22) | ( 56.9) |
| 46 | ファーストリテイリング（ユニクロ） | 49.0 | ( 57) | ( 47.1) |
| 46 | 良品計画（無印良品） | 49.0 | ( 52) | ( 48.5) |
| 48 | JTB | 48.5 | ( 68) | ( 46.1) |
| 49 | タカラトミー | 48.0 | ( 61) | ( 46.6) |
| 49 | ニトリ | 48.0 | ( 77) | ( 45.1) |
| 49 | ゆうちょ銀行 | 48.0 | ( 71) | ( 45.6) |
| 52 | シチズン | 47.5 | ( 85) | ( 43.6) |
| 52 | バンダイナムコホールディングス | 47.5 | ( 110) | ( 41.2) |
| 52 | ブリヂストン | 47.5 | ( 110) | ( 41.2) |
| 52 | 東京ガス | 47.5 | ( 55) | ( 47.5) |
| 52 | NTTドコモ | 47.5 | ( 85) | ( 43.6) |
| 57 | キッコーマン | 47.1 | ( 19) | ( 57.6) |
| 57 | 森永乳業 | 47.1 | ( 46) | ( 50.0) |
| 57 | P&G（プロクター・アンド・ギャンブル・ジャパン） | 47.1 | ( 104) | ( 41.7) |
| 60 | エスビー食品 | 46.6 | ( 44) | ( 50.2) |
| 60 | ダイキン工業 | 46.6 | ( 81) | ( 44.6) |
| 60 | イオン | 46.6 | ( 121) | ( 40.2) |
| 60 | 東海旅客鉄道（JR東海） | 46.6 | ( 68) | ( 46.1) |
| 60 | KDDI（au） | 46.6 | ( 104) | ( 41.7) |
| 65 | 日清製粉グループ本社 | 46.1 | ( 38) | ( 51.7) |
| 65 | ユニ・チャーム | 46.1 | ( 125) | ( 39.2) |
| 65 | ミズノ | 46.1 | ( 40) | ( 51.5) |
| 68 | ミツカン | 45.6 | ( 38) | ( 51.7) |
| 68 | ロート製薬 | 45.6 | ( 60) | ( 46.8) |
| 68 | 富士通 | 45.6 | ( 52) | ( 48.5) |
| 68 | 東京地下鉄（東京メトロ） | 45.6 | ( 46) | ( 50.0) |
| 72 | ツムラ | 45.1 | ( 82) | ( 44.3) |
| 72 | 京セラ | 45.1 | ( 97) | ( 42.6) |
| 72 | ヤマハ | 45.1 | ( 61) | ( 46.6) |
| 72 | 三菱東京UFJ銀行 | 45.1 | ( 91) | ( 43.1) |
| 72 | フマキラー | 45.1 | ( 136) | ( 38.4) |
| 77 | エステー | 44.6 | ( 115) | ( 40.9) |
| 77 | 日立製作所 | 44.6 | ( 57) | ( 47.1) |
| 77 | コクヨ | 44.6 | ( 57) | ( 47.1) |
| 80 | 雪印メグミルク | 44.1 | ( 101) | ( 42.2) |
| 80 | 大塚製薬 | 44.1 | ( 44) | ( 50.2) |
| 80 | カシオ計算機 | 44.1 | ( 104) | ( 41.7) |
| 83 | インテル | 43.6 | ( 121) | ( 40.2) |
| 84 | 日本ハム | 43.1 | ( 51) | ( 48.8) |
| 84 | 大正製薬 | 43.1 | ( 50) | ( 49.8) |
| 84 | 楽天 | 43.1 | ( 166) | ( 35.3) |
| 84 | キヤノン電子 | 43.1 | ( 142) | ( 37.7) |
| 88 | セイコーエプソン（EPSON） | 42.6 | ( 55) | ( 47.5) |
| 88 | アシックス | 42.6 | ( 46) | ( 50.0) |
| 88 | 伊藤忠商事 | 42.6 | ( 84) | ( 44.1) |
| 88 | セコム | 42.6 | ( 194) | ( 32.8) |
| 92 | 武田薬品工業 | 42.2 | ( 66) | ( 46.3) |
| 92 | アップルジャパン | 42.2 | ( 52) | ( 48.5) |
| 92 | ヤマト運輸 | 42.2 | ( 91) | ( 43.1) |
| 92 | ウォルト・ディズニー・ジャパン | 42.2 | ( -) | ( -) |
| 96 | ネスレ | 41.7 | ( 85) | ( 43.6) |
| 96 | 伊藤ハム | 41.7 | ( 66) | ( 46.3) |
| 96 | モスフードサービス（モスバーガー） | 41.7 | ( -) | ( -) |
| 96 | ニコン | 41.7 | ( 61) | ( 46.6) |
| 96 | 積水ハウス | 41.7 | ( 97) | ( 42.6) |

# 株 購 入 意 向
## 〈一般個人〉

| 順位 | 社名 | 2017年 スコア | （2016年）(順位) | （スコア） |
|---|---|---|---|---|
| 96 | 三井住友銀行 | 41.7 | (101) | (42.2) |
| 102 | NTTデータ | 41.2 | (158) | (36.3) |
| 102 | みずほ銀行 | 41.2 | (101) | (42.2) |
| 102 | ダイソン | 41.2 | (35) | (52.9) |
| 105 | エーザイ | 40.7 | (96) | (42.9) |
| 105 | 三菱電機 | 40.7 | (85) | (43.6) |
| 105 | YKK | 40.7 | (68) | (46.1) |
| 105 | ファミリーマート | 40.7 | (174) | (34.8) |
| 109 | 日本マクドナルド | 40.2 | (293) | (25.0) |
| 109 | オムロン | 40.2 | (110) | (41.2) |
| 109 | 三菱地所 | 40.2 | (125) | (39.2) |
| 109 | 伊勢丹 | 40.2 | (139) | (38.2) |
| 109 | 髙島屋 | 40.2 | (202) | (31.9) |
| 109 | 帝国ホテル | 40.2 | (124) | (39.7) |
| 109 | コナミホールディングス（KONAMI） | 40.2 | (174) | (34.8) |
| 109 | エイチ・アイ・エス | 40.2 | (142) | (37.7) |
| 117 | 日本電信電話（NTT） | 39.7 | (125) | (39.2) |
| 118 | イトーヨーカ堂 | 39.2 | (239) | (28.9) |
| 118 | 三井物産 | 39.2 | (61) | (46.6) |
| 118 | 日本中央競馬会（JRA） | 39.2 | (293) | (25.0) |
| 118 | はごろもフーズ | 39.2 | (76) | (45.3) |
| 118 | マルコメ | 39.2 | (90) | (43.3) |
| 118 | 日本郵便 | 39.2 | (174) | (34.8) |
| 124 | UCC上島珈琲 | 38.7 | (131) | (38.7) |
| 124 | 塩野義製薬（シオノギ製薬） | 38.7 | (120) | (40.4) |
| 124 | シャープ | 38.7 | (174) | (34.8) |
| 124 | ワコール | 38.7 | (77) | (45.1) |
| 124 | 三井不動産 | 38.7 | (158) | (36.3) |
| 124 | テレビ東京 | 38.7 | (219) | (30.4) |
| 124 | 東日本電信電話（NTT東日本） | 38.7 | (125) | (39.2) |
| 124 | 日清オイリオグループ | 38.7 | (100) | (42.4) |
| 124 | トリドールホールディングス（丸亀製麺） | 38.7 | (547) | (7.8) |
| 124 | ドンキホーテホールディングス | 38.7 | (131) | (38.7) |
| 134 | ダスキン | 38.2 | (158) | (36.3) |
| 134 | 資生堂 | 38.2 | (97) | (42.6) |
| 134 | オリンパス | 38.2 | (71) | (45.6) |
| 134 | 富士通ゼネラル | 38.2 | (151) | (36.8) |
| 134 | 旭化成 | 38.2 | (104) | (41.7) |
| 134 | SUBARU | 38.2 | (131) | (38.7) |
| 134 | リンナイ | 38.2 | (162) | (35.8) |
| 134 | 三菱商事 | 38.2 | (71) | (45.6) |
| 134 | 龍角散 | 38.2 | (-) | (-) |
| 134 | ユニリーバ・ジャパン | 38.2 | (219) | (30.4) |
| 134 | 井村屋 | 38.2 | (156) | (36.5) |
| 145 | 丸大食品 | 37.7 | (109) | (41.4) |
| 145 | すかいらーく（ガスト） | 37.7 | (227) | (29.9) |
| 145 | マツダ | 37.7 | (91) | (43.1) |
| 145 | ローソン | 37.7 | (194) | (32.8) |
| 145 | テレビ朝日 | 37.7 | (209) | (31.4) |
| 145 | フジッコ | 37.7 | (136) | (38.4) |
| 145 | カルチュア・コンビニエンス・クラブ（TSUTAYA） | 37.7 | (182) | (33.8) |
| 145 | ダイドードリンコ | 37.7 | (146) | (37.3) |
| 145 | イオンモール | 37.7 | (239) | (28.9) |
| 145 | LINE | 37.7 | (187) | (33.3) |
| 155 | 村田製作所 | 37.3 | (187) | (33.3) |
| 155 | 住友商事 | 37.3 | (77) | (45.1) |
| 155 | コスモ石油 | 37.3 | (125) | (39.2) |
| 155 | ハナマルキ | 37.3 | (136) | (38.4) |
| 155 | 東映アニメーション | 37.3 | (166) | (35.3) |
| 160 | 久光製薬 | 36.8 | (164) | (35.5) |
| 160 | NEC（日本電気） | 36.8 | (91) | (43.1) |
| 160 | 日本マイクロソフト | 36.8 | (71) | (45.6) |
| 160 | 東京急行電鉄（東急電鉄） | 36.8 | (117) | (40.7) |
| 160 | 出光興産 | 36.8 | (244) | (28.4) |
| 160 | 丸美屋食品工業 | 36.8 | (82) | (44.3) |
| 166 | 第一三共 | 36.3 | (181) | (34.0) |
| 166 | 日本アイ・ビー・エム（IBM） | 36.3 | (182) | (33.8) |
| 166 | クリナップ | 36.3 | (166) | (35.3) |
| 166 | 大和ハウス工業 | 36.3 | (194) | (32.8) |
| 166 | 小田急電鉄 | 36.3 | (104) | (41.7) |
| 166 | プリンスホテル | 36.3 | (158) | (36.3) |
| 166 | TBS | 36.3 | (187) | (33.3) |
| 166 | 日本郵政（日本郵政グループ） | 36.3 | (117) | (40.7) |
| 166 | ぐるなび | 36.3 | (151) | (36.8) |
| 166 | 農業協同組合（JAグループ） | 36.3 | (156) | (36.5) |
| 176 | 養命酒製造 | 35.8 | (185) | (33.5) |
| 176 | 丸紅 | 35.8 | (125) | (39.2) |
| 178 | 日本製粉（ニップン） | 35.3 | (115) | (40.9) |
| 178 | 東レ | 35.3 | (110) | (41.2) |
| 178 | メルセデス・ベンツ | 35.3 | (117) | (40.7) |
| 178 | LIXIL | 35.3 | (139) | (38.2) |
| 182 | テルモ | 34.8 | (252) | (27.9) |
| 182 | 小林製薬 | 34.8 | (185) | (33.5) |
| 182 | 住友林業 | 34.8 | (166) | (35.3) |
| 182 | 野村総合研究所（NRI） | 34.8 | (270) | (26.5) |
| 182 | しまむら | 34.8 | (-) | (-) |
| 187 | 三菱重工業 | 34.3 | (162) | (35.8) |
| 187 | ミサワホーム | 34.3 | (202) | (31.9) |
| 187 | 三越 | 34.3 | (202) | (31.9) |
| 187 | 日本テレビ放送網（日本テレビ） | 34.3 | (180) | (34.3) |
| 187 | 東洋水産 | 34.3 | (150) | (36.9) |
| 187 | 王将フードサービス（餃子の王将） | 34.3 | (276) | (26.0) |
| 187 | 赤城乳業 | 34.3 | (173) | (35.0) |
| 194 | 大日本印刷 | 33.8 | (194) | (32.8) |
| 194 | BMWジャパン | 33.8 | (131) | (38.7) |
| 194 | NTTコミュニケーションズ | 33.8 | (234) | (29.4) |
| 194 | ABCマート | 33.8 | (219) | (30.4) |
| 198 | グンゼ | 33.3 | (151) | (36.8) |
| 198 | コマツ（小松製作所） | 33.3 | (239) | (28.9) |
| 198 | 西武（SEIBU） | 33.3 | (320) | (23.0) |

# 就職意向
## 〈ビジネスパーソン〉

| 順位 | 社名 | 2017年 スコア | （2016年） (順位) | （スコア) | 順位 | 社名 | 2017年 スコア | （2016年） (順位) | （スコア) |
|---|---|---|---|---|---|---|---|---|---|
| 1 | 全日本空輸（ANA） | 84.9 | ( 6) | ( 78.9) | 51 | 東レ | 68.7 | ( 70) | ( 66.3) |
| 2 | サントリー | 81.9 | ( 2) | ( 82.3) | 52 | サンスター | 68.5 | ( 80) | ( 65.0) |
| 3 | 東日本旅客鉄道（JR東日本） | 81.5 | ( 16) | ( 77.0) | 52 | 東日本電信電話（NTT東日本） | 68.5 | ( 71) | ( 66.0) |
| 4 | トヨタ自動車 | 80.0 | ( 13) | ( 77.4) | 54 | 大塚製薬 | 68.3 | ( 53) | ( 69.1) |
| 5 | 日本航空（JAL） | 79.6 | ( 32) | ( 73.2) | 54 | 伊藤忠商事 | 68.3 | ( 16) | ( 77.0) |
| 6 | 明治 | 79.5 | ( 9) | ( 78.5) | 56 | ナイキジャパン | 68.1 | ( 59) | ( 67.9) |
| 7 | キリンビール | 78.9 | ( 3) | ( 81.1) | 57 | セイコーエプソン（EPSON） | 67.9 | ( 62) | ( 67.2) |
| 8 | キリンビバレッジ | 78.1 | ( 15) | ( 77.1) | 58 | シチズン | 67.5 | ( 41) | ( 71.3) |
| 9 | 味の素 | 77.7 | ( 6) | ( 78.9) | 58 | NEC（日本電気） | 67.5 | ( 44) | ( 70.9) |
| 10 | TOTO | 77.4 | ( 10) | ( 78.3) | 60 | ユニ・チャーム | 67.3 | ( 92) | ( 62.4) |
| 11 | アサヒビール | 77.0 | ( 1) | ( 82.6) | 61 | ネスレ | 67.2 | ( 96) | ( 61.8) |
| 11 | 東海旅客鉄道（JR東海） | 77.0 | ( 33) | ( 72.8) | 61 | インテル | 67.2 | ( 105) | ( 60.5) |
| 13 | ハウス食品 | 76.9 | ( 16) | ( 77.0) | 61 | 富士通 | 67.2 | ( 39) | ( 72.0) |
| 13 | カゴメ | 76.9 | ( 13) | ( 77.4) | 61 | ミズノ | 67.2 | ( 57) | ( 68.6) |
| 15 | サッポロビール | 76.6 | ( 11) | ( 78.1) | 61 | 三井物産 | 67.2 | ( 19) | ( 76.2) |
| 16 | 花王 | 76.3 | ( 28) | ( 73.8) | 66 | ミツカン | 67.0 | ( 62) | ( 67.2) |
| 17 | キユーピー | 75.8 | ( 11) | ( 78.1) | 67 | 三菱商事 | 66.8 | ( 19) | ( 76.2) |
| 18 | 森永製菓 | 75.4 | ( 21) | ( 75.8) | 67 | ヤフー | 66.8 | ( 74) | ( 65.7) |
| 18 | カルビー | 75.4 | ( 22) | ( 75.5) | 69 | 日清製粉グループ本社 | 66.7 | ( 76) | ( 65.3) |
| 20 | ライオン | 75.1 | ( 37) | ( 72.2) | 70 | バンダイナムコホールディングス | 66.5 | ( 150) | ( 54.4) |
| 20 | 富士フイルム | 75.1 | ( 3) | ( 81.1) | 71 | 森永乳業 | 66.4 | ( 58) | ( 68.3) |
| 20 | ソニー | 75.1 | ( 22) | ( 75.5) | 72 | オムロン | 66.1 | ( 97) | ( 61.6) |
| 23 | 日本コカ・コーラ | 74.3 | ( 29) | ( 73.7) | 72 | オリエンタルランド（東京ディズニーリゾート） | 66.1 | ( 97) | ( 61.6) |
| 23 | パナソニック | 74.3 | ( 22) | ( 75.5) | 74 | 資生堂 | 66.0 | ( 47) | ( 70.2) |
| 23 | キヤノン | 74.3 | ( 6) | ( 78.9) | 74 | ヤマハ | 66.0 | ( 51) | ( 69.3) |
| 23 | 日産自動車 | 74.3 | ( 38) | ( 72.1) | 74 | 三菱地所 | 66.0 | ( 62) | ( 67.2) |
| 27 | 日立製作所 | 74.0 | ( 5) | ( 79.3) | 77 | オリンパス | 65.7 | ( 71) | ( 66.0) |
| 27 | ホンダ | 74.0 | ( 33) | ( 72.8) | 77 | カシオ計算機 | 65.7 | ( 51) | ( 69.3) |
| 27 | 東京地下鉄（東京メトロ） | 74.0 | ( 48) | ( 69.8) | 77 | SUBARU | 65.7 | ( 88) | ( 63.4) |
| 30 | アサヒ飲料 | 73.6 | ( 25) | ( 74.8) | 80 | タカラトミー | 65.4 | ( 134) | ( 56.3) |
| 31 | 東京急行電鉄（東急電鉄） | 73.2 | ( 81) | ( 64.9) | 81 | 大正製薬 | 65.3 | ( 76) | ( 65.3) |
| 32 | 日清食品 | 73.1 | ( 40) | ( 71.7) | 81 | 京セラ | 65.3 | ( 87) | ( 63.6) |
| 33 | アップルジャパン | 73.0 | ( 41) | ( 71.3) | 81 | ゆうちょ銀行 | 65.3 | ( 95) | ( 61.9) |
| 34 | キッコーマン | 72.3 | ( 33) | ( 72.8) | 84 | 塩野義製薬（シオノギ製薬） | 64.9 | ( 89) | ( 62.6) |
| 34 | 日本電信電話（NTT） | 72.3 | ( 48) | ( 69.8) | 84 | 三菱重工業 | 64.9 | ( 117) | ( 58.5) |
| 36 | 味の素AGF | 72.1 | ( 25) | ( 74.8) | 86 | ロート製薬 | 64.5 | ( 83) | ( 64.5) |
| 37 | 江崎グリコ | 72.0 | ( 36) | ( 72.5) | 86 | マツダ | 64.5 | ( 93) | ( 62.3) |
| 38 | ブリヂストン | 71.7 | ( 68) | ( 66.4) | 86 | 住友商事 | 64.5 | ( 44) | ( 70.9) |
| 39 | 三菱電機 | 71.3 | ( 27) | ( 73.9) | 89 | ニコン | 64.2 | ( 50) | ( 69.4) |
| 39 | 旭化成 | 71.3 | ( 66) | ( 66.7) | 89 | アシックス | 64.2 | ( 61) | ( 67.8) |
| 41 | ヤクルト本社 | 70.9 | ( 46) | ( 70.6) | 89 | 丸紅 | 64.2 | ( 41) | ( 71.3) |
| 41 | セイコー | 70.9 | ( 30) | ( 73.6) | 89 | KDDI（au） | 64.2 | ( 100) | ( 61.1) |
| 43 | エスビー食品 | 70.5 | ( 59) | ( 67.9) | 93 | エーザイ | 63.8 | ( 83) | ( 64.5) |
| 44 | 伊藤園 | 70.2 | ( 54) | ( 68.7) | 93 | 富士ゼロックス | 63.8 | ( 71) | ( 66.0) |
| 44 | グーグル | 70.2 | ( 30) | ( 73.6) | 93 | NTTドコモ | 63.8 | ( 89) | ( 62.6) |
| 46 | 日本マイクロソフト | 69.6 | ( 54) | ( 68.7) | 96 | 久光製薬 | 63.4 | ( 128) | ( 57.0) |
| 46 | アディダスジャパン | 69.6 | ( 54) | ( 68.7) | 96 | 三菱東京UFJ銀行 | 63.4 | ( 76) | ( 65.3) |
| 48 | 武田薬品工業 | 69.4 | ( 62) | ( 67.2) | 98 | ダイソン | 63.1 | ( 116) | ( 58.7) |
| 48 | 小田急電鉄 | 69.4 | ( 103) | ( 60.8) | 99 | コクヨ | 63.0 | ( 83) | ( 64.5) |
| 50 | P&G（プロクター・アンド・ギャンブル・ジャパン） | 68.9 | ( 86) | ( 64.3) | 100 | 日清オイリオグループ | 62.5 | ( 74) | ( 65.7) |

# 就 職 意 向
## 〈ビジネスパーソン〉

| 順位 社名 | 2017年 スコア | （順位） | （2016年 スコア） | | 順位 社名 | 2017年 スコア | （順位） | （2016年 スコア） |
|---|---|---|---|---|---|---|---|---|
| 101 東京ガス | 61.9 | （100） | （61.1） | | 151 大日本印刷 | 54.3 | （130） | （56.6） |
| 101 ソフトバンク | 61.9 | （161） | （53.2） | | 151 ダンロップスポーツ | 54.3 | （181） | （51.0） |
| 103 日本ハム | 61.7 | （89） | （62.6） | | 151 キヤノン電子 | 54.3 | （171） | （52.1） |
| 104 日本アイ・ビー・エム（IBM） | 61.5 | （117） | （58.5） | | 154 三菱UFJ信託銀行 | 54.0 | （212） | （48.1） |
| 104 YKK | 61.5 | （109） | （59.8） | | 155 日本放送協会（NHK） | 53.8 | （124） | （57.4） |
| 104 三井住友銀行 | 61.5 | （68） | （66.4） | | 156 テルモ | 53.7 | （178） | （51.3） |
| 104 ユニリーバ・ジャパン | 61.5 | （134） | （56.3） | | 157 野村不動産 | 53.2 | （155） | （53.6） |
| 104 NTTコミュニケーションズ | 61.5 | （103） | （60.8） | | 157 帝国ホテル | 53.2 | （192） | （49.8） |
| 104 みずほ銀行 | 61.5 | （76） | （65.3） | | 157 LIXIL | 53.2 | （154） | （53.9） |
| 110 ロッテ | 61.4 | （99） | （61.5） | | 157 フマキラー | 53.2 | （197） | （49.4） |
| 111 ダイキン工業 | 61.1 | （67） | （66.5） | | 161 住友不動産 | 52.8 | （151） | （54.3） |
| 111 三井不動産 | 61.1 | （81） | （64.9） | | 161 JTB | 52.8 | （124） | （57.4） |
| 113 デンソー | 60.0 | （231） | （46.0） | | 163 日本テレビ放送網（日本テレビ） | 52.7 | （93） | （62.3） |
| 113 スズキ | 60.0 | （140） | （55.8） | | 164 宝酒造（宝ホールディングス） | 52.5 | （128） | （57.0） |
| 115 はごろもフーズ | 59.8 | （130） | （56.6） | | 164 日立化成 | 52.5 | （184） | （50.6） |
| 116 ワコール | 59.2 | （121） | （57.9） | | 164 TDK | 52.5 | （205） | （48.3） |
| 116 川崎重工業 | 59.2 | （137） | （56.2） | | 164 りそな銀行 | 52.5 | （152） | （54.2） |
| 118 雪印メグミルク | 58.9 | （111） | （59.2） | | 164 コーセー | 52.5 | （144） | （55.1） |
| 118 ヨネックス | 58.9 | （109） | （59.8） | | 169 三井住友信託銀行 | 52.1 | （203） | （48.5） |
| 118 住友ゴム工業（ダンロップ） | 58.9 | （155） | （53.6） | | 170 TBS | 51.9 | （111） | （59.2） |
| 118 ダイハツ工業 | 58.9 | （143） | （55.5） | | 171 清水建設 | 51.7 | （191） | （50.0） |
| 118 東日本高速道路（NEXCO東日本） | 58.9 | （111） | （59.2） | | 171 NTTデータ | 51.7 | （105） | （60.5） |
| 123 首都高速道路 | 58.6 | （123） | （57.7） | | 171 フォルクスワーゲングループジャパン | 51.7 | （248） | （44.2） |
| 124 ダイドードリンコ | 58.5 | （108） | （59.9） | | 171 三井化学 | 51.7 | （192） | （49.8） |
| 124 ウォルト・ディズニー・ジャパン | 58.5 | （-） | （-） | | 175 テレビ朝日 | 51.5 | （124） | （57.4） |
| 126 伊藤ハム | 58.3 | （117） | （58.5） | | 175 テレビ東京 | 51.5 | （140） | （55.8） |
| 127 アマゾン ウェブ サービス ジャパン | 58.1 | （107） | （60.4） | | 177 アステラス製薬 | 51.3 | （184） | （50.6） |
| 128 エステー | 57.7 | （144） | （55.1） | | 178 J-オイルミルズ | 51.1 | （173） | （51.7） |
| 129 リコー | 57.4 | （100） | （61.1） | | 179 東映アニメーション | 51.0 | （201） | （49.0） |
| 129 クボタ | 57.4 | （182） | （50.9） | | 180 日本郵船 | 50.9 | （161） | （53.2） |
| 131 小林製薬 | 57.0 | （163） | （52.8） | | 180 アウディ・ジャパン | 50.9 | （216） | （47.5） |
| 131 第一三共 | 57.0 | （124） | （57.4） | | 182 ハナマルキ | 50.8 | （155） | （53.6） |
| 131 横浜ゴム | 57.0 | （205） | （48.3） | | 183 凸版印刷 | 50.6 | （173） | （51.7） |
| 131 コマツ（小松製作所） | 57.0 | （130） | （56.6） | | 183 日立建機 | 50.6 | （243） | （44.5） |
| 131 BMWジャパン | 57.0 | （137） | （56.2） | | 183 みずほ信託銀行 | 50.6 | （214） | （47.7） |
| 131 メルセデス・ベンツ | 57.0 | （137） | （56.2） | | 183 良品計画（無印良品） | 50.6 | （130） | （56.6） |
| 137 ツムラ | 56.6 | （155） | （53.6） | | 187 中外製薬 | 50.2 | （200） | （49.1） |
| 138 UCC上島珈琲 | 56.2 | （148） | （55.0） | | 187 日本中央競馬会（JRA） | 50.2 | （332） | （37.7） |
| 139 マルコメ | 56.1 | （114） | （58.9） | | 187 三菱ケミカルホールディングス | 50.2 | （231） | （46.0） |
| 140 住友化学 | 55.8 | （140） | （55.8） | | 190 旭硝子（AGC） | 49.8 | （263） | （42.9） |
| 140 積水化学工業 | 55.8 | （149） | （54.7） | | 190 いすゞ自動車 | 49.8 | （240） | （44.9） |
| 140 帝人 | 55.8 | （134） | （56.3） | | 190 カネボウ化粧品 | 49.8 | （171） | （52.1） |
| 140 森ビル | 55.8 | （144） | （55.1） | | 190 BOSE | 49.8 | （184） | （50.6） |
| 140 日本郵便 | 55.8 | （173） | （51.7） | | 194 月桂冠 | 49.4 | （155） | （53.6） |
| 145 丸大食品 | 55.7 | （163） | （52.8） | | 194 コニカミノルタ | 49.4 | （184） | （50.6） |
| 146 フジッコ | 55.3 | （168） | （52.5） | | 194 新日鐵住金 | 49.4 | （224） | （46.8） |
| 146 コナミホールディングス（KONAMI） | 55.3 | （213） | （47.9） | | 194 鹿島 | 49.4 | （223） | （46.9） |
| 148 村田製作所 | 55.1 | （121） | （57.9） | | 198 日本製粉（ニップン） | 49.2 | （192） | （49.8） |
| 148 中日本高速道路（NEXCO中日本） | 55.1 | （117） | （58.5） | | 198 東洋水産 | 49.2 | （184） | （50.6） |
| 150 丸美屋食品工業 | 54.5 | （114） | （58.9） | | 200 三菱UFJフィナンシャル・グループ | 49.1 | （180） | （51.1） |

# 就職意向
## 〈一般個人〉

| 2017年 順位 社名 | スコア | (2016年) (順位) | (スコア) | 2017年 順位 社名 | スコア | (2016年) (順位) | (スコア) |
|---|---|---|---|---|---|---|---|
| 1 アサヒ飲料 | 75.0 | (35) | (63.7) | 53 オリンパス | 58.3 | (45) | (60.8) |
| 2 日本コカ・コーラ | 73.5 | (26) | (65.7) | 53 オリエンタルランド（東京ディズニーリゾート） | 58.3 | (67) | (58.8) |
| 3 パナソニック | 72.5 | (20) | (67.6) | 55 シチズン | 57.8 | (110) | (52.0) |
| 4 日本航空（JAL） | 71.1 | (11) | (69.6) | 55 アシックス | 57.8 | (11) | (69.6) |
| 4 全日本空輸（ANA） | 71.1 | (2) | (73.5) | 57 セイコーエプソン（EPSON） | 57.4 | (50) | (60.3) |
| 4 キリンビバレッジ | 71.1 | (29) | (65.2) | 57 東京急行電鉄（東急電鉄） | 57.4 | (105) | (52.5) |
| 7 サントリー | 70.6 | (6) | (71.1) | 59 江崎グリコ | 56.9 | (34) | (64.0) |
| 7 アサヒビール | 70.6 | (14) | (69.1) | 59 ブリヂストン | 56.9 | (134) | (49.0) |
| 7 味の素AGF | 70.6 | (42) | (61.3) | 59 三井物産 | 56.9 | (50) | (60.3) |
| 10 ソニー | 70.1 | (6) | (71.1) | 59 小田急電鉄 | 56.9 | (85) | (55.9) |
| 11 キリンビール | 68.6 | (8) | (70.1) | 59 JTB | 56.9 | (67) | (58.8) |
| 11 花王 | 68.6 | (37) | (63.2) | 59 東日本電信電話（NTT東日本） | 56.9 | (24) | (66.2) |
| 11 トヨタ自動車 | 68.6 | (1) | (74.5) | 65 ワコール | 56.4 | (74) | (57.4) |
| 14 東日本旅客鉄道（JR東日本） | 67.6 | (23) | (66.7) | 65 NTTドコモ | 56.4 | (50) | (60.3) |
| 15 サッポロビール | 67.2 | (22) | (67.2) | 65 ソフトバンク | 56.4 | (50) | (60.3) |
| 15 ライオン | 67.2 | (45) | (60.8) | 65 KDDI（au） | 56.4 | (61) | (59.3) |
| 17 森永乳業 | 66.7 | (61) | (59.3) | 69 キッコーマン | 55.9 | (28) | (65.5) |
| 17 ヤクルト本社 | 66.7 | (70) | (57.8) | 69 日清食品 | 55.9 | (31) | (65.0) |
| 17 グーグル | 66.7 | (79) | (56.9) | 69 京セラ | 55.9 | (142) | (47.5) |
| 20 TOTO | 65.7 | (8) | (70.1) | 69 ニコン | 55.9 | (50) | (60.3) |
| 20 富士フイルム | 65.7 | (19) | (68.1) | 69 三菱商事 | 55.9 | (57) | (59.8) |
| 22 伊藤園 | 65.2 | (35) | (63.7) | 69 TBS | 55.9 | (45) | (60.8) |
| 22 ミズノ | 65.2 | (11) | (69.6) | 69 ダイドードリンコ | 55.9 | (136) | (48.5) |
| 24 明治 | 64.7 | (4) | (72.9) | 69 ゆうちょ銀行 | 55.9 | (50) | (60.3) |
| 25 日立製作所 | 64.2 | (40) | (61.8) | 77 シャープ | 55.4 | (136) | (48.5) |
| 25 富士通 | 64.2 | (26) | (65.7) | 77 カシオ計算機 | 55.4 | (142) | (47.5) |
| 25 キヤノン | 64.2 | (14) | (69.1) | 79 カゴメ | 54.9 | (38) | (63.1) |
| 25 日産自動車 | 64.2 | (17) | (68.6) | 79 ユニ・チャーム | 54.9 | (156) | (46.6) |
| 29 セイコー | 63.7 | (83) | (56.4) | 81 P&G（プロクター・アンド・ギャンブル・ジャパン） | 54.4 | (105) | (52.5) |
| 29 ヤフー | 63.7 | (57) | (59.8) | 81 インテル | 54.4 | (187) | (42.6) |
| 31 味の素 | 63.2 | (4) | (72.9) | 81 ウォルト・ディズニー・ジャパン | 54.4 | (-) | (-) |
| 31 三菱電機 | 63.2 | (42) | (61.3) | 84 UCC上島珈琲 | 53.9 | (126) | (50.0) |
| 33 ヤマハ | 62.7 | (29) | (65.2) | 84 住友商事 | 53.9 | (87) | (55.4) |
| 33 三井住友銀行 | 62.7 | (45) | (60.8) | 84 テレビ朝日 | 53.9 | (57) | (59.8) |
| 33 みずほ銀行 | 62.7 | (42) | (61.3) | 84 日本テレビ放送網（日本テレビ） | 53.9 | (61) | (59.3) |
| 33 ナイキジャパン | 62.7 | (32) | (64.2) | 84 キヤノン電子 | 53.9 | (207) | (40.2) |
| 37 ホンダ | 62.3 | (14) | (69.1) | 89 エスビー食品 | 53.4 | (65) | (59.1) |
| 37 アディダスジャパン | 62.3 | (32) | (64.2) | 89 コクヨ | 53.4 | (79) | (56.9) |
| 39 ネスレ | 61.8 | (105) | (52.5) | 89 旭化成 | 53.4 | (74) | (57.4) |
| 39 ハウス食品 | 61.8 | (21) | (67.5) | 89 アマゾン ウェブ サービス ジャパン | 53.4 | (114) | (51.5) |
| 39 キユーピー | 61.8 | (18) | (68.5) | 93 大塚製薬 | 52.9 | (49) | (60.6) |
| 39 東海旅客鉄道（JR東海） | 61.8 | (74) | (57.4) | 93 マツダ | 52.9 | (79) | (56.9) |
| 43 森永製菓 | 61.3 | (3) | (73.4) | 93 りそな銀行 | 52.9 | (142) | (47.5) |
| 43 東京地下鉄（東京メトロ） | 61.3 | (40) | (61.8) | 96 ロッテ | 52.5 | (56) | (60.1) |
| 45 サンスター | 60.8 | (87) | (55.4) | 96 丸紅 | 52.5 | (122) | (50.5) |
| 46 雪印メグミルク | 60.3 | (114) | (51.5) | 98 ダイキン工業 | 52.0 | (102) | (53.4) |
| 46 日本電信電話（NTT） | 60.3 | (24) | (66.2) | 98 リンナイ | 52.0 | (126) | (50.0) |
| 46 NEC（日本電気） | 60.3 | (61) | (59.3) | 98 三菱地所 | 52.0 | (130) | (49.5) |
| 46 三菱東京UFJ銀行 | 60.3 | (39) | (62.7) | 98 タカラトミー | 52.0 | (110) | (52.0) |
| 50 カルビー | 59.8 | (10) | (70.0) | 102 日本ハム | 51.5 | (92) | (55.2) |
| 50 伊藤忠商事 | 59.8 | (79) | (56.9) | 102 ロート製薬 | 51.5 | (72) | (57.6) |
| 52 東京ガス | 58.8 | (70) | (57.8) | 102 富士通ゼネラル | 51.5 | (134) | (49.0) |

# 就 職 意 向
## 〈一般個人〉

| 順位 | 社名 | 2017年 スコア | (2016年)(順位) | (スコア) | 順位 | 社名 | 2017年 スコア | (2016年)(順位) | (スコア) |
|---|---|---|---|---|---|---|---|---|---|
| 102 | YKK | 51.5 | ( 94) | ( 54.9) | 154 | 丸美屋食品工業 | 45.1 | ( 109) | ( 52.2) |
| 102 | 積水ハウス | 51.5 | ( 126) | ( 50.0) | 158 | 久光製薬 | 44.6 | ( 140) | ( 47.8) |
| 102 | フジテレビジョン | 51.5 | ( 103) | ( 52.9) | 158 | エステー | 44.6 | ( 133) | ( 49.3) |
| 108 | アップルジャパン | 51.0 | ( 67) | ( 58.8) | 158 | 日本アイ・ビー・エム（IBM） | 44.6 | ( 165) | ( 45.1) |
| 108 | テレビ東京 | 51.0 | ( 97) | ( 53.9) | 158 | 三菱重工業 | 44.6 | ( 187) | ( 42.6) |
| 110 | 武田薬品工業 | 50.5 | ( 65) | ( 59.1) | 158 | 首都高速道路 | 44.6 | ( 150) | ( 47.1) |
| 110 | バンダイナムコホールディングス | 50.5 | ( 103) | ( 52.9) | 163 | 伊藤ハム | 44.1 | ( 116) | ( 51.2) |
| 110 | 伊勢丹 | 50.5 | ( 122) | ( 50.5) | 163 | 村田製作所 | 44.1 | ( 207) | ( 40.2) |
| 110 | 髙島屋 | 50.5 | ( 142) | ( 47.5) | 163 | 三井ホーム | 44.1 | ( 178) | ( 44.1) |
| 114 | 資生堂 | 50.0 | ( 118) | ( 51.0) | 163 | 三菱UFJ信託銀行 | 44.1 | ( 169) | ( 44.6) |
| 114 | SUBARU | 50.0 | ( 118) | ( 51.0) | 167 | 月桂冠 | 43.6 | ( 156) | ( 46.6) |
| 114 | クリナップ | 50.0 | ( 158) | ( 46.1) | 167 | イオン | 43.6 | ( 162) | ( 45.6) |
| 114 | 帝国ホテル | 50.0 | ( 85) | ( 55.9) | 167 | NTTデータ | 43.6 | ( 222) | ( 38.7) |
| 118 | 日清製粉グループ本社 | 49.5 | ( 72) | ( 57.6) | 170 | 三井住友信託銀行 | 43.1 | ( 178) | ( 44.1) |
| 118 | ツムラ | 49.5 | ( 101) | ( 53.7) | 170 | WOWOW | 43.1 | ( 231) | ( 37.7) |
| 118 | ヨネックス | 49.5 | ( 83) | ( 56.4) | 170 | コナミホールディングス（KONAMI） | 43.1 | ( 185) | ( 43.1) |
| 118 | 三井不動産 | 49.5 | ( 150) | ( 47.1) | 170 | マルコメ | 43.1 | ( 125) | ( 50.2) |
| 122 | グンゼ | 49.0 | ( 122) | ( 50.5) | 174 | 大日本印刷 | 42.6 | ( 187) | ( 42.6) |
| 122 | 東レ | 49.0 | ( 94) | ( 54.9) | 174 | セブン‐イレブン・ジャパン | 42.6 | ( 142) | ( 47.5) |
| 122 | セブン＆アイ・ホールディングス | 49.0 | ( 150) | ( 47.1) | 174 | ダイソン | 42.6 | ( 97) | ( 53.9) |
| 125 | ミツカン | 48.5 | ( 78) | ( 57.1) | 174 | LIXIL | 42.6 | ( 165) | ( 45.1) |
| 125 | 大正製薬 | 48.5 | ( 60) | ( 59.6) | 178 | パナホーム | 42.2 | ( 178) | ( 44.1) |
| 125 | 日本マイクロソフト | 48.5 | ( 87) | ( 55.4) | 178 | 住友不動産 | 42.2 | ( 226) | ( 38.2) |
| 125 | スズキ | 48.5 | ( 87) | ( 55.4) | 178 | 清水建設 | 42.2 | ( 150) | ( 47.1) |
| 125 | 日本放送協会（NHK） | 48.5 | ( 87) | ( 55.4) | 178 | 出光興産 | 42.2 | ( 298) | ( 31.4) |
| 125 | NTTコミュニケーションズ | 48.5 | ( 74) | ( 57.4) | 178 | ダンロップスポーツ | 42.2 | ( 118) | ( 51.0) |
| 131 | プリンスホテル | 48.0 | ( 110) | ( 52.0) | 183 | 丸大食品 | 41.7 | ( 148) | ( 47.3) |
| 131 | はごろもフーズ | 48.0 | ( 92) | ( 55.2) | 183 | 小林製薬 | 41.7 | ( 167) | ( 44.8) |
| 133 | メルセデス・ベンツ | 47.5 | ( 130) | ( 49.5) | 183 | 住友ゴム工業（ダンロップ） | 41.7 | ( 158) | ( 46.1) |
| 133 | 住友林業 | 47.5 | ( 138) | ( 48.0) | 183 | 西武（SEIBU） | 41.7 | ( 231) | ( 37.7) |
| 133 | 日清オイリオグループ | 47.5 | ( 113) | ( 51.7) | 183 | 日本郵政（日本郵政グループ） | 41.7 | ( 105) | ( 52.5) |
| 136 | エーザイ | 47.1 | ( 96) | ( 54.2) | 188 | ダスキン | 41.2 | ( 260) | ( 35.8) |
| 136 | 富士ゼロックス | 47.1 | ( 126) | ( 50.0) | 188 | テルモ | 41.2 | ( 202) | ( 40.7) |
| 136 | オムロン | 47.1 | ( 118) | ( 51.0) | 188 | みずほ信託銀行 | 41.2 | ( 187) | ( 42.6) |
| 136 | ミサワホーム | 47.1 | ( 162) | ( 45.6) | 188 | 日本中央競馬会（JRA） | 41.2 | ( 352) | ( 27.0) |
| 136 | ユニリーバ・ジャパン | 47.1 | ( 202) | ( 40.7) | 188 | 三菱UFJフィナンシャル・グループ | 41.2 | ( 255) | ( 36.3) |
| 136 | 農業協同組合（JAグループ） | 47.1 | ( 167) | ( 44.8) | 188 | 東映アニメーション | 41.2 | ( 197) | ( 41.7) |
| 142 | 宝酒造（宝ホールディングス） | 46.6 | ( 138) | ( 48.0) | 194 | 川崎重工業 | 40.7 | ( 219) | ( 39.2) |
| 142 | パロマ | 46.6 | ( 187) | ( 42.6) | 194 | コスモ石油 | 40.7 | ( 226) | ( 38.2) |
| 142 | ダイハツ工業 | 46.6 | ( 97) | ( 53.9) | 194 | 野村総合研究所（NRI） | 40.7 | ( 248) | ( 36.8) |
| 142 | BMWジャパン | 46.6 | ( 130) | ( 49.5) | 194 | ハナマルキ | 40.7 | ( 148) | ( 47.3) |
| 142 | エイチ・アイ・エス | 46.6 | ( 200) | ( 41.2) | 194 | 三井住友フィナンシャルグループ | 40.7 | ( 266) | ( 34.8) |
| 142 | 日本郵便 | 46.6 | ( 169) | ( 44.6) | 199 | 積水化学工業 | 40.2 | ( 207) | ( 40.2) |
| 142 | アマゾンジャパン | 46.6 | ( 158) | ( 46.1) | 199 | 大成建設 | 40.2 | ( 185) | ( 43.1) |
| 142 | フマキラー | 46.6 | ( 155) | ( 46.8) | 199 | イトーヨーカ堂 | 40.2 | ( 195) | ( 42.2) |
| 150 | 塩野義製薬（シオノギ製薬） | 46.1 | ( 116) | ( 51.2) | 199 | 龍角散 | 40.2 | ( -) | ( -) |
| 150 | 東日本高速道路（NEXCO東日本） | 46.1 | ( 169) | ( 44.6) | 199 | アウディ・ジャパン | 40.2 | ( 169) | ( 44.6) |
| 152 | 近畿日本ツーリスト | 45.6 | ( 169) | ( 44.6) | 199 | 宝島社 | 40.2 | ( 278) | ( 33.3) |
| 152 | 楽天 | 45.6 | ( 169) | ( 44.6) | 199 | 東洋水産 | 40.2 | ( 176) | ( 44.3) |
| 154 | リコー | 45.1 | ( 142) | ( 47.5) | 199 | 中日本高速道路（NEXCO中日本） | 40.2 | ( 207) | ( 40.2) |
| 154 | 大和ハウス工業 | 45.1 | ( 197) | ( 41.7) | 199 | 井村屋 | 40.2 | ( 164) | ( 45.3) |
| 154 | 三越 | 45.1 | ( 158) | ( 46.1) | | | | | |

# 顧客ニーズへの対応に熱心である
## 〈ビジネスパーソン〉

| 順位 | 社名 | 2017年 スコア | (2016年) (順位) | (スコア) | 順位 | 社名 | 2017年 スコア | (2016年) (順位) | (スコア) |
|---|---|---|---|---|---|---|---|---|---|
| 1 | オリエンタルランド（東京ディズニーリゾート） | 47.5 | ( 1) | ( 53.2) | 53 | サンスター | 24.5 | ( 79) | ( 20.9) |
| 2 | ファーストリテイリング（ユニクロ） | 46.8 | ( 8) | ( 36.2) | 53 | 東海旅客鉄道（JR東海） | 24.5 | ( 59) | ( 22.6) |
| 3 | ニトリ | 39.6 | ( 5) | ( 38.1) | 53 | ヤマト運輸 | 24.5 | ( 14) | ( 31.7) |
| 4 | アマゾン ウェブ サービス ジャパン | 38.5 | ( 2) | ( 39.6) | 53 | タカラトミー | 24.5 | ( 79) | ( 20.9) |
| 5 | 花王 | 38.1 | ( 28) | ( 27.8) | 57 | キヤノン | 24.2 | ( 90) | ( 20.0) |
| 6 | セブン-イレブン・ジャパン | 37.0 | ( 9) | ( 36.0) | 58 | ダスキン | 23.8 | ( 96) | ( 19.6) |
| 7 | 全日本空輸（ANA） | 36.6 | ( 7) | ( 36.6) | 58 | 資生堂 | 23.8 | ( 51) | ( 23.8) |
| 7 | エイチ・アイ・エス | 36.6 | ( 2) | ( 39.6) | 60 | ユニリーバ・ジャパン | 23.7 | ( 119) | ( 16.7) |
| 9 | サントリー | 36.2 | ( 19) | ( 30.6) | 61 | 富士フイルム | 23.4 | ( 90) | ( 20.0) |
| 10 | トヨタ自動車 | 35.5 | ( 5) | ( 38.1) | 61 | 近畿日本ツーリスト | 23.4 | ( 72) | ( 21.5) |
| 10 | 良品計画（無印良品） | 35.5 | ( 21) | ( 29.4) | 61 | アサヒ飲料 | 23.4 | ( 48) | ( 24.4) |
| 12 | ライオン | 35.4 | ( 31) | ( 27.0) | 64 | 日清食品 | 23.1 | ( 81) | ( 20.8) |
| 13 | アマゾンジャパン | 34.7 | ( 4) | ( 39.5) | 65 | バンダイナムコホールディングス | 23.0 | ( 98) | ( 19.4) |
| 14 | ドンキホーテホールディングス | 34.0 | ( 10) | ( 35.8) | 65 | プリンスホテル | 23.0 | ( 66) | ( 21.9) |
| 15 | 日本航空（JAL） | 33.2 | ( 27) | ( 27.9) | 67 | 明治 | 22.7 | ( 54) | ( 23.0) |
| 16 | グーグル | 32.8 | ( 12) | ( 32.5) | 68 | ダイハツ工業 | 22.6 | ( 84) | ( 20.4) |
| 17 | ソフトバンク | 32.7 | ( 20) | ( 30.2) | 69 | 味の素AGF | 22.3 | ( 76) | ( 21.4) |
| 18 | ジャパネットたかた | 32.5 | ( 15) | ( 31.3) | 69 | カルビー | 22.3 | ( 32) | ( 26.8) |
| 19 | アサヒビール | 32.1 | ( 24) | ( 28.7) | 69 | 伊藤園 | 22.3 | ( 63) | ( 22.5) |
| 19 | JTB | 32.1 | ( 11) | ( 33.2) | 69 | SUBARU | 22.3 | ( 165) | ( 13.2) |
| 21 | ウォルト・ディズニー・ジャパン | 31.9 | ( -) | ( -) | 69 | マツダ | 22.3 | ( 72) | ( 21.5) |
| 22 | P&G（プロクター・アンド・ギャンブル・ジャパン） | 31.1 | ( 71) | ( 21.7) | 74 | イオン | 21.9 | ( 39) | ( 26.1) |
| 23 | キリンビール | 30.9 | ( 32) | ( 26.8) | 74 | クラブツーリズム | 21.9 | ( 90) | ( 20.0) |
| 24 | モスフードサービス（モスバーガー） | 30.6 | ( -) | ( -) | 74 | 王将フードサービス（餃子の王将） | 21.9 | ( 84) | ( 20.4) |
| 24 | 日本マクドナルド | 30.6 | ( 35) | ( 26.4) | 77 | カルチュア・コンビニエンス・クラブ（TSUTAYA） | 21.8 | ( 52) | ( 23.6) |
| 24 | 東日本旅客鉄道（JR東日本） | 30.6 | ( 42) | ( 25.7) | 78 | 味の素 | 21.6 | ( 54) | ( 23.0) |
| 27 | 楽天 | 30.2 | ( 30) | ( 27.2) | 78 | キユーピー | 21.6 | ( 110) | ( 17.7) |
| 28 | 帝国ホテル | 29.4 | ( 41) | ( 26.0) | 80 | ソニー | 21.5 | ( 59) | ( 22.6) |
| 29 | ヤフー | 28.7 | ( 13) | ( 32.1) | 81 | ハウス食品 | 20.5 | ( 90) | ( 20.0) |
| 30 | キリンビバレッジ | 28.3 | ( 34) | ( 26.7) | 81 | ビックカメラ | 20.5 | ( 35) | ( 26.4) |
| 30 | セブン&アイ・ホールディングス | 28.3 | ( 24) | ( 28.7) | 83 | ヤクルト本社 | 20.4 | ( 108) | ( 17.9) |
| 32 | 日本コカ・コーラ | 27.9 | ( 38) | ( 26.3) | 83 | 日本たばこ産業（JT） | 20.4 | ( 137) | ( 15.1) |
| 33 | ユニ・チャーム | 27.6 | ( 64) | ( 22.4) | 85 | ナイキジャパン | 20.2 | ( 17) | ( 30.9) |
| 34 | ダイソン | 27.4 | ( 50) | ( 24.0) | 86 | ファンケル | 20.0 | ( 103) | ( 18.9) |
| 35 | サッポロビール | 27.2 | ( 59) | ( 22.6) | 86 | インターメスティック（Zoff） | 20.0 | ( 77) | ( 21.1) |
| 35 | 日産自動車 | 27.2 | ( 44) | ( 24.9) | 88 | アディダスジャパン | 19.8 | ( 23) | ( 29.1) |
| 37 | KDDI（au） | 26.9 | ( 44) | ( 24.9) | 89 | ロッテ | 19.7 | ( 54) | ( 23.0) |
| 38 | トリドールホールディングス（丸亀製麺） | 26.8 | ( 342) | ( 6.8) | 90 | エステー | 19.6 | ( 128) | ( 15.8) |
| 39 | アップルジャパン | 26.2 | ( 15) | ( 31.3) | 90 | ワコール | 19.6 | ( 72) | ( 21.5) |
| 40 | ホンダ | 26.0 | ( 49) | ( 24.2) | 90 | 伊勢丹 | 19.6 | ( 39) | ( 26.1) |
| 40 | ぐるなび | 26.0 | ( 24) | ( 28.7) | 90 | ベネッセコーポレーション | 19.6 | ( 90) | ( 20.0) |
| 42 | TOTO | 25.7 | ( 18) | ( 30.7) | 90 | リクルートホールディングス | 19.6 | ( 54) | ( 23.0) |
| 42 | パナソニック | 25.7 | ( 35) | ( 26.4) | 90 | 西松屋チェーン（西松屋） | 19.6 | ( 81) | ( 20.8) |
| 42 | LINE | 25.7 | ( 44) | ( 24.9) | 96 | 江崎グリコ | 19.3 | ( 66) | ( 21.9) |
| 45 | NTTドコモ | 25.4 | ( 99) | ( 19.2) | 96 | 森永製菓 | 19.3 | ( 66) | ( 21.9) |
| 46 | ローソン | 25.3 | ( 43) | ( 25.3) | 98 | LIXIL | 19.2 | ( 121) | ( 16.5) |
| 46 | ジンズ（JINS） | 25.3 | ( 66) | ( 21.9) | 99 | オムロン | 19.1 | ( 108) | ( 17.9) |
| 46 | しまむら | 25.3 | ( -) | ( -) | 100 | アシックス | 18.9 | ( 77) | ( 21.1) |
| 49 | すかいらーく（ガスト） | 24.9 | ( 99) | ( 19.2) | 100 | 東京地下鉄（東京メトロ） | 18.9 | ( 53) | ( 23.4) |
| 49 | スズキ | 24.9 | ( 59) | ( 22.6) | 100 | マイナビ | 18.9 | ( 128) | ( 15.8) |
| 49 | ファミリーマート | 24.9 | ( 47) | ( 24.5) | 100 | フマキラー | 18.9 | ( 151) | ( 14.0) |
| 52 | ヨドバシカメラ | 24.7 | ( 21) | ( 29.4) | | | | | |

# 顧客ニーズへの対応に熱心である
## 〈一般個人〉

| 順位 | 社名 | 2017年 スコア | (2016年)(順位) | (スコア) | 順位 | 社名 | 2017年 スコア | (2016年)(順位) | (スコア) |
|---|---|---|---|---|---|---|---|---|---|
| 1 | オリエンタルランド（東京ディズニーリゾート） | 45.1 | ( 1) | ( 47.5) | 51 | 東京地下鉄（東京メトロ） | 22.1 | ( 78) | ( 18.6) |
| 2 | 全日本空輸（ANA） | 35.8 | ( 2) | ( 36.3) | 51 | ナイキジャパン | 22.1 | ( 30) | ( 25.5) |
| 3 | JTB | 34.3 | ( 4) | ( 33.8) | 56 | カルビー | 21.6 | ( 71) | ( 19.2) |
| 4 | ファーストリテイリング（ユニクロ） | 33.8 | ( 21) | ( 27.9) | 56 | 阪急交通社 | 21.6 | ( 90) | ( 17.6) |
| 5 | ニトリ | 32.8 | ( 4) | ( 33.8) | 58 | イトーヨーカ堂 | 21.1 | ( 48) | ( 23.0) |
| 5 | アマゾン ウェブ サービス ジャパン | 32.8 | ( 10) | ( 31.9) | 58 | イオン | 21.1 | ( 44) | ( 23.5) |
| 7 | 花王 | 31.4 | ( 15) | ( 29.4) | 58 | コジマ | 21.1 | ( 30) | ( 25.5) |
| 7 | 日本航空（JAL） | 31.4 | ( 3) | ( 35.3) | 58 | アディダスジャパン | 21.1 | ( 24) | ( 26.5) |
| 7 | エイチ・アイ・エス | 31.4 | ( 6) | ( 33.3) | 58 | ダイソン | 21.1 | ( 56) | ( 21.6) |
| 10 | 帝国ホテル | 30.9 | ( 35) | ( 25.0) | 58 | ぐるなび | 21.1 | ( 24) | ( 26.5) |
| 10 | ソフトバンク | 30.9 | ( 44) | ( 23.5) | 64 | 伊藤園 | 20.6 | ( 72) | ( 19.1) |
| 12 | ライオン | 30.4 | ( 18) | ( 28.4) | 64 | 日清食品 | 20.6 | ( 89) | ( 17.7) |
| 13 | ヤマト運輸 | 29.4 | ( 11) | ( 30.9) | 64 | 佐川急便 | 20.6 | ( 72) | ( 19.1) |
| 14 | 日本マクドナルド | 28.9 | ( 65) | ( 20.1) | 67 | ロッテ | 20.1 | ( 64) | ( 20.2) |
| 15 | クラブツーリズム | 28.4 | ( 48) | ( 23.0) | 67 | 明治 | 20.1 | ( 97) | ( 16.7) |
| 15 | アマゾンジャパン | 28.4 | ( 12) | ( 30.4) | 67 | ダイハツ工業 | 20.1 | ( 66) | ( 19.6) |
| 15 | ドンキホーテホールディングス | 28.4 | ( 17) | ( 28.9) | 67 | タカラトミー | 20.1 | ( 72) | ( 19.1) |
| 18 | すかいらーく（ガスト） | 27.9 | ( 52) | ( 22.5) | 67 | セブン&アイ・ホールディングス | 20.1 | ( 37) | ( 24.5) |
| 18 | ヨドバシカメラ | 27.9 | ( 18) | ( 28.4) | 72 | ハウス食品 | 19.6 | ( 125) | ( 14.3) |
| 20 | 東日本旅客鉄道（JR東日本） | 27.5 | ( 23) | ( 27.0) | 72 | P&G（プロクター・アンド・ギャンブル・ジャパン） | 19.6 | ( 56) | ( 21.6) |
| 20 | ジャパネットたかた | 27.5 | ( 7) | ( 32.8) | 72 | ファミリーマート | 19.6 | ( 56) | ( 21.6) |
| 20 | ウォルト・ディズニー・ジャパン | 27.5 | ( -) | ( -) | 75 | 森永製菓 | 19.1 | ( 119) | ( 14.8) |
| 23 | アサヒビール | 27.0 | ( 30) | ( 25.5) | 75 | バンダイナムコホールディングス | 19.1 | ( 61) | ( 20.6) |
| 23 | モスフードサービス（モスバーガー） | 27.0 | ( -) | ( -) | 75 | 日産自動車 | 19.1 | ( 27) | ( 26.0) |
| 25 | TOTO | 26.5 | ( 27) | ( 26.0) | 75 | ホンダ | 19.1 | ( 37) | ( 24.5) |
| 25 | キリンビバレッジ | 26.5 | ( 30) | ( 25.5) | 75 | 伊勢丹 | 19.1 | ( 59) | ( 21.1) |
| 25 | 良品計画（無印良品） | 26.5 | ( 30) | ( 25.5) | 75 | 東京急行電鉄（東急電鉄） | 19.1 | ( 90) | ( 17.6) |
| 28 | サンスター | 26.0 | ( 40) | ( 24.0) | 75 | 西松屋チェーン（西松屋） | 19.1 | ( 90) | ( 17.6) |
| 28 | トヨタ自動車 | 26.0 | ( 9) | ( 32.4) | 82 | 味の素AGF | 18.6 | ( 97) | ( 16.7) |
| 28 | セブン-イレブン・ジャパン | 26.0 | ( 7) | ( 32.8) | 82 | スズキ | 18.6 | ( 66) | ( 19.6) |
| 31 | サントリー | 25.5 | ( 24) | ( 26.5) | 82 | 学研ホールディングス | 18.6 | ( 115) | ( 15.2) |
| 31 | サッポロビール | 25.5 | ( 48) | ( 23.0) | 82 | ファンケル | 18.6 | ( 153) | ( 12.7) |
| 31 | ダスキン | 25.5 | ( 61) | ( 20.6) | 82 | しまむら | 18.6 | ( -) | ( -) |
| 31 | 近畿日本ツーリスト | 25.5 | ( 15) | ( 29.4) | 87 | コクヨ | 18.1 | ( 108) | ( 15.7) |
| 31 | プリンスホテル | 25.5 | ( 37) | ( 24.5) | 87 | ローソン | 18.1 | ( 48) | ( 23.0) |
| 36 | キリンビール | 25.0 | ( 35) | ( 25.0) | 87 | ベネッセコーポレーション | 18.1 | ( 52) | ( 22.5) |
| 36 | 日本コカ・コーラ | 25.0 | ( 27) | ( 26.0) | 90 | 江崎グリコ | 17.6 | ( 104) | ( 16.3) |
| 36 | KDDI（au） | 25.0 | ( 97) | ( 16.7) | 90 | 味の素 | 17.6 | ( 97) | ( 16.7) |
| 36 | 楽天 | 25.0 | ( 40) | ( 24.0) | 90 | 資生堂 | 17.6 | ( 121) | ( 14.7) |
| 36 | グーグル | 25.0 | ( 12) | ( 30.4) | 90 | パナソニック | 17.6 | ( 44) | ( 23.5) |
| 41 | ビックカメラ | 24.5 | ( 22) | ( 27.5) | 90 | ユニリーバ・ジャパン | 17.6 | ( 93) | ( 17.2) |
| 41 | ヤフー | 24.5 | ( 18) | ( 28.4) | 90 | 再春館製薬所 | 17.6 | ( 82) | ( 18.1) |
| 41 | トリドールホールディングス（丸亀製麺） | 24.5 | ( 577) | ( 2.5) | 96 | ヤクルト本社 | 17.2 | ( 72) | ( 19.1) |
| 44 | ユニ・チャーム | 23.5 | ( 52) | ( 22.5) | 96 | カゴメ | 17.2 | ( 178) | ( 11.8) |
| 44 | セコム | 23.5 | ( 55) | ( 22.1) | 96 | 住友生命保険 | 17.2 | ( 153) | ( 12.7) |
| 44 | アサヒ飲料 | 23.5 | ( 40) | ( 24.0) | 96 | 第一生命保険 | 17.2 | ( 144) | ( 13.2) |
| 44 | ヤマダ電機 | 23.5 | ( 12) | ( 30.4) | 96 | 日本生命保険 | 17.2 | ( 153) | ( 12.7) |
| 48 | ABCマート | 23.0 | ( 108) | ( 15.7) | 96 | 小田急電鉄 | 17.2 | ( 82) | ( 18.1) |
| 48 | 王将フードサービス（餃子の王将） | 23.0 | ( 72) | ( 19.1) | 96 | WOWOW | 17.2 | ( 78) | ( 18.6) |
| 50 | NTTドコモ | 22.5 | ( 66) | ( 19.6) | 96 | AOKI | 17.2 | ( 126) | ( 14.2) |
| 51 | キユーピー | 22.1 | ( 97) | ( 16.7) | 96 | コナミホールディングス（KONAMI） | 17.2 | ( 153) | ( 12.7) |
| 51 | アップルジャパン | 22.1 | ( 44) | ( 23.5) | 96 | 宝島社 | 17.2 | ( 192) | ( 11.3) |
| 51 | 東海旅客鉄道（JR東海） | 22.1 | ( 40) | ( 24.0) | | | | | |

# よい広告活動をしている〈ビジネスパーソン〉

| 順位 | 社名 | 2017年 スコア | （2016年）順位 | （スコア） |
|---|---|---|---|---|
| 1 | サントリー | 48.3 | ( 1) | ( 49.8) |
| 2 | ソフトバンク | 47.3 | ( 10) | ( 38.9) |
| 2 | KDDI（au） | 47.3 | ( 7) | ( 41.5) |
| 4 | オリエンタルランド（東京ディズニーリゾート） | 47.1 | ( 4) | ( 44.9) |
| 5 | 日本コカ・コーラ | 42.6 | ( 3) | ( 45.4) |
| 6 | エステー | 42.3 | ( 23) | ( 34.7) |
| 7 | キリンビール | 41.9 | ( 2) | ( 46.8) |
| 7 | 東急リバブル | 41.9 | ( 25) | ( 34.0) |
| 9 | 花王 | 41.6 | ( 12) | ( 38.4) |
| 10 | トヨタ自動車 | 41.5 | ( 22) | ( 35.1) |
| 11 | キユーピー | 41.3 | ( 16) | ( 37.0) |
| 12 | アサヒビール | 41.1 | ( 5) | ( 44.5) |
| 13 | キリンビバレッジ | 40.4 | ( 15) | ( 37.8) |
| 14 | 三菱地所 | 40.0 | ( 13) | ( 38.1) |
| 15 | ライオン | 38.1 | ( 28) | ( 33.5) |
| 16 | フマキラー | 37.4 | ( 49) | ( 27.5) |
| 17 | ファーストリテイリング（ユニクロ） | 37.0 | ( 10) | ( 38.9) |
| 18 | カルビー | 36.7 | ( 31) | ( 32.8) |
| 18 | 味の素 | 36.7 | ( 18) | ( 36.2) |
| 20 | 全日本空輸（ANA） | 35.8 | ( 39) | ( 30.2) |
| 21 | アップルジャパン | 35.7 | ( 25) | ( 34.0) |
| 22 | 資生堂 | 35.5 | ( 13) | ( 38.1) |
| 23 | ナイキジャパン | 35.0 | ( 7) | ( 41.5) |
| 24 | 明治 | 34.8 | ( 29) | ( 33.2) |
| 25 | 日本マクドナルド | 34.7 | ( 45) | ( 28.3) |
| 25 | 日本たばこ産業（JT） | 34.7 | ( 18) | ( 36.2) |
| 25 | TOTO | 34.7 | ( 20) | ( 35.8) |
| 28 | ロッテ | 34.5 | ( 39) | ( 30.2) |
| 29 | サッポロビール | 34.0 | ( 9) | ( 39.2) |
| 29 | 日産自動車 | 34.0 | ( 50) | ( 27.2) |
| 31 | 大塚製薬 | 33.2 | ( 58) | ( 26.0) |
| 32 | アフラック（アメリカンファミリー生命保険） | 33.1 | ( 32) | ( 32.5) |
| 33 | 積水ハウス | 32.8 | ( 24) | ( 34.3) |
| 34 | ツムラ | 32.5 | ( 66) | ( 25.3) |
| 35 | P&G（プロクター・アンド・ギャンブル・ジャパン） | 32.3 | ( 44) | ( 28.5) |
| 35 | ダイソン | 32.3 | ( 6) | ( 41.7) |
| 37 | インテル | 32.1 | ( 35) | ( 31.4) |
| 37 | ブリヂストン | 32.1 | ( 32) | ( 32.5) |
| 37 | 東海旅客鉄道（JR東海） | 32.1 | ( 58) | ( 26.0) |
| 40 | キヤノン | 31.7 | ( 37) | ( 30.6) |
| 40 | 日本航空（JAL） | 31.7 | ( 69) | ( 24.9) |
| 42 | 大和ハウス工業 | 31.3 | ( 74) | ( 24.8) |
| 43 | アディダスジャパン | 30.8 | ( 20) | ( 35.8) |
| 44 | ロート製薬 | 30.6 | ( 66) | ( 25.3) |
| 45 | 東日本旅客鉄道（JR東日本） | 30.2 | ( 61) | ( 25.7) |
| 45 | グーグル | 30.2 | ( 32) | ( 32.5) |
| 47 | 日清食品 | 29.9 | ( 36) | ( 30.9) |
| 48 | 日本中央競馬会（JRA） | 29.6 | ( 61) | ( 25.7) |
| 49 | 江崎グリコ | 29.5 | ( 69) | ( 24.9) |
| 49 | 森永製菓 | 29.5 | ( 48) | ( 27.9) |
| 49 | ハウス食品 | 29.5 | ( 43) | ( 28.7) |
| 49 | ミツカン | 29.5 | ( 69) | ( 24.9) |
| 53 | 東京地下鉄（東京メトロ） | 29.4 | ( 86) | ( 23.4) |
| 53 | タマホーム | 29.4 | ( 38) | ( 30.3) |
| 55 | ウォルト・ディズニー・ジャパン | 29.2 | ( -) | ( -) |
| 56 | 富士フイルム | 29.1 | ( 16) | ( 37.0) |
| 56 | ニトリ | 29.1 | ( 25) | ( 34.0) |
| 58 | NTTドコモ | 28.5 | ( 76) | ( 24.5) |
| 59 | 龍角散 | 28.3 | ( -) | ( -) |
| 60 | カゴメ | 28.0 | ( 45) | ( 28.3) |
| 61 | パナソニック | 27.9 | ( 42) | ( 29.1) |
| 61 | アサヒ飲料 | 27.9 | ( 57) | ( 26.3) |
| 63 | セコム | 27.7 | ( 45) | ( 28.3) |
| 64 | ユニ・チャーム | 27.2 | ( 65) | ( 25.5) |
| 65 | 養命酒製造 | 26.4 | ( 94) | ( 21.9) |
| 65 | YKK AP | 26.4 | ( 64) | ( 25.6) |
| 65 | LIXIL | 26.4 | ( 104) | ( 21.3) |
| 68 | 伊藤園 | 26.0 | ( 41) | ( 29.4) |
| 68 | エーザイ | 26.0 | ( 83) | ( 23.8) |
| 68 | ダイキン工業 | 26.0 | ( 51) | ( 26.8) |
| 68 | ホンダ | 26.0 | ( 114) | ( 20.0) |
| 68 | ジャパネットたかた | 26.0 | ( 29) | ( 33.2) |
| 73 | 小林製薬 | 25.7 | ( 110) | ( 20.4) |
| 73 | JTB | 25.7 | ( 58) | ( 26.0) |
| 75 | キッコーマン | 25.4 | ( 52) | ( 26.4) |
| 76 | 日清紡 | 25.3 | ( 76) | ( 24.5) |
| 76 | エイチ・アイ・エス | 25.3 | ( 52) | ( 26.4) |
| 78 | 味の素AGF | 24.5 | ( 97) | ( 21.8) |
| 78 | ヤクルト本社 | 24.5 | ( 107) | ( 21.0) |
| 78 | 大正製薬 | 24.5 | ( 83) | ( 23.8) |
| 78 | 旭化成 | 24.5 | ( 98) | ( 21.5) |
| 82 | SUBARU | 24.2 | ( 226) | ( 11.3) |
| 83 | カネカ | 23.8 | ( 52) | ( 26.4) |
| 83 | マツダ | 23.8 | ( 110) | ( 20.4) |
| 85 | サンスター | 23.7 | ( 75) | ( 24.7) |
| 86 | モスフードサービス（モスバーガー） | 23.4 | ( -) | ( -) |
| 86 | セイコー | 23.4 | ( 83) | ( 23.8) |
| 86 | ダイハツ工業 | 23.4 | ( 158) | ( 15.8) |
| 89 | WOWOW | 23.1 | ( 126) | ( 18.9) |
| 90 | 久光製薬 | 22.6 | ( 128) | ( 18.5) |
| 90 | 住友林業 | 22.6 | ( 109) | ( 20.5) |
| 90 | セブン&アイ・ホールディングス | 22.6 | ( 90) | ( 23.0) |
| 90 | アマゾン ウェブ サービス ジャパン | 22.6 | ( 76) | ( 24.5) |
| 94 | ソニー | 22.3 | ( 66) | ( 25.3) |
| 94 | トリドールホールディングス（丸亀製麺） | 22.3 | ( 459) | ( 3.0) |
| 96 | ユニリーバ・ジャパン | 22.2 | ( 93) | ( 22.1) |
| 97 | ワコール | 21.9 | ( 81) | ( 24.1) |
| 97 | コスモ石油 | 21.9 | ( 86) | ( 23.4) |
| 99 | 日立製作所 | 21.5 | ( 81) | ( 24.1) |
| 99 | ヤフー | 21.5 | ( 52) | ( 26.4) |
| 99 | 大東建託 | 21.5 | ( 86) | ( 23.4) |

# よい広告活動をしている
## 〈一般個人〉

| 順位 | 社名 | 2017年 スコア | （2016年）（順位） | （スコア） |
|---|---|---|---|---|
| 1 | ソフトバンク | 47.1 | ( 6) | ( 39.2) |
| 2 | KDDI（au） | 46.1 | ( 9) | ( 38.7) |
| 3 | 日本コカ・コーラ | 45.1 | ( 1) | ( 43.6) |
| 4 | 東急リバブル | 43.6 | ( 6) | ( 39.2) |
| 5 | サントリー | 42.2 | ( 3) | ( 42.6) |
| 6 | アサヒビール | 41.7 | ( 4) | ( 40.2) |
| 7 | 花王 | 37.7 | ( 25) | ( 30.4) |
| 8 | オリエンタルランド（東京ディズニーリゾート） | 36.3 | ( 1) | ( 43.6) |
| 8 | NTTドコモ | 36.3 | ( 21) | ( 30.9) |
| 10 | ライオン | 35.3 | ( 20) | ( 31.4) |
| 11 | キリンビール | 33.8 | ( 6) | ( 39.2) |
| 12 | キユーピー | 33.3 | ( 19) | ( 31.5) |
| 12 | トヨタ自動車 | 33.3 | ( 5) | ( 39.7) |
| 14 | サッポロビール | 32.8 | ( 11) | ( 35.3) |
| 14 | 三菱地所 | 32.8 | ( 10) | ( 37.7) |
| 16 | キリンビバレッジ | 31.9 | ( 25) | ( 30.4) |
| 17 | TOTO | 30.4 | ( 49) | ( 24.0) |
| 17 | 積水ハウス | 30.4 | ( 39) | ( 26.5) |
| 19 | 味の素 | 29.9 | ( 36) | ( 27.1) |
| 19 | 日産自動車 | 29.9 | ( 32) | ( 28.4) |
| 21 | アフラック（アメリカンファミリー生命保険） | 29.4 | ( 11) | ( 35.3) |
| 22 | カルビー | 27.9 | ( 22) | ( 30.5) |
| 22 | ハウス食品 | 27.9 | ( 41) | ( 26.1) |
| 24 | ダイソン | 27.5 | ( 14) | ( 33.8) |
| 24 | タマホーム | 27.5 | ( 44) | ( 25.5) |
| 26 | 明治 | 27.0 | ( 22) | ( 30.5) |
| 26 | 日本マクドナルド | 27.0 | ( 57) | ( 22.1) |
| 26 | サンスター | 27.0 | ( 63) | ( 21.6) |
| 26 | 富士フイルム | 27.0 | ( 30) | ( 28.9) |
| 30 | グーグル | 26.5 | ( 80) | ( 19.6) |
| 31 | エステー | 26.0 | ( 22) | ( 30.5) |
| 32 | 味の素AGF | 25.5 | ( 96) | ( 17.2) |
| 32 | エイチ・アイ・エス | 25.5 | ( 57) | ( 22.1) |
| 34 | セコム | 25.0 | ( 77) | ( 20.1) |
| 34 | アサヒ飲料 | 25.0 | ( 57) | ( 22.1) |
| 34 | ファーストリテイリング（ユニクロ） | 25.0 | ( 16) | ( 32.4) |
| 37 | 大塚製薬 | 24.5 | ( 70) | ( 20.7) |
| 37 | ユニ・チャーム | 24.5 | ( 35) | ( 27.5) |
| 37 | キヤノン | 24.5 | ( 45) | ( 25.0) |
| 37 | JTB | 24.5 | ( 56) | ( 22.5) |
| 37 | ウォルト・ディズニー・ジャパン | 24.5 | ( -) | ( -) |
| 42 | 東日本旅客鉄道（JR東日本） | 24.0 | ( 27) | ( 29.9) |
| 42 | ジャパネットたかた | 24.0 | ( 13) | ( 34.3) |
| 42 | ナイキジャパン | 24.0 | ( 15) | ( 33.3) |
| 45 | コスモ石油 | 23.5 | ( 77) | ( 20.1) |
| 46 | 伊藤園 | 23.0 | ( 16) | ( 32.4) |
| 46 | 日清食品 | 23.0 | ( 53) | ( 22.7) |
| 46 | ミツカン | 23.0 | ( 61) | ( 21.7) |
| 46 | パナホーム | 23.0 | ( 143) | ( 14.2) |
| 46 | ミサワホーム | 23.0 | ( 137) | ( 14.7) |
| 46 | フマキラー | 23.0 | ( 34) | ( 27.6) |
| 52 | ロッテ | 22.5 | ( 28) | ( 29.6) |
| 52 | ヤクルト本社 | 22.5 | ( 96) | ( 17.2) |
| 52 | P&G（プロクター・アンド・ギャンブル・ジャパン） | 22.5 | ( 32) | ( 28.4) |
| 52 | 大和ハウス工業 | 22.5 | ( 63) | ( 21.6) |
| 56 | インテル | 22.1 | ( 67) | ( 21.1) |
| 56 | 住友林業 | 22.1 | ( 96) | ( 17.2) |
| 56 | 日本中央競馬会（JRA） | 22.1 | ( 57) | ( 22.1) |
| 59 | 養命酒製造 | 21.6 | ( 79) | ( 19.7) |
| 59 | ロート製薬 | 21.6 | ( 36) | ( 27.1) |
| 59 | アップルジャパン | 21.6 | ( 29) | ( 29.4) |
| 59 | ブリヂストン | 21.6 | ( 49) | ( 24.0) |
| 63 | 資生堂 | 21.1 | ( 51) | ( 23.5) |
| 63 | パナソニック | 21.1 | ( 63) | ( 21.6) |
| 63 | ダイハツ工業 | 21.1 | ( 67) | ( 21.1) |
| 63 | マイナビ | 21.1 | ( 131) | ( 15.2) |
| 67 | ダスキン | 20.6 | ( 71) | ( 20.6) |
| 67 | 全日本空輸（ANA） | 20.6 | ( 39) | ( 26.5) |
| 67 | 龍角散 | 20.6 | ( -) | ( -) |
| 67 | アディダスジャパン | 20.6 | ( 18) | ( 31.9) |
| 67 | アマゾンジャパン | 20.6 | ( 149) | ( 13.7) |
| 72 | ニトリ | 20.1 | ( 30) | ( 28.9) |
| 73 | エスビー食品 | 19.6 | ( 171) | ( 11.8) |
| 73 | セブン-イレブン・ジャパン | 19.6 | ( 104) | ( 16.7) |
| 73 | 東海旅客鉄道（JR東海） | 19.6 | ( 46) | ( 24.5) |
| 73 | 日本航空（JAL） | 19.6 | ( 42) | ( 26.0) |
| 73 | LIXIL | 19.6 | ( 171) | ( 11.8) |
| 78 | 森永製菓 | 19.1 | ( 36) | ( 27.1) |
| 78 | キッコーマン | 19.1 | ( 92) | ( 17.7) |
| 78 | 森永乳業 | 19.1 | ( 143) | ( 14.2) |
| 78 | ダイキン工業 | 19.1 | ( 159) | ( 12.7) |
| 78 | ホンダ | 19.1 | ( 46) | ( 24.5) |
| 78 | レオパレス21 | 19.1 | ( -) | ( -) |
| 78 | ヤフー | 19.1 | ( 96) | ( 17.2) |
| 78 | かんぽ生命保険 | 19.1 | ( 89) | ( 18.1) |
| 86 | カゴメ | 18.6 | ( 87) | ( 18.2) |
| 86 | 小林製薬 | 18.6 | ( 61) | ( 21.7) |
| 86 | 大正製薬 | 18.6 | ( 66) | ( 21.2) |
| 86 | SUBARU | 18.6 | ( 184) | ( 11.3) |
| 86 | 第一生命保険 | 18.6 | ( 104) | ( 16.7) |
| 86 | 東京ガス | 18.6 | ( 71) | ( 20.6) |
| 86 | リクルートホールディングス | 18.6 | ( 137) | ( 14.7) |
| 86 | ヤマダ電機 | 18.6 | ( 113) | ( 16.2) |
| 86 | 日清オイリオグループ | 18.6 | ( 128) | ( 15.3) |
| 86 | セブン&アイ・ホールディングス | 18.6 | ( 80) | ( 19.6) |
| 96 | 旭化成 | 18.1 | ( 131) | ( 15.2) |
| 96 | ヤマト運輸 | 18.1 | ( 96) | ( 17.2) |
| 96 | LINE | 18.1 | ( 171) | ( 11.8) |
| 99 | 江崎グリコ | 17.6 | ( 53) | ( 22.7) |
| 99 | エーザイ | 17.6 | ( 74) | ( 20.2) |
| 99 | 日立製作所 | 17.6 | ( 122) | ( 15.7) |
| 99 | セイコーエプソン（EPSON） | 17.6 | ( 84) | ( 19.1) |
| 99 | 日清紡 | 17.6 | ( 86) | ( 18.6) |
| 99 | マツダ | 17.6 | ( 67) | ( 21.1) |
| 99 | 日本生命保険 | 17.6 | ( 159) | ( 12.7) |
| 99 | マルコメ | 17.6 | ( 121) | ( 15.8) |
| 99 | 大東建託 | 17.6 | ( 46) | ( 24.5) |
| 99 | 再春館製薬所 | 17.6 | ( 52) | ( 23.0) |

# 親しみやすい
## 〈ビジネスパーソン〉

| 順位 | 社名 | 2017年 スコア | (2016年) (順位) | (スコア) |
|---|---|---|---|---|
| 1 | カルビー | 75.0 | ( 1) | ( 73.6) |
| 2 | 明治 | 70.8 | ( 3) | ( 71.3) |
| 3 | 花王 | 70.4 | ( 22) | ( 63.1) |
| 4 | 江崎グリコ | 70.1 | ( 7) | ( 67.5) |
| 5 | オリエンタルランド（東京ディズニーリゾート） | 70.0 | ( 2) | ( 71.5) |
| 6 | ライオン | 69.6 | ( 20) | ( 63.5) |
| 7 | 森永製菓 | 69.3 | ( 5) | ( 70.2) |
| 8 | 味の素 | 68.9 | ( 9) | ( 66.4) |
| 8 | キユーピー | 68.9 | ( 3) | ( 71.3) |
| 10 | サントリー | 68.3 | ( 9) | ( 66.4) |
| 11 | ファーストリテイリング（ユニクロ） | 67.5 | ( 37) | ( 59.2) |
| 12 | ニトリ | 67.2 | ( 21) | ( 63.4) |
| 13 | ロッテ | 65.9 | ( 26) | ( 62.3) |
| 14 | 日本コカ・コーラ | 65.3 | ( 9) | ( 66.4) |
| 14 | 日本マクドナルド | 65.3 | ( 14) | ( 65.3) |
| 14 | すかいらーく（ガスト） | 65.3 | ( 26) | ( 62.3) |
| 17 | セブン-イレブン・ジャパン | 64.2 | ( 18) | ( 64.8) |
| 17 | 王将フードサービス（餃子の王将） | 64.2 | ( 24) | ( 62.6) |
| 19 | トリドールホールディングス（丸亀製麺） | 63.8 | ( 339) | ( 12.5) |
| 20 | ハウス食品 | 63.6 | ( 14) | ( 65.3) |
| 21 | キリンビール | 63.4 | ( 41) | ( 57.7) |
| 21 | アサヒビール | 63.4 | ( 32) | ( 60.4) |
| 23 | 良品計画（無印良品） | 63.0 | ( 33) | ( 60.0) |
| 24 | マルコメ | 62.1 | ( 37) | ( 59.2) |
| 25 | モスフードサービス（モスバーガー） | 61.9 | ( -) | ( -) |
| 25 | ファミリーマート | 61.9 | ( 30) | ( 61.7) |
| 27 | ヤクルト本社 | 61.5 | ( 14) | ( 65.3) |
| 28 | ヤフー | 61.1 | ( 6) | ( 68.7) |
| 28 | しまむら | 61.1 | ( -) | ( -) |
| 30 | キッコーマン | 61.0 | ( 33) | ( 60.0) |
| 30 | カゴメ | 61.0 | ( 12) | ( 66.0) |
| 32 | サッポロビール | 60.8 | ( 41) | ( 57.7) |
| 33 | キリンビバレッジ | 60.0 | ( 13) | ( 65.6) |
| 34 | TOTO | 59.6 | ( 17) | ( 65.0) |
| 34 | グーグル | 59.6 | ( 19) | ( 64.5) |
| 36 | ABCマート | 59.2 | ( 53) | ( 52.8) |
| 37 | ローソン | 58.1 | ( 29) | ( 62.1) |
| 38 | トヨタ自動車 | 57.7 | ( 64) | ( 50.6) |
| 38 | JTB | 57.7 | ( 46) | ( 54.7) |
| 40 | 日清食品 | 57.6 | ( 39) | ( 58.5) |
| 41 | 東日本旅客鉄道（JR東日本） | 57.4 | ( 44) | ( 56.2) |
| 41 | 全日本空輸（ANA） | 57.4 | ( 57) | ( 52.5) |
| 43 | ドンキホーテホールディングス | 57.0 | ( 8) | ( 66.8) |
| 44 | バンダイナムコホールディングス | 56.8 | ( 65) | ( 50.2) |
| 45 | タカラトミー | 56.4 | ( 60) | ( 52.1) |
| 46 | サンスター | 56.0 | ( 51) | ( 52.9) |
| 47 | ヤマト運輸 | 55.8 | ( 60) | ( 52.1) |
| 48 | 森永乳業 | 55.5 | ( 35) | ( 59.5) |
| 48 | 伊藤園 | 55.5 | ( 24) | ( 62.6) |
| 50 | ウォルト・ディズニー・ジャパン | 55.0 | ( -) | ( -) |
| 51 | エイチ・アイ・エス | 54.3 | ( 82) | ( 46.0) |
| 52 | フマキラー | 54.0 | ( 92) | ( 44.5) |
| 53 | ぐるなび | 53.6 | ( 31) | ( 61.5) |
| 54 | ホンダ | 53.2 | ( 86) | ( 45.3) |
| 55 | アサヒ飲料 | 52.8 | ( 35) | ( 59.5) |
| 56 | はごろもフーズ | 52.3 | ( 96) | ( 44.2) |
| 56 | ソフトバンク | 52.3 | ( 97) | ( 43.4) |
| 58 | セイコー | 52.1 | ( 81) | ( 46.7) |
| 58 | 東京地下鉄（東京メトロ） | 52.1 | ( 53) | ( 52.8) |
| 58 | アディダスジャパン | 52.1 | ( 26) | ( 62.3) |
| 61 | ツムラ | 51.7 | ( 86) | ( 45.3) |
| 61 | カシオ計算機 | 51.7 | ( 77) | ( 47.5) |
| 63 | テレビ東京 | 51.5 | ( 50) | ( 53.2) |
| 64 | KDDI（au） | 51.2 | ( 97) | ( 43.4) |
| 65 | ミツカン | 51.1 | ( 53) | ( 52.8) |
| 66 | ナイキジャパン | 51.0 | ( 23) | ( 63.0) |
| 67 | 日産自動車 | 50.9 | ( 86) | ( 45.3) |
| 68 | 雪印メグミルク | 50.6 | ( 62) | ( 51.1) |
| 68 | エステー | 50.6 | ( 79) | ( 47.2) |
| 68 | 日本航空（JAL） | 50.6 | ( 97) | ( 43.4) |
| 68 | ヨドバシカメラ | 50.6 | ( 43) | ( 57.4) |
| 72 | フジッコ | 50.4 | ( 75) | ( 47.9) |
| 73 | シチズン | 50.2 | ( 90) | ( 44.8) |
| 73 | ビックカメラ | 50.2 | ( 39) | ( 58.5) |
| 75 | NTTドコモ | 49.2 | ( 92) | ( 44.5) |
| 76 | 味の素AGF | 48.7 | ( 59) | ( 52.3) |
| 76 | ロート製薬 | 48.7 | ( 86) | ( 45.3) |
| 76 | アマゾン ウェブ サービス ジャパン | 48.7 | ( 53) | ( 52.8) |
| 79 | 日本テレビ放送網（日本テレビ） | 48.5 | ( 47) | ( 54.3) |
| 79 | ハナマルキ | 48.5 | ( 92) | ( 44.5) |
| 81 | 養命酒製造 | 48.3 | ( 122) | ( 38.5) |
| 81 | 大塚製薬 | 48.3 | ( 82) | ( 46.0) |
| 81 | キヤノン | 48.3 | ( 110) | ( 41.1) |
| 81 | スズキ | 48.3 | ( 85) | ( 45.7) |
| 85 | エスビー食品 | 48.1 | ( 45) | ( 55.5) |
| 86 | P&G（プロクター・アンド・ギャンブル・ジャパン） | 47.9 | ( 101) | ( 43.0) |
| 86 | ユニ・チャーム | 47.9 | ( 106) | ( 41.8) |
| 86 | アシックス | 47.9 | ( 66) | ( 49.4) |
| 86 | ミズノ | 47.9 | ( 69) | ( 48.7) |
| 86 | 龍角散 | 47.9 | ( -) | ( -) |
| 91 | TBS | 47.7 | ( 79) | ( 47.2) |
| 92 | ダスキン | 47.5 | ( 129) | ( 37.4) |
| 92 | イトーヨーカ堂 | 47.5 | ( 51) | ( 52.9) |
| 92 | イオン | 47.5 | ( 49) | ( 53.6) |
| 95 | 丸美屋食品工業 | 47.3 | ( 107) | ( 41.5) |
| 95 | 赤城乳業 | 47.3 | ( 117) | ( 39.2) |
| 97 | ブリヂストン | 47.2 | ( 92) | ( 44.5) |
| 97 | ジャパネットたかた | 47.2 | ( 71) | ( 48.3) |
| 99 | フジテレビジョン | 46.9 | ( 63) | ( 50.9) |
| 100 | LINE | 46.8 | ( 115) | ( 39.8) |

# 親しみやすい
## 〈一般個人〉

| 順位 | 社名 | 2017年 スコア | （2016年）（順位） | （スコア） |
|---|---|---|---|---|
| 1 | 日本マクドナルド | 76.5 | ( 2) | ( 72.5) |
| 2 | サントリー | 73.5 | ( 9) | ( 70.6) |
| 3 | キユーピー | 72.5 | ( 6) | ( 71.4) |
| 4 | ファミリーマート | 71.6 | ( 15) | ( 68.1) |
| 4 | ローソン | 71.6 | ( 25) | ( 64.7) |
| 4 | オリエンタルランド（東京ディズニーリゾート） | 71.6 | ( 9) | ( 70.6) |
| 7 | 花王 | 71.1 | ( 5) | ( 72.1) |
| 8 | すかいらーく（ガスト） | 70.6 | ( 1) | ( 74.0) |
| 8 | ライオン | 70.6 | ( 2) | ( 72.5) |
| 10 | カルビー | 70.1 | ( 4) | ( 72.4) |
| 10 | 明治 | 70.1 | ( 6) | ( 71.4) |
| 12 | 日本コカ・コーラ | 69.1 | ( 8) | ( 71.1) |
| 13 | 森永製菓 | 68.6 | ( 11) | ( 70.4) |
| 14 | サッポロビール | 67.6 | ( 30) | ( 62.7) |
| 14 | アサヒビール | 67.6 | ( 17) | ( 67.2) |
| 16 | 味の素 | 67.2 | ( 11) | ( 70.4) |
| 16 | ヤクルト本社 | 67.2 | ( 16) | ( 67.6) |
| 18 | キリンビール | 66.7 | ( 25) | ( 64.7) |
| 18 | モスフードサービス（モスバーガー） | 66.7 | ( -) | ( -) |
| 20 | セブン-イレブン・ジャパン | 65.7 | ( 20) | ( 66.2) |
| 21 | 伊藤園 | 65.2 | ( 25) | ( 64.7) |
| 21 | 王将フードサービス（餃子の王将） | 65.2 | ( 14) | ( 68.6) |
| 23 | TOTO | 64.7 | ( 21) | ( 65.7) |
| 23 | ニトリ | 64.7 | ( 33) | ( 62.3) |
| 25 | ドンキホーテホールディングス | 64.2 | ( 42) | ( 58.8) |
| 26 | ハウス食品 | 63.7 | ( 24) | ( 65.0) |
| 26 | 森永乳業 | 63.7 | ( 17) | ( 67.2) |
| 28 | ロッテ | 63.2 | ( 13) | ( 69.5) |
| 28 | 江崎グリコ | 63.2 | ( 19) | ( 67.0) |
| 28 | サンスター | 63.2 | ( 34) | ( 61.8) |
| 28 | トリドールホールディングス（丸亀製麺） | 63.2 | ( 430) | ( 7.4) |
| 32 | イトーヨーカ堂 | 62.7 | ( 22) | ( 65.2) |
| 33 | 雪印メグミルク | 62.3 | ( 30) | ( 62.7) |
| 33 | ヤマト運輸 | 62.3 | ( 29) | ( 63.7) |
| 33 | キリンビバレッジ | 62.3 | ( 30) | ( 62.7) |
| 36 | マルコメ | 61.8 | ( 41) | ( 59.1) |
| 36 | アサヒ飲料 | 61.8 | ( 42) | ( 58.8) |
| 38 | キッコーマン | 61.3 | ( 35) | ( 61.6) |
| 39 | カゴメ | 60.8 | ( 37) | ( 60.6) |
| 39 | しまむら | 60.8 | ( -) | ( -) |
| 41 | 味の素AGF | 60.3 | ( 58) | ( 53.9) |
| 41 | アディダスジャパン | 60.3 | ( 39) | ( 59.8) |
| 43 | ファーストリテイリング（ユニクロ） | 59.8 | ( 28) | ( 64.2) |
| 44 | テレビ東京 | 59.3 | ( 48) | ( 57.4) |
| 45 | フジッコ | 58.8 | ( 65) | ( 52.7) |
| 46 | 東日本旅客鉄道（JR東日本） | 58.3 | ( 58) | ( 53.9) |
| 46 | 全日本空輸（ANA） | 58.3 | ( 63) | ( 52.9) |
| 48 | ミツカン | 57.8 | ( 57) | ( 54.2) |
| 48 | ナイキジャパン | 57.8 | ( 51) | ( 56.9) |
| 50 | トヨタ自動車 | 57.4 | ( 77) | ( 50.0) |
| 50 | イオン | 57.4 | ( 38) | ( 60.3) |
| 52 | TBS | 56.9 | ( 46) | ( 58.3) |
| 52 | フマキラー | 56.9 | ( 56) | ( 54.7) |
| 54 | ゆうちょ銀行 | 56.4 | ( 22) | ( 65.2) |
| 55 | 日本テレビ放送網（日本テレビ） | 55.9 | ( 42) | ( 58.8) |
| 56 | テレビ朝日 | 55.4 | ( 53) | ( 55.9) |
| 56 | フジテレビジョン | 55.4 | ( 36) | ( 61.3) |
| 56 | タカラトミー | 55.4 | ( 58) | ( 53.9) |
| 56 | ヤマダ電機 | 55.4 | ( 48) | ( 57.4) |
| 60 | 日本航空（JAL） | 54.9 | ( 89) | ( 48.5) |
| 60 | はごろもフーズ | 54.9 | ( 67) | ( 52.2) |
| 62 | ロート製薬 | 54.4 | ( 86) | ( 49.3) |
| 62 | スズキ | 54.4 | ( 82) | ( 49.5) |
| 62 | 東京地下鉄（東京メトロ） | 54.4 | ( 91) | ( 47.5) |
| 65 | 日清食品 | 53.9 | ( 50) | ( 57.1) |
| 66 | ハナマルキ | 52.9 | ( 73) | ( 51.2) |
| 66 | ウォルト・ディズニー・ジャパン | 52.9 | ( -) | ( -) |
| 68 | キヤノン | 52.5 | ( 95) | ( 47.1) |
| 68 | 丸美屋食品工業 | 52.5 | ( 80) | ( 49.8) |
| 68 | ビックカメラ | 52.5 | ( 53) | ( 55.9) |
| 71 | ツムラ | 52.0 | ( 80) | ( 49.8) |
| 71 | JTB | 52.0 | ( 39) | ( 59.8) |
| 71 | 良品計画（無印良品） | 52.0 | ( 42) | ( 58.8) |
| 71 | ヤフー | 52.0 | ( 61) | ( 53.4) |
| 75 | エスビー食品 | 51.5 | ( 70) | ( 51.7) |
| 75 | バンダイナムコホールディングス | 51.5 | ( 91) | ( 47.5) |
| 75 | ブリヂストン | 51.5 | ( 101) | ( 46.1) |
| 75 | ソフトバンク | 51.5 | ( 66) | ( 52.5) |
| 75 | ヨドバシカメラ | 51.5 | ( 47) | ( 57.8) |
| 75 | ABCマート | 51.5 | ( 77) | ( 50.0) |
| 75 | グーグル | 51.5 | ( 82) | ( 49.5) |
| 82 | パナソニック | 51.0 | ( 52) | ( 56.4) |
| 83 | 大塚製薬 | 50.5 | ( 98) | ( 46.8) |
| 83 | 日産自動車 | 50.5 | ( 103) | ( 44.6) |
| 85 | ダイハツ工業 | 50.0 | ( 103) | ( 44.6) |
| 85 | ホンダ | 50.0 | ( 87) | ( 49.0) |
| 85 | NTTドコモ | 50.0 | ( 63) | ( 52.9) |
| 88 | ダスキン | 48.5 | ( 106) | ( 43.6) |
| 88 | ユニ・チャーム | 48.5 | ( 74) | ( 51.0) |
| 88 | シチズン | 48.5 | ( 135) | ( 39.2) |
| 88 | 富士フイルム | 48.5 | ( 74) | ( 51.0) |
| 88 | 龍角散 | 48.5 | ( -) | ( -) |
| 93 | セイコー | 48.0 | ( 106) | ( 43.6) |
| 93 | ミズノ | 48.0 | ( 95) | ( 47.1) |
| 93 | コジマ | 48.0 | ( 55) | ( 54.9) |
| 96 | 日本ハム | 47.5 | ( 116) | ( 42.9) |
| 97 | 西松屋チェーン（西松屋） | 47.1 | ( 76) | ( 50.5) |
| 98 | エステー | 46.6 | ( 88) | ( 48.8) |
| 98 | KDDI（au） | 46.6 | ( 89) | ( 48.5) |
| 100 | P&G（プロクター・アンド・ギャンブル・ジャパン） | 46.1 | ( 68) | ( 52.0) |
| 100 | カシオ計算機 | 46.1 | ( 137) | ( 38.7) |
| 100 | ソニー | 46.1 | ( 61) | ( 53.4) |
| 100 | イオンモール | 46.1 | ( 68) | ( 52.0) |

# 営業・販売力が強い
## 〈ビジネスパーソン〉

| 順位 | 社名 | 2017年 スコア | （2016年） （順位） | （スコア） | 順位 | 社名 | 2017年 スコア | （2016年） （順位） | （スコア） |
|---|---|---|---|---|---|---|---|---|---|
| 1 | トヨタ自動車 | 48.3 | ( 1) | ( 46.4) | 50 | セブン&アイ・ホールディングス | 23.0 | ( 58) | ( 21.1) |
| 2 | アサヒビール | 44.9 | ( 3) | ( 41.5) | 50 | アマゾン ウェブ サービス ジャパン | 23.0 | ( 18) | ( 30.6) |
| 3 | キリンビール | 38.9 | ( 11) | ( 32.8) | 53 | アディダスジャパン | 22.8 | ( 44) | ( 23.4) |
| 4 | サントリー | 37.7 | ( 11) | ( 32.8) | 54 | ブリヂストン | 22.6 | ( 58) | ( 21.1) |
| 4 | 日本コカ・コーラ | 37.7 | ( 2) | ( 42.7) | 55 | キッコーマン | 22.3 | ( 68) | ( 19.6) |
| 4 | ファーストリテイリング（ユニクロ） | 37.7 | ( 20) | ( 30.2) | 55 | 積水ハウス | 22.3 | ( 96) | ( 16.5) |
| 7 | ヨドバシカメラ | 37.3 | ( 8) | ( 33.6) | 55 | 三菱地所 | 22.3 | ( 34) | ( 25.3) |
| 8 | ジャパネットたかた | 35.8 | ( 4) | ( 36.6) | 55 | LIXIL | 22.3 | ( 85) | ( 17.3) |
| 9 | キリンビバレッジ | 33.2 | ( 11) | ( 32.8) | 59 | P&G（プロクター・アンド・ギャンブル・ジャパン） | 22.2 | ( 57) | ( 21.3) |
| 10 | 伊藤忠商事 | 32.8 | ( 7) | ( 34.0) | 60 | 江崎グリコ | 22.0 | ( 68) | ( 19.6) |
| 11 | ソフトバンク | 32.7 | ( 4) | ( 36.6) | 61 | 大塚商会 | 21.9 | ( 31) | ( 25.7) |
| 12 | 味の素 | 32.2 | ( 36) | ( 24.9) | 61 | KDDI（au） | 21.9 | ( 48) | ( 23.0) |
| 13 | アマゾンジャパン | 31.7 | ( 10) | ( 33.0) | 63 | 武田薬品工業 | 21.5 | ( 61) | ( 20.8) |
| 14 | ヤマダ電機 | 31.6 | ( 9) | ( 33.2) | 63 | 大塚製薬 | 21.5 | ( 106) | ( 15.8) |
| 15 | ビックカメラ | 31.2 | ( 6) | ( 34.7) | 63 | ベネッセコーポレーション | 21.5 | ( 70) | ( 19.2) |
| 16 | 三井物産 | 30.6 | ( 25) | ( 27.2) | 66 | NTTドコモ | 21.2 | ( 48) | ( 23.0) |
| 17 | 資生堂 | 29.4 | ( 31) | ( 25.7) | 67 | 日本たばこ産業（JT） | 21.1 | ( 64) | ( 20.4) |
| 18 | 花王 | 29.2 | ( 23) | ( 29.7) | 67 | 大和ハウス工業 | 21.1 | ( 109) | ( 15.7) |
| 19 | サッポロビール | 29.1 | ( 41) | ( 23.8) | 67 | ABCマート | 21.1 | ( 30) | ( 26.0) |
| 19 | セブン-イレブン・ジャパン | 29.1 | ( 14) | ( 32.6) | 70 | 日本マクドナルド | 20.4 | ( 106) | ( 15.8) |
| 21 | 日産自動車 | 28.7 | ( 51) | ( 22.3) | 70 | 富士ゼロックス | 20.4 | ( 31) | ( 25.7) |
| 22 | アサヒ飲料 | 28.3 | ( 19) | ( 30.5) | 70 | デル | 20.4 | ( 134) | ( 13.8) |
| 23 | カルビー | 28.0 | ( 53) | ( 21.5) | 73 | レオパレス21 | 20.2 | ( -) | ( -) |
| 24 | JTB | 27.9 | ( 20) | ( 30.2) | 74 | 大正製薬 | 19.6 | ( 112) | ( 15.1) |
| 24 | エイチ・アイ・エス | 27.9 | ( 24) | ( 28.7) | 75 | TOTO | 19.2 | ( 60) | ( 20.9) |
| 24 | ニトリ | 27.9 | ( 25) | ( 27.2) | 75 | 三井不動産 | 19.2 | ( 39) | ( 24.5) |
| 27 | 明治 | 27.7 | ( 48) | ( 23.0) | 75 | ウォルト・ディズニー・ジャパン | 19.2 | ( -) | ( -) |
| 28 | オリエンタルランド（東京ディズニーリゾート） | 27.2 | ( 16) | ( 31.9) | 78 | 第一生命保険 | 19.0 | ( 92) | ( 16.6) |
| 28 | ドンキホーテホールディングス | 27.2 | ( 17) | ( 31.3) | 79 | 日本ハム | 18.9 | ( 156) | ( 12.8) |
| 30 | アップルジャパン | 27.0 | ( 34) | ( 25.3) | 79 | ミツカン | 18.9 | ( 202) | ( 10.6) |
| 31 | リクルートホールディングス | 26.8 | ( 15) | ( 32.1) | 81 | ダイソン | 18.6 | ( 74) | ( 18.9) |
| 32 | 三菱商事 | 26.4 | ( 22) | ( 29.8) | 82 | ダスキン | 18.5 | ( 137) | ( 13.6) |
| 33 | 住友商事 | 26.0 | ( 28) | ( 26.4) | 82 | 富士フイルム | 18.5 | ( 51) | ( 22.3) |
| 34 | 日清食品 | 25.8 | ( 44) | ( 23.4) | 82 | ヤナセ | 18.5 | ( 147) | ( 13.2) |
| 35 | キユーピー | 25.4 | ( 70) | ( 19.2) | 82 | 住友不動産 | 18.5 | ( 53) | ( 21.5) |
| 36 | 日本生命保険 | 25.1 | ( 40) | ( 24.2) | 82 | ゴールドマン・サックス | 18.5 | ( 74) | ( 18.9) |
| 36 | ナイキジャパン | 25.1 | ( 28) | ( 26.4) | 87 | ユニ・チャーム | 18.3 | ( 87) | ( 17.1) |
| 38 | ライオン | 24.9 | ( 43) | ( 23.6) | 88 | BMWジャパン | 18.1 | ( 88) | ( 17.0) |
| 39 | 野村ホールディングス（野村證券） | 24.7 | ( 53) | ( 21.5) | 88 | 豊田通商 | 18.1 | ( 82) | ( 17.4) |
| 40 | ヤクルト本社 | 24.5 | ( 46) | ( 23.3) | 90 | カシオ計算機 | 17.7 | ( 96) | ( 16.5) |
| 41 | ハウス食品 | 24.2 | ( 92) | ( 16.6) | 90 | リコー | 17.7 | ( 147) | ( 13.2) |
| 41 | カゴメ | 24.2 | ( 112) | ( 15.1) | 90 | イオン | 17.7 | ( 77) | ( 18.8) |
| 41 | 楽天 | 24.2 | ( 36) | ( 24.9) | 90 | 双日 | 17.7 | ( 112) | ( 15.1) |
| 44 | ロッテ | 23.9 | ( 53) | ( 21.5) | 94 | 伊藤園 | 17.4 | ( 46) | ( 23.3) |
| 44 | 森永製菓 | 23.9 | ( 61) | ( 20.8) | 94 | セイコー | 17.4 | ( 96) | ( 16.5) |
| 46 | コジマ | 23.6 | ( 82) | ( 17.4) | 94 | 三菱東京UFJ銀行 | 17.4 | ( 116) | ( 14.9) |
| 47 | キヤノン | 23.4 | ( 27) | ( 26.8) | 97 | 日本マイクロソフト | 17.1 | ( 88) | ( 17.0) |
| 47 | メルセデス・ベンツ | 23.4 | ( 61) | ( 20.8) | 98 | ホンダ | 17.0 | ( 110) | ( 15.5) |
| 47 | 丸紅 | 23.4 | ( 36) | ( 24.9) | 98 | ファンケル | 17.0 | ( 156) | ( 12.8) |
| 50 | パナソニック | 23.0 | ( 41) | ( 23.8) | 98 | タマホーム | 17.0 | ( 153) | ( 13.0) |

# 営業・販売力が強い
## 〈一般個人〉

| 順位 | 社名 | 2017年 スコア | （2016年）（順位） | （スコア） |
|---|---|---|---|---|
| 1 | トヨタ自動車 | 41.2 | ( 1) | ( 47.1) |
| 2 | キリンビバレッジ | 37.3 | ( 11) | ( 30.9) |
| 3 | 日本コカ・コーラ | 34.8 | ( 4) | ( 38.2) |
| 4 | オリエンタルランド（東京ディズニーリゾート） | 32.8 | ( 13) | ( 30.4) |
| 5 | サントリー | 32.4 | ( 2) | ( 42.2) |
| 5 | ヨドバシカメラ | 32.4 | ( 8) | ( 33.3) |
| 7 | ジャパネットたかた | 31.9 | ( 6) | ( 36.8) |
| 8 | ビックカメラ | 31.4 | ( 7) | ( 35.8) |
| 9 | アサヒビール | 30.9 | ( 3) | ( 39.7) |
| 10 | キリンビール | 30.4 | ( 5) | ( 37.3) |
| 10 | ナイキジャパン | 30.4 | ( 15) | ( 28.9) |
| 12 | アサヒ飲料 | 29.9 | ( 18) | ( 27.5) |
| 12 | アディダスジャパン | 29.9 | ( 15) | ( 28.9) |
| 14 | ヤマダ電機 | 28.9 | ( 11) | ( 30.9) |
| 15 | JTB | 27.9 | ( 13) | ( 30.4) |
| 16 | 日本マクドナルド | 27.5 | ( 83) | ( 16.2) |
| 16 | ソフトバンク | 27.5 | ( 15) | ( 28.9) |
| 16 | ドンキホーテホールディングス | 27.5 | ( 9) | ( 32.8) |
| 19 | サッポロビール | 27.0 | ( 10) | ( 32.4) |
| 19 | ヤクルト本社 | 27.0 | ( 42) | ( 21.6) |
| 21 | 花王 | 26.0 | ( 24) | ( 25.5) |
| 21 | 日産自動車 | 26.0 | ( 24) | ( 25.5) |
| 21 | アマゾンジャパン | 26.0 | ( 44) | ( 21.1) |
| 24 | ファーストリテイリング（ユニクロ） | 25.5 | ( 24) | ( 25.5) |
| 24 | KDDI（au） | 25.5 | ( 44) | ( 21.1) |
| 26 | 味の素AGF | 25.0 | ( 76) | ( 16.7) |
| 26 | 伊藤園 | 25.0 | ( 40) | ( 22.1) |
| 28 | ライオン | 24.5 | ( 32) | ( 23.0) |
| 29 | ロッテ | 23.5 | ( 22) | ( 25.6) |
| 29 | TOTO | 23.5 | ( 38) | ( 22.5) |
| 29 | キヤノン | 23.5 | ( 32) | ( 23.0) |
| 29 | エイチ・アイ・エス | 23.5 | ( 18) | ( 27.5) |
| 29 | コジマ | 23.5 | ( 21) | ( 26.0) |
| 34 | カルビー | 23.0 | ( 28) | ( 24.6) |
| 34 | パナソニック | 23.0 | ( 24) | ( 25.5) |
| 34 | 楽天 | 23.0 | ( 38) | ( 22.5) |
| 37 | キユーピー | 22.5 | ( 30) | ( 24.1) |
| 37 | サンスター | 22.5 | ( 57) | ( 18.1) |
| 39 | アップルジャパン | 22.1 | ( 32) | ( 23.0) |
| 40 | 明治 | 21.6 | ( 22) | ( 25.6) |
| 40 | ニトリ | 21.6 | ( 91) | ( 15.7) |
| 42 | 森永製菓 | 21.1 | ( 36) | ( 22.7) |
| 42 | 味の素 | 21.1 | ( 20) | ( 26.6) |
| 42 | 資生堂 | 21.1 | ( 63) | ( 17.6) |
| 42 | 全日本空輸（ANA） | 21.1 | ( 69) | ( 17.2) |
| 42 | ABCマート | 21.1 | ( 69) | ( 17.2) |
| 47 | ブリヂストン | 20.6 | ( 49) | ( 20.1) |
| 48 | 森永乳業 | 20.1 | ( 63) | ( 17.6) |
| 48 | ソニー | 20.1 | ( 69) | ( 17.2) |
| 48 | セブン-イレブン・ジャパン | 20.1 | ( 40) | ( 22.1) |
| 48 | 日本生命保険 | 20.1 | ( 44) | ( 21.1) |
| 48 | NTTドコモ | 20.1 | ( 42) | ( 21.6) |
| 53 | ダイソン | 19.6 | ( 29) | ( 24.5) |
| 54 | 江崎グリコ | 19.1 | ( 55) | ( 18.7) |
| 54 | 日本航空（JAL） | 19.1 | ( 83) | ( 16.2) |
| 56 | 日立製作所 | 18.6 | ( 106) | ( 14.7) |
| 56 | ワコール | 18.6 | ( 44) | ( 21.1) |
| 56 | ホンダ | 18.6 | ( 56) | ( 18.6) |
| 56 | 伊藤忠商事 | 18.6 | ( 51) | ( 19.6) |
| 56 | ウォルト・ディズニー・ジャパン | 18.6 | ( -) | ( -) |
| 61 | ハウス食品 | 18.1 | ( 31) | ( 23.6) |
| 61 | 雪印メグミルク | 18.1 | ( 98) | ( 15.2) |
| 61 | 大塚製薬 | 18.1 | ( 115) | ( 13.8) |
| 61 | ユニ・チャーム | 18.1 | ( 69) | ( 17.2) |
| 61 | 富士フイルム | 18.1 | ( 57) | ( 18.1) |
| 61 | 三菱電機 | 18.1 | ( 83) | ( 16.2) |
| 61 | タカラトミー | 18.1 | ( 83) | ( 16.2) |
| 61 | レオパレス21 | 18.1 | ( -) | ( -) |
| 61 | セブン&アイ・ホールディングス | 18.1 | ( 76) | ( 16.7) |
| 70 | P&G（プロクター・アンド・ギャンブル・ジャパン） | 17.6 | ( 49) | ( 20.1) |
| 70 | 三菱地所 | 17.6 | ( 63) | ( 17.6) |
| 70 | トリドールホールディングス（丸亀製麺） | 17.6 | ( 635) | ( 1.0) |
| 70 | アマゾン ウェブ サービス ジャパン | 17.6 | ( 32) | ( 23.0) |
| 74 | 伊勢丹 | 17.2 | ( 69) | ( 17.2) |
| 74 | 王将フードサービス（餃子の王将） | 17.2 | ( 98) | ( 15.2) |
| 74 | フマキラー | 17.2 | ( 126) | ( 13.3) |
| 77 | ミズノ | 16.7 | ( 69) | ( 17.2) |
| 77 | 積水ハウス | 16.7 | ( 63) | ( 17.6) |
| 77 | 大和ハウス工業 | 16.7 | ( 76) | ( 16.7) |
| 77 | イオン | 16.7 | ( 91) | ( 15.7) |
| 77 | アフラック（アメリカンファミリー生命保険） | 16.7 | ( 98) | ( 15.2) |
| 77 | 野村ホールディングス（野村證券） | 16.7 | ( 76) | ( 16.7) |
| 83 | ネスレ | 16.2 | ( 145) | ( 12.3) |
| 83 | すかいらーく（ガスト） | 16.2 | ( 136) | ( 12.7) |
| 83 | 富士ゼロックス | 16.2 | ( 136) | ( 12.7) |
| 83 | 三井不動産 | 16.2 | ( 51) | ( 19.6) |
| 83 | 第一生命保険 | 16.2 | ( 54) | ( 19.1) |
| 83 | 東急リバブル | 16.2 | ( 91) | ( 15.7) |
| 89 | カゴメ | 15.7 | ( 115) | ( 13.8) |
| 89 | ダスキン | 15.7 | ( 57) | ( 18.1) |
| 89 | セイコーエプソン（EPSON） | 15.7 | ( 44) | ( 21.1) |
| 89 | バンダイナムコホールディングス | 15.7 | ( 98) | ( 15.2) |
| 89 | 髙島屋 | 15.7 | ( 159) | ( 11.8) |
| 89 | 住友生命保険 | 15.7 | ( 76) | ( 16.7) |
| 89 | 東日本旅客鉄道（JR東日本） | 15.7 | ( 118) | ( 13.7) |
| 89 | ダイドードリンコ | 15.7 | ( 204) | ( 9.8) |
| 97 | ミツカン | 15.2 | ( 126) | ( 13.3) |
| 97 | 武田薬品工業 | 15.2 | ( 105) | ( 14.8) |
| 97 | 大和証券 | 15.2 | ( 76) | ( 16.7) |
| 97 | ヤマト運輸 | 15.2 | ( 83) | ( 16.2) |

# センスがよい
## 〈ビジネスパーソン〉

| 2017年順位 | 社名 | スコア | （2016年）順位 | （スコア） |
|---|---|---|---|---|
| 1 | ナイキジャパン | 57.8 | 1 | 54.3 |
| 2 | アップルジャパン | 52.9 | 1 | 54.3 |
| 3 | アディダスジャパン | 49.4 | 4 | 45.7 |
| 4 | 良品計画（無印良品） | 46.4 | 7 | 41.9 |
| 5 | BMWジャパン | 46.0 | 5 | 42.6 |
| 6 | メルセデス・ベンツ | 40.8 | 9 | 39.6 |
| 7 | ダイソン | 40.7 | 8 | 40.9 |
| 8 | グーグル | 40.4 | 6 | 42.3 |
| 9 | オリエンタルランド（東京ディズニーリゾート） | 39.7 | 13 | 33.8 |
| 10 | 伊勢丹 | 36.6 | 3 | 49.0 |
| 11 | ソニー | 36.2 | 12 | 34.9 |
| 12 | サントリー | 35.5 | 24 | 26.8 |
| 12 | 日本コカ・コーラ | 35.5 | 14 | 33.2 |
| 14 | アウディ・ジャパン | 34.7 | 11 | 37.0 |
| 15 | 資生堂 | 31.7 | 16 | 29.1 |
| 16 | ウォルト・ディズニー・ジャパン | 31.2 | - | - |
| 17 | 全日本空輸（ANA） | 30.6 | 15 | 32.1 |
| 18 | 森ビル | 30.2 | 32 | 23.8 |
| 19 | ジンズ（JINS） | 29.8 | 23 | 27.5 |
| 20 | キリンビバレッジ | 29.4 | 20 | 28.2 |
| 21 | 帝国ホテル | 27.9 | 39 | 22.3 |
| 22 | インテル | 27.5 | 17 | 28.7 |
| 23 | BOSE | 27.4 | 10 | 38.5 |
| 24 | ジャガージャパン | 27.2 | 19 | 28.3 |
| 25 | トヨタ自動車 | 26.4 | 40 | 21.9 |
| 26 | オンワード樫山 | 26.2 | 24 | 26.8 |
| 27 | セイコー | 26.0 | 28 | 25.3 |
| 27 | 三菱地所 | 26.0 | 42 | 21.5 |
| 27 | インターメスティック（Zoff） | 26.0 | 21 | 27.9 |
| 30 | パナソニック | 25.3 | 42 | 21.5 |
| 31 | 日清食品 | 25.0 | 51 | 20.0 |
| 32 | モスフードサービス（モスバーガー） | 24.9 | - | - |
| 32 | SUBARU | 24.9 | 81 | 15.8 |
| 32 | ニトリ | 24.9 | 62 | 19.2 |
| 35 | ソフトバンク | 24.6 | 21 | 27.9 |
| 36 | ホンダ | 24.5 | 62 | 19.2 |
| 36 | フォルクスワーゲングループジャパン | 24.5 | 30 | 24.5 |
| 36 | LINE | 24.5 | 50 | 20.3 |
| 39 | キユーピー | 24.2 | 35 | 22.6 |
| 39 | シチズン | 24.2 | 60 | 19.5 |
| 41 | ファーストリテイリング（ユニクロ） | 23.8 | 51 | 20.0 |
| 42 | TOTO | 23.0 | 29 | 25.2 |
| 43 | 明治 | 22.7 | 34 | 23.0 |
| 43 | KDDI（au） | 22.7 | 26 | 26.0 |
| 45 | ワコール | 22.6 | 18 | 28.4 |
| 46 | キヤノン | 22.3 | 33 | 23.4 |
| 47 | マツダ | 21.9 | 30 | 24.5 |
| 47 | 髙島屋 | 21.9 | 60 | 19.5 |
| 49 | カルビー | 21.6 | 35 | 22.6 |
| 50 | 日本航空（JAL） | 21.5 | 84 | 15.5 |
| 51 | ミズノ | 20.8 | 55 | 19.9 |
| 51 | ヤフー | 20.8 | 48 | 20.4 |
| 53 | アサヒビール | 20.4 | 64 | 18.9 |
| 54 | アシックス | 20.0 | 35 | 22.6 |
| 54 | 日産自動車 | 20.0 | 84 | 15.5 |
| 54 | 三越 | 20.0 | 35 | 22.6 |
| 54 | アマゾン ウェブ サービス ジャパン | 20.0 | 27 | 25.7 |
| 54 | マセラティジャパン | 20.0 | - | - |
| 59 | ネスレ | 19.6 | 83 | 15.6 |
| 60 | タカラトミー | 19.5 | 137 | 11.0 |
| 61 | キリンビール | 19.2 | 75 | 16.6 |
| 62 | ボルボ・カー・ジャパン | 18.9 | 40 | 21.9 |
| 62 | 三井不動産 | 18.9 | 84 | 15.5 |
| 62 | リクルートホールディングス | 18.9 | 102 | 13.2 |
| 65 | ロッテ | 18.6 | 78 | 16.2 |
| 65 | カゴメ | 18.6 | 72 | 17.0 |
| 67 | コクヨ | 18.5 | 67 | 17.4 |
| 67 | ランドローバージャパン | 18.5 | 45 | 21.1 |
| 67 | アサヒ飲料 | 18.5 | 71 | 17.2 |
| 70 | エステー | 18.1 | 102 | 13.2 |
| 71 | 三陽商会（SANYO） | 17.9 | 45 | 21.1 |
| 72 | 江崎グリコ | 17.8 | 84 | 15.5 |
| 72 | 味の素 | 17.8 | 48 | 20.4 |
| 74 | ヤマハ | 17.7 | 94 | 14.6 |
| 75 | P&G（プロクター・アンド・ギャンブル・ジャパン） | 17.5 | 56 | 19.8 |
| 75 | 日本マイクロソフト | 17.5 | 64 | 18.9 |
| 77 | ニコン | 17.4 | 51 | 20.0 |
| 77 | カシオ計算機 | 17.4 | 101 | 13.4 |
| 77 | ブリヂストン | 17.4 | 58 | 19.6 |
| 77 | LIXIL | 17.4 | 57 | 19.7 |
| 81 | テレビ東京 | 17.3 | 67 | 17.4 |
| 82 | 花王 | 17.1 | 47 | 20.9 |
| 82 | バンダイナムコホールディングス | 17.1 | 128 | 11.4 |
| 84 | キッコーマン | 17.0 | 112 | 12.1 |
| 84 | JTB | 17.0 | 42 | 21.5 |
| 84 | エイチ・アイ・エス | 17.0 | 58 | 19.6 |
| 87 | プリンスホテル | 16.6 | 81 | 15.8 |
| 88 | 森永製菓 | 16.3 | 66 | 18.1 |
| 89 | ヤナセ | 16.2 | 78 | 16.2 |
| 90 | パイオニア | 16.0 | 92 | 14.7 |
| 91 | 伊藤園 | 15.8 | 96 | 14.1 |
| 91 | オリンパス | 15.8 | 67 | 17.4 |
| 91 | 大丸 | 15.8 | 119 | 11.9 |
| 91 | WOWOW | 15.8 | 51 | 20.0 |
| 91 | コーセー | 15.8 | 67 | 17.4 |
| 96 | 宝島社 | 15.6 | 105 | 12.9 |
| 97 | サッポロビール | 15.5 | 109 | 12.5 |
| 97 | 大塚製薬 | 15.5 | 138 | 10.9 |
| 99 | ポーラ | 15.1 | - | - |
| 99 | マンダム | 15.1 | 130 | 11.3 |
| 99 | 富士フイルム | 15.1 | 72 | 17.0 |
| 99 | シャープ | 15.1 | 160 | 9.6 |
| 99 | 積水ハウス | 15.1 | 77 | 16.5 |

# センスがよい
## 〈一般個人〉

| 2017年 順位 | 社名 | スコア | （2016年） （順位） | （スコア） | 2017年 順位 | 社名 | スコア | （2016年） （順位） | （スコア） |
|---|---|---|---|---|---|---|---|---|---|
| 1 | ナイキジャパン | 51.5 | （1） | （52.9） | 50 | 宝島社 | 17.6 | （69） | （14.7） |
| 2 | アディダスジャパン | 49.0 | （2） | （43.6） | 54 | キリンビール | 17.2 | （62） | （15.7） |
| 3 | アップルジャパン | 37.3 | （3） | （39.7） | 54 | 日産自動車 | 17.2 | （32） | （21.1） |
| 4 | BMWジャパン | 36.8 | （15） | （26.5） | 54 | ホンダ | 17.2 | （41） | （19.1） |
| 5 | 伊勢丹 | 34.8 | （7） | （34.3） | 54 | ニトリ | 17.2 | （43） | （18.6） |
| 6 | オリエンタルランド（東京ディズニーリゾート） | 34.3 | （4） | （39.2） | 58 | バンダイナムコホールディングス | 16.7 | （108） | （10.8） |
| 7 | メルセデス・ベンツ | 33.8 | （17） | （26.0） | 58 | ブリヂストン | 16.7 | （35） | （20.6） |
| 8 | 日本コカ・コーラ | 33.3 | （9） | （32.4） | 60 | 三菱地所 | 16.2 | （62） | （15.7） |
| 9 | 良品計画（無印良品） | 31.4 | （5） | （36.3） | 60 | テレビ東京 | 16.2 | （56） | （16.2） |
| 10 | TOTO | 30.4 | （6） | （34.8） | 60 | コーセー | 16.2 | （62） | （15.7） |
| 11 | ワコール | 29.9 | （12） | （28.9） | 63 | シャープ | 15.7 | （97） | （11.8） |
| 12 | キヤノン | 29.4 | （19） | （25.5） | 63 | マツダ | 15.7 | （47） | （18.1） |
| 12 | ウォルト・ディズニー・ジャパン | 29.4 | （-） | （-） | 65 | ロッテ | 15.2 | （36） | （19.7） |
| 14 | ダイソン | 28.9 | （8） | （33.8） | 65 | 森永製菓 | 15.2 | （60） | （15.8） |
| 15 | アウディ・ジャパン | 28.4 | （26） | （23.0） | 65 | 花王 | 15.2 | （78） | （14.2） |
| 16 | サントリー | 27.5 | （13） | （27.9） | 65 | セイコーエプソン（EPSON） | 15.2 | （51） | （17.2） |
| 17 | オンワード樫山 | 26.5 | （20） | （25.0） | 65 | ランドローバージャパン | 15.2 | （122） | （9.8） |
| 18 | ソニー | 26.0 | （17） | （26.0） | 65 | ボルボ・カー・ジャパン | 15.2 | （69） | （14.7） |
| 19 | 資生堂 | 25.0 | （14） | （27.0） | 65 | 日本航空（JAL） | 15.2 | （26） | （23.0） |
| 19 | トヨタ自動車 | 25.0 | （10） | （30.4） | 72 | コクヨ | 14.7 | （69） | （14.7） |
| 21 | インテル | 24.5 | （22） | （24.0） | 72 | ABCマート | 14.7 | （108） | （10.8） |
| 21 | 帝国ホテル | 24.5 | （47） | （18.1） | 72 | アマゾン ウェブ サービス ジャパン | 14.7 | （51） | （17.2） |
| 21 | グーグル | 24.5 | （22） | （24.0） | 75 | P&G（プロクター・アンド・ギャンブル・ジャパン） | 14.2 | （102） | （11.3） |
| 24 | 髙島屋 | 23.5 | （37） | （19.6） | 75 | SUBARU | 14.2 | （122） | （9.8） |
| 25 | 全日本空輸（ANA） | 22.5 | （11） | （29.9） | 75 | タカラトミー | 14.2 | （67） | （15.2） |
| 26 | LINE | 22.1 | （90） | （13.2） | 75 | ヤフー | 14.2 | （47） | （18.1） |
| 27 | モスフードサービス（モスバーガー） | 21.6 | （-） | （-） | 75 | LIXIL | 14.2 | （69） | （14.7） |
| 27 | ニコン | 21.6 | （32） | （21.1） | 75 | BOSE | 14.2 | （15） | （26.5） |
| 27 | アシックス | 21.6 | （29） | （22.5） | 81 | 味の素AGF | 13.7 | （286） | （4.4） |
| 27 | KDDI（au） | 21.6 | （53） | （16.7） | 81 | ヤマハ | 13.7 | （56） | （16.2） |
| 31 | パナソニック | 21.1 | （24） | （23.5） | 81 | 住友林業 | 13.7 | （122） | （9.8） |
| 31 | ソフトバンク | 21.1 | （37） | （19.6） | 81 | 東日本旅客鉄道（JR東日本） | 13.7 | （116） | （10.3） |
| 33 | ジンズ（JINS） | 20.6 | （41） | （19.1） | 81 | 東映アニメーション | 13.7 | （122） | （9.8） |
| 34 | フォルクスワーゲングループジャパン | 20.1 | （43） | （18.6） | 86 | サッポロビール | 13.2 | （78） | （14.2） |
| 34 | インターメスティック（Zoff） | 20.1 | （43） | （18.6） | 86 | カルビー | 13.2 | （46） | （18.2） |
| 36 | アサヒビール | 19.6 | （31） | （21.6） | 86 | 味の素 | 13.2 | （76） | （14.3） |
| 36 | セイコー | 19.6 | （78） | （14.2） | 86 | カゴメ | 13.2 | （76） | （14.3） |
| 36 | ジャガージャパン | 19.6 | （32） | （21.1） | 86 | NTTドコモ | 13.2 | （85） | （13.7） |
| 36 | 三越 | 19.6 | （85） | （13.7） | 86 | ボーネルンド | 13.2 | （102） | （11.3） |
| 36 | キリンビバレッジ | 19.6 | （30） | （22.1） | 92 | 富士フイルム | 12.7 | （69） | （14.7） |
| 36 | ファーストリテイリング（ユニクロ） | 19.6 | （21） | （24.5） | 92 | 三菱地所レジデンス | 12.7 | （133） | （9.3） |
| 42 | 積水ハウス | 19.1 | （56） | （16.2） | 92 | セブン-イレブン・ジャパン | 12.7 | （145） | （8.3） |
| 43 | 明治 | 18.6 | （50） | （17.7） | 95 | 江崎グリコ | 12.3 | （66） | （15.3） |
| 43 | 森ビル | 18.6 | （37） | （19.6） | 95 | 森永乳業 | 12.3 | （215） | （5.9） |
| 45 | 日本マイクロソフト | 18.1 | （85） | （13.7） | 95 | 伊藤園 | 12.3 | （78） | （14.2） |
| 45 | 三陽商会（SANYO） | 18.1 | （67） | （15.2） | 95 | シチズン | 12.3 | （92） | （12.7） |
| 45 | ヤナセ | 18.1 | （53） | （16.7） | 95 | ヨネックス | 12.3 | （92） | （12.7） |
| 45 | JTB | 18.1 | （37） | （19.6） | 95 | レナウン | 12.3 | （56） | （16.2） |
| 45 | プリンスホテル | 18.1 | （53） | （16.7） | 95 | TBS | 12.3 | （97） | （11.8） |
| 50 | キユーピー | 17.6 | （28） | （22.7） | 95 | 日本テレビ放送網（日本テレビ） | 12.3 | （69） | （14.7） |
| 50 | ミズノ | 17.6 | （24） | （23.5） | 95 | キヤノン電子 | 12.3 | （122） | （9.8） |
| 50 | アサヒ飲料 | 17.6 | （78） | （14.2） | | | | | |

# 個 性 が あ る
## 〈ビジネスパーソン〉

| 順位 | 社名 | 2017年 スコア | (2016年 順位) | (スコア) |
|---|---|---|---|---|
| 1 | アップルジャパン | 36.1 | ( 2) | ( 34.7) |
| 2 | ドンキホーテホールディングス | 33.6 | ( 1) | ( 37.7) |
| 3 | ダイソン | 31.9 | ( 3) | ( 31.1) |
| 4 | グーグル | 29.4 | ( 5) | ( 27.9) |
| 5 | LINE | 27.2 | ( 10) | ( 24.5) |
| 6 | テレビ東京 | 26.9 | ( 7) | ( 26.4) |
| 7 | SUBARU | 26.8 | ( 23) | ( 18.9) |
| 8 | オリエンタルランド（東京ディズニーリゾート） | 26.1 | ( 4) | ( 28.1) |
| 9 | ジャパネットたかた | 25.7 | ( 12) | ( 22.3) |
| 10 | ソフトバンク | 25.0 | ( 7) | ( 26.4) |
| 11 | 良品計画（無印良品） | 24.2 | ( 19) | ( 19.6) |
| 12 | マツダ | 22.3 | ( 9) | ( 26.0) |
| 12 | 赤城乳業 | 22.3 | ( 17) | ( 20.0) |
| 14 | モスフードサービス（モスバーガー） | 21.9 | ( -) | ( -) |
| 15 | ソニー | 21.5 | ( 16) | ( 20.7) |
| 16 | アマゾンジャパン | 21.1 | ( 6) | ( 26.8) |
| 17 | ジャガージャパン | 20.8 | ( 13) | ( 21.9) |
| 17 | ウォルト・ディズニー・ジャパン | 20.8 | ( -) | ( -) |
| 19 | ナイキジャパン | 20.5 | ( 14) | ( 21.1) |
| 20 | ランドローバージャパン | 20.4 | ( 14) | ( 21.1) |
| 21 | ディー・エヌ・エー（DeNA） | 20.0 | ( 43) | ( 15.3) |
| 22 | GREE | 19.6 | ( 53) | ( 14.2) |
| 22 | ドワンゴ（dwango） | 19.6 | ( 36) | ( 16.9) |
| 24 | カルビー | 19.3 | ( 76) | ( 11.7) |
| 25 | ボルボ・カー・ジャパン | 19.2 | ( 29) | ( 17.7) |
| 25 | AIRDO | 19.2 | ( 37) | ( 16.2) |
| 25 | アマゾン ウェブ サービス ジャパン | 19.2 | ( 11) | ( 23.8) |
| 28 | ヤフー | 18.9 | ( 21) | ( 19.2) |
| 29 | リクルートホールディングス | 18.5 | ( 50) | ( 14.3) |
| 29 | ソニー銀行 | 18.5 | ( 56) | ( 13.4) |
| 31 | タカラトミー | 18.3 | ( 59) | ( 13.3) |
| 32 | メルセデス・ベンツ | 17.7 | ( 32) | ( 17.4) |
| 32 | ライカカメラジャパン | 17.7 | ( 37) | ( 16.2) |
| 32 | マセラティジャパン | 17.7 | ( -) | ( -) |
| 35 | 楽天 | 17.4 | ( 18) | ( 19.9) |
| 36 | 森ビル | 17.0 | ( 32) | ( 17.4) |
| 36 | テスラモーターズジャパン | 17.0 | ( 21) | ( 19.2) |
| 38 | キユーピー | 16.7 | ( 60) | ( 13.2) |
| 38 | アフラック（アメリカンファミリー生命保険） | 16.7 | ( 117) | ( 8.7) |
| 40 | サントリー | 16.6 | ( 50) | ( 14.3) |
| 40 | スズキ | 16.6 | ( 28) | ( 18.1) |
| 40 | BMWジャパン | 16.6 | ( 25) | ( 18.5) |
| 43 | 日清食品 | 16.3 | ( 83) | ( 10.9) |
| 43 | バンダイナムコホールディングス | 16.3 | ( 69) | ( 12.2) |
| 45 | エステー | 16.2 | ( 29) | ( 17.7) |
| 45 | ホンダ | 16.2 | ( 25) | ( 18.5) |
| 45 | 龍角散 | 16.2 | ( -) | ( -) |
| 45 | ファーストリテイリング（ユニクロ） | 16.2 | ( 54) | ( 14.0) |
| 45 | ダイドードリンコ | 16.2 | ( 69) | ( 12.2) |
| 50 | アディダスジャパン | 16.0 | ( 29) | ( 17.7) |
| 51 | アウディ・ジャパン | 15.8 | ( 32) | ( 17.4) |
| 51 | 王将フードサービス（餃子の王将） | 15.8 | ( 50) | ( 14.3) |
| 53 | BOSE | 15.6 | ( 19) | ( 19.6) |
| 54 | カプコン | 15.2 | ( 80) | ( 11.4) |

| 順位 | 社名 | 2017年 スコア | (2016年 順位) | (スコア) |
|---|---|---|---|---|
| 54 | 宝島社 | 15.2 | ( 27) | ( 18.3) |
| 56 | フォルクスワーゲングループジャパン | 15.1 | ( 68) | ( 12.5) |
| 56 | Z会 | 15.1 | ( 60) | ( 13.2) |
| 58 | 小林製薬 | 14.7 | ( 44) | ( 15.1) |
| 58 | 山田養蜂場 | 14.7 | ( 47) | ( 14.7) |
| 58 | トリドールホールディングス（丸亀製麺） | 14.7 | ( 255) | ( 5.7) |
| 58 | ジンズ（JINS） | 14.7 | ( 44) | ( 15.1) |
| 62 | カゴメ | 14.4 | ( 81) | ( 11.3) |
| 63 | UCC上島珈琲 | 14.3 | ( 69) | ( 12.2) |
| 63 | 養命酒製造 | 14.3 | ( 37) | ( 16.2) |
| 63 | エイチ・アイ・エス | 14.3 | ( 41) | ( 15.8) |
| 63 | ニトリ | 14.3 | ( 83) | ( 10.9) |
| 67 | 日本マイクロソフト | 14.1 | ( 42) | ( 15.5) |
| 68 | TOTO | 14.0 | ( 56) | ( 13.4) |
| 68 | 新生銀行 | 14.0 | ( 69) | ( 12.2) |
| 70 | フマキラー | 13.6 | ( 55) | ( 13.6) |
| 71 | WOWOW | 13.5 | ( 23) | ( 18.9) |
| 71 | KDDI（au） | 13.5 | ( 37) | ( 16.2) |
| 73 | 味の素 | 13.3 | ( 74) | ( 12.1) |
| 74 | ダイハツ工業 | 13.2 | ( 100) | ( 9.4) |
| 75 | フジッコ | 12.9 | ( 76) | ( 11.7) |
| 76 | ヤクルト本社 | 12.5 | ( 46) | ( 14.9) |
| 76 | 日本たばこ産業（JT） | 12.5 | ( 210) | ( 6.8) |
| 76 | 伊勢丹 | 12.5 | ( 64) | ( 13.0) |
| 76 | コナミホールディングス（KONAMI） | 12.5 | ( 187) | ( 7.2) |
| 76 | 東京スター銀行 | 12.5 | ( 86) | ( 10.7) |
| 81 | 日本中央競馬会（JRA） | 12.1 | ( 100) | ( 9.4) |
| 82 | 伊藤園 | 11.7 | ( 79) | ( 11.5) |
| 82 | ダスキン | 11.7 | ( 108) | ( 9.1) |
| 82 | 花王 | 11.7 | ( 255) | ( 5.7) |
| 82 | インテル | 11.7 | ( 49) | ( 14.6) |
| 82 | カルチュア・コンビニエンス・クラブ（TSUTAYA） | 11.7 | ( 69) | ( 12.2) |
| 82 | 再春館製薬所 | 11.7 | ( 66) | ( 12.8) |
| 88 | 日本コカ・コーラ | 11.3 | ( 67) | ( 12.6) |
| 88 | 日産自動車 | 11.3 | ( 108) | ( 9.1) |
| 90 | マルコメ | 11.0 | ( 230) | ( 6.4) |
| 91 | ネスレ | 10.9 | ( 130) | ( 8.4) |
| 91 | マンダム | 10.9 | ( 108) | ( 9.1) |
| 91 | 日清紡 | 10.9 | ( 182) | ( 7.3) |
| 91 | ヤナセ | 10.9 | ( 210) | ( 6.8) |
| 91 | ファンケル | 10.9 | ( 87) | ( 10.6) |
| 91 | セガサミーホールディングス | 10.9 | ( 117) | ( 8.7) |
| 91 | クラブツーリズム | 10.9 | ( 60) | ( 13.2) |
| 91 | タマホーム | 10.9 | ( 56) | ( 13.4) |
| 99 | 日本マクドナルド | 10.6 | ( 91) | ( 10.2) |
| 99 | ファナック | 10.6 | ( 144) | ( 8.0) |
| 99 | 日野自動車 | 10.6 | ( 117) | ( 8.7) |
| 99 | あおぞら銀行 | 10.6 | ( 106) | ( 9.2) |
| 99 | 帝国ホテル | 10.6 | ( 100) | ( 9.4) |
| 99 | 三和酒類（いいちこ） | 10.6 | ( 99) | ( 9.5) |
| 99 | 西松屋チェーン（西松屋） | 10.6 | ( 136) | ( 8.3) |
| 99 | 霧島酒造 | 10.6 | ( 130) | ( 8.4) |
| 99 | LIXIL | 10.6 | ( 238) | ( 6.3) |
| 99 | しまむら | 10.6 | ( -) | ( -) |

# 個 性 が あ る
## 〈一般個人〉

| 順位 | 社名 | 2017年 スコア | (2016年) (順位) | (スコア) | 順位 | 社名 | 2017年 スコア | (2016年) (順位) | (スコア) |
|---|---|---|---|---|---|---|---|---|---|
| 1 | ドンキホーテホールディングス | 29.9 | ( 1) | ( 28.9) | 52 | 森ビル | 12.3 | ( 101) | ( 9.3) |
| 2 | ダイソン | 25.5 | ( 4) | ( 25.5) | 52 | カプコン | 12.3 | ( 181) | ( 6.9) |
| 2 | ウォルト・ディズニー・ジャパン | 25.5 | ( -) | ( -) | 52 | 井村屋 | 12.3 | ( 70) | ( 10.8) |
| 4 | オリエンタルランド（東京ディズニーリゾート） | 24.5 | ( 2) | ( 27.0) | 52 | ジンズ（JINS） | 12.3 | ( 64) | ( 11.3) |
| 5 | アップルジャパン | 23.0 | ( 3) | ( 26.5) | 56 | リクルートホールディングス | 11.8 | ( 70) | ( 10.8) |
| 5 | ジャガージャパン | 23.0 | ( 12) | ( 19.6) | 56 | エイチ・アイ・エス | 11.8 | ( 29) | ( 14.7) |
| 7 | BMWジャパン | 21.6 | ( 23) | ( 15.2) | 56 | Z会 | 11.8 | ( 46) | ( 12.7) |
| 7 | テレビ東京 | 21.6 | ( 14) | ( 18.6) | 59 | サントリー | 11.3 | ( 70) | ( 10.8) |
| 7 | フォルクスワーゲングループジャパン | 21.6 | ( 23) | ( 15.2) | 59 | ダスキン | 11.3 | ( 70) | ( 10.8) |
| 10 | メルセデス・ベンツ | 21.1 | ( 23) | ( 15.2) | 59 | 小林製薬 | 11.3 | ( 131) | ( 8.4) |
| 11 | ランドローバージャパン | 20.6 | ( 17) | ( 16.7) | 59 | ファーストリテイリング（ユニクロ） | 11.3 | ( 29) | ( 14.7) |
| 11 | ボルボ・カー・ジャパン | 20.6 | ( 22) | ( 15.7) | 59 | 山田養蜂場 | 11.3 | ( 51) | ( 12.3) |
| 11 | LINE | 20.6 | ( 18) | ( 16.2) | 59 | GREE | 11.3 | ( 146) | ( 7.8) |
| 14 | ソフトバンク | 19.6 | ( 7) | ( 22.1) | 59 | ディー・エヌ・エー（DeNA） | 11.3 | ( 157) | ( 7.4) |
| 15 | SUBARU | 18.6 | ( 64) | ( 11.3) | 66 | ヤクルト本社 | 10.8 | ( 56) | ( 11.8) |
| 16 | アウディ・ジャパン | 18.1 | ( 29) | ( 14.7) | 66 | バンダイナムコホールディングス | 10.8 | ( 64) | ( 11.3) |
| 16 | ナイキジャパン | 18.1 | ( 5) | ( 22.5) | 66 | ダイハツ工業 | 10.8 | ( 56) | ( 11.8) |
| 16 | グーグル | 18.1 | ( 5) | ( 22.5) | 66 | ゼンリン | 10.8 | ( 80) | ( 10.3) |
| 19 | アディダスジャパン | 16.7 | ( 11) | ( 20.1) | 66 | ドイツ銀行グループ | 10.8 | ( 579) | ( 2.5) |
| 19 | アマゾン ウェブ サービス ジャパン | 16.7 | ( 16) | ( 17.2) | 66 | ジュピターショップチャンネル | 10.8 | ( 332) | ( 4.9) |
| 19 | テスラモーターズジャパン | 16.7 | ( 38) | ( 13.7) | 66 | フマキラー | 10.8 | ( 99) | ( 9.4) |
| 22 | WOWOW | 16.2 | ( 29) | ( 14.7) | 73 | キユーピー | 10.3 | ( 56) | ( 11.8) |
| 22 | 良品計画（無印良品） | 16.2 | ( 8) | ( 21.6) | 73 | 日本マクドナルド | 10.3 | ( 146) | ( 7.8) |
| 22 | ライカカメラジャパン | 16.2 | ( 43) | ( 13.2) | 73 | 理想科学工業 | 10.3 | ( 250) | ( 5.9) |
| 22 | アマゾンジャパン | 16.2 | ( 9) | ( 20.6) | 73 | 村田製作所 | 10.3 | ( 114) | ( 8.8) |
| 22 | マセラティジャパン | 16.2 | ( -) | ( -) | 73 | ヤマハ発動機 | 10.3 | ( 250) | ( 5.9) |
| 27 | 養命酒製造 | 15.7 | ( 35) | ( 14.3) | 73 | 伊勢丹 | 10.3 | ( 51) | ( 12.3) |
| 27 | ジャパネットたかた | 15.7 | ( 9) | ( 20.6) | 73 | フジテレビジョン | 10.3 | ( 38) | ( 13.7) |
| 27 | ヤフー | 15.7 | ( 38) | ( 13.7) | 73 | 三和酒類（いいちこ） | 10.3 | ( 114) | ( 8.8) |
| 30 | スズキ | 15.2 | ( 56) | ( 11.8) | 73 | 雲海酒造（雲海） | 10.3 | ( 88) | ( 9.8) |
| 30 | ヤナセ | 15.2 | ( 135) | ( 8.3) | 73 | セガサミーホールディングス | 10.3 | ( 250) | ( 5.9) |
| 30 | あおぞら銀行 | 15.2 | ( 101) | ( 9.3) | 73 | 霧島酒造 | 10.3 | ( 114) | ( 8.8) |
| 33 | 新生銀行 | 14.7 | ( 46) | ( 12.7) | 73 | ドワンゴ（dwango） | 10.3 | ( 70) | ( 10.8) |
| 33 | 楽天 | 14.7 | ( 18) | ( 16.2) | 73 | サラヤ | 10.3 | ( 250) | ( 5.9) |
| 33 | ぐるなび | 14.7 | ( 43) | ( 13.2) | 73 | インターメスティック（Zoff） | 10.3 | ( 70) | ( 10.8) |
| 36 | 日本コカ・コーラ | 14.2 | ( 38) | ( 13.7) | 73 | BOSE | 10.3 | ( 15) | ( 18.1) |
| 36 | ソニー | 14.2 | ( 36) | ( 14.2) | 88 | アサヒビール | 9.8 | ( 212) | ( 6.4) |
| 36 | 日本マイクロソフト | 14.2 | ( 51) | ( 12.3) | 88 | UCC上島珈琲 | 9.8 | ( 70) | ( 10.8) |
| 36 | 龍角散 | 14.2 | ( -) | ( -) | 88 | ツムラ | 9.8 | ( 111) | ( 8.9) |
| 36 | KDDI（au） | 14.2 | ( 29) | ( 14.7) | 88 | エステー | 9.8 | ( 131) | ( 8.4) |
| 36 | 赤城乳業 | 14.2 | ( 13) | ( 18.7) | 88 | インテル | 9.8 | ( 88) | ( 9.8) |
| 42 | ソニー銀行 | 13.7 | ( 23) | ( 15.2) | 88 | ワコール | 9.8 | ( 80) | ( 10.3) |
| 43 | モスフードサービス（モスバーガー） | 13.2 | ( -) | ( -) | 88 | ダイキン工業 | 9.8 | ( 114) | ( 8.8) |
| 43 | ニコン | 13.2 | ( 114) | ( 8.8) | 88 | ホンダ | 9.8 | ( 29) | ( 14.7) |
| 43 | マツダ | 13.2 | ( 23) | ( 15.2) | 88 | 日本中央競馬会（JRA） | 9.8 | ( 56) | ( 11.8) |
| 43 | 東京スター銀行 | 13.2 | ( 64) | ( 11.3) | 88 | 薩摩酒造（白波） | 9.8 | ( 146) | ( 7.8) |
| 43 | ダイドードリンコ | 13.2 | ( 46) | ( 12.7) | 88 | AIRDO | 9.8 | ( 18) | ( 16.2) |
| 48 | アフラック（アメリカンファミリー生命保険） | 12.7 | ( 18) | ( 16.2) | 88 | 東急リバブル | 9.8 | ( 473) | ( 3.4) |
| 48 | スカパーJSAT | 12.7 | ( 64) | ( 11.3) | 88 | 再春館製薬所 | 9.8 | ( 38) | ( 13.7) |
| 48 | タカラトミー | 12.7 | ( 70) | ( 10.8) | 88 | ヒューリック | 9.8 | ( 250) | ( 5.9) |
| 48 | 宝島社 | 12.7 | ( 23) | ( 15.2) | 88 | ビズリーチ | 9.8 | ( 157) | ( 7.4) |

# 文化・スポーツ・イベント活動に熱心
## 〈ビジネスパーソン〉

| 順位 | 社名 | 2017年 スコア | （2016年）（順位） | （スコア） | 順位 | 社名 | 2017年 スコア | （2016年）（順位） | （スコア） |
|---|---|---|---|---|---|---|---|---|---|
| 1 | ナイキジャパン | 49.8 | ( 1) | ( 54.7) | 52 | サッポロビール | 14.0 | ( 52) | ( 12.8) |
| 2 | アディダスジャパン | 49.4 | ( 3) | ( 53.6) | 53 | エスビー食品 | 13.6 | ( 59) | ( 11.3) |
| 3 | ミズノ | 48.7 | ( 2) | ( 54.4) | 54 | 京セラ | 13.2 | ( 57) | ( 11.5) |
| 4 | アシックス | 43.8 | ( 4) | ( 47.5) | 54 | セイコー | 13.2 | ( 51) | ( 13.0) |
| 5 | ヨネックス | 39.2 | ( 5) | ( 43.3) | 54 | 三菱電機 | 13.2 | ( 75) | ( 9.6) |
| 6 | ヤマハ | 36.6 | ( 7) | ( 39.8) | 54 | NEC（日本電気） | 13.2 | ( 40) | ( 15.7) |
| 6 | ダンロップスポーツ | 36.6 | ( 6) | ( 41.4) | 58 | 東芝 | 12.8 | ( 35) | ( 16.9) |
| 8 | 日本コカ・コーラ | 34.0 | ( 8) | ( 35.5) | 58 | 東日本旅客鉄道（JR東日本） | 12.8 | ( 79) | ( 9.1) |
| 9 | トヨタ自動車 | 30.9 | ( 9) | ( 31.3) | 60 | テレビ東京 | 12.7 | ( 55) | ( 11.7) |
| 9 | キリンビバレッジ | 30.9 | ( 10) | ( 29.4) | 61 | アイシン精機 | 12.5 | ( 63) | ( 10.6) |
| 11 | サントリー | 27.9 | ( 11) | ( 27.9) | 62 | セコム | 12.3 | ( 49) | ( 13.2) |
| 12 | ブリヂストン | 27.5 | ( 14) | ( 24.2) | 63 | マツダ | 12.1 | ( 70) | ( 10.2) |
| 13 | 日本ハム | 26.1 | ( 19) | ( 21.9) | 64 | ハウス食品 | 11.4 | ( 55) | ( 11.7) |
| 14 | コナミホールディングス（KONAMI） | 25.7 | ( 12) | ( 24.7) | 65 | 日本航空（JAL） | 11.3 | ( 53) | ( 12.1) |
| 15 | キリンビール | 24.9 | ( 13) | ( 24.5) | 65 | ヤフー | 11.3 | ( 63) | ( 10.6) |
| 15 | ディー・エヌ・エー（DeNA） | 24.9 | ( 18) | ( 22.6) | 67 | 旭化成 | 10.9 | ( 75) | ( 9.6) |
| 17 | 日本中央競馬会（JRA） | 24.5 | ( 16) | ( 23.8) | 68 | シチズン | 10.6 | ( 67) | ( 10.3) |
| 18 | ロッテ | 23.9 | ( 22) | ( 20.8) | 68 | 富士ゼロックス | 10.6 | ( 93) | ( 7.5) |
| 19 | 味の素 | 23.5 | ( 20) | ( 21.1) | 68 | 日本生命保険 | 10.6 | ( 77) | ( 9.4) |
| 20 | パナソニック | 22.6 | ( 15) | ( 24.1) | 71 | KDDI（au） | 10.4 | ( 152) | ( 4.5) |
| 21 | ヤクルト本社 | 21.1 | ( 21) | ( 21.0) | 71 | ウォルト・ディズニー・ジャパン | 10.4 | ( -) | ( -) |
| 22 | 日産自動車 | 20.8 | ( 26) | ( 18.1) | 73 | 味の素AGF | 9.8 | ( 67) | ( 10.3) |
| 23 | 日本テレビ放送網（日本テレビ） | 20.4 | ( 26) | ( 18.1) | 73 | メルセデス・ベンツ | 9.8 | ( 95) | ( 7.2) |
| 23 | ソフトバンク | 20.4 | ( 31) | ( 17.7) | 75 | 富士フイルム | 9.4 | ( 59) | ( 11.3) |
| 25 | 日本マクドナルド | 20.0 | ( 53) | ( 12.1) | 75 | ソニー | 9.4 | ( 67) | ( 10.3) |
| 25 | フジテレビジョン | 20.0 | ( 49) | ( 13.2) | 75 | 豊田自動織機 | 9.4 | ( 81) | ( 8.7) |
| 27 | 日清食品 | 19.3 | ( 32) | ( 17.4) | 78 | 東映アニメーション | 9.3 | ( 135) | ( 4.9) |
| 28 | 楽天 | 19.2 | ( 38) | ( 16.1) | 79 | NTTドコモ | 9.2 | ( 115) | ( 6.0) |
| 29 | 住友ゴム工業（ダンロップ） | 18.9 | ( 39) | ( 15.8) | 80 | オービック | 9.1 | ( 89) | ( 7.9) |
| 29 | オリックス | 18.9 | ( 36) | ( 16.2) | 81 | カシオ計算機 | 8.7 | ( 80) | ( 8.8) |
| 31 | テレビ朝日 | 18.8 | ( 25) | ( 19.6) | 81 | アキレス | 8.7 | ( 81) | ( 8.7) |
| 32 | TBS | 18.5 | ( 42) | ( 15.1) | 81 | 横浜ゴム | 8.7 | ( 63) | ( 10.6) |
| 32 | ファーストリテイリング（ユニクロ） | 18.5 | ( 16) | ( 23.8) | 81 | プリンスホテル | 8.7 | ( 135) | ( 4.9) |
| 34 | アサヒビール | 17.4 | ( 41) | ( 15.5) | 85 | ヤンマー | 8.5 | ( 61) | ( 10.9) |
| 34 | 日本たばこ産業（JT） | 17.4 | ( 24) | ( 20.0) | 86 | 久光製薬 | 8.3 | ( 95) | ( 7.2) |
| 34 | ホンダ | 17.4 | ( 22) | ( 20.8) | 86 | インテル | 8.3 | ( 165) | ( 4.2) |
| 37 | 富士通 | 17.0 | ( 46) | ( 14.6) | 86 | コニカミノルタ | 8.3 | ( 77) | ( 9.4) |
| 38 | 綜合警備保障 | 16.9 | ( 26) | ( 18.1) | 86 | リコー | 8.3 | ( 115) | ( 6.0) |
| 39 | 日立製作所 | 16.2 | ( 45) | ( 14.9) | 86 | 三菱自動車工業 | 8.3 | ( 179) | ( 3.8) |
| 39 | アルペン | 16.2 | ( 73) | ( 9.8) | 86 | 新日鐵住金 | 8.3 | ( 104) | ( 6.8) |
| 41 | オリエンタルランド（東京ディズニーリゾート） | 16.0 | ( 72) | ( 9.9) | 86 | 東京ガス | 8.3 | ( 89) | ( 7.9) |
| 42 | 全日本空輸（ANA） | 15.8 | ( 32) | ( 17.4) | 93 | セガサミーホールディングス | 8.2 | ( 95) | ( 7.2) |
| 42 | 日本放送協会（NHK） | 15.8 | ( 32) | ( 17.4) | 94 | 明治安田生命保険 | 8.0 | ( 112) | ( 6.4) |
| 44 | デンソー | 15.1 | ( 70) | ( 10.2) | 95 | ネスレ | 7.9 | ( 108) | ( 6.5) |
| 44 | アサヒ飲料 | 15.1 | ( 47) | ( 14.5) | 95 | トヨタ紡織 | 7.9 | ( 115) | ( 6.0) |
| 46 | ヤマハ発動機 | 15.0 | ( 36) | ( 16.2) | 95 | LIXIL | 7.9 | ( 63) | ( 10.6) |
| 46 | WOWOW | 15.0 | ( 26) | ( 18.1) | 98 | 伊藤園 | 7.5 | ( 102) | ( 6.9) |
| 46 | スカパーJSAT | 15.0 | ( 42) | ( 15.1) | 98 | 日本ユニシス | 7.5 | ( 61) | ( 10.9) |
| 49 | 大塚製薬 | 14.7 | ( 48) | ( 14.3) | 98 | セイコーエプソン（EPSON） | 7.5 | ( 120) | ( 5.7) |
| 49 | キヤノン | 14.7 | ( 42) | ( 15.1) | 98 | 東海旅客鉄道（JR東海） | 7.5 | ( 85) | ( 8.3) |
| 49 | 神戸製鋼所（KOBELCO） | 14.7 | ( 26) | ( 18.1) | | | | | |

# 文化・スポーツ・イベント活動に熱心
## 〈一般個人〉

| 2017年順位 | 社名 | スコア | (2016年)(順位) | (スコア) |
|---|---|---|---|---|
| 1 | ナイキジャパン | 46.6 | ( 2) | ( 48.5) |
| 2 | ミズノ | 46.1 | ( 1) | ( 51.0) |
| 3 | アディダスジャパン | 45.1 | ( 2) | ( 48.5) |
| 4 | 日本コカ・コーラ | 40.7 | ( 8) | ( 32.4) |
| 5 | アシックス | 37.7 | ( 4) | ( 42.6) |
| 6 | ヨネックス | 36.3 | ( 6) | ( 35.8) |
| 7 | ダンロップスポーツ | 32.8 | ( 5) | ( 36.8) |
| 8 | ヤマハ | 31.4 | ( 7) | ( 34.8) |
| 9 | キリンビバレッジ | 27.0 | ( 12) | ( 20.6) |
| 10 | サントリー | 24.5 | ( 10) | ( 22.5) |
| 11 | 日本テレビ放送網（日本テレビ） | 23.5 | ( 48) | ( 10.8) |
| 12 | トヨタ自動車 | 22.1 | ( 9) | ( 25.0) |
| 12 | フジテレビジョン | 22.1 | ( 36) | ( 12.3) |
| 14 | テレビ朝日 | 21.6 | ( 36) | ( 12.3) |
| 15 | TBS | 21.1 | ( 46) | ( 11.3) |
| 16 | キリンビール | 20.1 | ( 12) | ( 20.6) |
| 16 | 日本ハム | 20.1 | ( 24) | ( 14.3) |
| 18 | アサヒ飲料 | 19.6 | ( 48) | ( 10.8) |
| 19 | 味の素 | 19.1 | ( 15) | ( 18.7) |
| 19 | 日本放送協会（NHK） | 19.1 | ( 27) | ( 13.7) |
| 21 | アサヒビール | 18.1 | ( 21) | ( 15.7) |
| 21 | ソフトバンク | 18.1 | ( 41) | ( 11.8) |
| 23 | サッポロビール | 17.2 | ( 22) | ( 14.7) |
| 24 | ロッテ | 16.7 | ( 26) | ( 13.8) |
| 24 | 楽天 | 16.7 | ( 17) | ( 16.7) |
| 26 | ブリヂストン | 16.2 | ( 16) | ( 18.1) |
| 26 | テレビ東京 | 16.2 | ( 56) | ( 8.8) |
| 26 | ディー・エヌ・エー（DeNA） | 16.2 | ( 22) | ( 14.7) |
| 29 | コナミホールディングス（KONAMI） | 15.7 | ( 11) | ( 21.6) |
| 29 | ファーストリテイリング（ユニクロ） | 15.7 | ( 17) | ( 16.7) |
| 31 | ヤクルト本社 | 15.2 | ( 27) | ( 13.7) |
| 31 | パナソニック | 15.2 | ( 41) | ( 11.8) |
| 31 | 日本中央競馬会（JRA） | 15.2 | ( 14) | ( 20.1) |
| 34 | 日産自動車 | 14.7 | ( 34) | ( 12.7) |
| 35 | オリエンタルランド（東京ディズニーリゾート） | 14.2 | ( 27) | ( 13.7) |
| 36 | ハウス食品 | 13.7 | ( 36) | ( 12.3) |
| 36 | ヤマハ発動機 | 13.7 | ( 85) | ( 5.9) |
| 36 | オリックス | 13.7 | ( 46) | ( 11.3) |
| 36 | WOWOW | 13.7 | ( 27) | ( 13.7) |
| 40 | 日本マクドナルド | 13.2 | ( 41) | ( 11.8) |
| 40 | 日立製作所 | 13.2 | ( 41) | ( 11.8) |
| 40 | セコム | 13.2 | ( 41) | ( 11.8) |
| 43 | エスビー食品 | 12.7 | ( 32) | ( 13.3) |
| 43 | 住友ゴム工業（ダンロップ） | 12.7 | ( 34) | ( 12.7) |
| 45 | 日本たばこ産業（JT） | 12.3 | ( 25) | ( 14.2) |
| 45 | 東芝 | 12.3 | ( 60) | ( 8.3) |
| 45 | スカパーJSAT | 12.3 | ( 52) | ( 9.8) |
| 48 | 京セラ | 11.8 | ( 54) | ( 9.3) |
| 48 | コニカミノルタ | 11.8 | ( 52) | ( 9.8) |
| 48 | 富士通 | 11.8 | ( 56) | ( 8.8) |
| 48 | 全日本空輸（ANA） | 11.8 | ( 27) | ( 13.7) |
| 52 | 富士フイルム | 11.3 | ( 74) | ( 6.9) |
| 52 | 日本航空（JAL） | 11.3 | ( 36) | ( 12.3) |
| 52 | ウォルト・ディズニー・ジャパン | 11.3 | ( -) | ( -) |
| 55 | NEC（日本電気） | 10.8 | ( 65) | ( 7.8) |
| 55 | 東レ | 10.8 | ( 54) | ( 9.3) |
| 55 | マツダ | 10.8 | ( 69) | ( 7.4) |
| 55 | 神戸製鋼所（KOBELCO） | 10.8 | ( 65) | ( 7.8) |
| 59 | 日清食品 | 10.3 | ( 48) | ( 10.8) |
| 59 | アキレス | 10.3 | ( 20) | ( 16.2) |
| 61 | 旭化成 | 9.8 | ( 60) | ( 8.3) |
| 62 | キヤノン | 9.3 | ( 51) | ( 10.3) |
| 62 | ホンダ | 9.3 | ( 33) | ( 13.2) |
| 62 | 綜合警備保障 | 9.3 | ( 36) | ( 12.3) |
| 62 | アルペン | 9.3 | ( 17) | ( 16.7) |
| 66 | セイコーエプソン（EPSON） | 8.8 | ( 60) | ( 8.3) |
| 67 | メルセデス・ベンツ | 8.3 | ( 69) | ( 7.4) |
| 67 | 第一生命保険 | 8.3 | ( 132) | ( 3.9) |
| 69 | 味の素AGF | 7.8 | ( 132) | ( 3.9) |
| 69 | セイコー | 7.8 | ( 56) | ( 8.3) |
| 69 | ソニー | 7.8 | ( 60) | ( 8.3) |
| 69 | JTB | 7.8 | ( 85) | ( 5.9) |
| 69 | NTTドコモ | 7.8 | ( 104) | ( 4.9) |
| 74 | 伊藤園 | 7.4 | ( 207) | ( 2.5) |
| 74 | 東日本電信電話（NTT東日本） | 7.4 | ( 132) | ( 3.9) |
| 76 | 明治 | 6.9 | ( 85) | ( 5.9) |
| 76 | 森永乳業 | 6.9 | ( 389) | ( 1.0) |
| 76 | 大塚製薬 | 6.9 | ( 80) | ( 6.4) |
| 76 | インテル | 6.9 | ( 207) | ( 2.5) |
| 76 | 横浜ゴム | 6.9 | ( 177) | ( 2.9) |
| 76 | 三菱自動車工業 | 6.9 | ( 132) | ( 3.9) |
| 76 | 西武（SEIBU） | 6.9 | ( 85) | ( 5.9) |
| 83 | 森永製菓 | 6.4 | ( 85) | ( 5.9) |
| 83 | カルビー | 6.4 | ( 59) | ( 8.4) |
| 83 | 三菱電機 | 6.4 | ( 80) | ( 6.4) |
| 83 | リコー | 6.4 | ( 80) | ( 6.4) |
| 83 | リクルートホールディングス | 6.4 | ( 104) | ( 4.9) |
| 83 | 東映アニメーション | 6.4 | ( 118) | ( 4.4) |
| 89 | ネスレ | 5.9 | ( 177) | ( 2.9) |
| 89 | 資生堂 | 5.9 | ( 74) | ( 6.9) |
| 89 | シチズン | 5.9 | ( 74) | ( 6.9) |
| 89 | 富士ゼロックス | 5.9 | ( 74) | ( 6.9) |
| 89 | 日本生命保険 | 5.9 | ( 118) | ( 4.4) |
| 89 | 東日本旅客鉄道（JR東日本） | 5.9 | ( 69) | ( 7.4) |
| 89 | ベネッセコーポレーション | 5.9 | ( 104) | ( 4.9) |
| 89 | KDDI（au） | 5.9 | ( 153) | ( 3.4) |
| 89 | オービック | 5.9 | ( 132) | ( 3.9) |
| 89 | ヤフー | 5.9 | ( 74) | ( 6.9) |
| 89 | 明治安田生命保険 | 5.9 | ( 177) | ( 2.9) |
| 100 | 雪印メグミルク | 5.4 | ( 177) | ( 2.9) |
| 100 | 花王 | 5.4 | ( 153) | ( 3.4) |
| 100 | バンダイナムコホールディングス | 5.4 | ( 65) | ( 7.8) |
| 100 | ワコール | 5.4 | ( 65) | ( 7.8) |
| 100 | ヤンマー | 5.4 | ( 177) | ( 2.9) |
| 100 | BMWジャパン | 5.4 | ( 80) | ( 6.4) |
| 100 | 森ビル | 5.4 | ( 104) | ( 4.9) |
| 100 | 昭和シェル石油 | 5.4 | ( 307) | ( 1.5) |
| 100 | エイチ・アイ・エス | 5.4 | ( 307) | ( 1.5) |
| 100 | タカラトミー | 5.4 | ( 104) | ( 4.9) |
| 100 | セガサミーホールディングス | 5.4 | ( 69) | ( 7.4) |
| 100 | グーグル | 5.4 | ( 85) | ( 5.9) |
| 100 | LIXIL | 5.4 | ( 104) | ( 4.9) |

# 研究開発力・商品開発力が旺盛である
## 〈ビジネスパーソン〉

| 順位 | 社名 | 2017年 スコア | （2016年）（順位） | （スコア） |
|---|---|---|---|---|
| 1 | アップルジャパン | 46.8 | ( 6) | ( 39.2) |
| 1 | トヨタ自動車 | 46.8 | ( 2) | ( 50.2) |
| 3 | 富士フイルム | 45.3 | ( 1) | ( 51.3) |
| 4 | ダイソン | 45.2 | ( 5) | ( 39.4) |
| 5 | サントリー | 44.9 | ( 3) | ( 41.9) |
| 6 | 花王 | 42.8 | ( 22) | ( 32.7) |
| 7 | キリンビール | 41.1 | ( 7) | ( 38.1) |
| 8 | オムロン | 40.1 | ( 16) | ( 34.6) |
| 9 | アサヒビール | 40.0 | ( 4) | ( 41.1) |
| 10 | インテル | 39.2 | ( 17) | ( 34.5) |
| 11 | ソニー | 38.9 | ( 13) | ( 35.6) |
| 12 | ライオン | 37.7 | ( 36) | ( 28.9) |
| 12 | 日産自動車 | 37.7 | ( 9) | ( 37.7) |
| 14 | ホンダ | 37.0 | ( 10) | ( 36.6) |
| 15 | 日本マイクロソフト | 36.5 | ( 21) | ( 33.2) |
| 16 | P&G（プロクター・アンド・ギャンブル・ジャパン） | 36.2 | ( 67) | ( 24.0) |
| 17 | 味の素 | 36.0 | ( 14) | ( 34.7) |
| 18 | サッポロビール | 35.1 | ( 24) | ( 32.1) |
| 19 | テルモ | 34.2 | ( 42) | ( 28.1) |
| 20 | パナソニック | 34.0 | ( 18) | ( 33.7) |
| 20 | ファーストリテイリング（ユニクロ） | 34.0 | ( 29) | ( 30.2) |
| 22 | 日清食品 | 33.7 | ( 47) | ( 26.8) |
| 23 | キヤノン | 33.6 | ( 7) | ( 38.1) |
| 24 | 武田薬品工業 | 33.2 | ( 35) | ( 29.1) |
| 24 | 東レ | 33.2 | ( 20) | ( 33.3) |
| 26 | 村田製作所 | 32.8 | ( 54) | ( 25.7) |
| 27 | TOTO | 32.5 | ( 23) | ( 32.3) |
| 27 | 資生堂 | 32.5 | ( 26) | ( 31.3) |
| 27 | キリンビバレッジ | 32.5 | ( 14) | ( 34.7) |
| 30 | ファイザー | 32.1 | ( 37) | ( 28.7) |
| 31 | ユニ・チャーム | 31.5 | ( 72) | ( 23.2) |
| 32 | 旭化成 | 31.3 | ( 27) | ( 30.7) |
| 33 | 日立製作所 | 30.6 | ( 11) | ( 36.0) |
| 33 | ブリヂストン | 30.6 | ( 47) | ( 26.8) |
| 33 | セブン-イレブン・ジャパン | 30.6 | ( 18) | ( 33.7) |
| 33 | グーグル | 30.6 | ( 12) | ( 35.8) |
| 37 | ヤクルト本社 | 30.2 | ( 71) | ( 23.3) |
| 38 | マツダ | 29.8 | ( 44) | ( 27.9) |
| 39 | SUBARU | 29.4 | ( 54) | ( 25.7) |
| 40 | 三菱電機 | 28.7 | ( 58) | ( 25.3) |
| 40 | 日本アイ・ビー・エム（IBM） | 28.7 | ( 29) | ( 30.2) |
| 40 | アサヒ飲料 | 28.7 | ( 29) | ( 30.2) |
| 43 | 味の素AGF | 28.3 | ( 40) | ( 28.6) |
| 44 | 良品計画（無印良品） | 27.9 | ( 51) | ( 26.4) |
| 45 | 日本コカ・コーラ | 26.8 | ( 46) | ( 27.5) |
| 45 | サンスター | 26.8 | ( 72) | ( 23.2) |
| 47 | タカラトミー | 26.5 | ( 72) | ( 23.2) |
| 48 | オリンパス | 26.4 | ( 24) | ( 32.1) |
| 48 | シャープ | 26.4 | ( 103) | ( 18.4) |
| 48 | セイコーエプソン（EPSON） | 26.4 | ( 58) | ( 25.3) |
| 48 | 帝人 | 26.4 | ( 58) | ( 25.3) |
| 52 | 明治 | 26.1 | ( 41) | ( 28.3) |
| 53 | 大塚製薬 | 26.0 | ( 88) | ( 20.4) |
| 53 | ニトリ | 26.0 | ( 47) | ( 26.8) |
| 55 | カルビー | 25.8 | ( 37) | ( 28.7) |
| 56 | 日本マクドナルド | 25.7 | ( 120) | ( 16.6) |
| 56 | コマツ（小松製作所） | 25.7 | ( 88) | ( 20.4) |
| 56 | ファンケル | 25.7 | ( 94) | ( 20.0) |
| 59 | キユーピー | 25.4 | ( 88) | ( 20.4) |
| 60 | 第一三共 | 25.3 | ( 168) | ( 14.0) |
| 60 | カシオ計算機 | 25.3 | ( 37) | ( 28.7) |
| 60 | バンダイナムコホールディングス | 25.3 | ( 82) | ( 21.7) |
| 60 | アステラス製薬 | 25.3 | ( 143) | ( 15.1) |
| 64 | ダイキン工業 | 24.9 | ( 53) | ( 26.0) |
| 65 | 富士通 | 24.5 | ( 75) | ( 23.0) |
| 65 | オリエンタルランド（東京ディズニーリゾート） | 24.5 | ( 80) | ( 22.1) |
| 67 | 森永製菓 | 24.2 | ( 58) | ( 25.3) |
| 67 | デンソー | 24.2 | ( 100) | ( 18.5) |
| 69 | ユニリーバ・ジャパン | 24.1 | ( 97) | ( 19.8) |
| 70 | ナイキジャパン | 24.0 | ( 32) | ( 29.8) |
| 71 | 京セラ | 23.8 | ( 43) | ( 28.0) |
| 71 | ワコール | 23.8 | ( 33) | ( 29.5) |
| 71 | 三菱重工業 | 23.8 | ( 124) | ( 16.2) |
| 74 | シチズン | 23.0 | ( 75) | ( 23.0) |
| 74 | ニプロ | 23.0 | ( 85) | ( 20.9) |
| 76 | 塩野義製薬（シオノギ製薬） | 22.6 | ( 108) | ( 17.7) |
| 76 | 島津製作所 | 22.6 | ( 69) | ( 23.4) |
| 76 | サムスン | 22.6 | ( 134) | ( 15.7) |
| 79 | アディダスジャパン | 22.4 | ( 47) | ( 26.8) |
| 80 | モスフードサービス（モスバーガー） | 22.3 | ( -) | ( -) |
| 80 | エステー | 22.3 | ( 168) | ( 14.0) |
| 80 | 再春館製薬所 | 22.3 | ( 94) | ( 20.0) |
| 83 | 日本たばこ産業（JT） | 21.9 | ( 78) | ( 22.3) |
| 83 | 小林製薬 | 21.9 | ( 98) | ( 18.9) |
| 83 | NEC（日本電気） | 21.9 | ( 77) | ( 22.6) |
| 83 | ソフトバンク | 21.9 | ( 64) | ( 24.2) |
| 87 | BOSE | 21.7 | ( 58) | ( 25.3) |
| 88 | ハウス食品 | 21.6 | ( 94) | ( 20.0) |
| 88 | カゴメ | 21.6 | ( 88) | ( 20.4) |
| 90 | 大正製薬 | 21.5 | ( 132) | ( 15.8) |
| 90 | セイコー | 21.5 | ( 63) | ( 24.5) |
| 90 | 富士ゼロックス | 21.5 | ( 51) | ( 26.4) |
| 90 | アシックス | 21.5 | ( 33) | ( 29.5) |
| 94 | 日清オイリオグループ | 21.2 | ( 161) | ( 14.3) |
| 95 | コーセー | 21.1 | ( 132) | ( 15.8) |
| 96 | ロッテ | 20.8 | ( 68) | ( 23.8) |
| 96 | ミツカン | 20.8 | ( 152) | ( 14.7) |
| 96 | 中外製薬 | 20.8 | ( 195) | ( 12.8) |
| 96 | 小野薬品工業 | 20.8 | ( 239) | ( 10.6) |
| 96 | ポーラ | 20.8 | ( -) | ( -) |
| 96 | 住友ゴム工業（ダンロップ） | 20.8 | ( 112) | ( 17.0) |
| 96 | キヤノン電子 | 20.8 | ( 118) | ( 16.9) |
| 96 | フマキラー | 20.8 | ( 211) | ( 11.7) |

# 研究開発力・商品開発力が旺盛である
## 〈一般個人〉

| 順位 | 社名 | 2017年 スコア | （2016年） （順位） | （スコア） | 順位 | 社名 | 2017年 スコア | （2016年） （順位） | （スコア） |
|---|---|---|---|---|---|---|---|---|---|
| 1 | トヨタ自動車 | 39.7 | ( 1) | ( 40.7) | 52 | コマツ（小松製作所） | 21.1 | ( 125) | ( 14.2) |
| 2 | サントリー | 38.2 | ( 10) | ( 29.9) | 54 | カルビー | 20.6 | ( 28) | ( 25.6) |
| 3 | 花王 | 36.8 | ( 9) | ( 30.9) | 54 | 住友ゴム工業（ダンロップ） | 20.6 | ( 91) | ( 17.2) |
| 4 | アップルジャパン | 36.3 | ( 2) | ( 40.2) | 54 | ワコール | 20.6 | ( 70) | ( 20.1) |
| 5 | TOTO | 35.8 | ( 10) | ( 29.9) | 57 | ロッテ | 20.1 | ( 28) | ( 25.6) |
| 6 | アサヒビール | 34.3 | ( 5) | ( 32.4) | 57 | ハウス食品 | 20.1 | ( 81) | ( 18.7) |
| 7 | 日本マイクロソフト | 33.3 | ( 4) | ( 36.8) | 57 | 武田薬品工業 | 20.1 | ( 68) | ( 20.7) |
| 8 | ライオン | 32.8 | ( 17) | ( 27.9) | 57 | ニコン | 20.1 | ( 48) | ( 22.5) |
| 9 | キリンビール | 32.4 | ( 17) | ( 27.9) | 57 | 日本アイ・ビー・エム（IBM） | 20.1 | ( 40) | ( 23.5) |
| 10 | 富士フイルム | 31.9 | ( 3) | ( 37.7) | 57 | デンソー | 20.1 | ( 214) | ( 10.3) |
| 11 | ダイソン | 31.4 | ( 8) | ( 31.4) | 57 | バンダイナムコホールディングス | 20.1 | ( 78) | ( 19.1) |
| 12 | ブリヂストン | 30.4 | ( 33) | ( 24.5) | 57 | SUBARU | 20.1 | ( 83) | ( 18.1) |
| 12 | 日産自動車 | 30.4 | ( 12) | ( 29.4) | 57 | ローソン | 20.1 | ( 78) | ( 19.1) |
| 14 | オムロン | 29.9 | ( 24) | ( 26.0) | 57 | オリエンタルランド（東京ディズニーリゾート） | 20.1 | ( 44) | ( 23.0) |
| 15 | サッポロビール | 29.4 | ( 24) | ( 26.0) | 67 | 森永製菓 | 19.6 | ( 43) | ( 23.2) |
| 16 | パナソニック | 27.5 | ( 6) | ( 31.9) | 67 | キユーピー | 19.6 | ( 86) | ( 17.7) |
| 16 | セブン-イレブン・ジャパン | 27.5 | ( 24) | ( 26.0) | 67 | アシックス | 19.6 | ( 37) | ( 24.0) |
| 18 | 味の素 | 26.5 | ( 13) | ( 28.6) | 67 | 旭化成 | 19.6 | ( 40) | ( 23.5) |
| 18 | サンスター | 26.5 | ( 37) | ( 24.0) | 71 | 塩野義製薬（シオノギ製薬） | 19.1 | ( 91) | ( 17.2) |
| 20 | 日本コカ・コーラ | 26.0 | ( 44) | ( 23.0) | 71 | NEC（日本電気） | 19.1 | ( 48) | ( 22.5) |
| 20 | ユニ・チャーム | 26.0 | ( 48) | ( 22.5) | 71 | タカラトミー | 19.1 | ( 61) | ( 21.6) |
| 20 | インテル | 26.0 | ( 44) | ( 23.0) | 71 | ニトリ | 19.1 | ( 48) | ( 22.5) |
| 20 | キリンビバレッジ | 26.0 | ( 30) | ( 25.5) | 75 | 積水化学工業 | 18.6 | ( 110) | ( 15.7) |
| 20 | ナイキジャパン | 26.0 | ( 23) | ( 26.5) | 75 | 大塚製薬 | 18.6 | ( 81) | ( 18.7) |
| 25 | ソニー | 25.5 | ( 6) | ( 31.9) | 75 | 大正製薬 | 18.6 | ( 99) | ( 16.7) |
| 26 | P&G（プロクター・アンド・ギャンブル・ジャパン） | 25.0 | ( 14) | ( 28.4) | 75 | 東芝 | 18.6 | ( 70) | ( 20.1) |
| 26 | 日立製作所 | 25.0 | ( 20) | ( 27.0) | 75 | マツダ | 18.6 | ( 40) | ( 23.5) |
| 26 | ホンダ | 25.0 | ( 17) | ( 27.9) | 75 | イオン | 18.6 | ( 153) | ( 12.7) |
| 29 | テルモ | 24.5 | ( 58) | ( 22.1) | 75 | ファイザー | 18.6 | ( 99) | ( 16.7) |
| 29 | キヤノン | 24.5 | ( 14) | ( 28.4) | 75 | キヤノン電子 | 18.6 | ( 83) | ( 18.1) |
| 29 | ファーストリテイリング（ユニクロ） | 24.5 | ( 30) | ( 25.5) | 75 | トリドールホールディングス（丸亀製麺） | 18.6 | ( 590) | ( 2.5) |
| 32 | 明治 | 24.0 | ( 22) | ( 26.6) | 84 | 住友化学 | 18.1 | ( 78) | ( 19.1) |
| 33 | 味の素AGF | 23.5 | ( 44) | ( 23.0) | 84 | ヤマハ | 18.1 | ( 89) | ( 17.6) |
| 33 | ダイキン工業 | 23.5 | ( 61) | ( 21.6) | 84 | ソフトバンク | 18.1 | ( 33) | ( 24.5) |
| 33 | アディダスジャパン | 23.5 | ( 37) | ( 24.0) | 84 | ファンケル | 18.1 | ( 48) | ( 22.5) |
| 36 | ヤクルト本社 | 23.0 | ( 48) | ( 22.5) | 88 | キッコーマン | 17.6 | ( 116) | ( 15.3) |
| 36 | 日本マクドナルド | 23.0 | ( 153) | ( 12.7) | 88 | モスフードサービス（モスバーガー） | 17.6 | ( -) | ( -) |
| 36 | 資生堂 | 23.0 | ( 61) | ( 21.6) | 88 | エステー | 17.6 | ( 77) | ( 19.2) |
| 36 | 富士通 | 23.0 | ( 33) | ( 24.5) | 88 | コクヨ | 17.6 | ( 91) | ( 17.2) |
| 36 | セイコーエプソン（EPSON） | 23.0 | ( 14) | ( 28.4) | 88 | 東レ | 17.6 | ( 70) | ( 20.1) |
| 36 | ミズノ | 23.0 | ( 48) | ( 22.5) | 88 | 三菱重工業 | 17.6 | ( 117) | ( 15.2) |
| 36 | アサヒ飲料 | 23.0 | ( 24) | ( 26.0) | 88 | 再春館製薬所 | 17.6 | ( 65) | ( 21.1) |
| 36 | グーグル | 23.0 | ( 33) | ( 24.5) | 95 | 富士通ゼネラル | 17.2 | ( 262) | ( 8.8) |
| 44 | 良品計画（無印良品） | 22.5 | ( 58) | ( 22.1) | 95 | ユニリーバ・ジャパン | 17.2 | ( 65) | ( 21.1) |
| 45 | 京セラ | 22.1 | ( 75) | ( 19.6) | 95 | アステラス製薬 | 17.2 | ( 108) | ( 15.8) |
| 45 | 村田製作所 | 22.1 | ( 75) | ( 19.6) | 95 | アマゾン ウェブ サービス ジャパン | 17.2 | ( 99) | ( 16.7) |
| 47 | 伊藤園 | 21.6 | ( 58) | ( 22.1) | 99 | 雪印メグミルク | 16.7 | ( 83) | ( 18.1) |
| 47 | 三菱電機 | 21.6 | ( 30) | ( 25.5) | 99 | セイコー | 16.7 | ( 91) | ( 17.2) |
| 47 | シャープ | 21.6 | ( 48) | ( 22.5) | 99 | カシオ計算機 | 16.7 | ( 99) | ( 16.7) |
| 47 | ファミリーマート | 21.6 | ( 134) | ( 13.7) | 99 | スズキ | 16.7 | ( 121) | ( 14.7) |
| 47 | セブン＆アイ・ホールディングス | 21.6 | ( 65) | ( 21.1) | 99 | 川崎重工業 | 16.7 | ( 134) | ( 13.7) |
| 52 | オリンパス | 21.1 | ( 20) | ( 27.0) | | | | | |

# 技 術 力 が あ る
## 〈ビジネスパーソン〉

| 順位 | 社名 | 2017年 スコア | (2016年) (順位) | (スコア) |
|---|---|---|---|---|
| 1 | トヨタ自動車 | 54.0 | ( 1) | ( 53.6) |
| 2 | 日立製作所 | 43.4 | ( 2) | ( 43.7) |
| 3 | ソニー | 43.0 | ( 3) | ( 39.5) |
| 4 | パナソニック | 40.8 | ( 10) | ( 35.6) |
| 5 | インテル | 40.0 | ( 18) | ( 32.6) |
| 6 | アップルジャパン | 39.2 | ( 9) | ( 35.8) |
| 6 | 日産自動車 | 39.2 | ( 11) | ( 35.1) |
| 8 | ホンダ | 38.1 | ( 8) | ( 36.2) |
| 9 | 三菱電機 | 37.4 | ( 24) | ( 31.0) |
| 10 | ブリヂストン | 36.6 | ( 5) | ( 38.5) |
| 11 | 日本マイクロソフト | 36.5 | ( 17) | ( 32.8) |
| 12 | 富士フイルム | 35.8 | ( 4) | ( 38.9) |
| 13 | ダイソン | 35.7 | ( 26) | ( 30.3) |
| 14 | 東芝 | 35.5 | ( 20) | ( 31.8) |
| 14 | シャープ | 35.5 | ( 40) | ( 28.0) |
| 16 | NEC（日本電気） | 35.1 | ( 24) | ( 31.0) |
| 16 | 富士通 | 35.1 | ( 42) | ( 27.6) |
| 18 | オリンパス | 34.7 | ( 43) | ( 27.2) |
| 19 | 三菱重工業 | 34.3 | ( 6) | ( 37.4) |
| 20 | TOTO | 34.0 | ( 15) | ( 33.1) |
| 21 | セイコー | 33.6 | ( 7) | ( 36.4) |
| 21 | コマツ（小松製作所） | 33.6 | ( 31) | ( 29.8) |
| 21 | 清水建設 | 33.6 | ( 26) | ( 30.3) |
| 24 | キヤノン | 33.2 | ( 19) | ( 32.1) |
| 25 | 鹿島 | 32.1 | ( 21) | ( 31.5) |
| 26 | シチズン | 31.7 | ( 13) | ( 33.7) |
| 26 | カシオ計算機 | 31.7 | ( 16) | ( 33.0) |
| 26 | 大林組 | 31.7 | ( 26) | ( 30.3) |
| 29 | 川崎重工業 | 31.3 | ( 14) | ( 33.6) |
| 30 | 村田製作所 | 30.9 | ( 38) | ( 28.4) |
| 31 | オムロン | 30.4 | ( 12) | ( 34.2) |
| 32 | 日本アイ・ビー・エム（IBM） | 30.2 | ( 33) | ( 29.1) |
| 33 | 京セラ | 29.8 | ( 48) | ( 26.1) |
| 33 | デンソー | 29.8 | ( 49) | ( 26.0) |
| 33 | SUBARU | 29.8 | ( 23) | ( 31.3) |
| 36 | グーグル | 29.4 | ( 39) | ( 28.3) |
| 37 | 東レ | 28.7 | ( 35) | ( 28.7) |
| 37 | 大成建設 | 28.7 | ( 21) | ( 31.5) |
| 39 | 日揮 | 28.4 | ( 32) | ( 29.3) |
| 40 | 日立造船 | 28.0 | ( 41) | ( 27.8) |
| 41 | 旭化成 | 27.5 | ( 52) | ( 24.5) |
| 41 | ダイキン工業 | 27.5 | ( 46) | ( 26.8) |
| 43 | 島津製作所 | 27.2 | ( 35) | ( 28.7) |
| 43 | マツダ | 27.2 | ( 33) | ( 29.1) |
| 45 | IHI | 26.8 | ( 47) | ( 26.4) |
| 45 | 三井造船 | 26.8 | ( 44) | ( 27.0) |
| 45 | ボーイング | 26.8 | ( 50) | ( 24.9) |
| 48 | ニコン | 26.4 | ( 29) | ( 30.2) |
| 49 | 日立建機 | 26.0 | ( 58) | ( 22.3) |
| 49 | 竹中工務店 | 26.0 | ( 54) | ( 23.6) |
| 51 | ヤマハ発動機 | 25.4 | ( 35) | ( 28.7) |

| 順位 | 社名 | 2017年 スコア | (2016年) (順位) | (スコア) |
|---|---|---|---|---|
| 52 | セイコーエプソン（EPSON） | 25.3 | ( 50) | ( 24.9) |
| 52 | メルセデス・ベンツ | 25.3 | ( 58) | ( 22.3) |
| 54 | テルモ | 24.9 | ( 44) | ( 27.0) |
| 54 | キヤノン電子 | 24.9 | ( 63) | ( 21.1) |
| 56 | 住友ゴム工業（ダンロップ） | 24.5 | ( 52) | ( 24.5) |
| 57 | パイオニア | 24.3 | ( 57) | ( 22.6) |
| 58 | クボタ | 23.8 | ( 68) | ( 20.0) |
| 59 | 帝人 | 23.4 | ( 101) | ( 17.2) |
| 60 | BMWジャパン | 23.0 | ( 80) | ( 18.9) |
| 61 | 横浜ゴム | 22.6 | ( 84) | ( 18.5) |
| 62 | 豊田自動織機 | 22.3 | ( 68) | ( 20.0) |
| 63 | エアバス | 21.9 | ( 65) | ( 20.8) |
| 64 | 花王 | 21.4 | ( 125) | ( 15.6) |
| 65 | 武田薬品工業 | 21.1 | ( 78) | ( 19.2) |
| 65 | ファナック | 21.1 | ( 109) | ( 16.9) |
| 65 | TDK | 21.1 | ( 93) | ( 18.0) |
| 68 | JVCケンウッド | 20.9 | ( 84) | ( 18.5) |
| 69 | 東日本旅客鉄道（JR東日本） | 20.8 | ( 95) | ( 17.7) |
| 69 | 日本電産 | 20.8 | ( 101) | ( 17.2) |
| 71 | 東京エレクトロン | 20.0 | ( 154) | ( 13.0) |
| 71 | 東芝テック | 20.0 | ( 104) | ( 17.0) |
| 71 | ヤンマー | 20.0 | ( 56) | ( 23.0) |
| 71 | スズキ | 20.0 | ( 72) | ( 19.6) |
| 75 | 味の素 | 19.7 | ( 66) | ( 20.4) |
| 76 | 富士ゼロックス | 19.6 | ( 63) | ( 21.1) |
| 77 | BOSE | 19.4 | ( 29) | ( 30.2) |
| 78 | 住友重機械工業 | 19.2 | ( -) | ( -) |
| 79 | リコー | 18.9 | ( 104) | ( 17.0) |
| 79 | ローム | 18.9 | ( 124) | ( 15.7) |
| 79 | 東海旅客鉄道（JR東海） | 18.9 | ( 84) | ( 18.5) |
| 82 | 千代田化工建設 | 18.7 | ( 71) | ( 19.8) |
| 83 | いすゞ自動車 | 18.5 | ( 157) | ( 12.8) |
| 83 | ダイハツ工業 | 18.5 | ( 129) | ( 15.1) |
| 83 | アイシン精機 | 18.5 | ( 91) | ( 18.1) |
| 86 | YKK | 18.1 | ( 128) | ( 15.4) |
| 87 | アルプス電気 | 17.7 | ( 114) | ( 16.5) |
| 87 | 大日本印刷 | 17.7 | ( 104) | ( 17.0) |
| 89 | 東洋エンジニアリング | 17.5 | ( 77) | ( 19.4) |
| 90 | ヤマハ | 17.4 | ( 62) | ( 21.8) |
| 91 | マカフィー | 17.3 | ( 188) | ( 10.9) |
| 92 | ライオン | 17.1 | ( 164) | ( 12.5) |
| 93 | コニカミノルタ | 17.0 | ( 78) | ( 19.2) |
| 93 | 日野自動車 | 17.0 | ( 174) | ( 11.7) |
| 93 | 新日鐵住金 | 17.0 | ( 66) | ( 20.4) |
| 93 | デル | 17.0 | ( 213) | ( 10.0) |
| 97 | トレンドマイクロ | 16.9 | ( 104) | ( 17.0) |
| 98 | 富士電機 | 16.7 | ( 68) | ( 20.0) |
| 98 | 明電舎 | 16.7 | ( 116) | ( 16.2) |
| 100 | 凸版印刷 | 16.6 | ( 134) | ( 14.7) |
| 100 | ファイザー | 16.6 | ( 116) | ( 16.2) |
| 100 | アマゾン ウェブ サービス ジャパン | 16.6 | ( 126) | ( 15.5) |

# 技術力がある
## 〈一般個人〉

| 2017年 順位 社名 | スコア | (2016年) (順位) | (スコア) | 2017年 順位 社名 | スコア | (2016年) (順位) | (スコア) |
|---|---|---|---|---|---|---|---|
| 1 トヨタ自動車 | 45.6 | ( 1) | ( 43.6) | 50 日野自動車 | 18.6 | ( 92) | ( 16.2) |
| 2 TOTO | 34.8 | ( 3) | ( 36.3) | 50 BMWジャパン | 18.6 | ( 107) | ( 15.2) |
| 3 日立製作所 | 32.4 | ( 7) | ( 33.8) | 50 東日本旅客鉄道（JR東日本） | 18.6 | ( 98) | ( 15.7) |
| 4 パナソニック | 31.4 | ( 8) | ( 32.8) | 55 ミズノ | 18.1 | ( 92) | ( 16.2) |
| 5 ブリヂストン | 30.9 | ( 3) | ( 36.3) | 55 クボタ | 18.1 | ( 62) | ( 19.1) |
| 5 日産自動車 | 30.9 | ( 13) | ( 30.4) | 55 ダイハツ工業 | 18.1 | ( 107) | ( 15.2) |
| 7 アップルジャパン | 30.4 | ( 2) | ( 38.2) | 55 大成建設 | 18.1 | ( 16) | ( 29.9) |
| 7 キヤノン | 30.4 | ( 5) | ( 34.8) | 59 富士ゼロックス | 17.6 | ( 70) | ( 18.1) |
| 7 ホンダ | 30.4 | ( 30) | ( 26.0) | 59 ヤマハ | 17.6 | ( 75) | ( 17.6) |
| 10 ソニー | 29.9 | ( 5) | ( 34.8) | 61 住友化学 | 17.2 | ( 52) | ( 19.6) |
| 11 三菱電機 | 28.9 | ( 21) | ( 28.9) | 61 日立化成 | 17.2 | ( 98) | ( 15.7) |
| 12 富士フイルム | 27.5 | ( 16) | ( 29.9) | 61 コニカミノルタ | 17.2 | ( 39) | ( 23.0) |
| 12 東芝 | 27.5 | ( 18) | ( 29.4) | 61 ヤンマー | 17.2 | ( 75) | ( 17.6) |
| 14 オムロン | 27.0 | ( 41) | ( 22.5) | 61 積水ハウス | 17.2 | ( 41) | ( 22.5) |
| 14 ダイソン | 27.0 | ( 13) | ( 30.4) | 61 日本航空（JAL） | 17.2 | ( 70) | ( 18.1) |
| 16 ニコン | 26.5 | ( 11) | ( 31.4) | 61 ボーイング | 17.2 | ( 52) | ( 19.6) |
| 16 日本マイクロソフト | 26.5 | ( 12) | ( 30.9) | 61 豊田自動織機 | 17.2 | ( 75) | ( 17.6) |
| 16 SUBARU | 26.5 | ( 35) | ( 25.0) | 61 キヤノン電子 | 17.2 | ( 37) | ( 24.0) |
| 19 NEC（日本電気） | 26.0 | ( 33) | ( 25.5) | 70 島津製作所 | 16.7 | ( 49) | ( 20.6) |
| 19 日立造船 | 26.0 | ( 45) | ( 21.6) | 70 リコー | 16.7 | ( 70) | ( 18.1) |
| 21 富士通 | 25.5 | ( 18) | ( 29.4) | 70 デンソー | 16.7 | ( 84) | ( 16.7) |
| 22 セイコー | 25.0 | ( 21) | ( 28.9) | 73 サントリー | 16.2 | ( 115) | ( 14.2) |
| 22 セイコーエプソン（EPSON） | 25.0 | ( 33) | ( 25.5) | 73 東芝テック | 16.2 | ( 139) | ( 12.7) |
| 22 マツダ | 25.0 | ( 49) | ( 20.6) | 73 ナイキジャパン | 16.2 | ( 52) | ( 19.6) |
| 22 三井造船 | 25.0 | ( 44) | ( 22.1) | 73 ライカカメラジャパン | 16.2 | ( 121) | ( 13.7) |
| 26 コマツ（小松製作所） | 24.5 | ( 24) | ( 27.5) | 77 キリンビール | 15.7 | ( 151) | ( 11.8) |
| 27 シャープ | 24.0 | ( 37) | ( 24.0) | 77 アサヒビール | 15.7 | ( 151) | ( 11.8) |
| 28 日本アイ・ビー・エム（IBM） | 23.0 | ( 39) | ( 23.0) | 77 花王 | 15.7 | ( 160) | ( 11.3) |
| 28 三菱重工業 | 23.0 | ( 10) | ( 31.9) | 77 アシックス | 15.7 | ( 84) | ( 16.7) |
| 28 メルセデス・ベンツ | 23.0 | ( 66) | ( 18.6) | 77 YKK | 15.7 | ( 66) | ( 18.6) |
| 31 住友ゴム工業（ダンロップ） | 22.5 | ( 26) | ( 27.0) | 77 住友電気工業 | 15.7 | ( 151) | ( 11.8) |
| 32 インテル | 22.1 | ( 24) | ( 27.5) | 83 ライオン | 15.2 | ( 250) | ( 8.3) |
| 32 シチズン | 22.1 | ( 27) | ( 26.5) | 83 旭化成 | 15.2 | ( 46) | ( 21.1) |
| 32 カシオ計算機 | 22.1 | ( 27) | ( 26.5) | 83 東洋エンジニアリング | 15.2 | ( 75) | ( 17.6) |
| 32 村田製作所 | 22.1 | ( 30) | ( 26.0) | 83 IHI | 15.2 | ( 51) | ( 20.1) |
| 32 いすゞ自動車 | 22.1 | ( 70) | ( 18.1) | 87 武田薬品工業 | 14.7 | ( 91) | ( 16.3) |
| 32 清水建設 | 22.1 | ( 8) | ( 32.8) | 87 日本電信電話（NTT） | 14.7 | ( 222) | ( 9.3) |
| 38 オリンパス | 21.6 | ( 30) | ( 26.0) | 87 日本精工（NSK） | 14.7 | ( 146) | ( 12.3) |
| 39 テルモ | 20.6 | ( 84) | ( 16.7) | 87 富士電機 | 14.7 | ( 241) | ( 8.8) |
| 39 スズキ | 20.6 | ( 52) | ( 19.6) | 87 東洋ゴム工業 | 14.7 | ( 75) | ( 17.6) |
| 39 ヤマハ発動機 | 20.6 | ( 66) | ( 18.6) | 87 横浜ゴム | 14.7 | ( 52) | ( 19.6) |
| 39 全日本空輸（ANA） | 20.6 | ( 62) | ( 19.1) | 87 東レ | 14.7 | ( 52) | ( 19.6) |
| 43 大林組 | 20.1 | ( 13) | ( 30.4) | 87 NTTドコモ | 14.7 | ( 160) | ( 11.3) |
| 43 鹿島 | 20.1 | ( 21) | ( 28.9) | 87 三井化学 | 14.7 | ( 84) | ( 16.7) |
| 45 積水化学工業 | 19.6 | ( 62) | ( 19.1) | 87 アウディ・ジャパン | 14.7 | ( 151) | ( 11.8) |
| 45 川崎重工業 | 19.6 | ( 18) | ( 29.4) | 97 新日鐵住金 | 14.2 | ( 92) | ( 16.2) |
| 45 グーグル | 19.6 | ( 84) | ( 16.7) | 97 タカラトミー | 14.2 | ( 160) | ( 11.3) |
| 48 ダイキン工業 | 19.1 | ( 46) | ( 21.1) | 97 三菱ふそうトラック・バス | 14.2 | ( 146) | ( 12.3) |
| 48 東海旅客鉄道（JR東海） | 19.1 | ( 128) | ( 13.2) | 97 アディダスジャパン | 14.2 | ( 107) | ( 15.2) |
| 50 京セラ | 18.6 | ( 35) | ( 25.0) | 97 三機工業 | 14.2 | ( -) | ( -) |
| 50 日立建機 | 18.6 | ( 46) | ( 21.1) | | | | |

# 扱っている製品・サービスの質がよい
## 〈ビジネスパーソン〉

| 順位 | 社名 | 2017年 スコア | （2016年）（順位） | （スコア） |
|---|---|---|---|---|
| 1 | トヨタ自動車 | 52.5 | ( 4) | ( 44.9) |
| 2 | TOTO | 47.2 | ( 2) | ( 47.6) |
| 3 | 伊勢丹 | 43.8 | ( 1) | ( 51.0) |
| 4 | 味の素 | 43.6 | ( 6) | ( 43.8) |
| 5 | アサヒビール | 43.0 | ( 20) | ( 37.4) |
| 6 | セイコー | 42.6 | ( 19) | ( 37.5) |
| 7 | キリンビール | 42.3 | ( 10) | ( 40.8) |
| 8 | サントリー | 41.9 | ( 28) | ( 35.5) |
| 9 | アディダスジャパン | 41.8 | ( 7) | ( 41.9) |
| 10 | ナイキジャパン | 41.4 | ( 8) | ( 41.5) |
| 11 | パナソニック | 41.1 | ( 11) | ( 40.6) |
| 12 | アップルジャパン | 40.7 | ( 28) | ( 35.5) |
| 13 | ブリヂストン | 40.0 | ( 32) | ( 35.1) |
| 14 | 花王 | 39.7 | ( 23) | ( 37.3) |
| 15 | 髙島屋 | 39.6 | ( 5) | ( 44.4) |
| 16 | キユーピー | 38.6 | ( 12) | ( 40.0) |
| 17 | サッポロビール | 38.5 | ( 35) | ( 34.7) |
| 17 | 良品計画（無印良品） | 38.5 | ( 32) | ( 35.1) |
| 19 | キヤノン | 37.7 | ( 12) | ( 40.0) |
| 19 | 三越 | 37.7 | ( 3) | ( 47.1) |
| 21 | カゴメ | 37.5 | ( 27) | ( 35.8) |
| 22 | カルビー | 36.4 | ( 24) | ( 36.6) |
| 22 | 明治 | 36.4 | ( 8) | ( 41.5) |
| 24 | ライオン | 36.2 | ( 40) | ( 33.8) |
| 24 | ソニー | 36.2 | ( 37) | ( 34.5) |
| 26 | シチズン | 35.8 | ( 45) | ( 32.6) |
| 27 | 日本コカ・コーラ | 35.5 | ( 35) | ( 34.7) |
| 27 | コクヨ | 35.5 | ( 28) | ( 35.5) |
| 29 | オムロン | 35.4 | ( 52) | ( 30.8) |
| 30 | 森永製菓 | 35.2 | ( 32) | ( 35.1) |
| 30 | 日清食品 | 35.2 | ( 50) | ( 31.3) |
| 32 | ダイソン | 34.2 | ( 47) | ( 31.9) |
| 33 | キッコーマン | 34.1 | ( 15) | ( 38.1) |
| 34 | カシオ計算機 | 34.0 | ( 51) | ( 31.0) |
| 34 | キリンビバレッジ | 34.0 | ( 20) | ( 37.4) |
| 36 | P&G（プロクター・アンド・ギャンブル・ジャパン） | 33.9 | ( 60) | ( 28.5) |
| 37 | ヤクルト本社 | 33.6 | ( 26) | ( 36.3) |
| 37 | インテル | 33.6 | ( 102) | ( 21.1) |
| 39 | オリエンタルランド（東京ディズニーリゾート） | 33.5 | ( 38) | ( 34.2) |
| 40 | ミツカン | 33.3 | ( 39) | ( 34.0) |
| 41 | 日産自動車 | 33.2 | ( 98) | ( 22.3) |
| 41 | 全日本空輸（ANA） | 33.2 | ( 48) | ( 31.7) |
| 41 | JTB | 33.2 | ( 58) | ( 29.1) |
| 44 | 江崎グリコ | 33.0 | ( 54) | ( 30.2) |
| 45 | 伊藤園 | 32.5 | ( 42) | ( 33.6) |
| 46 | ハウス食品 | 32.2 | ( 46) | ( 32.1) |
| 47 | 富士フイルム | 32.1 | ( 15) | ( 38.1) |
| 48 | BOSE | 31.9 | ( 24) | ( 36.6) |
| 49 | モスフードサービス（モスバーガー） | 31.7 | ( -) | ( -) |
| 49 | ホンダ | 31.7 | ( 79) | ( 24.9) |
| 51 | 大丸 | 31.3 | ( 31) | ( 35.2) |
| 52 | アシックス | 30.9 | ( 17) | ( 37.9) |
| 52 | ダイキン工業 | 30.9 | ( 18) | ( 37.8) |
| 54 | ニコン | 30.6 | ( 20) | ( 37.4) |
| 54 | メルセデス・ベンツ | 30.6 | ( 53) | ( 30.6) |
| 56 | サンスター | 30.4 | ( 84) | ( 24.3) |
| 57 | ミズノ | 30.2 | ( 14) | ( 38.7) |
| 57 | アサヒ飲料 | 30.2 | ( 44) | ( 32.8) |
| 59 | ワコール | 29.8 | ( 43) | ( 33.0) |
| 60 | 資生堂 | 29.4 | ( 55) | ( 29.8) |
| 60 | ファーストリテイリング（ユニクロ） | 29.4 | ( 73) | ( 26.0) |
| 62 | エスビー食品 | 29.2 | ( 81) | ( 24.5) |
| 63 | 日立製作所 | 29.1 | ( 41) | ( 33.7) |
| 63 | セイコーエプソン（EPSON） | 29.1 | ( 58) | ( 29.1) |
| 65 | ユニ・チャーム | 28.8 | ( 72) | ( 26.2) |
| 66 | ロート製薬 | 28.3 | ( 133) | ( 18.5) |
| 67 | 日本マイクロソフト | 28.1 | ( 65) | ( 27.2) |
| 68 | 日清オイリオグループ | 28.0 | ( 66) | ( 26.8) |
| 69 | 大塚製薬 | 27.9 | ( 128) | ( 18.9) |
| 69 | ヤマハ | 27.9 | ( 49) | ( 31.4) |
| 69 | 日本航空（JAL） | 27.9 | ( 85) | ( 24.2) |
| 72 | ロッテ | 27.7 | ( 56) | ( 29.4) |
| 73 | 日本ハム | 27.3 | ( 73) | ( 26.0) |
| 74 | テルモ | 27.2 | ( 100) | ( 21.7) |
| 74 | オリンパス | 27.2 | ( 64) | ( 27.5) |
| 74 | 帝国ホテル | 27.2 | ( 66) | ( 26.8) |
| 77 | BMWジャパン | 26.8 | ( 56) | ( 29.4) |
| 77 | グーグル | 26.8 | ( 76) | ( 25.3) |
| 79 | 味の素AGF | 26.4 | ( 62) | ( 28.2) |
| 80 | 伊藤ハム | 26.1 | ( 76) | ( 25.3) |
| 80 | ユニリーバ・ジャパン | 26.1 | ( 113) | ( 20.2) |
| 82 | 旭化成 | 26.0 | ( 112) | ( 20.3) |
| 83 | 日清製粉グループ本社 | 25.8 | ( 71) | ( 26.4) |
| 84 | ツムラ | 25.7 | ( 108) | ( 20.4) |
| 84 | SUBARU | 25.7 | ( 122) | ( 19.2) |
| 86 | マルコメ | 25.4 | ( 73) | ( 26.0) |
| 87 | 大正製薬 | 25.3 | ( 155) | ( 16.2) |
| 88 | ウォルト・ディズニー・ジャパン | 25.0 | ( -) | ( -) |
| 89 | 武田薬品工業 | 24.9 | ( 108) | ( 20.4) |
| 89 | シャープ | 24.9 | ( 99) | ( 21.8) |
| 91 | はごろもフーズ | 24.6 | ( 85) | ( 24.2) |
| 91 | 東洋水産 | 24.6 | ( 172) | ( 15.1) |
| 93 | 三菱電機 | 24.5 | ( 66) | ( 26.8) |
| 93 | 富士通 | 24.5 | ( 91) | ( 23.0) |
| 93 | 富士ゼロックス | 24.5 | ( 63) | ( 27.9) |
| 93 | グンゼ | 24.5 | ( 87) | ( 24.1) |
| 93 | ニトリ | 24.5 | ( 91) | ( 23.0) |
| 98 | 住友ゴム工業（ダンロップ） | 23.8 | ( 88) | ( 23.8) |
| 98 | 大塚家具 | 23.8 | ( 91) | ( 23.0) |
| 100 | ネスレ | 23.4 | ( 97) | ( 22.5) |
| 100 | 松坂屋 | 23.4 | ( 61) | ( 28.4) |
| 100 | 龍角散 | 23.4 | ( -) | ( -) |

# 扱っている製品・サービスの質がよい
## 〈一般個人〉

| 2017年 順位 | 社名 | スコア | （2016年） (順位) | (スコア) | 2017年 順位 | 社名 | スコア | （2016年） (順位) | (スコア) |
|---|---|---|---|---|---|---|---|---|---|
| 1 | 伊勢丹 | 45.1 | ( 1) | ( 45.6) | 52 | 江崎グリコ | 25.5 | ( 65) | ( 23.2) |
| 2 | 髙島屋 | 44.1 | ( 4) | ( 38.7) | 53 | セイコーエプソン（EPSON） | 25.0 | ( 28) | ( 29.9) |
| 3 | TOTO | 42.6 | ( 6) | ( 38.2) | 53 | 松坂屋 | 25.0 | ( 56) | ( 24.5) |
| 4 | 花王 | 40.2 | ( 14) | ( 35.3) | 53 | ファーストリテイリング（ユニクロ） | 25.0 | ( 75) | ( 21.1) |
| 4 | ナイキジャパン | 40.2 | ( 8) | ( 37.3) | 53 | 良品計画（無印良品） | 25.0 | ( 14) | ( 35.3) |
| 4 | アディダスジャパン | 40.2 | ( 10) | ( 36.8) | 57 | 森永乳業 | 24.5 | ( 70) | ( 21.6) |
| 7 | 三越 | 38.7 | ( 4) | ( 38.7) | 58 | カシオ計算機 | 24.0 | ( 70) | ( 21.6) |
| 8 | ミズノ | 36.8 | ( 11) | ( 36.3) | 59 | 雪印メグミルク | 23.5 | ( 76) | ( 20.6) |
| 9 | サントリー | 35.8 | ( 7) | ( 37.7) | 59 | 日清食品 | 23.5 | ( 38) | ( 27.1) |
| 9 | キリンビール | 35.8 | ( 19) | ( 33.8) | 59 | メルセデス・ベンツ | 23.5 | ( 67) | ( 22.1) |
| 9 | ライオン | 35.8 | ( 22) | ( 31.9) | 59 | はごろもフーズ | 23.5 | ( 104) | ( 18.2) |
| 12 | 味の素 | 35.3 | ( 25) | ( 31.0) | 63 | エスビー食品 | 23.0 | ( 83) | ( 19.7) |
| 13 | アサヒビール | 34.8 | ( 22) | ( 31.9) | 63 | アップルジャパン | 23.0 | ( 37) | ( 27.5) |
| 13 | パナソニック | 34.8 | ( 2) | ( 39.2) | 63 | ヤマハ | 23.0 | ( 40) | ( 27.0) |
| 13 | ダイソン | 34.8 | ( 67) | ( 22.1) | 63 | グンゼ | 23.0 | ( 40) | ( 27.0) |
| 16 | サッポロビール | 34.3 | ( 30) | ( 28.9) | 63 | 日清オイリオグループ | 23.0 | ( 83) | ( 19.7) |
| 16 | ワコール | 34.3 | ( 11) | ( 36.3) | 68 | 資生堂 | 22.5 | ( 47) | ( 26.0) |
| 18 | セイコー | 33.8 | ( 50) | ( 25.5) | 68 | P&G（プロクター・アンド・ギャンブル・ジャパン） | 22.5 | ( 31) | ( 28.4) |
| 18 | JTB | 33.8 | ( 56) | ( 24.5) | 68 | オリンパス | 22.5 | ( 61) | ( 23.5) |
| 20 | キッコーマン | 33.3 | ( 18) | ( 34.0) | 68 | シャープ | 22.5 | ( 93) | ( 18.6) |
| 21 | オリエンタルランド（東京ディズニーリゾート） | 32.8 | ( 31) | ( 28.4) | 68 | 西武（SEIBU） | 22.5 | ( 76) | ( 20.6) |
| 22 | コクヨ | 32.4 | ( 34) | ( 27.9) | 68 | セブン-イレブン・ジャパン | 22.5 | ( 141) | ( 15.2) |
| 23 | ブリヂストン | 31.9 | ( 26) | ( 30.4) | 74 | ユニ・チャーム | 22.1 | ( 45) | ( 26.5) |
| 24 | サンスター | 30.9 | ( 50) | ( 25.5) | 74 | 富士フイルム | 22.1 | ( 11) | ( 36.3) |
| 24 | キヤノン | 30.9 | ( 19) | ( 33.8) | 74 | 三菱電機 | 22.1 | ( 59) | ( 24.0) |
| 24 | ソニー | 30.9 | ( 47) | ( 26.0) | 74 | YKK | 22.1 | ( 70) | ( 21.6) |
| 24 | トヨタ自動車 | 30.9 | ( 2) | ( 39.2) | 74 | フマキラー | 22.1 | ( 104) | ( 18.2) |
| 24 | キリンビバレッジ | 30.9 | ( 26) | ( 30.4) | 79 | 伊藤ハム | 21.6 | ( 109) | ( 17.7) |
| 29 | 日本コカ・コーラ | 29.9 | ( 66) | ( 23.0) | 79 | 日本ハム | 21.6 | ( 92) | ( 18.7) |
| 29 | 明治 | 29.9 | ( 24) | ( 31.5) | 79 | 東芝 | 21.6 | ( 61) | ( 23.5) |
| 29 | アシックス | 29.9 | ( 8) | ( 37.3) | 79 | タカラトミー | 21.6 | ( 119) | ( 16.7) |
| 29 | 全日本空輸（ANA） | 29.9 | ( 53) | ( 25.0) | 83 | 日清製粉グループ本社 | 20.6 | ( 88) | ( 19.2) |
| 33 | キユーピー | 29.4 | ( 17) | ( 34.5) | 83 | 大正製薬 | 20.6 | ( 136) | ( 15.8) |
| 33 | ミツカン | 29.4 | ( 36) | ( 27.6) | 83 | 富士通 | 20.6 | ( 93) | ( 18.6) |
| 35 | 森永製菓 | 28.9 | ( 29) | ( 29.6) | 83 | 富士ゼロックス | 20.6 | ( 111) | ( 17.6) |
| 35 | カルビー | 28.9 | ( 49) | ( 25.6) | 83 | オンワード樫山 | 20.6 | ( 111) | ( 17.6) |
| 35 | ヤクルト本社 | 28.9 | ( 21) | ( 32.8) | 83 | キヤノン電子 | 20.6 | ( 82) | ( 20.1) |
| 35 | モスフードサービス（モスバーガー） | 28.9 | ( -) | ( -) | 83 | ウォルト・ディズニー・ジャパン | 20.6 | ( -) | ( -) |
| 35 | オムロン | 28.9 | ( 45) | ( 26.5) | 90 | ツムラ | 20.1 | ( 69) | ( 21.7) |
| 40 | 大丸 | 28.4 | ( 50) | ( 25.5) | 90 | テルモ | 20.1 | ( 93) | ( 18.6) |
| 41 | 伊藤園 | 27.5 | ( 34) | ( 27.9) | 90 | インテル | 20.1 | ( 129) | ( 16.2) |
| 41 | 日立製作所 | 27.5 | ( 40) | ( 27.0) | 90 | 日産自動車 | 20.1 | ( 56) | ( 24.5) |
| 41 | アサヒ飲料 | 27.5 | ( 61) | ( 23.5) | 94 | ネスレ | 19.6 | ( 93) | ( 18.6) |
| 44 | ハウス食品 | 27.0 | ( 38) | ( 27.1) | 94 | 旭化成 | 19.6 | ( 70) | ( 21.6) |
| 44 | シチズン | 27.0 | ( 61) | ( 23.5) | 94 | BMWジャパン | 19.6 | ( 111) | ( 17.6) |
| 46 | ロッテ | 26.5 | ( 55) | ( 24.6) | 94 | 龍角散 | 19.6 | ( -) | ( -) |
| 46 | カゴメ | 26.5 | ( 44) | ( 26.6) | 94 | マルコメ | 19.6 | ( 127) | ( 16.3) |
| 46 | ダイキン工業 | 26.5 | ( 53) | ( 25.0) | 94 | ダンロップスポーツ | 19.6 | ( 137) | ( 15.7) |
| 46 | 日本航空（JAL） | 26.5 | ( 85) | ( 19.6) | 100 | ダスキン | 19.1 | ( 111) | ( 17.6) |
| 50 | 味の素AGF | 26.0 | ( 116) | ( 17.2) | 100 | リンナイ | 19.1 | ( 149) | ( 14.7) |
| 50 | ニコン | 26.0 | ( 16) | ( 34.8) | 100 | 帝国ホテル | 19.1 | ( 85) | ( 19.6) |

# 活気がある
## 〈ビジネスパーソン〉

| 順位 | 社名 | 2017年 スコア | （2016年）（順位） | （スコア） |
|---|---|---|---|---|
| 1 | オリエンタルランド（東京ディズニーリゾート） | 44.7 | （ 1） | （ 49.0） |
| 2 | LINE | 39.6 | （ 4） | （ 34.9） |
| 3 | ドンキホーテホールディングス | 38.9 | （ 2） | （ 40.0） |
| 4 | ソフトバンク | 35.8 | （ 8） | （ 30.2） |
| 5 | グーグル | 34.0 | （ 3） | （ 38.5） |
| 6 | ジャパネットたかた | 29.4 | （ 9） | （ 29.8） |
| 7 | 王将フードサービス（餃子の王将） | 28.7 | （ 15） | （ 24.5） |
| 7 | アマゾンジャパン | 28.7 | （ 7） | （ 30.3） |
| 9 | ヤフー | 28.3 | （ 12） | （ 27.9） |
| 10 | アップルジャパン | 27.8 | （ 10） | （ 28.7） |
| 11 | ファーストリテイリング（ユニクロ） | 27.5 | （ 6） | （ 30.6） |
| 12 | アマゾン ウェブ サービス ジャパン | 27.2 | （ 5） | （ 33.2） |
| 13 | 日本コカ・コーラ | 26.4 | （ 18） | （ 23.7） |
| 13 | エイチ・アイ・エス | 26.4 | （ 10） | （ 28.7） |
| 15 | ディー・エヌ・エー（DeNA） | 25.7 | （ 25） | （ 21.5） |
| 16 | KDDI（au） | 25.4 | （ 27） | （ 21.1） |
| 16 | ウォルト・ディズニー・ジャパン | 25.4 | （ －） | （ －） |
| 18 | 楽天 | 24.9 | （ 15） | （ 24.5） |
| 19 | 日本マクドナルド | 24.5 | （ 41） | （ 17.7） |
| 20 | ヨドバシカメラ | 24.3 | （ 13） | （ 25.7） |
| 21 | サントリー | 23.4 | （ 33） | （ 19.6） |
| 22 | ビックカメラ | 23.2 | （ 15） | （ 24.5） |
| 23 | アサヒビール | 22.3 | （ 40） | （ 18.1） |
| 23 | リクルートホールディングス | 22.3 | （ 29） | （ 20.4） |
| 23 | ニトリ | 22.3 | （ 23） | （ 22.3） |
| 23 | GREE | 22.3 | （ 34） | （ 19.2） |
| 23 | トリドールホールディングス（丸亀製麺） | 22.3 | （ 310） | （ 4.2） |
| 28 | トヨタ自動車 | 21.5 | （ 28） | （ 20.8） |
| 29 | ドワンゴ（dwango） | 21.1 | （ 46） | （ 16.5） |
| 30 | ナイキジャパン | 20.2 | （ 14） | （ 25.3） |
| 31 | ABCマート | 20.0 | （ 45） | （ 16.6） |
| 32 | 佐川急便 | 19.2 | （ 30） | （ 20.0） |
| 33 | キリンビバレッジ | 18.5 | （ 24） | （ 22.1） |
| 34 | 日清食品 | 18.2 | （ 61） | （ 14.3） |
| 35 | 全日本空輸（ANA） | 18.1 | （ 30） | （ 20.0） |
| 36 | カルビー | 17.0 | （ 43） | （ 17.4） |
| 36 | 伊藤忠商事 | 17.0 | （ 20） | （ 23.0） |
| 38 | キユーピー | 16.7 | （ 84） | （ 11.7） |
| 38 | アディダスジャパン | 16.7 | （ 19） | （ 23.4） |
| 40 | キリンビール | 16.6 | （ 47） | （ 16.2） |
| 41 | ヤマダ電機 | 16.3 | （ 34） | （ 19.2） |
| 42 | ホンダ | 16.2 | （ 51） | （ 15.5） |
| 43 | 日本中央競馬会（JRA） | 16.0 | （ 96） | （ 10.9） |
| 44 | 日産自動車 | 15.8 | （ 67） | （ 13.6） |
| 45 | 日本マイクロソフト | 15.6 | （ 72） | （ 12.8） |
| 45 | バンダイナムコホールディングス | 15.6 | （ 82） | （ 11.8） |
| 47 | 日本航空（JAL） | 15.5 | （ 89） | （ 11.3） |
| 47 | マイナビ | 15.5 | （ 57） | （ 14.7） |
| 49 | 花王 | 15.2 | （ 82） | （ 11.8） |
| 49 | タカラトミー | 15.2 | （ 135） | （ 8.4） |
| 49 | 赤城乳業 | 15.2 | （ 155） | （ 7.5） |
| 52 | マツダ | 15.1 | （ 69） | （ 13.2） |
| 52 | ヤマト運輸 | 15.1 | （ 34） | （ 19.2） |
| 52 | アサヒ飲料 | 15.1 | （ 50） | （ 15.6） |
| 52 | セブン&アイ・ホールディングス | 15.1 | （ 32） | （ 19.9） |
| 56 | ダイソン | 14.8 | （ 37） | （ 18.9） |
| 57 | モスフードサービス（モスバーガー） | 14.7 | （ －） | （ －） |
| 58 | 日本テレビ放送網（日本テレビ） | 14.6 | （ 20） | （ 23.0） |
| 59 | セブン-イレブン・ジャパン | 14.3 | （ 25） | （ 21.5） |
| 60 | 味の素 | 14.0 | （ 72） | （ 12.8） |
| 60 | SUBARU | 14.0 | （ 96） | （ 10.9） |
| 60 | ぐるなび | 14.0 | （ 22） | （ 22.6） |
| 63 | すかいらーく（ガスト） | 13.6 | （ 103） | （ 10.6） |
| 63 | エステー | 13.6 | （ 165） | （ 7.2） |
| 63 | JTB | 13.6 | （ 55） | （ 15.1） |
| 66 | P&G（プロクター・アンド・ギャンブル・ジャパン） | 13.2 | （ 87） | （ 11.4） |
| 66 | タマホーム | 13.2 | （ 70） | （ 13.0） |
| 66 | イオンモール | 13.2 | （ 48） | （ 16.1） |
| 66 | しまむら | 13.2 | （ －） | （ －） |
| 70 | テレビ東京 | 13.1 | （ 41） | （ 17.7） |
| 70 | NTTドコモ | 13.1 | （ 89） | （ 11.3） |
| 72 | サッポロビール | 12.8 | （ 67） | （ 13.6） |
| 72 | ジンズ（JINS） | 12.8 | （ 77） | （ 12.1） |
| 74 | 小林製薬 | 12.5 | （ 232） | （ 5.3） |
| 74 | ライオン | 12.5 | （ 114） | （ 9.5） |
| 74 | 三井物産 | 12.5 | （ 57） | （ 14.7） |
| 74 | 三菱商事 | 12.5 | （ 57） | （ 14.7） |
| 74 | コナミホールディングス（KONAMI） | 12.5 | （ 87） | （ 11.4） |
| 74 | カルチュア・コンビニエンス・クラブ（TSUTAYA） | 12.5 | （ 60） | （ 14.4） |
| 74 | フマキラー | 12.5 | （ 342） | （ 3.8） |
| 81 | キヤノン | 12.1 | （ 109） | （ 9.8） |
| 81 | 大和ハウス工業 | 12.1 | （ 116） | （ 9.4） |
| 81 | 森ビル | 12.1 | （ 122） | （ 9.1） |
| 81 | 東日本旅客鉄道（JR東日本） | 12.1 | （ 109） | （ 9.8） |
| 81 | 東海旅客鉄道（JR東海） | 12.1 | （ 116） | （ 9.4） |
| 86 | コジマ | 11.8 | （ 51） | （ 15.5） |
| 87 | 明治 | 11.7 | （ 96） | （ 10.9） |
| 87 | インテル | 11.7 | （ 92） | （ 11.1） |
| 87 | パナソニック | 11.7 | （ 141） | （ 8.0） |
| 87 | イオン | 11.7 | （ 54） | （ 15.3） |
| 91 | 住友商事 | 11.3 | （ 77） | （ 12.1） |
| 91 | 良品計画（無印良品） | 11.3 | （ 76） | （ 12.5） |
| 91 | AIRDO | 11.3 | （ 109） | （ 9.8） |
| 94 | テレビ朝日 | 11.2 | （ 37） | （ 18.9） |
| 94 | TBS | 11.2 | （ 43） | （ 17.4） |
| 96 | 森永製菓 | 11.0 | （ 109） | （ 9.8） |
| 96 | カゴメ | 11.0 | （ 77） | （ 12.1） |
| 98 | 味の素AGF | 10.9 | （ 102） | （ 10.7） |
| 98 | ヤクルト本社 | 10.9 | （ 70） | （ 13.0） |
| 98 | 三菱地所 | 10.9 | （ 64） | （ 14.0） |
| 98 | ファミリーマート | 10.9 | （ 107） | （ 10.3） |
| 98 | 東急リバブル | 10.9 | （ 108） | （ 10.2） |
| 98 | エン・ジャパン | 10.9 | （ 138） | （ 8.3） |

# 活 気 が あ る
## 〈一般個人〉

| 順位 | 社名 | 2017年 スコア | （2016年） (順位) | （スコア) |
|---|---|---|---|---|
| 1 | オリエンタルランド（東京ディズニーリゾート） | 41.7 | ( 1) | ( 52.9) |
| 2 | ドンキホーテホールディングス | 37.7 | ( 2) | ( 47.1) |
| 3 | 日本コカ・コーラ | 34.3 | ( 11) | ( 26.5) |
| 3 | グーグル | 34.3 | ( 6) | ( 28.9) |
| 5 | アマゾン ウェブ サービス ジャパン | 31.9 | ( 10) | ( 27.0) |
| 6 | LINE | 30.9 | ( 25) | ( 23.0) |
| 7 | ソフトバンク | 30.4 | ( 11) | ( 26.5) |
| 7 | アマゾンジャパン | 30.4 | ( 5) | ( 31.9) |
| 9 | 日本テレビ放送網（日本テレビ） | 29.4 | ( 28) | ( 22.5) |
| 10 | ファーストリテイリング（ユニクロ） | 28.9 | ( 11) | ( 26.5) |
| 11 | ヤフー | 28.4 | ( 3) | ( 32.4) |
| 12 | アサヒビール | 27.5 | ( 25) | ( 23.0) |
| 12 | ヤマト運輸 | 27.5 | ( 21) | ( 23.5) |
| 14 | ビックカメラ | 27.0 | ( 6) | ( 28.9) |
| 15 | KDDI（au） | 26.5 | ( 29) | ( 22.1) |
| 15 | ヨドバシカメラ | 26.5 | ( 17) | ( 25.0) |
| 17 | ウォルト・ディズニー・ジャパン | 26.0 | ( -) | ( -) |
| 18 | キリンビール | 25.0 | ( 29) | ( 22.1) |
| 18 | TBS | 25.0 | ( 47) | ( 17.2) |
| 20 | フジテレビジョン | 24.5 | ( 42) | ( 18.1) |
| 20 | ヤマダ電機 | 24.5 | ( 21) | ( 23.5) |
| 22 | サントリー | 24.0 | ( 29) | ( 22.1) |
| 22 | 日本マクドナルド | 24.0 | ( 17) | ( 25.0) |
| 22 | キリンビバレッジ | 24.0 | ( 36) | ( 20.6) |
| 25 | エイチ・アイ・エス | 23.5 | ( 17) | ( 25.0) |
| 26 | トヨタ自動車 | 23.0 | ( 9) | ( 27.5) |
| 26 | テレビ朝日 | 23.0 | ( 52) | ( 16.2) |
| 26 | テレビ東京 | 23.0 | ( 84) | ( 12.3) |
| 29 | 全日本空輸（ANA） | 22.5 | ( 8) | ( 27.9) |
| 29 | 日本中央競馬会（JRA） | 22.5 | ( 72) | ( 13.7) |
| 29 | 楽天 | 22.5 | ( 20) | ( 24.5) |
| 29 | ナイキジャパン | 22.5 | ( 11) | ( 26.5) |
| 33 | セブン-イレブン・ジャパン | 22.1 | ( 16) | ( 25.5) |
| 33 | ジャパネットたかた | 22.1 | ( 3) | ( 32.4) |
| 35 | 佐川急便 | 21.6 | ( 21) | ( 23.5) |
| 35 | トリドールホールディングス（丸亀製麺） | 21.6 | ( 245) | ( 5.4) |
| 37 | アサヒ飲料 | 20.1 | ( 38) | ( 19.1) |
| 37 | 王将フードサービス（餃子の王将） | 20.1 | ( 15) | ( 26.0) |
| 39 | JTB | 19.6 | ( 67) | ( 14.2) |
| 39 | アディダスジャパン | 19.6 | ( 21) | ( 23.5) |
| 41 | アップルジャパン | 19.1 | ( 25) | ( 23.0) |
| 41 | ABCマート | 19.1 | ( 29) | ( 22.1) |
| 43 | サッポロビール | 18.6 | ( 67) | ( 14.2) |
| 43 | 日本航空（JAL） | 18.6 | ( 34) | ( 21.6) |
| 43 | コジマ | 18.6 | ( 47) | ( 17.2) |
| 43 | イオンモール | 18.6 | ( 42) | ( 18.1) |
| 47 | WOWOW | 18.1 | ( 98) | ( 11.3) |
| 48 | イオン | 17.6 | ( 38) | ( 19.1) |
| 48 | セブン&アイ・ホールディングス | 17.6 | ( 37) | ( 19.6) |
| 48 | ディー・エヌ・エー（DeNA） | 17.6 | ( 133) | ( 9.3) |
| 51 | カルビー | 17.2 | ( 35) | ( 20.7) |
| 51 | リクルートホールディングス | 17.2 | ( 60) | ( 15.2) |
| 51 | ぐるなび | 17.2 | ( 52) | ( 16.2) |
| 54 | ファミリーマート | 16.2 | ( 50) | ( 16.7) |
| 54 | 東日本旅客鉄道（JR東日本） | 16.2 | ( 47) | ( 17.2) |
| 54 | ニトリ | 16.2 | ( 52) | ( 16.2) |
| 54 | 東急リバブル | 16.2 | ( 108) | ( 10.8) |
| 54 | ダイソン | 16.2 | ( 38) | ( 19.1) |
| 59 | ハウス食品 | 15.7 | ( 62) | ( 14.8) |
| 59 | ミズノ | 15.7 | ( 57) | ( 15.7) |
| 59 | セコム | 15.7 | ( 115) | ( 10.3) |
| 59 | NTTドコモ | 15.7 | ( 45) | ( 17.6) |
| 63 | スカパーJSAT | 15.2 | ( 115) | ( 10.3) |
| 64 | 日清食品 | 14.7 | ( 62) | ( 14.8) |
| 64 | バンダイナムコホールディングス | 14.7 | ( 67) | ( 14.2) |
| 66 | 日産自動車 | 14.2 | ( 38) | ( 19.1) |
| 66 | ホンダ | 14.2 | ( 45) | ( 17.6) |
| 66 | 三菱地所 | 14.2 | ( 133) | ( 9.3) |
| 66 | GREE | 14.2 | ( 84) | ( 12.3) |
| 66 | ドワンゴ（dwango） | 14.2 | ( 126) | ( 9.8) |
| 71 | ロッテ | 13.7 | ( 44) | ( 17.7) |
| 71 | キユーピー | 13.7 | ( 59) | ( 15.3) |
| 71 | 日本放送協会（NHK） | 13.7 | ( 186) | ( 6.9) |
| 74 | 味の素 | 13.2 | ( 56) | ( 15.8) |
| 74 | 富士フイルム | 13.2 | ( 98) | ( 11.3) |
| 74 | アシックス | 13.2 | ( 72) | ( 13.7) |
| 74 | カルチュア・コンビニエンス・クラブ（TSUTAYA） | 13.2 | ( 115) | ( 10.3) |
| 74 | ヤマトホールディングス | 13.2 | ( 186) | ( 6.9) |
| 79 | 味の素AGF | 12.7 | ( 133) | ( 9.3) |
| 79 | モスフードサービス（モスバーガー） | 12.7 | ( -) | ( -) |
| 79 | キヤノン | 12.7 | ( 81) | ( 12.7) |
| 79 | ヤマハ | 12.7 | ( 141) | ( 8.8) |
| 79 | 東京地下鉄（東京メトロ） | 12.7 | ( 64) | ( 14.7) |
| 84 | すかいらーく（ガスト） | 12.3 | ( 50) | ( 16.7) |
| 84 | パナソニック | 12.3 | ( 84) | ( 12.3) |
| 84 | ブリヂストン | 12.3 | ( 108) | ( 10.8) |
| 87 | 森永製菓 | 11.8 | ( 79) | ( 12.8) |
| 87 | ヤクルト本社 | 11.8 | ( 84) | ( 12.3) |
| 87 | 花王 | 11.8 | ( 81) | ( 12.7) |
| 87 | インテル | 11.8 | ( 91) | ( 11.8) |
| 87 | ソニー | 11.8 | ( 98) | ( 11.3) |
| 87 | 日本マイクロソフト | 11.8 | ( 72) | ( 13.7) |
| 87 | アフラック（アメリカンファミリー生命保険） | 11.8 | ( 29) | ( 22.1) |
| 87 | コナミホールディングス（KONAMI） | 11.8 | ( 98) | ( 11.3) |
| 87 | クラブツーリズム | 11.8 | ( 170) | ( 7.4) |
| 96 | 明治 | 11.3 | ( 79) | ( 12.8) |
| 96 | カゴメ | 11.3 | ( 108) | ( 10.8) |
| 96 | TOTO | 11.3 | ( 78) | ( 13.2) |
| 96 | SUBARU | 11.3 | ( 133) | ( 9.3) |
| 96 | イトーヨーカ堂 | 11.3 | ( 98) | ( 11.3) |
| 96 | ローソン | 11.3 | ( 64) | ( 14.7) |
| 96 | 東海旅客鉄道（JR東海） | 11.3 | ( 57) | ( 15.7) |
| 96 | タカラトミー | 11.3 | ( 81) | ( 12.7) |
| 96 | マイナビ | 11.3 | ( 52) | ( 16.2) |

# 成長力がある
## 〈ビジネスパーソン〉

| 2017年 順位 | 社名 | スコア | （2016年）(順位) | (スコア) |
|---|---|---|---|---|
| 1 | LINE | 38.1 | ( 3) | ( 32.6) |
| 2 | グーグル | 37.4 | ( 1) | ( 40.8) |
| 3 | アマゾンジャパン | 36.2 | ( 2) | ( 39.1) |
| 4 | トヨタ自動車 | 30.2 | ( 9) | ( 23.4) |
| 5 | ソフトバンク | 29.6 | ( 8) | ( 24.5) |
| 6 | アマゾン ウェブ サービス ジャパン | 29.4 | ( 4) | ( 32.5) |
| 7 | アップルジャパン | 27.4 | ( 6) | ( 27.5) |
| 8 | オリエンタルランド（東京ディズニーリゾート） | 24.5 | ( 12) | ( 20.9) |
| 8 | ヤフー | 24.5 | ( 5) | ( 28.3) |
| 8 | 楽天 | 24.5 | ( 7) | ( 26.4) |
| 11 | ディー・エヌ・エー（DeNA） | 22.6 | ( 19) | ( 17.6) |
| 12 | ニトリ | 21.9 | ( 17) | ( 18.1) |
| 13 | ファーストリテイリング（ユニクロ） | 21.1 | ( 15) | ( 18.9) |
| 14 | インテル | 19.2 | ( 28) | ( 13.8) |
| 15 | GREE | 18.5 | ( 24) | ( 14.6) |
| 16 | ダイソン | 18.3 | ( 11) | ( 21.3) |
| 17 | リクルートホールディングス | 18.1 | ( 13) | ( 19.2) |
| 18 | 富士フイルム | 17.4 | ( 13) | ( 19.2) |
| 18 | セブン‐イレブン・ジャパン | 17.4 | ( 10) | ( 21.8) |
| 18 | ドワンゴ（dwango） | 17.4 | ( 32) | ( 13.4) |
| 18 | トリドールホールディングス（丸亀製麺） | 17.4 | ( 461) | ( 3.0) |
| 22 | 日産自動車 | 17.0 | ( 22) | ( 15.1) |
| 22 | セブン＆アイ・ホールディングス | 17.0 | ( 16) | ( 18.8) |
| 24 | 味の素 | 16.7 | ( 25) | ( 14.0) |
| 25 | 日本マイクロソフト | 16.0 | ( 17) | ( 18.1) |
| 26 | キリンビバレッジ | 15.1 | ( 29) | ( 13.7) |
| 27 | KDDI（au） | 14.6 | ( 25) | ( 14.0) |
| 28 | 日清食品 | 14.4 | ( 52) | ( 10.9) |
| 29 | 日本コカ・コーラ | 14.3 | ( 35) | ( 13.0) |
| 29 | ホンダ | 14.3 | ( 46) | ( 11.7) |
| 29 | サムスン | 14.3 | ( 39) | ( 12.3) |
| 29 | エイチ・アイ・エス | 14.3 | ( 21) | ( 15.8) |
| 33 | ブリヂストン | 14.0 | ( 65) | ( 10.2) |
| 33 | 東レ | 14.0 | ( 37) | ( 12.6) |
| 33 | ドンキホーテホールディングス | 14.0 | ( 52) | ( 10.9) |
| 36 | エイスース・ジャパン（ASUS） | 13.6 | ( 273) | ( 5.0) |
| 36 | ぐるなび | 13.6 | ( 20) | ( 16.2) |
| 38 | カルビー | 13.3 | ( 46) | ( 11.7) |
| 39 | サントリー | 13.2 | ( 30) | ( 13.6) |
| 39 | P&G（プロクター・アンド・ギャンブル・ジャパン） | 13.2 | ( 107) | ( 8.4) |
| 39 | マツダ | 13.2 | ( 50) | ( 11.3) |
| 39 | アサヒ飲料 | 13.2 | ( 32) | ( 13.4) |
| 43 | 花王 | 12.8 | ( 49) | ( 11.4) |
| 43 | 旭化成 | 12.8 | ( 56) | ( 10.7) |
| 45 | カゴメ | 12.5 | ( 82) | ( 9.4) |
| 45 | キユーピー | 12.5 | ( 52) | ( 10.9) |
| 45 | 伊藤忠商事 | 12.5 | ( 23) | ( 14.7) |
| 45 | テスラモーターズジャパン | 12.5 | ( 135) | ( 7.5) |
| 49 | ウォルト・ディズニー・ジャパン | 12.3 | ( -) | ( -) |
| 50 | アサヒビール | 12.1 | ( 50) | ( 11.3) |
| 50 | SUBARU | 12.1 | ( 124) | ( 7.9) |
| 50 | 三菱地所 | 12.1 | ( 100) | ( 8.7) |
| 50 | 東日本旅客鉄道（JR東日本） | 12.1 | ( 65) | ( 10.2) |
| 50 | ヤマト運輸 | 12.1 | ( 111) | ( 8.3) |
| 50 | 日本エイサー（acer） | 12.1 | ( 226) | ( 5.7) |
| 50 | ファイザー | 12.1 | ( 166) | ( 6.8) |
| 50 | 良品計画（無印良品） | 12.1 | ( 30) | ( 13.6) |
| 58 | キヤノン | 11.7 | ( 58) | ( 10.6) |
| 58 | ファナック | 11.7 | ( 119) | ( 8.0) |
| 58 | 村田製作所 | 11.7 | ( 95) | ( 8.8) |
| 58 | 東海旅客鉄道（JR東海） | 11.7 | ( 82) | ( 9.4) |
| 58 | LG Electronics Japan | 11.7 | ( 107) | ( 8.4) |
| 63 | ヤクルト本社 | 11.3 | ( 119) | ( 8.0) |
| 63 | 武田薬品工業 | 11.3 | ( 148) | ( 7.2) |
| 63 | コマツ（小松製作所） | 11.3 | ( 58) | ( 10.6) |
| 63 | 森ビル | 11.3 | ( 82) | ( 9.4) |
| 63 | 全日本空輸（ANA） | 11.3 | ( 46) | ( 11.7) |
| 63 | マイナビ | 11.3 | ( 52) | ( 10.9) |
| 69 | クボタ | 10.9 | ( 189) | ( 6.4) |
| 69 | ジンズ（JINS） | 10.9 | ( 42) | ( 12.1) |
| 71 | NTTドコモ | 10.8 | ( 135) | ( 7.5) |
| 72 | 味の素AGF | 10.6 | ( 44) | ( 11.8) |
| 72 | ハウス食品 | 10.6 | ( 75) | ( 9.8) |
| 72 | デンソー | 10.6 | ( 34) | ( 13.2) |
| 72 | 日本電産 | 10.6 | ( 35) | ( 13.0) |
| 72 | AIRDO | 10.6 | ( 58) | ( 10.6) |
| 72 | 王将フードサービス（餃子の王将） | 10.6 | ( 305) | ( 4.5) |
| 78 | テレビ東京 | 10.4 | ( 65) | ( 10.2) |
| 79 | パナソニック | 10.2 | ( 89) | ( 9.2) |
| 79 | LIXIL | 10.2 | ( 44) | ( 11.8) |
| 81 | カルチュア・コンビニエンス・クラブ（TSUTAYA） | 10.1 | ( 73) | ( 9.9) |
| 82 | セコム | 10.0 | ( 111) | ( 8.3) |
| 83 | 伊藤園 | 9.8 | ( 134) | ( 7.6) |
| 83 | 沢井製薬 | 9.8 | ( 166) | ( 6.8) |
| 83 | ボーイング | 9.8 | ( 148) | ( 7.2) |
| 83 | レノボ・ジャパン（Lenovo） | 9.8 | ( 226) | ( 5.7) |
| 83 | ハイアールジャパンセールス（ハイアール） | 9.8 | ( 145) | ( 7.3) |
| 83 | インターメスティック（Zoff） | 9.8 | ( 58) | ( 10.6) |
| 83 | ビズリーチ | 9.8 | ( 339) | ( 4.2) |
| 90 | ライオン | 9.7 | ( 119) | ( 8.0) |
| 91 | アフラック（アメリカンファミリー生命保険） | 9.5 | ( 339) | ( 4.2) |
| 91 | ナイキジャパン | 9.5 | ( 25) | ( 14.0) |
| 93 | 大塚製薬 | 9.4 | ( 189) | ( 6.4) |
| 93 | 資生堂 | 9.4 | ( 42) | ( 12.1) |
| 93 | 日本アイ・ビー・エム（IBM） | 9.4 | ( 75) | ( 9.8) |
| 93 | ソニー | 9.4 | ( 107) | ( 8.4) |
| 93 | 帝人 | 9.4 | ( 160) | ( 6.9) |
| 93 | 三井不動産 | 9.4 | ( 111) | ( 8.3) |
| 93 | オリックス | 9.4 | ( 124) | ( 7.9) |
| 93 | 東京地下鉄（東京メトロ） | 9.4 | ( 111) | ( 8.3) |
| 93 | エン・ジャパン | 9.4 | ( 166) | ( 6.8) |

# 成 長 力 が あ る
## 〈一般個人〉

| 2017年 順位 | 社名 | スコア | (2016年 順位) | (スコア) | 2017年 順位 | 社名 | スコア | (2016年 順位) | (スコア) |
|---|---|---|---|---|---|---|---|---|---|
| 1 | グーグル | 34.8 | ( 2) | ( 34.8) | 49 | セコム | 11.8 | ( 51) | ( 10.8) |
| 2 | アマゾンジャパン | 31.9 | ( 1) | ( 35.3) | 49 | リクルートホールディングス | 11.8 | ( 82) | ( 9.3) |
| 3 | オリエンタルランド（東京ディズニーリゾート） | 28.4 | ( 4) | ( 31.9) | 54 | キユーピー | 11.3 | ( 46) | ( 11.3) |
| 3 | LINE | 28.4 | ( 3) | ( 32.4) | 54 | SUBARU | 11.3 | ( 82) | ( 9.3) |
| 5 | ヤフー | 26.0 | ( 5) | ( 28.9) | 54 | 良品計画（無印良品） | 11.3 | ( 24) | ( 14.7) |
| 6 | ソフトバンク | 25.5 | ( 8) | ( 24.5) | 57 | マツダ | 10.8 | ( 73) | ( 9.8) |
| 7 | 楽天 | 24.5 | ( 8) | ( 24.5) | 57 | 森ビル | 10.8 | ( 160) | ( 6.9) |
| 8 | アマゾン ウェブ サービス ジャパン | 22.1 | ( 6) | ( 27.9) | 57 | テレビ東京 | 10.8 | ( 210) | ( 5.9) |
| 9 | アップルジャパン | 21.6 | ( 6) | ( 27.9) | 57 | ジャパネットたかた | 10.8 | ( 93) | ( 8.8) |
| 9 | トヨタ自動車 | 21.6 | ( 11) | ( 21.6) | 57 | トリドールホールディングス（丸亀製麺） | 10.8 | ( 553) | ( 2.5) |
| 11 | ファーストリテイリング（ユニクロ） | 21.1 | ( 14) | ( 19.1) | 62 | キリンビール | 10.3 | ( 82) | ( 9.3) |
| 12 | セブン&アイ・ホールディングス | 19.6 | ( 21) | ( 16.2) | 62 | 味の素 | 10.3 | ( 51) | ( 10.8) |
| 12 | ダイソン | 19.6 | ( 10) | ( 23.5) | 62 | TOTO | 10.3 | ( 36) | ( 12.3) |
| 14 | 日本コカ・コーラ | 18.6 | ( 27) | ( 14.2) | 62 | 花王 | 10.3 | ( 41) | ( 11.8) |
| 15 | 日本マイクロソフト | 18.1 | ( 12) | ( 20.1) | 62 | ニコン | 10.3 | ( 249) | ( 5.4) |
| 15 | キリンビバレッジ | 18.1 | ( 35) | ( 12.7) | 62 | 日本アイ・ビー・エム（IBM） | 10.3 | ( 82) | ( 9.3) |
| 17 | インテル | 17.6 | ( 16) | ( 17.2) | 62 | キヤノン | 10.3 | ( 51) | ( 10.8) |
| 18 | ニトリ | 17.2 | ( 18) | ( 16.7) | 62 | デンソー | 10.3 | ( 210) | ( 5.9) |
| 18 | GREE | 17.2 | ( 12) | ( 20.1) | 70 | ライオン | 9.8 | ( 82) | ( 9.3) |
| 20 | イオン | 16.7 | ( 28) | ( 13.7) | 70 | 富士通ゼネラル | 9.8 | ( 298) | ( 4.9) |
| 20 | セブン-イレブン・ジャパン | 16.7 | ( 23) | ( 15.2) | 70 | 三菱地所 | 9.8 | ( 126) | ( 7.8) |
| 22 | ディー・エヌ・エー（DeNA） | 16.2 | ( 41) | ( 11.8) | 70 | ローソン | 9.8 | ( 104) | ( 8.3) |
| 22 | ドワンゴ（dwango） | 16.2 | ( 24) | ( 14.7) | 70 | TBS | 9.8 | ( 186) | ( 6.4) |
| 22 | ドンキホーテホールディングス | 16.2 | ( 22) | ( 15.7) | 70 | 三菱東京UFJ銀行 | 9.8 | ( 32) | ( 13.2) |
| 22 | ウォルト・ディズニー・ジャパン | 16.2 | ( -) | ( -) | 70 | タカラトミー | 9.8 | ( 61) | ( 10.3) |
| 26 | アサヒ飲料 | 15.7 | ( 46) | ( 11.3) | 70 | 東京地下鉄（東京メトロ） | 9.8 | ( 46) | ( 11.3) |
| 27 | 全日本空輸（ANA） | 15.2 | ( 24) | ( 14.7) | 78 | 明治 | 9.3 | ( 46) | ( 11.3) |
| 27 | ナイキジャパン | 15.2 | ( 15) | ( 18.1) | 78 | 伊藤園 | 9.3 | ( 104) | ( 8.3) |
| 29 | KDDI（au） | 14.7 | ( 18) | ( 16.7) | 78 | ミツカン | 9.3 | ( 186) | ( 6.4) |
| 30 | 日産自動車 | 14.2 | ( 32) | ( 13.2) | 78 | 資生堂 | 9.3 | ( 73) | ( 9.8) |
| 31 | サントリー | 13.2 | ( 73) | ( 9.8) | 78 | NEC（日本電気） | 9.3 | ( 186) | ( 6.4) |
| 31 | NTTドコモ | 13.2 | ( 28) | ( 13.7) | 78 | 日本ユニシス | 9.3 | ( 448) | ( 3.4) |
| 31 | ぐるなび | 13.2 | ( 18) | ( 16.7) | 78 | セイコーエプソン（EPSON） | 9.3 | ( 126) | ( 7.8) |
| 34 | アサヒビール | 12.7 | ( 41) | ( 11.8) | 78 | スズキ | 9.3 | ( 82) | ( 9.3) |
| 34 | 味の素AGF | 12.7 | ( 126) | ( 7.8) | 78 | 住友林業 | 9.3 | ( 160) | ( 6.9) |
| 34 | パナソニック | 12.7 | ( 104) | ( 8.3) | 78 | JTB | 9.3 | ( 93) | ( 8.8) |
| 34 | アフラック（アメリカンファミリー生命保険） | 12.7 | ( 28) | ( 13.7) | 78 | 日本テレビ放送網（日本テレビ） | 9.3 | ( 160) | ( 6.9) |
| 34 | 東日本旅客鉄道（JR東日本） | 12.7 | ( 28) | ( 13.7) | 78 | ベネッセコーポレーション | 9.3 | ( 73) | ( 9.8) |
| 34 | ヤマト運輸 | 12.7 | ( 36) | ( 12.3) | 78 | サムスン | 9.3 | ( 36) | ( 12.3) |
| 34 | エイチ・アイ・エス | 12.7 | ( 32) | ( 13.2) | 78 | コナミホールディングス（KONAMI） | 9.3 | ( 104) | ( 8.3) |
| 34 | アディダスジャパン | 12.7 | ( 16) | ( 17.2) | 78 | トレンドマイクロ | 9.3 | ( 126) | ( 7.8) |
| 34 | 東急リバブル | 12.7 | ( 636) | ( 1.5) | 78 | ビズリーチ | 9.3 | ( 249) | ( 5.4) |
| 34 | マイナビ | 12.7 | ( 36) | ( 12.3) | 94 | 森永乳業 | 8.8 | ( 186) | ( 6.4) |
| 44 | ソニー | 12.3 | ( 82) | ( 9.3) | 94 | カゴメ | 8.8 | ( 298) | ( 4.9) |
| 44 | ホンダ | 12.3 | ( 51) | ( 10.8) | 94 | ダイキン工業 | 8.8 | ( 61) | ( 10.3) |
| 44 | 大和ハウス工業 | 12.3 | ( 82) | ( 9.3) | 94 | ダイハツ工業 | 8.8 | ( 104) | ( 8.3) |
| 44 | ファミリーマート | 12.3 | ( 93) | ( 8.8) | 94 | 長谷工コーポレーション | 8.8 | ( 598) | ( 2.0) |
| 44 | AIRDO | 12.3 | ( 61) | ( 10.3) | 94 | 伊藤忠商事 | 8.8 | ( 93) | ( 8.8) |
| 49 | 京セラ | 11.8 | ( 46) | ( 11.3) | 94 | エン・ジャパン | 8.8 | ( 448) | ( 3.4) |
| 49 | 日立製作所 | 11.8 | ( 82) | ( 9.3) | 94 | キヤノン電子 | 8.8 | ( 160) | ( 6.9) |
| 49 | 日本航空（JAL） | 11.8 | ( 51) | ( 10.8) | | | | | |

# 新分野進出に熱心である
## 〈ビジネスパーソン〉

| 2017年 順位 社名 | スコア | （2016年）（順位）（スコア） | 2017年 順位 社名 | スコア | （2016年）（順位）（スコア） |
|---|---|---|---|---|---|
| 1 富士フイルム | 26.0 | ( 1)( 27.5) | 51 オリエンタルランド（東京ディズニーリゾート） | 6.2 | ( 45)( 6.8) |
| 2 ソフトバンク | 22.3 | ( 2)( 25.7) | 51 テレビ東京 | 6.2 | ( 180)( 3.0) |
| 2 グーグル | 22.3 | ( 3)( 24.5) | 51 タカラトミー | 6.2 | ( 96)( 4.2) |
| 2 アマゾンジャパン | 22.3 | ( 4)( 23.0) | 55 大塚製薬 | 6.0 | ( 78)( 4.9) |
| 5 LINE | 21.5 | ( 15)( 12.3) | 55 住友商事 | 6.0 | ( 24)( 9.4) |
| 6 楽天 | 20.0 | ( 5)( 19.2) | 55 東日本旅客鉄道（JR東日本） | 6.0 | ( 88)( 4.5) |
| 7 ディー・エヌ・エー（DeNA） | 18.9 | ( 11)( 13.4) | 55 良品計画（無印良品） | 6.0 | ( 96)( 4.2) |
| 8 トヨタ自動車 | 17.7 | ( 6)( 17.7) | 55 LG Electronics Japan | 6.0 | ( 81)( 4.6) |
| 9 リクルートホールディングス | 17.0 | ( 10)( 15.1) | 55 豊田通商 | 6.0 | ( 53)( 6.0) |
| 10 アップルジャパン | 14.8 | ( 7)( 16.6) | 61 バンダイナムコホールディングス | 5.8 | ( 81)( 4.6) |
| 11 GREE | 14.7 | ( 34)( 8.0) | 62 小林製薬 | 5.7 | ( 69)( 5.3) |
| 12 日本たばこ産業（JT） | 14.0 | ( 17)( 11.7) | 62 日本アイ・ビー・エム（IBM） | 5.7 | ( 88)( 4.5) |
| 12 アマゾン ウェブ サービス ジャパン | 14.0 | ( 7)( 16.6) | 62 村田製作所 | 5.7 | ( 68)( 5.4) |
| 14 ドワンゴ（dwango） | 13.2 | ( 26)( 9.2) | 62 ヤマトホールディングス | 5.7 | ( 112)( 3.8) |
| 15 ヤフー | 12.8 | ( 9)( 15.5) | 62 サイボウズ | 5.7 | ( 400)( 1.5) |
| 16 東レ | 12.5 | ( 12)( 13.0) | 67 コナミホールディングス（KONAMI） | 5.4 | ( 112)( 3.8) |
| 17 旭化成 | 11.3 | ( 26)( 9.2) | 67 KDDI（au） | 5.4 | ( 28)( 9.1) |
| 18 オムロン | 10.9 | ( 61)( 5.7) | 69 シャープ | 5.3 | ( 168)( 3.1) |
| 18 日産自動車 | 10.9 | ( 13)( 12.8) | 69 デンソー | 5.3 | ( 69)( 5.3) |
| 20 カルチュア・コンビニエンス・クラブ（TSUTAYA） | 10.5 | ( 38)( 7.6) | 69 大日本印刷 | 5.3 | ( 78)( 4.9) |
| 21 日本マイクロソフト | 10.3 | ( 39)( 7.5) | 69 アサヒ飲料 | 5.3 | ( 42)( 6.9) |
| 22 ホンダ | 10.2 | ( 18)( 11.3) | 69 マイナビ | 5.3 | ( 61)( 5.7) |
| 23 サントリー | 9.8 | ( 20)( 9.8) | 69 ドンキホーテホールディングス | 5.3 | ( 112)( 3.8) |
| 23 味の素 | 9.8 | ( 20)( 9.8) | 75 P&G（プロクター・アンド・ギャンブル・ジャパン） | 5.1 | ( 112)( 3.8) |
| 23 伊藤忠商事 | 9.8 | ( 13)( 12.8) | 76 ネスレ | 4.9 | ( 81)( 4.6) |
| 26 テスラモーターズジャパン | 9.4 | ( 24)( 9.4) | 76 ダスキン | 4.9 | ( 29)( 8.7) |
| 27 帝人 | 9.1 | ( 32)( 8.4) | 76 富士通 | 4.9 | ( 247)( 2.3) |
| 27 サムスン | 9.1 | ( 61)( 5.7) | 76 TDK | 4.9 | ( 96)( 4.2) |
| 29 ソニー | 8.7 | ( 23)( 9.6) | 76 イオン | 4.9 | ( 81)( 4.6) |
| 29 ファーストリテイリング（ユニクロ） | 8.7 | ( 29)( 8.7) | 76 東海旅客鉄道（JR東海） | 4.9 | ( 112)( 3.8) |
| 29 セブン&アイ・ホールディングス | 8.7 | ( 42)( 6.9) | 76 ベネッセコーポレーション | 4.9 | ( 61)( 5.7) |
| 32 オリックス | 7.9 | ( 78)( 4.9) | 76 沢井製薬 | 4.9 | ( 247)( 2.3) |
| 33 パナソニック | 7.5 | ( 48)( 6.5) | 76 キリンビバレッジ | 4.9 | ( 42)( 6.9) |
| 33 三菱商事 | 7.5 | ( 19)( 10.6) | 76 ジャパネットたかた | 4.9 | ( 88)( 4.5) |
| 35 京セラ | 7.2 | ( 34)( 8.0) | 76 双日 | 4.9 | ( 52)( 6.4) |
| 35 三井物産 | 7.2 | ( 16)( 12.1) | 76 AIRDO | 4.9 | ( 180)( 3.0) |
| 37 花王 | 7.0 | ( 48)( 6.5) | 88 ニプロ | 4.7 | ( 180)( 3.0) |
| 38 NTTドコモ | 6.9 | ( 88)( 4.5) | 89 日本放送協会（NHK） | 4.6 | ( 247)( 2.3) |
| 39 味の素AGF | 6.8 | ( 32)( 8.4) | 90 アサヒビール | 4.5 | ( 96)( 4.2) |
| 39 日清食品 | 6.8 | ( 69)( 5.3) | 90 明治 | 4.5 | ( 53)( 6.0) |
| 39 インテル | 6.8 | ( 96)( 4.2) | 90 富士ゼロックス | 4.5 | ( 53)( 6.0) |
| 39 三菱重工業 | 6.8 | ( 69)( 5.3) | 90 ヤマハ | 4.5 | ( 48)( 6.5) |
| 39 セブン-イレブン・ジャパン | 6.8 | ( 40)( 7.3) | 90 ブリヂストン | 4.5 | ( 88)( 4.5) |
| 39 丸紅 | 6.8 | ( 29)( 8.7) | 90 大和ハウス工業 | 4.5 | ( 95)( 4.3) |
| 39 エイチ・アイ・エス | 6.8 | ( 61)( 5.7) | 90 日本電産 | 4.5 | ( 76)( 5.0) |
| 46 ダイソン | 6.5 | ( 20)( 9.8) | 90 レノボ・ジャパン（Lenovo） | 4.5 | ( 206)( 2.7) |
| 46 ウォルト・ディズニー・ジャパン | 6.5 | ( -)( -) | 90 ゼリア新薬工業 | 4.5 | ( 218)( 2.6) |
| 48 ヤクルト本社 | 6.4 | ( 69)( 5.3) | 90 キヤノン電子 | 4.5 | ( 168)( 3.1) |
| 48 キヤノン | 6.4 | ( 138)( 3.4) | 100 ライオン | 4.3 | ( 180)( 3.0) |
| 48 日清紡 | 6.4 | ( 48)( 6.5) | 100 サンスター | 4.3 | ( 247)( 2.3) |
| 51 テルモ | 6.2 | ( 96)( 4.2) | | | |

# 新分野進出に熱心である
## 〈一般個人〉

| 2017年 順位 | 社名 | スコア | (2016年)(順位) | (スコア) | 2017年 順位 | 社名 | スコア | (2016年)(順位) | (スコア) |
|---|---|---|---|---|---|---|---|---|---|
| 1 | グーグル | 19.6 | ( 4) | ( 18.1) | 51 | ベネッセコーポレーション | 4.9 | ( 32) | ( 6.4) |
| 2 | アマゾン ウェブ サービス ジャパン | 18.1 | ( 8) | ( 13.2) | 51 | 日本電産 | 4.9 | ( 516) | ( 1.0) |
| 3 | ソフトバンク | 16.2 | ( 9) | ( 12.3) | 51 | デル | 4.9 | ( 310) | ( 2.0) |
| 4 | ヤフー | 15.7 | ( 6) | ( 16.2) | 51 | 森トラスト | 4.9 | ( 247) | ( 2.5) |
| 5 | 富士フイルム | 14.2 | ( 7) | ( 15.7) | 51 | 豊田通商 | 4.9 | ( 247) | ( 2.5) |
| 6 | アマゾンジャパン | 13.2 | ( 5) | ( 17.2) | 51 | LIXIL | 4.9 | ( 46) | ( 5.4) |
| 7 | 楽天 | 12.7 | ( 2) | ( 18.6) | 64 | 味の素AGF | 4.4 | ( 64) | ( 4.9) |
| 8 | LINE | 12.3 | ( 11) | ( 10.3) | 64 | ヤクルト本社 | 4.4 | ( 41) | ( 5.9) |
| 9 | 日本たばこ産業（JT） | 9.3 | ( 19) | ( 8.8) | 64 | 日立製作所 | 4.4 | ( 46) | ( 5.4) |
| 10 | ディー・エヌ・エー（DeNA） | 8.8 | ( 32) | ( 6.4) | 64 | 三菱電機 | 4.4 | ( 247) | ( 2.5) |
| 11 | エイチ・アイ・エス | 8.3 | ( 41) | ( 5.9) | 64 | 日本アイ・ビー・エム（IBM） | 4.4 | ( 109) | ( 3.9) |
| 11 | ファーストリテイリング（ユニクロ） | 8.3 | ( 17) | ( 9.3) | 64 | 日本マイクロソフト | 4.4 | ( 2) | ( 18.6) |
| 11 | GREE | 8.3 | ( 25) | ( 7.4) | 64 | 大日本印刷 | 4.4 | ( 310) | ( 2.0) |
| 14 | 味の素 | 7.8 | ( 27) | ( 6.9) | 64 | コマツ（小松製作所） | 4.4 | ( 247) | ( 2.5) |
| 14 | オリエンタルランド（東京ディズニーリゾート） | 7.8 | ( 11) | ( 10.3) | 64 | アフラック（アメリカンファミリー生命保険） | 4.4 | ( 64) | ( 4.9) |
| 14 | リクルートホールディングス | 7.8 | ( 46) | ( 5.4) | 64 | メットライフ生命 | 4.4 | ( 247) | ( 2.5) |
| 14 | ドワンゴ（dwango） | 7.8 | ( 32) | ( 6.4) | 64 | オリックス | 4.4 | ( 247) | ( 2.5) |
| 18 | 明治 | 7.4 | ( 89) | ( 4.4) | 64 | 豊田自動織機 | 4.4 | ( 247) | ( 2.5) |
| 18 | ソニー | 7.4 | ( 21) | ( 7.8) | 64 | ソニー銀行 | 4.4 | ( 89) | ( 4.4) |
| 18 | トヨタ自動車 | 7.4 | ( 10) | ( 10.8) | 64 | クラブツーリズム | 4.4 | ( 247) | ( 2.5) |
| 18 | セブン＆アイ・ホールディングス | 7.4 | ( 11) | ( 10.3) | 64 | アステラス製薬 | 4.4 | ( 139) | ( 3.4) |
| 18 | ダイソン | 7.4 | ( 15) | ( 9.8) | 64 | エン・ジャパン | 4.4 | ( 188) | ( 2.9) |
| 23 | アップルジャパン | 6.9 | ( 1) | ( 20.1) | 64 | ダンロップスポーツ | 4.4 | ( 412) | ( 1.5) |
| 23 | テレビ東京 | 6.9 | ( 139) | ( 3.4) | 64 | キヤノン電子 | 4.4 | ( 139) | ( 3.4) |
| 23 | WOWOW | 6.9 | ( 64) | ( 4.9) | 64 | イマジカ・ロボットホールディングス | 4.4 | ( 310) | ( 2.0) |
| 23 | スカパーJSAT | 6.9 | ( 46) | ( 5.4) | 64 | ぐるなび | 4.4 | ( 64) | ( 4.9) |
| 27 | サントリー | 5.9 | ( 27) | ( 6.9) | 64 | テスラモーターズジャパン | 4.4 | ( 247) | ( 2.5) |
| 27 | アサヒビール | 5.9 | ( 64) | ( 4.9) | 85 | キリンビール | 3.9 | ( 64) | ( 4.9) |
| 27 | 日本コカ・コーラ | 5.9 | ( 20) | ( 8.3) | 85 | ロッテ | 3.9 | ( 109) | ( 3.9) |
| 27 | NEC（日本電気） | 5.9 | ( 188) | ( 2.9) | 85 | 森永製菓 | 3.9 | ( 64) | ( 4.9) |
| 27 | パナソニック | 5.9 | ( 25) | ( 7.4) | 85 | キユーピー | 3.9 | ( 64) | ( 4.9) |
| 27 | 東レ | 5.9 | ( 21) | ( 7.8) | 85 | 日本新薬 | 3.9 | ( 139) | ( 3.4) |
| 27 | 日産自動車 | 5.9 | ( 46) | ( 5.4) | 85 | 大塚製薬 | 3.9 | ( 139) | ( 3.4) |
| 27 | 伊藤忠商事 | 5.9 | ( 188) | ( 2.9) | 85 | ライオン | 3.9 | ( 109) | ( 3.9) |
| 27 | 日本放送協会（NHK） | 5.9 | ( 89) | ( 4.4) | 85 | 富士通 | 3.9 | ( 46) | ( 5.4) |
| 27 | サムスン | 5.9 | ( 89) | ( 4.4) | 85 | ミズノ | 3.9 | ( 89) | ( 4.4) |
| 27 | KDDI（au） | 5.9 | ( 109) | ( 3.9) | 85 | 東洋紡（TOYOBO） | 3.9 | ( 109) | ( 3.9) |
| 27 | 双日 | 5.9 | ( 516) | ( 1.0) | 85 | ホンダ | 3.9 | ( 27) | ( 6.9) |
| 27 | ビズリーチ | 5.9 | ( 89) | ( 4.4) | 85 | メルセデス・ベンツ | 3.9 | ( 247) | ( 2.5) |
| 27 | ウォルト・ディズニー・ジャパン | 5.9 | ( -) | ( -) | 85 | 積水ハウス | 3.9 | ( 412) | ( 1.5) |
| 41 | 日清食品 | 5.4 | ( 46) | ( 5.4) | 85 | 日立ハイテクノロジーズ | 3.9 | ( 139) | ( 3.4) |
| 41 | 日本マクドナルド | 5.4 | ( 139) | ( 3.4) | 85 | 東京ガス | 3.9 | ( 139) | ( 3.4) |
| 41 | オリンパス | 5.4 | ( 139) | ( 3.4) | 85 | TBS | 3.9 | ( 412) | ( 1.5) |
| 41 | 村田製作所 | 5.4 | ( 109) | ( 3.9) | 85 | 沢井製薬 | 3.9 | ( 64) | ( 4.9) |
| 41 | バンダイナムコホールディングス | 5.4 | ( 46) | ( 5.4) | 85 | NTTファシリティーズ | 3.9 | ( 64) | ( 4.9) |
| 41 | ブリヂストン | 5.4 | ( 109) | ( 3.9) | 85 | 日本エイサー（acer） | 3.9 | ( 602) | ( 0.5) |
| 41 | 旭化成 | 5.4 | ( 21) | ( 7.8) | 85 | カルチュア・コンビニエンス・クラブ（TSUTAYA） | 3.9 | ( 64) | ( 4.9) |
| 41 | ヤマハ発動機 | 5.4 | ( 412) | ( 1.5) | 85 | 東和薬品 | 3.9 | ( 46) | ( 5.4) |
| 41 | 川崎重工業 | 5.4 | ( 516) | ( 1.0) | 85 | アディダスジャパン | 3.9 | ( 17) | ( 9.3) |
| 41 | キリンビバレッジ | 5.4 | ( 46) | ( 5.4) | 85 | 日医工 | 3.9 | ( 32) | ( 6.4) |
| 51 | 雪印メグミルク | 4.9 | ( 247) | ( 2.5) | 85 | レノボ・ジャパン（Lenovo） | 3.9 | ( 412) | ( 1.5) |
| 51 | 日清紡 | 4.9 | ( 64) | ( 4.9) | 85 | ヒューリック | 3.9 | ( 139) | ( 3.4) |
| 51 | 帝人 | 4.9 | ( 32) | ( 6.4) | 85 | 井村屋 | 3.9 | ( 179) | ( 3.0) |
| 51 | 三菱重工業 | 4.9 | ( 247) | ( 2.5) | 85 | マイナビ | 3.9 | ( 64) | ( 4.9) |
| 51 | セブン-イレブン・ジャパン | 4.9 | ( 11) | ( 10.3) | 85 | トリドールホールディングス（丸亀製麺） | 3.9 | ( 247) | ( 2.5) |
| 51 | セコム | 4.9 | ( 139) | ( 3.4) | 85 | フマキラー | 3.9 | ( 310) | ( 2.0) |
| 51 | 日本テレビ放送網（日本テレビ） | 4.9 | ( 516) | ( 1.0) | 85 | ボルテックス | 3.9 | ( 412) | ( 1.5) |

# 社会の変化に対応できる
## 〈ビジネスパーソン〉

| 順位 | 社名 | 2017年 スコア | （2016年）（順位） | （スコア） |
|---|---|---|---|---|
| 1 | グーグル | 34.7 | ( 1) | ( 36.2) |
| 2 | トヨタ自動車 | 27.9 | ( 6) | ( 25.3) |
| 3 | アマゾンジャパン | 26.8 | ( 3) | ( 29.1) |
| 4 | アマゾン ウェブ サービス ジャパン | 24.9 | ( 2) | ( 30.9) |
| 5 | ソフトバンク | 24.2 | ( 5) | ( 25.7) |
| 6 | アップルジャパン | 22.8 | ( 7) | ( 24.2) |
| 7 | ヤフー | 22.6 | ( 4) | ( 27.9) |
| 8 | 楽天 | 20.4 | ( 10) | ( 20.7) |
| 9 | セブン-イレブン・ジャパン | 19.6 | ( 9) | ( 23.0) |
| 9 | LINE | 19.6 | ( 28) | ( 13.0) |
| 11 | リクルートホールディングス | 19.2 | ( 18) | ( 15.5) |
| 12 | 富士フイルム | 18.9 | ( 7) | ( 24.2) |
| 13 | オリエンタルランド（東京ディズニーリゾート） | 17.1 | ( 15) | ( 16.0) |
| 14 | 日産自動車 | 16.6 | ( 12) | ( 16.6) |
| 15 | 日本マイクロソフト | 16.3 | ( 12) | ( 16.6) |
| 16 | 日本コカ・コーラ | 16.2 | ( 24) | ( 14.1) |
| 17 | ヤマト運輸 | 15.8 | ( 34) | ( 12.5) |
| 18 | 伊藤忠商事 | 15.5 | ( 11) | ( 20.4) |
| 19 | インテル | 15.1 | ( 38) | ( 12.3) |
| 19 | ディー・エヌ・エー（DeNA） | 15.1 | ( 45) | ( 11.1) |
| 21 | 日本たばこ産業（JT） | 14.7 | ( 16) | ( 15.8) |
| 21 | ファーストリテイリング（ユニクロ） | 14.7 | ( 20) | ( 15.1) |
| 23 | パナソニック | 14.3 | ( 47) | ( 10.7) |
| 24 | 味の素 | 14.0 | ( 26) | ( 13.6) |
| 24 | ソニー | 14.0 | ( 61) | ( 10.0) |
| 24 | キリンビバレッジ | 14.0 | ( 22) | ( 14.5) |
| 27 | 住友商事 | 13.6 | ( 34) | ( 12.5) |
| 27 | 三菱商事 | 13.6 | ( 40) | ( 12.1) |
| 27 | 東日本旅客鉄道（JR東日本） | 13.6 | ( 30) | ( 12.8) |
| 27 | GREE | 13.6 | ( 134) | ( 6.9) |
| 31 | 花王 | 13.2 | ( 39) | ( 12.2) |
| 31 | 日立製作所 | 13.2 | ( 28) | ( 13.0) |
| 31 | ドンキホーテホールディングス | 13.2 | ( 27) | ( 13.2) |
| 34 | 三井物産 | 12.8 | ( 21) | ( 14.7) |
| 34 | 東海旅客鉄道（JR東海） | 12.8 | ( 56) | ( 10.2) |
| 34 | 全日本空輸（ANA） | 12.8 | ( 16) | ( 15.8) |
| 34 | セブン＆アイ・ホールディングス | 12.8 | ( 14) | ( 16.5) |
| 38 | ウォルト・ディズニー・ジャパン | 12.7 | ( -) | ( -) |
| 39 | アサヒ飲料 | 12.5 | ( 33) | ( 12.6) |
| 40 | KDDI（au） | 12.3 | ( 23) | ( 14.3) |
| 41 | 三菱地所 | 12.1 | ( 138) | ( 6.8) |
| 42 | 日清食品 | 11.7 | ( 34) | ( 12.5) |
| 42 | ホンダ | 11.7 | ( 25) | ( 14.0) |
| 44 | カルチュア・コンビニエンス・クラブ（TSUTAYA） | 11.3 | ( 64) | ( 9.9) |
| 44 | ヤマトホールディングス | 11.3 | ( 89) | ( 8.3) |
| 46 | キユーピー | 11.0 | ( 73) | ( 9.4) |
| 47 | オムロン | 10.9 | ( 50) | ( 10.6) |
| 47 | 日本航空（JAL） | 10.9 | ( 50) | ( 10.6) |
| 47 | ドワンゴ（dwango） | 10.9 | ( 118) | ( 7.3) |
| 50 | サントリー | 10.6 | ( 50) | ( 10.6) |
| 50 | 味の素AGF | 10.6 | ( 64) | ( 9.9) |
| 50 | 資生堂 | 10.6 | ( 104) | ( 7.9) |
| 50 | 旭化成 | 10.6 | ( 69) | ( 9.6) |
| 50 | ファミリーマート | 10.6 | ( 55) | ( 10.3) |
| 50 | ニトリ | 10.6 | ( 30) | ( 12.8) |
| 50 | ダイソン | 10.6 | ( 42) | ( 11.8) |
| 57 | ライオン | 10.5 | ( 71) | ( 9.5) |
| 57 | P&G（プロクター・アンド・ギャンブル・ジャパン） | 10.5 | ( 99) | ( 8.0) |
| 59 | NTTドコモ | 10.4 | ( 56) | ( 10.2) |
| 60 | キッコーマン | 10.2 | ( 82) | ( 8.7) |
| 60 | サムスン | 10.2 | ( 75) | ( 9.2) |
| 60 | 東京地下鉄（東京メトロ） | 10.2 | ( 89) | ( 8.3) |
| 63 | 日本アイ・ビー・エム（IBM） | 9.8 | ( 44) | ( 11.3) |
| 63 | ローソン | 9.8 | ( 61) | ( 10.0) |
| 63 | 丸紅 | 9.8 | ( 50) | ( 10.6) |
| 63 | ぐるなび | 9.8 | ( 40) | ( 12.1) |
| 67 | カルビー | 9.5 | ( 34) | ( 12.5) |
| 68 | 三井不動産 | 9.4 | ( 222) | ( 4.9) |
| 68 | 森ビル | 9.4 | ( 77) | ( 9.1) |
| 68 | 清水建設 | 9.4 | ( 167) | ( 6.3) |
| 71 | ユニ・チャーム | 9.3 | ( 77) | ( 9.1) |
| 72 | テレビ東京 | 9.2 | ( 82) | ( 8.7) |
| 73 | 三菱電機 | 9.1 | ( 110) | ( 7.7) |
| 73 | 東レ | 9.1 | ( 43) | ( 11.5) |
| 73 | オリックス | 9.1 | ( 89) | ( 8.3) |
| 73 | NTTデータ | 9.1 | ( 87) | ( 8.4) |
| 73 | 良品計画（無印良品） | 9.1 | ( 46) | ( 10.9) |
| 73 | 双日 | 9.1 | ( 77) | ( 9.1) |
| 79 | テルモ | 8.9 | ( 138) | ( 6.8) |
| 80 | セコム | 8.8 | ( 50) | ( 10.6) |
| 80 | テレビ朝日 | 8.8 | ( 125) | ( 7.2) |
| 80 | トレンドマイクロ | 8.8 | ( 174) | ( 6.0) |
| 83 | 明治 | 8.7 | ( 89) | ( 8.3) |
| 83 | ヤクルト本社 | 8.7 | ( 99) | ( 8.0) |
| 83 | カゴメ | 8.7 | ( 56) | ( 10.2) |
| 83 | 伊藤園 | 8.7 | ( 112) | ( 7.6) |
| 83 | 東京急行電鉄（東急電鉄） | 8.7 | ( 138) | ( 6.8) |
| 83 | エイチ・アイ・エス | 8.7 | ( 30) | ( 12.8) |
| 89 | 日本テレビ放送網（日本テレビ） | 8.5 | ( 104) | ( 7.9) |
| 89 | シマンテック | 8.5 | ( 125) | ( 7.2) |
| 91 | 日本マクドナルド | 8.3 | ( 174) | ( 6.0) |
| 91 | TOTO | 8.3 | ( 19) | ( 15.4) |
| 91 | 富士通 | 8.3 | ( 219) | ( 5.0) |
| 91 | キヤノン | 8.3 | ( 73) | ( 9.4) |
| 91 | ブリヂストン | 8.3 | ( 104) | ( 7.9) |
| 91 | クボタ | 8.3 | ( 174) | ( 6.0) |
| 91 | メルセデス・ベンツ | 8.3 | ( 82) | ( 8.7) |
| 91 | 三井住友銀行 | 8.3 | ( 47) | ( 10.7) |
| 91 | 佐川急便 | 8.3 | ( 155) | ( 6.4) |
| 91 | ジャパネットたかた | 8.3 | ( 138) | ( 6.8) |
| 91 | みずほ銀行 | 8.3 | ( 99) | ( 8.0) |

# 社会の変化に対応できる
## 〈一般個人〉

| 順位 | 社名 | スコア | (順位) | (スコア) |
|---|---|---|---|---|
| 1 | グーグル | 31.9 | ( 3) | ( 25.5) |
| 2 | ヤフー | 27.0 | ( 8) | ( 20.1) |
| 3 | アマゾンジャパン | 24.5 | ( 2) | ( 26.5) |
| 4 | アマゾン ウェブ サービス ジャパン | 24.0 | ( 4) | ( 22.5) |
| 5 | アップルジャパン | 20.1 | ( 1) | ( 27.5) |
| 5 | 楽天 | 20.1 | ( 11) | ( 18.1) |
| 7 | ソフトバンク | 17.2 | ( 11) | ( 18.1) |
| 7 | LINE | 17.2 | ( 26) | ( 12.3) |
| 9 | オリエンタルランド（東京ディズニーリゾート） | 16.2 | ( 5) | ( 21.6) |
| 10 | 日本マイクロソフト | 15.2 | ( 5) | ( 21.6) |
| 10 | ドンキホーテホールディングス | 15.2 | ( 23) | ( 12.7) |
| 12 | TOTO | 14.7 | ( 26) | ( 12.3) |
| 12 | トヨタ自動車 | 14.7 | ( 7) | ( 20.6) |
| 14 | 日本コカ・コーラ | 14.2 | ( 31) | ( 11.8) |
| 14 | 日産自動車 | 14.2 | ( 32) | ( 11.3) |
| 14 | ヤマト運輸 | 14.2 | ( 54) | ( 8.8) |
| 14 | ファーストリテイリング（ユニクロ） | 14.2 | ( 10) | ( 18.6) |
| 18 | 富士フイルム | 13.7 | ( 26) | ( 12.3) |
| 18 | 伊藤忠商事 | 13.7 | ( 43) | ( 9.8) |
| 18 | リクルートホールディングス | 13.7 | ( 32) | ( 11.3) |
| 21 | セブン-イレブン・ジャパン | 13.2 | ( 9) | ( 19.1) |
| 21 | セブン＆アイ・ホールディングス | 13.2 | ( 16) | ( 14.2) |
| 23 | サントリー | 12.7 | ( 20) | ( 13.7) |
| 24 | 日本放送協会（NHK） | 12.3 | ( 105) | ( 6.4) |
| 25 | 東日本旅客鉄道（JR東日本） | 11.8 | ( 26) | ( 12.3) |
| 25 | キリンビバレッジ | 11.8 | ( 64) | ( 7.8) |
| 27 | 全日本空輸（ANA） | 11.3 | ( 14) | ( 15.7) |
| 27 | セコム | 11.3 | ( 32) | ( 11.3) |
| 27 | ぐるなび | 11.3 | ( 21) | ( 13.2) |
| 30 | 明治 | 10.8 | ( 62) | ( 7.9) |
| 30 | ローソン | 10.8 | ( 26) | ( 12.3) |
| 30 | NTTデータ | 10.8 | ( 105) | ( 6.4) |
| 30 | KDDI（au） | 10.8 | ( 15) | ( 15.2) |
| 30 | レオパレス21 | 10.8 | ( -) | ( -) |
| 35 | アサヒビール | 10.3 | ( 47) | ( 9.3) |
| 35 | カルビー | 10.3 | ( 53) | ( 8.9) |
| 35 | 日本たばこ産業（JT） | 10.3 | ( 13) | ( 17.6) |
| 35 | キヤノン | 10.3 | ( 64) | ( 7.8) |
| 35 | イオン | 10.3 | ( 43) | ( 9.8) |
| 35 | テレビ朝日 | 10.3 | ( 132) | ( 5.9) |
| 35 | テレビ東京 | 10.3 | ( 132) | ( 5.9) |
| 35 | TBS | 10.3 | ( 105) | ( 6.4) |
| 35 | 日本テレビ放送網（日本テレビ） | 10.3 | ( 86) | ( 6.9) |
| 35 | マイナビ | 10.3 | ( 72) | ( 7.4) |
| 45 | キリンビール | 9.8 | ( 54) | ( 8.8) |
| 45 | キユーピー | 9.8 | ( 72) | ( 7.4) |
| 45 | パナソニック | 9.8 | ( 23) | ( 12.7) |
| 45 | 日本アイ・ビー・エム（IBM） | 9.8 | ( 64) | ( 7.8) |
| 45 | ソニー | 9.8 | ( 86) | ( 6.9) |
| 45 | 三菱地所 | 9.8 | ( 132) | ( 5.9) |
| 45 | 東海旅客鉄道（JR東海） | 9.8 | ( 47) | ( 9.3) |
| 45 | アサヒ飲料 | 9.8 | ( 43) | ( 9.8) |
| 45 | 東京地下鉄（東京メトロ） | 9.8 | ( 47) | ( 9.3) |
| 54 | 味の素 | 9.3 | ( 62) | ( 7.9) |
| 54 | 日本マクドナルド | 9.3 | ( 86) | ( 6.9) |
| 54 | ファミリーマート | 9.3 | ( 32) | ( 11.3) |
| 54 | 丸紅 | 9.3 | ( 86) | ( 6.9) |
| 54 | 三菱商事 | 9.3 | ( 105) | ( 6.4) |
| 54 | 野村総合研究所（NRI） | 9.3 | ( 86) | ( 6.9) |
| 54 | ニトリ | 9.3 | ( 41) | ( 10.3) |
| 54 | ナイキジャパン | 9.3 | ( 16) | ( 14.2) |
| 54 | ディー・エヌ・エー（DeNA） | 9.3 | ( 224) | ( 4.4) |
| 54 | ウォルト・ディズニー・ジャパン | 9.3 | ( -) | ( -) |
| 64 | 日清食品 | 8.8 | ( 86) | ( 6.9) |
| 64 | インテル | 8.8 | ( 32) | ( 11.3) |
| 64 | 大和ハウス工業 | 8.8 | ( 272) | ( 3.9) |
| 64 | 三井物産 | 8.8 | ( 105) | ( 6.4) |
| 64 | 日本航空（JAL） | 8.8 | ( 23) | ( 12.7) |
| 64 | フジテレビジョン | 8.8 | ( 105) | ( 6.4) |
| 64 | ヨドバシカメラ | 8.8 | ( 185) | ( 4.9) |
| 64 | アディダスジャパン | 8.8 | ( 16) | ( 14.2) |
| 72 | サッポロビール | 8.3 | ( 72) | ( 7.4) |
| 72 | 味の素AGF | 8.3 | ( 105) | ( 6.4) |
| 72 | ロッテ | 8.3 | ( 32) | ( 11.3) |
| 72 | 江崎グリコ | 8.3 | ( 86) | ( 6.9) |
| 72 | 森永製菓 | 8.3 | ( 72) | ( 7.4) |
| 72 | オリンパス | 8.3 | ( 105) | ( 6.4) |
| 72 | 村田製作所 | 8.3 | ( 64) | ( 7.8) |
| 72 | 富士通ゼネラル | 8.3 | ( 132) | ( 5.9) |
| 72 | ブリヂストン | 8.3 | ( 155) | ( 5.4) |
| 72 | NTTドコモ | 8.3 | ( 16) | ( 14.2) |
| 72 | 日立コンサルティング | 8.3 | ( 86) | ( 6.9) |
| 72 | ヤマトホールディングス | 8.3 | ( 105) | ( 6.4) |
| 84 | ニコン | 7.8 | ( 155) | ( 5.4) |
| 84 | セイコーエプソン（EPSON） | 7.8 | ( 57) | ( 8.3) |
| 84 | 富士通マーケティング | 7.8 | ( 72) | ( 7.4) |
| 84 | 日清紡 | 7.8 | ( 320) | ( 3.4) |
| 84 | 東レ | 7.8 | ( 132) | ( 5.9) |
| 84 | 積水ハウス | 7.8 | ( 155) | ( 5.4) |
| 84 | 森ビル | 7.8 | ( 272) | ( 3.9) |
| 84 | 綜合警備保障 | 7.8 | ( 38) | ( 10.8) |
| 84 | WOWOW | 7.8 | ( 272) | ( 3.9) |
| 84 | ビックカメラ | 7.8 | ( 105) | ( 6.4) |
| 84 | ジャパネットたかた | 7.8 | ( 21) | ( 13.2) |
| 84 | カルチュア・コンビニエンス・クラブ（TSUTAYA） | 7.8 | ( 86) | ( 6.9) |
| 84 | GREE | 7.8 | ( 132) | ( 5.9) |
| 97 | 日本ガイシ | 7.4 | ( 573) | ( 1.5) |
| 97 | ライオン | 7.4 | ( 105) | ( 6.4) |
| 97 | 日立製作所 | 7.4 | ( 72) | ( 7.4) |
| 97 | 日本ユニシス | 7.4 | ( 272) | ( 3.9) |
| 97 | 富士ゼロックス | 7.4 | ( 185) | ( 4.9) |
| 97 | デンソー | 7.4 | ( 224) | ( 4.4) |
| 97 | 旭化成 | 7.4 | ( 72) | ( 7.4) |
| 97 | ダイキン工業 | 7.4 | ( 132) | ( 5.9) |
| 97 | 三井不動産 | 7.4 | ( 498) | ( 2.0) |
| 97 | 住友商事 | 7.4 | ( 72) | ( 7.4) |
| 97 | 東京急行電鉄（東急電鉄） | 7.4 | ( 72) | ( 7.4) |
| 97 | パソナ | 7.4 | ( 320) | ( 3.4) |
| 97 | コナミホールディングス（KONAMI） | 7.4 | ( 224) | ( 4.4) |
| 97 | エイチ・アイ・エス | 7.4 | ( 43) | ( 9.8) |
| 97 | スカパーJSAT | 7.4 | ( 272) | ( 3.9) |
| 97 | 宝島社 | 7.4 | ( 86) | ( 6.9) |
| 97 | 旭化成ホームズ | 7.4 | ( 224) | ( 4.4) |
| 97 | ダイソン | 7.4 | ( 38) | ( 10.8) |
| 97 | タマホーム | 7.4 | ( 272) | ( 3.9) |
| 97 | 日本郵便 | 7.4 | ( 498) | ( 2.0) |
| 97 | しまむら | 7.4 | ( -) | ( -) |

# 国際化がすすんでいる〈ビジネスパーソン〉

| 順位 | 社名 | 2017年 スコア | （2016年）（順位） | （スコア） |
|---|---|---|---|---|
| 1 | トヨタ自動車 | 49.8 | ( 2) | ( 47.2) |
| 2 | グーグル | 45.7 | ( 1) | ( 49.1) |
| 3 | メルセデス・ベンツ | 39.2 | ( 4) | ( 40.8) |
| 3 | サムスン | 39.2 | ( 12) | ( 37.2) |
| 5 | 全日本空輸（ANA） | 38.5 | ( 4) | ( 40.8) |
| 6 | インテル | 37.7 | ( 25) | ( 33.3) |
| 6 | BMWジャパン | 37.7 | ( 13) | ( 37.0) |
| 8 | 日本アイ・ビー・エム（IBM） | 37.4 | ( 10) | ( 38.1) |
| 9 | アップルジャパン | 36.5 | ( 6) | ( 40.4) |
| 10 | ゴールドマン・サックス | 35.8 | ( 20) | ( 35.1) |
| 11 | 日産自動車 | 35.5 | ( 14) | ( 36.2) |
| 11 | 伊藤忠商事 | 35.5 | ( 3) | ( 43.8) |
| 11 | 三菱商事 | 35.5 | ( 8) | ( 39.2) |
| 14 | ナイキジャパン | 35.0 | ( 8) | ( 39.2) |
| 15 | 日本航空（JAL） | 34.3 | ( 19) | ( 35.5) |
| 16 | 三井物産 | 34.0 | ( 7) | ( 39.6) |
| 16 | アマゾン ウェブ サービス ジャパン | 34.0 | ( 21) | ( 34.7) |
| 18 | 住友商事 | 33.2 | ( 14) | ( 36.2) |
| 19 | 日本マイクロソフト | 33.1 | ( 14) | ( 36.2) |
| 20 | フォルクスワーゲングループジャパン | 32.8 | ( 22) | ( 34.3) |
| 21 | ボーイング | 32.5 | ( 35) | ( 29.1) |
| 21 | LG Electronics Japan | 32.5 | ( 31) | ( 30.3) |
| 23 | アウディ・ジャパン | 32.1 | ( 26) | ( 33.2) |
| 24 | JPモルガン | 31.7 | ( 14) | ( 36.2) |
| 24 | ヤフー | 31.7 | ( 22) | ( 34.3) |
| 26 | アディダスジャパン | 31.6 | ( 18) | ( 35.8) |
| 27 | ファーストリテイリング（ユニクロ） | 31.3 | ( 24) | ( 33.6) |
| 28 | ソニー | 30.6 | ( 32) | ( 29.9) |
| 29 | アマゾンジャパン | 30.2 | ( 37) | ( 28.4) |
| 30 | 丸紅 | 29.8 | ( 11) | ( 37.7) |
| 31 | FedEx（フェデラルエクスプレスジャパン） | 28.3 | ( 29) | ( 30.9) |
| 32 | エアバス | 27.9 | ( 39) | ( 27.2) |
| 33 | デル | 27.5 | ( 39) | ( 27.2) |
| 34 | 日本コカ・コーラ | 27.2 | ( 33) | ( 29.8) |
| 34 | フィリップスエレクトロニクスジャパン | 27.2 | ( 44) | ( 24.5) |
| 34 | ボルボ・カー・ジャパン | 27.2 | ( 38) | ( 28.3) |
| 37 | ジャガージャパン | 26.8 | ( 36) | ( 28.7) |
| 37 | 楽天 | 26.8 | ( 64) | ( 18.4) |
| 39 | DHLジャパン | 26.4 | ( 30) | ( 30.6) |
| 40 | ソフトバンク | 26.2 | ( 62) | ( 19.2) |
| 41 | 日揮 | 26.1 | ( 34) | ( 29.3) |
| 42 | ホンダ | 26.0 | ( 43) | ( 25.3) |
| 42 | レノボ・ジャパン（Lenovo） | 26.0 | ( 50) | ( 23.4) |
| 44 | ランドローバージャパン | 25.3 | ( 47) | ( 23.8) |
| 44 | シティグループ | 25.3 | ( 28) | ( 31.7) |
| 46 | 日本マクドナルド | 24.9 | ( 58) | ( 20.8) |
| 46 | ファイザー | 24.9 | ( 50) | ( 23.4) |
| 48 | ブリヂストン | 24.5 | ( 47) | ( 23.8) |
| 49 | ハイアールジャパンセールス（ハイアール） | 23.8 | ( 67) | ( 18.0) |
| 49 | ウォルト・ディズニー・ジャパン | 23.8 | ( -) | ( -) |
| 51 | テスラモーターズジャパン | 23.0 | ( 62) | ( 19.2) |
| 52 | オリエンタルランド（東京ディズニーリゾート） | 22.6 | ( 61) | ( 19.4) |
| 52 | 双日 | 22.6 | ( 39) | ( 27.2) |
| 54 | コマツ（小松製作所） | 22.3 | ( 66) | ( 18.1) |
| 55 | P&G（プロクター・アンド・ギャンブル・ジャパン） | 21.8 | ( 60) | ( 20.2) |
| 56 | ダイソン | 21.7 | ( 56) | ( 22.4) |
| 57 | UPSジャパン | 21.1 | ( 47) | ( 23.8) |
| 58 | グラクソ・スミスクライン | 20.8 | ( 68) | ( 17.7) |
| 59 | パナソニック | 20.4 | ( 50) | ( 23.4) |
| 59 | 日本エイサー（acer） | 20.4 | ( 123) | ( 12.3) |
| 61 | 味の素 | 19.3 | ( 57) | ( 22.3) |
| 62 | ヤマハ | 19.2 | ( 89) | ( 15.3) |
| 62 | 商船三井 | 19.2 | ( 78) | ( 16.2) |
| 62 | UBS | 19.2 | ( 55) | ( 23.0) |
| 62 | 豊田通商 | 19.2 | ( 50) | ( 23.4) |
| 66 | キヤノン | 18.9 | ( 59) | ( 20.4) |
| 67 | クボタ | 17.7 | ( 178) | ( 9.1) |
| 67 | ノバルティスファーマ | 17.7 | ( 78) | ( 16.2) |
| 67 | フィデリティ | 17.7 | ( 50) | ( 23.4) |
| 67 | エイスース・ジャパン（ASUS） | 17.7 | ( 142) | ( 11.1) |
| 71 | ネスレ | 17.4 | ( 69) | ( 17.6) |
| 72 | 日立製作所 | 17.0 | ( 46) | ( 24.1) |
| 72 | ミズノ | 17.0 | ( 81) | ( 16.1) |
| 72 | 三菱UFJモルガン・スタンレー証券 | 17.0 | ( 42) | ( 25.7) |
| 75 | ユニリーバ・ジャパン | 16.7 | ( 71) | ( 17.1) |
| 76 | 日本ヒューレット・パッカード（HPE） | 16.6 | ( 72) | ( 16.9) |
| 77 | 日本たばこ産業（JT） | 16.2 | ( 108) | ( 13.6) |
| 77 | 三菱重工業 | 16.2 | ( 75) | ( 16.6) |
| 77 | 日本郵船 | 16.2 | ( 86) | ( 15.5) |
| 77 | 帝国ホテル | 16.2 | ( 75) | ( 16.6) |
| 81 | シーメンス・ジャパン | 15.6 | ( 92) | ( 14.7) |
| 82 | 日清食品 | 15.5 | ( 108) | ( 13.6) |
| 82 | デロイト トーマツ グループ | 15.5 | ( 142) | ( 11.1) |
| 84 | ロッテ | 15.2 | ( 78) | ( 16.2) |
| 85 | 資生堂 | 15.1 | ( 70) | ( 17.4) |
| 85 | シャープ | 15.1 | ( 116) | ( 13.0) |
| 85 | 東レ | 15.1 | ( 104) | ( 14.2) |
| 85 | スズキ | 15.1 | ( 98) | ( 14.3) |
| 85 | SUBARU | 15.1 | ( 113) | ( 13.2) |
| 85 | JTB | 15.1 | ( 92) | ( 14.7) |
| 85 | ドイツ銀行グループ | 15.1 | ( 45) | ( 24.2) |
| 85 | GEジャパン | 15.1 | ( 98) | ( 14.3) |
| 85 | LINE | 15.1 | ( 72) | ( 16.9) |
| 94 | サントリー | 14.7 | ( 106) | ( 14.0) |
| 94 | 旭化成 | 14.7 | ( 129) | ( 11.9) |
| 94 | 川崎汽船 | 14.7 | ( 144) | ( 10.9) |
| 97 | BOSE | 14.4 | ( 75) | ( 16.6) |
| 98 | ヨネックス | 14.3 | ( 136) | ( 11.5) |
| 98 | 住友ゴム工業（ダンロップ） | 14.3 | ( 113) | ( 13.2) |
| 98 | IHI | 14.3 | ( 118) | ( 12.8) |

# 国際化がすすんでいる
## 〈一般個人〉

| 順位 | 社名 | 2017年 スコア | (2016年) (順位) | (スコア) | 順位 | 社名 | 2017年 スコア | (2016年) (順位) | (スコア) |
|---|---|---|---|---|---|---|---|---|---|
| 1 | グーグル | 40.7 | ( 3) | ( 31.9) | 53 | キヤノン | 11.8 | ( 71) | ( 10.8) |
| 2 | 全日本空輸（ANA） | 34.3 | ( 1) | ( 34.8) | 53 | ミズノ | 11.8 | ( 32) | ( 15.7) |
| 3 | 日本航空（JAL） | 33.3 | ( 6) | ( 29.4) | 53 | DHLジャパン | 11.8 | ( 39) | ( 14.2) |
| 4 | トヨタ自動車 | 31.4 | ( 7) | ( 28.9) | 53 | 楽天 | 11.8 | ( 53) | ( 12.7) |
| 5 | メルセデス・ベンツ | 30.4 | ( 13) | ( 24.0) | 57 | セイコーエプソン（EPSON） | 11.3 | ( 90) | ( 9.3) |
| 6 | ヤフー | 28.9 | ( 11) | ( 25.5) | 57 | デンソー | 11.3 | ( 240) | ( 4.4) |
| 6 | アマゾン ウェブ サービス ジャパン | 28.9 | ( 14) | ( 23.5) | 57 | JTB | 11.3 | ( 81) | ( 9.8) |
| 8 | BMWジャパン | 27.5 | ( 19) | ( 21.1) | 57 | 豊田通商 | 11.3 | ( 122) | ( 7.8) |
| 9 | ナイキジャパン | 27.0 | ( 3) | ( 31.9) | 61 | サントリー | 10.8 | ( 53) | ( 12.7) |
| 10 | 日本コカ・コーラ | 26.5 | ( 16) | ( 23.0) | 61 | 味の素 | 10.8 | ( 71) | ( 10.8) |
| 10 | アップルジャパン | 26.5 | ( 2) | ( 33.8) | 61 | ニコン | 10.8 | ( 79) | ( 10.3) |
| 12 | アディダスジャパン | 24.5 | ( 5) | ( 31.4) | 61 | アシックス | 10.8 | ( 39) | ( 14.2) |
| 13 | アマゾンジャパン | 24.0 | ( 21) | ( 20.1) | 61 | 三菱重工業 | 10.8 | ( 90) | ( 9.3) |
| 13 | ウォルト・ディズニー・ジャパン | 24.0 | ( -) | ( -) | 61 | プルデンシャル生命保険 | 10.8 | ( 90) | ( 9.3) |
| 15 | 日本マイクロソフト | 23.0 | ( 8) | ( 28.4) | 67 | ヤマハ | 10.3 | ( 81) | ( 9.8) |
| 15 | 日産自動車 | 23.0 | ( 39) | ( 14.2) | 67 | キリンビバレッジ | 10.3 | ( 112) | ( 8.3) |
| 15 | サムスン | 23.0 | ( 14) | ( 23.5) | 67 | ジブラルタ生命保険 | 10.3 | ( 112) | ( 8.3) |
| 18 | 日本アイ・ビー・エム（IBM） | 22.5 | ( 12) | ( 25.0) | 67 | 国際石油開発帝石（INPEX） | 10.3 | ( 81) | ( 9.8) |
| 19 | ドイツ銀行グループ | 22.1 | ( 90) | ( 9.3) | 71 | ネスレ | 9.8 | ( 62) | ( 12.3) |
| 20 | アウディ・ジャパン | 21.6 | ( 26) | ( 17.6) | 71 | グラクソ・スミスクライン | 9.8 | ( 120) | ( 7.9) |
| 21 | 三井物産 | 21.1 | ( 29) | ( 16.2) | 71 | セイコー | 9.8 | ( 102) | ( 8.8) |
| 21 | ボーイング | 21.1 | ( 29) | ( 16.2) | 71 | 富士フイルム | 9.8 | ( 145) | ( 6.9) |
| 21 | ファーストリテイリング（ユニクロ） | 21.1 | ( 10) | ( 26.0) | 71 | 川崎重工業 | 9.8 | ( 122) | ( 7.8) |
| 24 | 三菱商事 | 20.1 | ( 35) | ( 15.2) | 71 | 鹿島 | 9.8 | ( 157) | ( 6.4) |
| 24 | エアバス | 20.1 | ( 53) | ( 12.7) | 71 | プリンスホテル | 9.8 | ( 53) | ( 12.7) |
| 24 | フォルクスワーゲングループジャパン | 20.1 | ( 24) | ( 18.1) | 71 | 日立造船 | 9.8 | ( 102) | ( 8.8) |
| 27 | ホンダ | 19.6 | ( 35) | ( 15.2) | 71 | GEジャパン | 9.8 | ( 90) | ( 9.3) |
| 27 | 丸紅 | 19.6 | ( 23) | ( 18.6) | 71 | JX石油開発 | 9.8 | ( 102) | ( 8.8) |
| 29 | インテル | 19.1 | ( 27) | ( 17.2) | 71 | 日本ヒューレット・パッカード（HPE） | 9.8 | ( 65) | ( 11.8) |
| 30 | ソニー | 18.6 | ( 16) | ( 23.0) | 71 | テスラモーターズジャパン | 9.8 | ( 71) | ( 10.8) |
| 30 | 伊藤忠商事 | 18.6 | ( 19) | ( 21.1) | 83 | ロッテ | 9.3 | ( 52) | ( 12.8) |
| 32 | ボルボ・カー・ジャパン | 18.1 | ( 24) | ( 18.1) | 83 | コニカミノルタ | 9.3 | ( 157) | ( 6.4) |
| 33 | LG Electronics Japan | 17.6 | ( 49) | ( 13.2) | 83 | 日本HP | 9.3 | ( 102) | ( 8.8) |
| 34 | ジャガージャパン | 17.2 | ( 39) | ( 14.2) | 83 | 商船三井 | 9.3 | ( 53) | ( 12.7) |
| 34 | オリエンタルランド（東京ディズニーリゾート） | 17.2 | ( 9) | ( 27.0) | 83 | 日本放送協会（NHK） | 9.3 | ( 122) | ( 7.8) |
| 36 | ブリヂストン | 16.2 | ( 32) | ( 15.7) | 83 | JPモルガン | 9.3 | ( 39) | ( 14.2) |
| 36 | ソフトバンク | 16.2 | ( 45) | ( 13.7) | 83 | アメリカンホーム保険 | 9.3 | ( 62) | ( 12.3) |
| 38 | FedEx（フェデラルエクスプレスジャパン） | 15.7 | ( 27) | ( 17.2) | 83 | 双日 | 9.3 | ( 185) | ( 5.4) |
| 39 | フィリップスエレクトロニクスジャパン | 15.2 | ( 65) | ( 11.8) | 83 | キヤノン電子 | 9.3 | ( 112) | ( 8.3) |
| 39 | ランドローバージャパン | 15.2 | ( 49) | ( 13.2) | 92 | 資生堂 | 8.8 | ( 134) | ( 7.4) |
| 41 | 住友商事 | 14.7 | ( 65) | ( 11.8) | 92 | 東芝 | 8.8 | ( 53) | ( 12.7) |
| 42 | LINE | 14.2 | ( 35) | ( 15.2) | 92 | パナソニック | 8.8 | ( 18) | ( 22.1) |
| 43 | コマツ（小松製作所） | 13.7 | ( 81) | ( 9.8) | 92 | 住友ゴム工業（ダンロップ） | 8.8 | ( 185) | ( 5.4) |
| 44 | ヤナセ | 13.2 | ( 102) | ( 8.8) | 92 | キャタピラージャパン | 8.8 | ( 157) | ( 6.4) |
| 44 | UPSジャパン | 13.2 | ( 45) | ( 13.7) | 92 | SUBARU | 8.8 | ( 185) | ( 5.4) |
| 44 | ダイソン | 13.2 | ( 22) | ( 19.6) | 92 | マツダ | 8.8 | ( 220) | ( 4.9) |
| 44 | ハイアールジャパンセールス（ハイアール） | 13.2 | ( 81) | ( 9.8) | 92 | 清水建設 | 8.8 | ( 134) | ( 7.4) |
| 48 | 日本マクドナルド | 12.7 | ( 45) | ( 13.7) | 92 | シティグループ | 8.8 | ( 45) | ( 13.7) |
| 48 | 帝国ホテル | 12.7 | ( 29) | ( 16.2) | 92 | AIU保険 | 8.8 | ( 71) | ( 10.8) |
| 48 | レノボ・ジャパン（Lenovo） | 12.7 | ( 53) | ( 12.7) | 92 | エイチ・アイ・エス | 8.8 | ( 53) | ( 12.7) |
| 51 | TOTO | 12.3 | ( 71) | ( 10.8) | 92 | トレンドマイクロ | 8.8 | ( 310) | ( 3.4) |
| 51 | デル | 12.3 | ( 32) | ( 15.7) | 92 | エイスース・ジャパン（ASUS） | 8.8 | ( 185) | ( 5.4) |

# 優秀な人材が多い
## 〈ビジネスパーソン〉

| 順位 | 社名 | 2017年 スコア | (2016年) (順位) | (スコア) |
|---|---|---|---|---|
| 1 | トヨタ自動車 | 40.8 | ( 7) | ( 36.2) |
| 2 | グーグル | 40.0 | ( 2) | ( 40.8) |
| 3 | 三井物産 | 39.6 | ( 8) | ( 35.8) |
| 4 | 三菱商事 | 38.9 | ( 4) | ( 39.6) |
| 5 | 伊藤忠商事 | 38.5 | ( 1) | ( 44.5) |
| 6 | アップルジャパン | 35.4 | ( 9) | ( 34.3) |
| 7 | 日本マイクロソフト | 34.6 | ( 13) | ( 30.9) |
| 8 | 住友商事 | 34.3 | ( 6) | ( 36.6) |
| 9 | 日本アイ・ビー・エム（IBM） | 33.2 | ( 14) | ( 29.8) |
| 10 | ゴールドマン・サックス | 32.8 | ( 3) | ( 40.0) |
| 11 | 丸紅 | 30.9 | ( 12) | ( 31.3) |
| 12 | JPモルガン | 30.2 | ( 5) | ( 37.0) |
| 13 | 日立製作所 | 29.8 | ( 19) | ( 25.7) |
| 14 | 全日本空輸（ANA） | 28.7 | ( 18) | ( 26.0) |
| 15 | パナソニック | 27.9 | ( 37) | ( 19.2) |
| 16 | ソニー | 27.5 | ( 21) | ( 24.5) |
| 17 | 三菱電機 | 26.0 | ( 45) | ( 18.8) |
| 18 | 日本航空（JAL） | 25.3 | ( 37) | ( 19.2) |
| 19 | インテル | 24.5 | ( 23) | ( 24.1) |
| 19 | NEC（日本電気） | 24.5 | ( 45) | ( 18.8) |
| 19 | 富士通 | 24.5 | ( 52) | ( 18.0) |
| 19 | 野村総合研究所（NRI） | 24.5 | ( 10) | ( 32.6) |
| 23 | 三菱UFJモルガン・スタンレー証券 | 23.8 | ( 16) | ( 27.5) |
| 24 | 日産自動車 | 22.6 | ( 27) | ( 21.9) |
| 25 | ヤフー | 21.9 | ( 15) | ( 27.9) |
| 26 | 双日 | 21.5 | ( 29) | ( 20.4) |
| 26 | アマゾン ウェブ サービス ジャパン | 21.5 | ( 47) | ( 18.5) |
| 28 | 東芝 | 21.1 | ( 61) | ( 16.5) |
| 28 | リクルートホールディングス | 21.1 | ( 60) | ( 16.6) |
| 28 | NTTデータ | 21.1 | ( 36) | ( 19.5) |
| 31 | 東日本旅客鉄道（JR東日本） | 20.8 | ( 55) | ( 17.4) |
| 31 | 三菱東京UFJ銀行 | 20.8 | ( 25) | ( 22.5) |
| 31 | みずほ銀行 | 20.8 | ( 26) | ( 22.1) |
| 31 | 豊田通商 | 20.8 | ( 32) | ( 20.0) |
| 35 | ホンダ | 20.0 | ( 41) | ( 18.9) |
| 35 | 三井住友銀行 | 20.0 | ( 20) | ( 24.8) |
| 37 | サントリー | 19.6 | ( 58) | ( 17.0) |
| 37 | 富士フイルム | 19.6 | ( 47) | ( 18.5) |
| 39 | オリエンタルランド（東京ディズニーリゾート） | 19.5 | ( 24) | ( 23.2) |
| 40 | 三菱重工業 | 18.9 | ( 35) | ( 19.6) |
| 41 | シャープ | 18.5 | ( 97) | ( 13.0) |
| 41 | ソフトバンク | 18.5 | ( 67) | ( 15.5) |
| 43 | キヤノン | 18.1 | ( 86) | ( 13.6) |
| 43 | 村田製作所 | 18.1 | ( 73) | ( 14.9) |
| 43 | シティグループ | 18.1 | ( 17) | ( 26.8) |
| 43 | 日本政策投資銀行 | 18.1 | ( 21) | ( 24.5) |
| 43 | アマゾンジャパン | 18.1 | ( 88) | ( 13.4) |
| 43 | ウォルト・ディズニー・ジャパン | 18.1 | ( -) | ( -) |
| 49 | 武田薬品工業 | 17.7 | ( 80) | ( 14.3) |
| 49 | 東海旅客鉄道（JR東海） | 17.7 | ( 67) | ( 15.5) |
| 51 | 日揮 | 17.5 | ( 49) | ( 18.3) |
| 52 | 野村ホールディングス（野村證券） | 17.1 | ( 41) | ( 18.9) |
| 53 | アクセンチュア | 17.0 | ( 66) | ( 15.7) |
| 53 | 日立コンサルティング | 17.0 | ( 139) | ( 11.1) |
| 53 | LINE | 17.0 | ( 164) | ( 10.0) |
| 56 | 帝国ホテル | 16.6 | ( 123) | ( 11.7) |
| 56 | 野村アセットマネジメント | 16.6 | ( 29) | ( 20.4) |
| 56 | デロイトトーマツグループ | 16.6 | ( 61) | ( 16.5) |
| 59 | 味の素 | 16.3 | ( 53) | ( 17.7) |
| 60 | 三菱地所 | 16.2 | ( 41) | ( 18.9) |
| 60 | 清水建設 | 16.2 | ( 76) | ( 14.6) |
| 62 | 島津製作所 | 15.8 | ( 61) | ( 16.5) |
| 62 | 伊藤忠テクノソリューションズ（CTC） | 15.8 | ( 115) | ( 12.3) |
| 62 | 三菱UFJ国際投信 | 15.8 | ( 55) | ( 17.4) |
| 65 | 東レ | 15.5 | ( 69) | ( 15.3) |
| 65 | 鹿島 | 15.5 | ( 97) | ( 13.0) |
| 65 | 楽天 | 15.5 | ( 88) | ( 13.4) |
| 65 | 三井住友アセットマネジメント | 15.5 | ( 29) | ( 20.4) |
| 69 | キリンビール | 15.1 | ( 70) | ( 15.1) |
| 69 | 旭化成 | 15.1 | ( 83) | ( 13.8) |
| 69 | 三菱UFJフィナンシャル・グループ | 15.1 | ( 49) | ( 18.3) |
| 72 | 京セラ | 14.7 | ( 34) | ( 19.9) |
| 72 | 富士通マーケティング | 14.7 | ( 154) | ( 10.3) |
| 72 | デンソー | 14.7 | ( 70) | ( 15.1) |
| 72 | 日興アセットマネジメント | 14.7 | ( 41) | ( 18.9) |
| 76 | アサヒビール | 14.3 | ( 102) | ( 12.8) |
| 76 | 東京ガス | 14.3 | ( 200) | ( 8.7) |
| 78 | 花王 | 14.0 | ( 111) | ( 12.5) |
| 78 | 三井不動産 | 14.0 | ( 70) | ( 15.1) |
| 78 | 大林組 | 14.0 | ( 82) | ( 14.2) |
| 78 | 竹中工務店 | 14.0 | ( 140) | ( 11.0) |
| 78 | オリックス | 14.0 | ( 80) | ( 14.3) |
| 78 | ボーイング | 14.0 | ( 130) | ( 11.3) |
| 78 | サムスン | 14.0 | ( 107) | ( 12.6) |
| 78 | フィデリティ | 14.0 | ( 37) | ( 19.2) |
| 78 | キヤノン電子 | 14.0 | ( 115) | ( 12.3) |
| 87 | 帝人 | 13.6 | ( 183) | ( 9.2) |
| 87 | メルセデス・ベンツ | 13.6 | ( 92) | ( 13.2) |
| 87 | 岩谷産業 | 13.6 | ( 74) | ( 14.7) |
| 87 | ファイザー | 13.6 | ( 157) | ( 10.2) |
| 87 | 三井住友フィナンシャルグループ | 13.6 | ( 57) | ( 17.2) |
| 87 | ディー・エヌ・エー（DeNA） | 13.6 | ( 144) | ( 10.7) |
| 93 | コマツ（小松製作所） | 13.2 | ( 157) | ( 10.2) |
| 93 | 川崎重工業 | 13.2 | ( 65) | ( 15.8) |
| 95 | ブリヂストン | 12.8 | ( 58) | ( 17.0) |
| 95 | 日本オラクル | 12.8 | ( 200) | ( 8.7) |
| 95 | ファーストリテイリング（ユニクロ） | 12.8 | ( 146) | ( 10.6) |
| 95 | みずほフィナンシャルグループ | 12.8 | ( 49) | ( 18.3) |
| 95 | アビームコンサルティング | 12.8 | ( 250) | ( 7.3) |
| 95 | 日本政策金融公庫 | 12.8 | ( 37) | ( 19.2) |

# 優秀な人材が多い
## 〈一般個人〉

| 2017年 順位 | 社名 | スコア | (順位) | (スコア) | | 2017年 順位 | 社名 | スコア | (順位) | (スコア) |
|---|---|---|---|---|---|---|---|---|---|---|
| 1 | 伊藤忠商事 | 27.9 | ( 1) | ( 33.3) | | 51 | 三菱UFJ国際投信 | 10.8 | ( 45) | ( 11.8) |
| 2 | グーグル | 25.5 | ( 9) | ( 24.0) | | 56 | サッポロビール | 10.3 | ( 97) | ( 8.8) |
| 3 | アップルジャパン | 24.5 | ( 3) | ( 27.5) | | 56 | 花王 | 10.3 | ( 75) | ( 9.8) |
| 4 | 野村総合研究所（NRI） | 23.5 | ( 12) | ( 21.1) | | 56 | 京セラ | 10.3 | ( 56) | ( 10.8) |
| 5 | 三井物産 | 23.0 | ( 2) | ( 28.4) | | 56 | セイコーエプソン（EPSON） | 10.3 | ( 167) | ( 6.9) |
| 5 | 全日本空輸（ANA） | 23.0 | ( 12) | ( 21.1) | | 56 | デンソー | 10.3 | ( 232) | ( 5.4) |
| 7 | 日本マイクロソフト | 22.1 | ( 10) | ( 23.0) | | 56 | バンダイナムコホールディングス | 10.3 | ( 187) | ( 6.4) |
| 7 | 三菱商事 | 22.1 | ( 6) | ( 26.0) | | 56 | 大和証券 | 10.3 | ( 146) | ( 7.4) |
| 7 | 日本航空（JAL） | 22.1 | ( 15) | ( 18.6) | | 56 | TBS | 10.3 | ( 187) | ( 6.4) |
| 10 | 日本アイ・ビー・エム（IBM） | 21.1 | ( 6) | ( 26.0) | | 56 | 豊田通商 | 10.3 | ( 38) | ( 12.3) |
| 11 | トヨタ自動車 | 20.6 | ( 11) | ( 22.1) | | 56 | 三井住友アセットマネジメント | 10.3 | ( 34) | ( 12.7) |
| 11 | 丸紅 | 20.6 | ( 8) | ( 25.5) | | 66 | 日揮 | 9.8 | ( 133) | ( 7.8) |
| 13 | ソニー | 20.1 | ( 30) | ( 13.2) | | 66 | SUBARU | 9.8 | ( 146) | ( 7.4) |
| 13 | 住友商事 | 20.1 | ( 4) | ( 26.5) | | 66 | IHI | 9.8 | ( 232) | ( 5.4) |
| 13 | オリエンタルランド（東京ディズニーリゾート） | 20.1 | ( 4) | ( 26.5) | | 66 | 三井住友銀行 | 9.8 | ( 20) | ( 14.2) |
| 16 | パナソニック | 18.6 | ( 45) | ( 11.8) | | 66 | テレビ東京 | 9.8 | ( 232) | ( 5.4) |
| 17 | 東日本旅客鉄道（JR東日本） | 18.1 | ( 38) | ( 12.3) | | 66 | 三井造船 | 9.8 | ( 56) | ( 10.8) |
| 17 | 日本放送協会（NHK） | 18.1 | ( 20) | ( 14.2) | | 66 | ファーストリテイリング（ユニクロ） | 9.8 | ( 65) | ( 10.3) |
| 19 | 帝国ホテル | 17.6 | ( 16) | ( 17.2) | | 66 | 東京地下鉄（東京メトロ） | 9.8 | ( 133) | ( 7.8) |
| 20 | 三菱重工業 | 16.7 | ( 65) | ( 10.3) | | 66 | ゴールドマン・サックス | 9.8 | ( 26) | ( 13.7) |
| 21 | ヤフー | 15.7 | ( 14) | ( 19.1) | | 66 | キヤノン電子 | 9.8 | ( 30) | ( 13.2) |
| 21 | ウォルト・ディズニー・ジャパン | 15.7 | ( -) | ( -) | | 76 | TOTO | 9.3 | ( 34) | ( 12.7) |
| 23 | 日立製作所 | 15.2 | ( 38) | ( 12.3) | | 76 | オリンパス | 9.3 | ( 167) | ( 6.9) |
| 24 | サントリー | 14.7 | ( 38) | ( 12.3) | | 76 | ニコン | 9.3 | ( 133) | ( 7.8) |
| 24 | ブリヂストン | 14.7 | ( 51) | ( 11.3) | | 76 | シチズン | 9.3 | ( 97) | ( 8.8) |
| 24 | 三菱地所 | 14.7 | ( 38) | ( 12.3) | | 76 | 旭化成 | 9.3 | ( 208) | ( 5.9) |
| 27 | アサヒビール | 13.7 | ( 85) | ( 9.3) | | 76 | メルセデス・ベンツ | 9.3 | ( 75) | ( 9.8) |
| 27 | 富士通 | 13.7 | ( 34) | ( 12.7) | | 76 | 清水建設 | 9.3 | ( 26) | ( 13.7) |
| 27 | リクルートホールディングス | 13.7 | ( 85) | ( 9.3) | | 76 | 野村ホールディングス（野村證券） | 9.3 | ( 38) | ( 12.3) |
| 27 | 三菱東京UFJ銀行 | 13.7 | ( 20) | ( 14.2) | | 76 | 日本テレビ放送網（日本テレビ） | 9.3 | ( 133) | ( 7.8) |
| 31 | キリンビール | 13.2 | ( 65) | ( 10.3) | | 76 | JPモルガン | 9.3 | ( 20) | ( 14.2) |
| 31 | 村田製作所 | 13.2 | ( 56) | ( 10.8) | | 76 | ボーイング | 9.3 | ( 85) | ( 9.3) |
| 31 | NTTデータ | 13.2 | ( 51) | ( 11.3) | | 76 | 野村アセットマネジメント | 9.3 | ( 113) | ( 8.3) |
| 34 | 東芝 | 12.7 | ( 51) | ( 11.3) | | 76 | タカラトミー | 9.3 | ( 167) | ( 6.9) |
| 34 | 三菱電機 | 12.7 | ( 75) | ( 9.8) | | 76 | 伊藤忠テクノソリューションズ（CTC） | 9.3 | ( 85) | ( 9.3) |
| 34 | NEC（日本電気） | 12.7 | ( 56) | ( 10.8) | | 76 | みずほ銀行 | 9.3 | ( 17) | ( 15.7) |
| 34 | シャープ | 12.7 | ( 167) | ( 6.9) | | 76 | 楽天 | 9.3 | ( 45) | ( 11.8) |
| 34 | プリンスホテル | 12.7 | ( 30) | ( 13.2) | | 76 | 日本政策投資銀行 | 9.3 | ( 113) | ( 8.3) |
| 39 | 日産自動車 | 12.3 | ( 30) | ( 13.2) | | 76 | 東映アニメーション | 9.3 | ( 113) | ( 8.3) |
| 39 | アマゾン ウェブ サービス ジャパン | 12.3 | ( 26) | ( 13.7) | | 94 | ヤマハ | 8.8 | ( 97) | ( 8.8) |
| 41 | 日本電信電話（NTT） | 11.8 | ( 133) | ( 7.8) | | 94 | 住友ゴム工業（ダンロップ） | 8.8 | ( 187) | ( 6.4) |
| 41 | インテル | 11.8 | ( 20) | ( 14.2) | | 94 | 大日本印刷 | 8.8 | ( 97) | ( 8.8) |
| 41 | 富士フイルム | 11.8 | ( 17) | ( 15.7) | | 94 | 東レ | 8.8 | ( 85) | ( 9.3) |
| 41 | キヤノン | 11.8 | ( 26) | ( 13.7) | | 94 | ホンダ | 8.8 | ( 97) | ( 8.8) |
| 41 | 東海旅客鉄道（JR東海） | 11.8 | ( 75) | ( 9.8) | | 94 | 第一生命保険 | 8.8 | ( 133) | ( 7.8) |
| 46 | セイコー | 11.3 | ( 65) | ( 10.3) | | 94 | 東京急行電鉄（東急電鉄） | 8.8 | ( 232) | ( 5.4) |
| 46 | 三井不動産 | 11.3 | ( 133) | ( 7.8) | | 94 | テレビ朝日 | 8.8 | ( 97) | ( 8.8) |
| 46 | 三菱UFJモルガン・スタンレー証券 | 11.3 | ( 38) | ( 12.3) | | 94 | エアバス | 8.8 | ( 232) | ( 5.4) |
| 46 | 日本郵船 | 11.3 | ( 146) | ( 7.4) | | 94 | 日立造船 | 8.8 | ( 113) | ( 8.3) |
| 46 | 双日 | 11.3 | ( 85) | ( 9.3) | | 94 | NTTドコモ | 8.8 | ( 75) | ( 9.8) |
| 51 | 島津製作所 | 10.8 | ( 45) | ( 11.8) | | 94 | 日立コンサルティング | 8.8 | ( 51) | ( 11.3) |
| 51 | 富士通マーケティング | 10.8 | ( 65) | ( 10.3) | | 94 | アマゾンジャパン | 8.8 | ( 56) | ( 10.8) |
| 51 | 川崎重工業 | 10.8 | ( 85) | ( 9.3) | | 94 | LINE | 8.8 | ( 232) | ( 5.4) |
| 51 | ソフトバンク | 10.8 | ( 51) | ( 11.3) | | | | | | |

# 経営者がすぐれている〈ビジネスパーソン〉

| 順位 | 社名 | 2017年 スコア | （2016年）（順位） | （スコア） |
|---|---|---|---|---|
| 1 | ソフトバンク | 35.0 | (1) | (33.2) |
| 2 | トヨタ自動車 | 34.0 | (2) | (31.3) |
| 3 | ファーストリテイリング（ユニクロ） | 31.3 | (3) | (26.4) |
| 4 | アップルジャパン | 25.5 | (7) | (23.0) |
| 5 | 日産自動車 | 25.3 | (5) | (24.2) |
| 6 | グーグル | 24.2 | (4) | (26.0) |
| 7 | ニトリ | 23.0 | (6) | (23.4) |
| 8 | 日本マイクロソフト | 19.4 | (10) | (17.7) |
| 9 | サントリー | 18.1 | (16) | (14.0) |
| 10 | キヤノン | 17.0 | (30) | (9.8) |
| 10 | アマゾン ウェブ サービス ジャパン | 17.0 | (15) | (14.7) |
| 12 | ジャパネットたかた | 16.6 | (9) | (19.2) |
| 13 | ヤフー | 15.8 | (8) | (19.6) |
| 13 | 楽天 | 15.8 | (18) | (13.8) |
| 15 | オリエンタルランド（東京ディズニーリゾート） | 15.6 | (14) | (14.8) |
| 16 | 京セラ | 15.1 | (12) | (15.3) |
| 17 | 日立製作所 | 14.0 | (20) | (12.3) |
| 17 | 伊藤忠商事 | 14.0 | (11) | (17.4) |
| 19 | パナソニック | 13.6 | (28) | (10.0) |
| 20 | アサヒビール | 13.2 | (37) | (8.7) |
| 21 | 富士フイルム | 12.5 | (25) | (10.6) |
| 22 | ウォルト・ディズニー・ジャパン | 11.5 | (-) | (-) |
| 23 | 全日本空輸（ANA） | 11.3 | (44) | (7.5) |
| 24 | キリンビール | 10.9 | (27) | (10.2) |
| 24 | ソニー | 10.9 | (75) | (5.7) |
| 24 | 日本電産 | 10.9 | (13) | (14.9) |
| 24 | アマゾンジャパン | 10.9 | (23) | (11.1) |
| 28 | 味の素 | 10.6 | (37) | (8.7) |
| 28 | 三菱電機 | 10.6 | (67) | (6.1) |
| 28 | ディー・エヌ・エー（DeNA） | 10.6 | (33) | (9.6) |
| 31 | ブリヂストン | 10.2 | (37) | (8.7) |
| 31 | スズキ | 10.2 | (16) | (14.0) |
| 31 | 三菱商事 | 10.2 | (19) | (12.8) |
| 31 | セブン＆アイ・ホールディングス | 10.2 | (22) | (11.9) |
| 31 | LINE | 10.2 | (40) | (8.4) |
| 36 | 資生堂 | 9.8 | (25) | (10.6) |
| 36 | 日本航空（JAL） | 9.8 | (50) | (6.8) |
| 38 | 日清食品 | 9.5 | (41) | (8.3) |
| 39 | リクルートホールディングス | 9.4 | (60) | (6.4) |
| 39 | キリンビバレッジ | 9.4 | (45) | (7.3) |
| 41 | 三井物産 | 9.1 | (21) | (12.1) |
| 41 | オリックス | 9.1 | (60) | (6.4) |
| 41 | ゴールドマン・サックス | 9.1 | (24) | (10.9) |
| 44 | ホンダ | 8.7 | (34) | (9.4) |
| 45 | ダイソン | 8.4 | (56) | (6.7) |
| 46 | キッコーマン | 8.3 | (75) | (5.7) |
| 46 | 日本マクドナルド | 8.3 | (73) | (6.0) |
| 46 | コマツ（小松製作所） | 8.3 | (88) | (5.3) |
| 46 | エイチ・アイ・エス | 8.3 | (88) | (5.3) |
| 50 | サッポロビール | 7.9 | (75) | (5.7) |
| 50 | 日本コカ・コーラ | 7.9 | (48) | (6.9) |
| 50 | 武田薬品工業 | 7.9 | (50) | (6.8) |
| 50 | 日本アイ・ビー・エム（IBM） | 7.9 | (75) | (5.7) |
| 50 | セブン-イレブン・ジャパン | 7.9 | (28) | (10.0) |
| 50 | アサヒ飲料 | 7.9 | (67) | (6.1) |
| 50 | 良品計画（無印良品） | 7.9 | (36) | (9.1) |
| 57 | ネスレ | 7.5 | (67) | (6.1) |
| 57 | ヤクルト本社 | 7.5 | (126) | (4.2) |
| 59 | 味の素AGF | 7.2 | (112) | (4.6) |
| 59 | カルビー | 7.2 | (47) | (7.2) |
| 59 | インテル | 7.2 | (45) | (7.3) |
| 59 | ファナック | 7.2 | (201) | (3.1) |
| 59 | 住友商事 | 7.2 | (30) | (9.8) |
| 59 | 丸紅 | 7.2 | (30) | (9.8) |
| 65 | 三菱地所 | 6.8 | (172) | (3.4) |
| 65 | 森ビル | 6.8 | (60) | (6.4) |
| 67 | 日本電信電話（NTT） | 6.5 | (340) | (1.9) |
| 68 | キユーピー | 6.4 | (143) | (3.8) |
| 68 | モスフードサービス（モスバーガー） | 6.4 | (-) | (-) |
| 68 | 東レ | 6.4 | (48) | (6.9) |
| 68 | ローソン | 6.4 | (126) | (4.2) |
| 68 | 帝国ホテル | 6.4 | (340) | (1.9) |
| 68 | トリドールホールディングス（丸亀製麺） | 6.4 | (492) | (1.1) |
| 74 | 花王 | 6.2 | (50) | (6.8) |
| 74 | P&G（プロクター・アンド・ギャンブル・ジャパン） | 6.2 | (88) | (5.3) |
| 74 | カルチュア・コンビニエンス・クラブ（TSUTAYA） | 6.2 | (57) | (6.5) |
| 77 | NEC（日本電気） | 6.0 | (143) | (3.8) |
| 77 | 富士通 | 6.0 | (143) | (3.8) |
| 77 | 旭化成 | 6.0 | (126) | (4.2) |
| 77 | メルセデス・ベンツ | 6.0 | (88) | (5.3) |
| 77 | シティグループ | 6.0 | (103) | (4.9) |
| 77 | 王将フードサービス（餃子の王将） | 6.0 | (103) | (4.9) |
| 77 | テスラモーターズジャパン | 6.0 | (73) | (6.0) |
| 84 | 伊藤園 | 5.7 | (112) | (4.6) |
| 84 | 日本たばこ産業（JT） | 5.7 | (75) | (5.7) |
| 84 | BMWジャパン | 5.7 | (143) | (3.8) |
| 84 | 竹中工務店 | 5.7 | (237) | (2.8) |
| 84 | 三井住友銀行 | 5.7 | (42) | (8.0) |
| 84 | JPモルガン | 5.7 | (34) | (9.4) |
| 84 | 三菱東京UFJ銀行 | 5.7 | (67) | (6.1) |
| 84 | 豊田自動織機 | 5.7 | (88) | (5.3) |
| 84 | ドワンゴ（dwango） | 5.7 | (87) | (5.4) |
| 84 | サイボウズ | 5.7 | (172) | (3.4) |
| 84 | ドンキホーテホールディングス | 5.7 | (248) | (2.6) |
| 95 | ライオン | 5.4 | (340) | (1.9) |
| 95 | NTTドコモ | 5.4 | (126) | (4.2) |
| 95 | KDDI（au） | 5.4 | (143) | (3.8) |
| 98 | 日清製粉グループ本社 | 5.3 | (43) | (7.9) |
| 98 | 明治 | 5.3 | (75) | (5.7) |
| 98 | シャープ | 5.3 | (285) | (2.3) |
| 98 | 安川電機 | 5.3 | (417) | (1.5) |
| 98 | 京セラドキュメントソリューションズ | 5.3 | (492) | (1.1) |
| 98 | 村田製作所 | 5.3 | (57) | (6.5) |
| 98 | デンソー | 5.3 | (88) | (5.3) |
| 98 | SUBARU | 5.3 | (103) | (4.9) |
| 98 | 東日本旅客鉄道（JR東日本） | 5.3 | (50) | (6.8) |
| 98 | 東海旅客鉄道（JR東海） | 5.3 | (75) | (5.7) |
| 98 | トヨタ紡織 | 5.3 | (143) | (3.8) |
| 98 | 双日 | 5.3 | (60) | (6.4) |

# 経営者がすぐれている
## 〈一般個人〉

| 順位 | 社名 | 2017年 スコア | （2016年）（順位） | （スコア） |
|---|---|---|---|---|
| 1 | ソフトバンク | 24.5 | (5) | 19.6 |
| 2 | トヨタ自動車 | 24.0 | (3) | 22.1 |
| 3 | ファーストリテイリング（ユニクロ） | 21.6 | (2) | 22.5 |
| 4 | オリエンタルランド（東京ディズニーリゾート） | 20.6 | (4) | 20.1 |
| 5 | アップルジャパン | 18.1 | (1) | 23.0 |
| 6 | 日産自動車 | 16.7 | (8) | 15.2 |
| 7 | 日本マイクロソフト | 15.2 | (6) | 18.6 |
| 7 | ウォルト・ディズニー・ジャパン | 15.2 | (-) | - |
| 9 | 楽天 | 14.7 | (11) | 11.8 |
| 9 | グーグル | 14.7 | (12) | 10.3 |
| 11 | ジャパネットたかた | 13.2 | (6) | 18.6 |
| 12 | ニトリ | 12.7 | (9) | 14.7 |
| 13 | アマゾンジャパン | 11.8 | (24) | 7.8 |
| 14 | ホンダ | 11.3 | (18) | 9.3 |
| 14 | セブン&アイ・ホールディングス | 11.3 | (10) | 12.3 |
| 16 | ソニー | 10.3 | (34) | 6.9 |
| 16 | ブリヂストン | 10.3 | (30) | 7.4 |
| 16 | セブン-イレブン・ジャパン | 10.3 | (12) | 10.3 |
| 16 | 全日本空輸（ANA） | 10.3 | (14) | 9.8 |
| 20 | パナソニック | 9.8 | (14) | 9.8 |
| 20 | ヤフー | 9.8 | (18) | 9.3 |
| 22 | アマゾン ウェブ サービス ジャパン | 9.3 | (24) | 7.8 |
| 22 | LINE | 9.3 | (103) | 4.4 |
| 24 | 京セラ | 8.8 | (21) | 8.3 |
| 24 | 三井物産 | 8.8 | (49) | 5.9 |
| 24 | 日本航空（JAL） | 8.8 | (30) | 7.4 |
| 24 | 帝国ホテル | 8.8 | (21) | 8.3 |
| 28 | キリンビール | 8.3 | (24) | 7.8 |
| 28 | 日本コカ・コーラ | 8.3 | (59) | 5.4 |
| 30 | 味の素 | 7.8 | (37) | 6.4 |
| 30 | 花王 | 7.8 | (59) | 5.4 |
| 30 | スズキ | 7.8 | (79) | 4.9 |
| 30 | メルセデス・ベンツ | 7.8 | (79) | 4.9 |
| 30 | 伊勢丹 | 7.8 | (49) | 5.9 |
| 30 | 住友商事 | 7.8 | (24) | 7.8 |
| 30 | 東日本旅客鉄道（JR東日本） | 7.8 | (37) | 6.4 |
| 30 | プリンスホテル | 7.8 | (37) | 6.4 |
| 30 | キリンビバレッジ | 7.8 | (59) | 5.4 |
| 39 | サントリー | 7.4 | (20) | 8.8 |
| 39 | アサヒビール | 7.4 | (21) | 8.3 |
| 39 | TOTO | 7.4 | (30) | 7.4 |
| 39 | BMWジャパン | 7.4 | (79) | 4.9 |
| 39 | 東海旅客鉄道（JR東海） | 7.4 | (49) | 5.9 |
| 39 | 日本電産 | 7.4 | (79) | 4.9 |
| 39 | しまむら | 7.4 | (-) | - |
| 46 | 日立製作所 | 6.9 | (103) | 4.4 |
| 46 | 三菱地所 | 6.9 | (211) | 2.9 |
| 46 | ローソン | 6.9 | (79) | 4.9 |
| 46 | ドンキホーテホールディングス | 6.9 | (59) | 5.4 |
| 50 | ツムラ | 6.4 | (324) | 2.0 |
| 50 | ライオン | 6.4 | (161) | 3.4 |
| 50 | インテル | 6.4 | (103) | 4.4 |
| 50 | キヤノン | 6.4 | (30) | 7.4 |
| 50 | ミズノ | 6.4 | (161) | 3.4 |
| 50 | バンダイナムコホールディングス | 6.4 | (126) | 3.9 |
| 50 | SUBARU | 6.4 | (161) | 3.4 |
| 50 | 三菱重工業 | 6.4 | (103) | 4.4 |
| 50 | 森ビル | 6.4 | (37) | 6.4 |
| 50 | ファミリーマート | 6.4 | (211) | 2.9 |
| 50 | 伊藤忠商事 | 6.4 | (14) | 9.8 |
| 50 | 丸紅 | 6.4 | (37) | 6.4 |
| 50 | 野村総合研究所（NRI） | 6.4 | (59) | 5.4 |
| 50 | 良品計画（無印良品） | 6.4 | (37) | 6.4 |
| 50 | 日本郵便 | 6.4 | (324) | 2.0 |
| 50 | トリドールホールディングス（丸亀製麺） | 6.4 | (565) | 0.5 |
| 66 | 日本マクドナルド | 5.9 | (79) | 4.9 |
| 66 | サンスター | 5.9 | (161) | 3.4 |
| 66 | 資生堂 | 5.9 | (49) | 5.9 |
| 66 | NEC（日本電気） | 5.9 | (211) | 2.9 |
| 66 | 村田製作所 | 5.9 | (37) | 6.4 |
| 66 | 旭化成 | 5.9 | (103) | 4.4 |
| 66 | マツダ | 5.9 | (126) | 3.9 |
| 66 | 髙島屋 | 5.9 | (161) | 3.4 |
| 66 | 三越 | 5.9 | (161) | 3.4 |
| 66 | 三菱商事 | 5.9 | (49) | 5.9 |
| 66 | JPモルガン | 5.9 | (126) | 3.9 |
| 66 | NTTドコモ | 5.9 | (211) | 2.9 |
| 66 | アサヒ飲料 | 5.9 | (49) | 5.9 |
| 66 | タカラトミー | 5.9 | (161) | 3.4 |
| 66 | 豊田自動織機 | 5.9 | (79) | 4.9 |
| 81 | 味の素AGF | 5.4 | (126) | 3.9 |
| 81 | ヤクルト本社 | 5.4 | (161) | 3.4 |
| 81 | すかいらーく（ガスト） | 5.4 | (495) | 1.0 |
| 81 | P&G（プロクター・アンド・ギャンブル・ジャパン） | 5.4 | (79) | 4.9 |
| 81 | セイコー | 5.4 | (126) | 3.9 |
| 81 | 富士フイルム | 5.4 | (34) | 6.9 |
| 81 | 三菱電機 | 5.4 | (59) | 5.4 |
| 81 | 富士通 | 5.4 | (37) | 6.4 |
| 81 | 日本アイ・ビー・エム（IBM） | 5.4 | (49) | 5.9 |
| 81 | コクヨ | 5.4 | (324) | 2.0 |
| 81 | 東レ | 5.4 | (161) | 3.4 |
| 81 | コマツ（小松製作所） | 5.4 | (211) | 2.9 |
| 81 | ボルボ・カー・ジャパン | 5.4 | (161) | 3.4 |
| 81 | 竹中工務店 | 5.4 | (211) | 2.9 |
| 81 | イオン | 5.4 | (59) | 5.4 |
| 81 | 小田急電鉄 | 5.4 | (126) | 3.9 |
| 81 | 商船三井 | 5.4 | (565) | 0.5 |
| 81 | アウディ・ジャパン | 5.4 | (211) | 2.9 |
| 81 | 豊田通商 | 5.4 | (324) | 2.0 |
| 81 | 東京地下鉄（東京メトロ） | 5.4 | (37) | 6.4 |

# 財務内容がすぐれている
## 〈ビジネスパーソン〉

| 順位 | 社名 | 2017年 スコア | （2016年）（順位） | （スコア） |
|---|---|---|---|---|
| 1 | トヨタ自動車 | 38.9 | （ 1） | （ 40.0） |
| 2 | 日立製作所 | 21.1 | （ 3） | （ 19.2） |
| 3 | アップルジャパン | 19.0 | （ 10） | （ 16.6） |
| 4 | 東日本旅客鉄道（JR東日本） | 18.1 | （ 7） | （ 17.7） |
| 5 | 三菱東京UFJ銀行 | 17.4 | （ 16） | （ 14.5） |
| 6 | 日本電信電話（NTT） | 17.3 | （ 14） | （ 14.7） |
| 7 | 三菱地所 | 17.0 | （ 5） | （ 18.5） |
| 7 | 東海旅客鉄道（JR東海） | 17.0 | （ 11） | （ 15.1） |
| 9 | 三菱電機 | 16.6 | （ 37） | （ 11.1） |
| 10 | 日本マイクロソフト | 16.3 | （ 11） | （ 15.1） |
| 10 | オリエンタルランド（東京ディズニーリゾート） | 16.3 | （ 4） | （ 18.6） |
| 12 | 武田薬品工業 | 16.2 | （ 26） | （ 12.5） |
| 12 | パナソニック | 16.2 | （ 31） | （ 11.9） |
| 12 | 三菱商事 | 16.2 | （ 5） | （ 18.5） |
| 12 | 三井住友銀行 | 16.2 | （ 19） | （ 13.4） |
| 16 | 三井物産 | 15.8 | （ 7） | （ 17.7） |
| 16 | 全日本空輸（ANA） | 15.8 | （ 18） | （ 13.6） |
| 18 | サントリー | 15.1 | （ 61） | （ 9.8） |
| 19 | 三井不動産 | 14.7 | （ 26） | （ 12.5） |
| 19 | 伊藤忠商事 | 14.7 | （ 2） | （ 20.8） |
| 21 | 日産自動車 | 14.3 | （ 35） | （ 11.3） |
| 21 | ゴールドマン・サックス | 14.3 | （ 26） | （ 12.5） |
| 23 | キリンビバレッジ | 14.0 | （ 37） | （ 11.1） |
| 24 | グーグル | 13.6 | （ 14） | （ 14.7） |
| 25 | キヤノン | 13.2 | （ 54） | （ 10.2） |
| 25 | ブリヂストン | 13.2 | （ 21） | （ 13.2） |
| 25 | 住友商事 | 13.2 | （ 9） | （ 17.0） |
| 25 | 丸紅 | 13.2 | （ 21） | （ 13.2） |
| 25 | みずほ銀行 | 13.2 | （ 42） | （ 10.7） |
| 30 | NTTドコモ | 13.1 | （ 54） | （ 10.2） |
| 31 | アサヒビール | 12.8 | （ 79） | （ 9.1） |
| 31 | ゆうちょ銀行 | 12.8 | （ 21） | （ 13.2） |
| 33 | 味の素 | 12.5 | （ 11） | （ 15.1） |
| 33 | 富士フイルム | 12.5 | （ 40） | （ 10.9） |
| 33 | 三菱UFJモルガン・スタンレー証券 | 12.5 | （ 68） | （ 9.4） |
| 36 | ソフトバンク | 12.3 | （ 165） | （ 6.0） |
| 36 | 東日本電信電話（NTT東日本） | 12.3 | （ 45） | （ 10.6） |
| 38 | キリンビール | 12.1 | （ 61） | （ 9.8） |
| 38 | インテル | 12.1 | （ 52） | （ 10.3） |
| 38 | デンソー | 12.1 | （ 45） | （ 10.6） |
| 38 | アサヒ飲料 | 12.1 | （ 42） | （ 10.7） |
| 38 | 東京地下鉄（東京メトロ） | 12.1 | （ 68） | （ 9.4） |
| 43 | 日本たばこ産業（JT） | 11.7 | （ 45） | （ 10.6） |
| 43 | JPモルガン | 11.7 | （ 26） | （ 12.5） |
| 43 | ファーストリテイリング（ユニクロ） | 11.7 | （ 40） | （ 10.9） |
| 43 | 三菱UFJフィナンシャル・グループ | 11.7 | （ 34） | （ 11.5） |
| 43 | 三井住友フィナンシャルグループ | 11.7 | （ 37） | （ 11.1） |
| 48 | 日清食品 | 11.4 | （ 45） | （ 10.6） |
| 48 | 東日本高速道路（NEXCO東日本） | 11.4 | （ 85） | （ 8.7） |
| 50 | 日本生命保険 | 11.0 | （ 17） | （ 14.3） |
| 50 | 首都高速道路 | 11.0 | （ 107） | （ 7.9） |
| 50 | 中日本高速道路（NEXCO中日本） | 11.0 | （ 85） | （ 8.7） |
| 53 | ヤクルト本社 | 10.9 | （ 82） | （ 8.8） |
| 54 | 日本コカ・コーラ | 10.6 | （ 52） | （ 10.3） |
| 54 | 味の素AGF | 10.6 | （ 82） | （ 8.8） |
| 54 | 日清製粉グループ本社 | 10.6 | （ 54） | （ 10.2） |
| 54 | 大塚製薬 | 10.6 | （ 118） | （ 7.5） |
| 54 | 東京急行電鉄（東急電鉄） | 10.6 | （ 68） | （ 9.4） |
| 54 | オリックス | 10.6 | （ 35） | （ 11.3） |
| 54 | アマゾンジャパン | 10.6 | （ 202） | （ 5.4） |
| 61 | 花王 | 10.5 | （ 20） | （ 13.3） |
| 62 | ファナック | 10.2 | （ 60） | （ 10.0） |
| 62 | ソニー | 10.2 | （ 163） | （ 6.1） |
| 62 | NTTデータ | 10.2 | （ 31） | （ 11.9） |
| 62 | セブン&アイ・ホールディングス | 10.2 | （ 78） | （ 9.2） |
| 66 | 野村ホールディングス（野村證券） | 9.9 | （ 25） | （ 12.8） |
| 67 | 富士通 | 9.8 | （ 139） | （ 6.9） |
| 67 | 三菱重工業 | 9.8 | （ 61） | （ 9.8） |
| 67 | 鹿島 | 9.8 | （ 107） | （ 7.9） |
| 67 | みずほフィナンシャルグループ | 9.8 | （ 42） | （ 10.7） |
| 67 | 三菱UFJリース | 9.8 | （ 54） | （ 10.2） |
| 72 | 明治 | 9.5 | （ 61） | （ 9.8） |
| 73 | 三井住友ファイナンス&リース | 9.4 | （ 68） | （ 9.4） |
| 73 | 旭化成 | 9.4 | （ 139） | （ 6.9） |
| 73 | 東レ | 9.4 | （ 101） | （ 8.0） |
| 73 | 清水建設 | 9.4 | （ 96） | （ 8.3） |
| 73 | 農林中央金庫 | 9.4 | （ 54） | （ 10.2） |
| 73 | 野村アセットマネジメント | 9.4 | （ 128） | （ 7.2） |
| 73 | 豊田自動織機 | 9.4 | （ 61） | （ 9.8） |
| 73 | ヤフー | 9.4 | （ 45） | （ 10.6） |
| 73 | トヨタ紡織 | 9.4 | （ 107） | （ 7.9） |
| 82 | 日本中央競馬会（JRA） | 9.3 | （ 68） | （ 9.4） |
| 83 | NTTコミュニケーションズ | 9.2 | （ 142） | （ 6.8） |
| 84 | キユーピー | 9.1 | （ 68） | （ 9.4） |
| 84 | 大正製薬 | 9.1 | （ 219） | （ 4.9） |
| 84 | NEC（日本電気） | 9.1 | （ 181） | （ 5.7） |
| 84 | メルセデス・ベンツ | 9.1 | （ 128） | （ 7.2） |
| 84 | 住友不動産 | 9.1 | （ 68） | （ 9.4） |
| 84 | 三菱UFJ信託銀行 | 9.1 | （ 290） | （ 3.8） |
| 84 | 日本航空（JAL） | 9.1 | （ 206） | （ 5.3） |
| 84 | 住宅金融支援機構 | 9.1 | （ 96） | （ 8.3） |
| 84 | 豊田通商 | 9.1 | （ 85） | （ 8.7） |
| 84 | ニトリ | 9.1 | （ 153） | （ 6.4） |
| 84 | 三井住友アセットマネジメント | 9.1 | （ 142） | （ 6.8） |
| 95 | カルビー | 8.7 | （ 107） | （ 7.9） |
| 95 | カゴメ | 8.7 | （ 96） | （ 8.3） |
| 95 | 伊藤園 | 8.7 | （ 126） | （ 7.3） |
| 95 | TOTO | 8.7 | （ 45） | （ 10.6） |
| 95 | 富士ゼロックス | 8.7 | （ 290） | （ 3.8） |
| 95 | コマツ（小松製作所） | 8.7 | （ 153） | （ 6.4） |
| 95 | ホンダ | 8.7 | （ 118） | （ 7.5） |
| 95 | BMWジャパン | 8.7 | （ 165） | （ 6.0） |
| 95 | 三菱地所レジデンス | 8.7 | （ 128） | （ 7.2） |
| 95 | 東京ガス | 8.7 | （ 96） | （ 8.3） |
| 95 | 三菱UFJ国際投信 | 8.7 | （ 165） | （ 6.0） |
| 95 | 日本政策投資銀行 | 8.7 | （ 85） | （ 8.7） |
| 95 | アマゾン ウェブ サービス ジャパン | 8.7 | （ 96） | （ 8.3） |

# 財務内容がすぐれている
## 〈一般個人〉

| 2017年<br>順位 社名 | スコア | （2016年）<br>(順位) | (スコア) | 2017年<br>順位 社名 | スコア | （2016年）<br>(順位) | (スコア) |
|---|---|---|---|---|---|---|---|
| 1 トヨタ自動車 | 21.1 | ( 2) | ( 18.1) | 55 三菱重工業 | 6.4 | ( 122) | ( 4.9) |
| 2 オリエンタルランド（東京ディズニーリゾート） | 18.1 | ( 1) | ( 19.1) | 55 BMWジャパン | 6.4 | ( 101) | ( 5.4) |
| 3 三菱地所 | 12.3 | ( 24) | ( 8.8) | 55 大林組 | 6.4 | ( 55) | ( 6.4) |
| 4 三井不動産 | 11.8 | ( 55) | ( 6.4) | 55 イオン | 6.4 | ( 218) | ( 3.4) |
| 5 東日本旅客鉄道（JR東日本） | 10.8 | ( 16) | ( 9.8) | 55 丸紅 | 6.4 | ( 55) | ( 6.4) |
| 5 ウォルト・ディズニー・ジャパン | 10.8 | ( -) | ( -) | 55 三菱UFJモルガン・スタンレー証券 | 6.4 | ( 101) | ( 5.4) |
| 7 伊藤忠商事 | 10.3 | ( 9) | ( 10.8) | 55 日本航空（JAL） | 6.4 | ( 77) | ( 5.9) |
| 8 アップルジャパン | 9.8 | ( 4) | ( 11.8) | 55 帝国ホテル | 6.4 | ( 11) | ( 10.3) |
| 8 日本マイクロソフト | 9.8 | ( 6) | ( 11.3) | 55 野村総合研究所（NRI） | 6.4 | ( 122) | ( 4.9) |
| 8 東海旅客鉄道（JR東海） | 9.8 | ( 41) | ( 7.4) | 55 アサヒ飲料 | 6.4 | ( 101) | ( 5.4) |
| 8 全日本空輸（ANA） | 9.8 | ( 11) | ( 10.3) | 55 ファーストリテイリング（ユニクロ） | 6.4 | ( 24) | ( 8.8) |
| 12 パナソニック | 9.3 | ( 48) | ( 6.9) | 55 KDDI（au） | 6.4 | ( 77) | ( 5.9) |
| 12 ブリヂストン | 9.3 | ( 16) | ( 9.8) | 55 LINE | 6.4 | ( 185) | ( 3.9) |
| 12 森ビル | 9.3 | ( 218) | ( 3.4) | 55 三井住友アセットマネジメント | 6.4 | ( 150) | ( 4.4) |
| 15 TOTO | 8.8 | ( 21) | ( 9.3) | 74 第一三共 | 5.9 | ( 218) | ( 3.4) |
| 15 三菱地所レジデンス | 8.8 | ( 150) | ( 4.4) | 74 インテル | 5.9 | ( 77) | ( 5.9) |
| 15 グーグル | 8.8 | ( 29) | ( 8.3) | 74 YKK | 5.9 | ( 101) | ( 5.4) |
| 18 キリンビール | 8.3 | ( 16) | ( 9.8) | 74 ワコール | 5.9 | ( 122) | ( 4.9) |
| 18 伊勢丹 | 8.3 | ( 122) | ( 4.9) | 74 日立建機 | 5.9 | ( 185) | ( 3.9) |
| 18 東京急行電鉄（東急電鉄） | 8.3 | ( 122) | ( 4.9) | 74 住友林業 | 5.9 | ( 55) | ( 6.4) |
| 18 ソフトバンク | 8.3 | ( 35) | ( 7.8) | 74 野村不動産 | 5.9 | ( 150) | ( 4.4) |
| 18 楽天 | 8.3 | ( 101) | ( 5.4) | 74 鹿島 | 5.9 | ( 29) | ( 8.3) |
| 18 アマゾンジャパン | 8.3 | ( 55) | ( 6.4) | 74 フォルクスワーゲングループジャパン | 5.9 | ( 218) | ( 3.4) |
| 24 アサヒビール | 7.8 | ( 6) | ( 11.3) | 74 東京海上ホールディングス | 5.9 | ( 101) | ( 5.4) |
| 24 味の素 | 7.8 | ( 11) | ( 10.3) | 74 ヤフー | 5.9 | ( 35) | ( 7.8) |
| 24 日本電信電話（NTT） | 7.8 | ( 6) | ( 11.3) | 74 トヨタ紡織 | 5.9 | ( 316) | ( 2.5) |
| 24 日立製作所 | 7.8 | ( 77) | ( 5.9) | 74 みずほ証券 | 5.9 | ( 122) | ( 4.9) |
| 24 ソニー | 7.8 | ( 150) | ( 4.4) | 74 三菱UFJ国際投信 | 5.9 | ( 101) | ( 5.4) |
| 24 メルセデス・ベンツ | 7.8 | ( 77) | ( 5.9) | 88 日清食品 | 5.4 | ( 77) | ( 5.9) |
| 24 セブン-イレブン・ジャパン | 7.8 | ( 55) | ( 6.4) | 88 資生堂 | 5.4 | ( 150) | ( 4.4) |
| 24 三菱商事 | 7.8 | ( 29) | ( 8.3) | 88 島津製作所 | 5.4 | ( 150) | ( 4.4) |
| 24 日本放送協会（NHK） | 7.8 | ( 77) | ( 5.9) | 88 オムロン | 5.4 | ( 185) | ( 3.9) |
| 24 NTTドコモ | 7.8 | ( 24) | ( 8.8) | 88 アシックス | 5.4 | ( 150) | ( 4.4) |
| 24 キリンビバレッジ | 7.8 | ( 21) | ( 9.3) | 88 ヤマハ | 5.4 | ( 77) | ( 5.9) |
| 24 東京地下鉄（東京メトロ） | 7.8 | ( 55) | ( 6.4) | 88 大日本印刷 | 5.4 | ( 55) | ( 6.4) |
| 36 サントリー | 7.4 | ( 4) | ( 11.8) | 88 グンゼ | 5.4 | ( 272) | ( 2.9) |
| 36 日本たばこ産業（JT） | 7.4 | ( 41) | ( 7.4) | 88 東レ | 5.4 | ( 150) | ( 4.4) |
| 36 京セラ | 7.4 | ( 77) | ( 5.9) | 88 日産自動車 | 5.4 | ( 29) | ( 8.3) |
| 36 デンソー | 7.4 | ( 316) | ( 2.5) | 88 積水ハウス | 5.4 | ( 41) | ( 7.4) |
| 36 旭化成 | 7.4 | ( 150) | ( 4.4) | 88 UR都市機構 | 5.4 | ( 272) | ( 2.9) |
| 36 住友不動産 | 7.4 | ( 77) | ( 5.9) | 88 竹中工務店 | 5.4 | ( 122) | ( 4.9) |
| 36 三井物産 | 7.4 | ( 11) | ( 10.3) | 88 髙島屋 | 5.4 | ( 150) | ( 4.4) |
| 36 日本中央競馬会（JRA） | 7.4 | ( 48) | ( 6.9) | 88 野村ホールディングス（野村證券） | 5.4 | ( 55) | ( 6.4) |
| 36 JPモルガン | 7.4 | ( 150) | ( 4.4) | 88 東京海上日動火災保険 | 5.4 | ( 35) | ( 7.8) |
| 36 三菱東京UFJ銀行 | 7.4 | ( 3) | ( 13.2) | 88 小田急電鉄 | 5.4 | ( 122) | ( 4.9) |
| 36 東日本電信電話（NTT東日本） | 7.4 | ( 16) | ( 9.8) | 88 東京ガス | 5.4 | ( 55) | ( 6.4) |
| 36 豊田自動織機 | 7.4 | ( 218) | ( 3.4) | 88 プリンスホテル | 5.4 | ( 29) | ( 8.3) |
| 36 セブン＆アイ・ホールディングス | 7.4 | ( 101) | ( 5.4) | 88 日本電産 | 5.4 | ( 441) | ( 1.5) |
| 36 ゴールドマン・サックス | 7.4 | ( 122) | ( 4.9) | 88 NTTデータ | 5.4 | ( 77) | ( 5.9) |
| 50 東急不動産 | 6.9 | ( 150) | ( 4.4) | 88 フィデリティ | 5.4 | ( 316) | ( 2.5) |
| 50 清水建設 | 6.9 | ( 35) | ( 7.8) | 88 東日本高速道路（NEXCO東日本） | 5.4 | ( 55) | ( 6.4) |
| 50 大成建設 | 6.9 | ( 55) | ( 6.4) | 88 みずほ銀行 | 5.4 | ( 21) | ( 9.3) |
| 50 住友商事 | 6.9 | ( 29) | ( 8.3) | 88 野村不動産アーバンネット | 5.4 | ( 101) | ( 5.4) |
| 50 ゆうちょ銀行 | 6.9 | ( 16) | ( 9.8) | 88 ナイキジャパン | 5.4 | ( 41) | ( 7.4) |
| 55 日本コカ・コーラ | 6.4 | ( 41) | ( 7.4) | 88 アディダスジャパン | 5.4 | ( 48) | ( 6.9) |
| 55 キヤノン | 6.4 | ( 55) | ( 6.4) | 88 トヨタホーム | 5.4 | ( 316) | ( 2.5) |
| 55 セイコーエプソン（EPSON） | 6.4 | ( 122) | ( 4.9) | 88 かんぽ生命保険 | 5.4 | ( 55) | ( 6.4) |
| 55 ダイキン工業 | 6.4 | ( 122) | ( 4.9) | 88 日本政策投資銀行 | 5.4 | ( 122) | ( 4.9) |
| 55 ホンダ | 6.4 | ( 101) | ( 5.4) | 88 アマゾン ウェブ サービス ジャパン | 5.4 | ( 35) | ( 7.8) |

# 安 定 性 が あ る
## 〈ビジネスパーソン〉

| 順位 | 社名 | 2017年 スコア | (2016年)(順位) | (スコア) | 順位 | 社名 | 2017年 スコア | (2016年)(順位) | (スコア) |
|---|---|---|---|---|---|---|---|---|---|
| 1 | トヨタ自動車 | 66.0 | ( 1) | ( 63.4) | 51 | ブリヂストン | 38.9 | ( 36) | ( 39.6) |
| 2 | 東日本旅客鉄道（JR東日本） | 57.0 | ( 6) | ( 52.1) | 52 | 味の素AGF | 38.5 | ( 102) | ( 31.3) |
| 3 | 味の素 | 54.9 | ( 6) | ( 52.1) | 52 | 大塚製薬 | 38.5 | ( 80) | ( 34.0) |
| 4 | 三井住友銀行 | 53.6 | ( 3) | ( 57.3) | 52 | 三菱重工業 | 38.5 | ( 30) | ( 41.1) |
| 5 | 三菱東京UFJ銀行 | 52.5 | ( 8) | ( 51.9) | 52 | 大林組 | 38.5 | ( 58) | ( 36.2) |
| 6 | 東海旅客鉄道（JR東海） | 51.7 | ( 15) | ( 47.9) | 56 | 東京急行電鉄（東急電鉄） | 38.1 | ( 80) | ( 34.0) |
| 7 | 三菱地所 | 50.6 | ( 15) | ( 47.9) | 56 | 日本郵政（日本郵政グループ） | 38.1 | ( 48) | ( 37.4) |
| 8 | みずほ銀行 | 49.8 | ( 4) | ( 54.2) | 58 | 凸版印刷 | 37.7 | ( 151) | ( 27.2) |
| 9 | 全日本空輸（ANA） | 48.7 | ( 17) | ( 47.5) | 58 | 大成建設 | 37.7 | ( 85) | ( 33.5) |
| 10 | TOTO | 48.3 | ( 14) | ( 48.0) | 58 | NTTドコモ | 37.7 | ( 80) | ( 34.0) |
| 11 | 日本電信電話（NTT） | 48.1 | ( 2) | ( 57.7) | 61 | カルビー | 37.5 | ( 62) | ( 35.8) |
| 12 | キリンビバレッジ | 47.2 | ( 25) | ( 42.4) | 62 | 大日本印刷 | 37.4 | ( 93) | ( 32.1) |
| 13 | 首都高速道路 | 46.8 | ( 5) | ( 52.5) | 62 | オリエンタルランド（東京ディズニーリゾート） | 37.4 | ( 46) | ( 38.0) |
| 14 | ハウス食品 | 46.2 | ( 23) | ( 43.0) | 64 | コクヨ | 37.0 | ( 30) | ( 41.1) |
| 15 | キユーピー | 45.8 | ( 26) | ( 42.3) | 64 | 旭化成 | 37.0 | ( 128) | ( 29.5) |
| 16 | キリンビール | 45.7 | ( 21) | ( 44.5) | 64 | 川崎重工業 | 37.0 | ( 69) | ( 35.1) |
| 17 | アサヒビール | 45.3 | ( 40) | ( 38.9) | 64 | 小田急電鉄 | 37.0 | ( 114) | ( 30.6) |
| 18 | 東日本高速道路（NEXCO東日本） | 45.2 | ( 10) | ( 49.4) | 68 | ミツカン | 36.7 | ( 62) | ( 35.8) |
| 19 | 三井不動産 | 44.5 | ( 21) | ( 44.5) | 69 | アサヒ飲料 | 36.6 | ( 74) | ( 34.7) |
| 19 | 東京地下鉄（東京メトロ） | 44.5 | ( 43) | ( 38.1) | 70 | 大正製薬 | 36.2 | ( 114) | ( 30.6) |
| 19 | 中日本高速道路（NEXCO中日本） | 44.5 | ( 11) | ( 49.1) | 71 | 第一生命保険 | 36.1 | ( 53) | ( 37.0) |
| 19 | ゆうちょ銀行 | 44.5 | ( 20) | ( 46.8) | 72 | パナソニック | 35.8 | ( 79) | ( 34.1) |
| 23 | カゴメ | 44.3 | ( 42) | ( 38.5) | 73 | ロッテ | 35.6 | ( 88) | ( 33.2) |
| 24 | JTB | 44.2 | ( 32) | ( 40.8) | 74 | キヤノン | 35.5 | ( 43) | ( 38.1) |
| 25 | 東京ガス | 43.8 | ( 29) | ( 41.5) | 74 | コマツ（小松製作所） | 35.5 | ( 93) | ( 32.1) |
| 26 | 東日本電信電話（NTT東日本） | 43.1 | ( 9) | ( 51.3) | 74 | 三菱UFJフィナンシャル・グループ | 35.5 | ( 48) | ( 37.4) |
| 27 | 武田薬品工業 | 43.0 | ( 36) | ( 39.6) | 77 | 日本ハム | 35.2 | ( 83) | ( 33.6) |
| 27 | 鹿島 | 43.0 | ( 62) | ( 35.8) | 78 | 日本航空（JAL） | 35.1 | ( 102) | ( 31.3) |
| 29 | 清水建設 | 42.6 | ( 62) | ( 35.8) | 79 | 三菱電機 | 34.7 | ( 67) | ( 35.6) |
| 29 | 伊藤忠商事 | 42.6 | ( 18) | ( 47.2) | 79 | 三井住友フィナンシャルグループ | 34.7 | ( 53) | ( 37.0) |
| 31 | サントリー | 42.3 | ( 26) | ( 42.3) | 81 | 塩野義製薬（シオノギ製薬） | 34.3 | ( 93) | ( 32.1) |
| 31 | 日産自動車 | 42.3 | ( 62) | ( 35.8) | 82 | 江崎グリコ | 34.1 | ( 58) | ( 36.2) |
| 31 | 三井物産 | 42.3 | ( 11) | ( 49.1) | 82 | 日清オイリオグループ | 34.1 | ( 76) | ( 34.3) |
| 34 | 明治 | 42.0 | ( 33) | ( 40.4) | 84 | 伊藤園 | 34.0 | ( 74) | ( 34.7) |
| 35 | 日立製作所 | 41.9 | ( 19) | ( 47.1) | 84 | 三菱UFJ信託銀行 | 34.0 | ( 122) | ( 30.2) |
| 35 | 三菱商事 | 41.9 | ( 13) | ( 48.3) | 84 | NTTデータ | 34.0 | ( 86) | ( 33.3) |
| 37 | 日本コカ・コーラ | 41.5 | ( 28) | ( 41.6) | 87 | 住友生命保険 | 33.8 | ( 69) | ( 35.1) |
| 38 | 日本郵便 | 41.1 | ( 43) | ( 38.1) | 87 | 大和証券 | 33.8 | ( 58) | ( 36.2) |
| 39 | ヤクルト本社 | 40.8 | ( 56) | ( 36.6) | 87 | 野村ホールディングス（野村證券） | 33.8 | ( 68) | ( 35.5) |
| 39 | 日本郵船 | 40.8 | ( 88) | ( 33.2) | 90 | マルコメ | 33.7 | ( 100) | ( 31.7) |
| 41 | 森永製菓 | 40.5 | ( 48) | ( 37.4) | 91 | 森永乳業 | 33.6 | ( 139) | ( 28.6) |
| 42 | 帝国ホテル | 40.4 | ( 102) | ( 31.3) | 91 | 商船三井 | 33.6 | ( 156) | ( 26.8) |
| 43 | キッコーマン | 40.2 | ( 35) | ( 40.0) | 91 | みずほフィナンシャルグループ | 33.6 | ( 53) | ( 37.0) |
| 44 | サッポロビール | 40.0 | ( 58) | ( 36.2) | 94 | NEC（日本電気） | 33.2 | ( 99) | ( 31.8) |
| 44 | 日本放送協会（NHK） | 40.0 | ( 40) | ( 38.9) | 94 | 日立建機 | 33.2 | ( 177) | ( 24.9) |
| 46 | 日清製粉グループ本社 | 39.8 | ( 56) | ( 36.6) | 94 | 野村不動産 | 33.2 | ( 83) | ( 33.6) |
| 47 | 住友商事 | 39.6 | ( 24) | ( 42.6) | 97 | 農業協同組合（JAグループ） | 33.0 | ( 69) | ( 35.1) |
| 48 | 日本生命保険 | 39.5 | ( 39) | ( 39.2) | 98 | ロート製薬 | 32.8 | ( 142) | ( 28.3) |
| 49 | 日清食品 | 39.4 | ( 36) | ( 39.6) | 98 | 東レ | 32.8 | ( 113) | ( 30.7) |
| 50 | 丸紅 | 39.2 | ( 33) | ( 40.4) | 98 | 竹中工務店 | 32.8 | ( 151) | ( 27.2) |

# 安 定 性 が あ る
## 〈一般個人〉

| 順位 | 社名 | 2017年 スコア | (2016年)(順位) | (スコア) |
|---|---|---|---|---|
| 1 | トヨタ自動車 | 62.7 | ( 2) | ( 56.4) |
| 2 | 味の素 | 57.4 | ( 3) | ( 51.7) |
| 3 | 東日本旅客鉄道（JR東日本） | 51.0 | ( 7) | ( 49.0) |
| 4 | 伊藤忠商事 | 50.5 | ( 12) | ( 45.6) |
| 4 | 全日本空輸（ANA） | 50.5 | ( 11) | ( 47.1) |
| 6 | キリンビバレッジ | 50.0 | ( 15) | ( 44.1) |
| 7 | 日本電信電話（NTT） | 48.0 | ( 14) | ( 44.6) |
| 8 | TOTO | 47.5 | ( 4) | ( 51.0) |
| 9 | みずほ銀行 | 47.1 | ( 7) | ( 49.0) |
| 10 | 三井住友銀行 | 46.6 | ( 1) | ( 56.9) |
| 11 | キリンビール | 45.1 | ( 5) | ( 50.5) |
| 11 | 日本コカ・コーラ | 45.1 | ( 31) | ( 38.7) |
| 13 | サントリー | 44.1 | ( 5) | ( 50.5) |
| 13 | アサヒビール | 44.1 | ( 9) | ( 48.5) |
| 13 | 東海旅客鉄道（JR東海） | 44.1 | ( 23) | ( 40.2) |
| 13 | 三菱東京UFJ銀行 | 44.1 | ( 10) | ( 47.5) |
| 17 | 花王 | 43.1 | ( 28) | ( 39.2) |
| 17 | 東京地下鉄（東京メトロ） | 43.1 | ( 37) | ( 37.7) |
| 17 | ゆうちょ銀行 | 43.1 | ( 13) | ( 45.1) |
| 20 | サッポロビール | 42.2 | ( 16) | ( 43.6) |
| 21 | 日本航空（JAL） | 41.7 | ( 37) | ( 37.7) |
| 22 | 三井物産 | 41.2 | ( 17) | ( 43.1) |
| 23 | 明治 | 40.7 | ( 22) | ( 40.9) |
| 24 | ブリヂストン | 40.2 | ( 66) | ( 34.3) |
| 25 | キッコーマン | 39.7 | ( 19) | ( 42.9) |
| 26 | 日産自動車 | 39.2 | ( 56) | ( 35.3) |
| 26 | 東日本電信電話（NTT東日本） | 39.2 | ( 23) | ( 40.2) |
| 28 | 森永乳業 | 38.7 | ( 80) | ( 32.4) |
| 28 | ライオン | 38.7 | ( 35) | ( 38.2) |
| 28 | 清水建設 | 38.7 | ( 37) | ( 37.7) |
| 28 | 三菱商事 | 38.7 | ( 17) | ( 43.1) |
| 28 | 首都高速道路 | 38.7 | ( 28) | ( 39.2) |
| 33 | 日立製作所 | 38.2 | ( 37) | ( 37.7) |
| 33 | アサヒ飲料 | 38.2 | ( 56) | ( 35.3) |
| 35 | 味の素AGF | 37.7 | ( 114) | ( 27.9) |
| 35 | ヤクルト本社 | 37.7 | ( 61) | ( 34.8) |
| 35 | キユーピー | 37.7 | ( 19) | ( 42.9) |
| 35 | 帝国ホテル | 37.7 | ( 41) | ( 37.3) |
| 39 | ハウス食品 | 37.3 | ( 70) | ( 33.5) |
| 39 | 武田薬品工業 | 37.3 | ( 43) | ( 36.9) |
| 39 | 大正製薬 | 37.3 | ( 55) | ( 35.5) |
| 39 | 住友商事 | 37.3 | ( 21) | ( 41.7) |
| 39 | オリエンタルランド（東京ディズニーリゾート） | 37.3 | ( 28) | ( 39.2) |
| 39 | 日本放送協会（NHK） | 37.3 | ( 41) | ( 37.3) |
| 45 | 森永製菓 | 36.8 | ( 34) | ( 38.4) |
| 45 | キヤノン | 36.8 | ( 35) | ( 38.2) |
| 45 | 三菱地所 | 36.8 | ( 61) | ( 34.8) |
| 45 | 東京急行電鉄（東急電鉄） | 36.8 | ( 72) | ( 33.3) |
| 45 | JTB | 36.8 | ( 23) | ( 40.2) |
| 50 | NTTドコモ | 36.3 | ( 69) | ( 33.8) |
| 51 | 伊藤園 | 35.8 | ( 95) | ( 31.4) |
| 51 | パナソニック | 35.8 | ( 27) | ( 39.7) |
| 51 | 伊勢丹 | 35.8 | ( 80) | ( 32.4) |
| 51 | 東日本高速道路（NEXCO東日本） | 35.8 | ( 45) | ( 36.8) |
| 51 | 日本郵便 | 35.8 | ( 31) | ( 38.7) |
| 56 | カルビー | 35.3 | ( 50) | ( 36.0) |
| 56 | サンスター | 35.3 | ( 104) | ( 29.4) |
| 56 | コクヨ | 35.3 | ( 61) | ( 34.8) |
| 56 | 小田急電鉄 | 35.3 | ( 104) | ( 29.4) |
| 56 | ヤマト運輸 | 35.3 | ( 102) | ( 30.4) |
| 61 | ミツカン | 34.8 | ( 26) | ( 39.9) |
| 61 | 大塚製薬 | 34.8 | ( 60) | ( 35.0) |
| 61 | セイコー | 34.8 | ( 104) | ( 29.4) |
| 61 | はごろもフーズ | 34.8 | ( 100) | ( 31.0) |
| 65 | ロッテ | 34.3 | ( 70) | ( 33.5) |
| 65 | 丸紅 | 34.3 | ( 31) | ( 38.7) |
| 65 | 東京ガス | 34.3 | ( 72) | ( 33.3) |
| 65 | 中日本高速道路（NEXCO中日本） | 34.3 | ( 45) | ( 36.8) |
| 69 | ホンダ | 33.8 | ( 85) | ( 31.9) |
| 69 | 鹿島 | 33.8 | ( 66) | ( 34.3) |
| 71 | 三井不動産 | 33.3 | ( 80) | ( 32.4) |
| 71 | 大成建設 | 33.3 | ( 56) | ( 35.3) |
| 73 | 富士フイルム | 32.8 | ( 66) | ( 34.3) |
| 73 | 日本生命保険 | 32.8 | ( 61) | ( 34.8) |
| 75 | カゴメ | 32.4 | ( 43) | ( 36.9) |
| 75 | 日清食品 | 32.4 | ( 91) | ( 31.5) |
| 75 | ロート製薬 | 32.4 | ( 91) | ( 31.5) |
| 75 | シチズン | 32.4 | ( 119) | ( 27.5) |
| 75 | 大林組 | 32.4 | ( 52) | ( 35.8) |
| 80 | りそな銀行 | 31.9 | ( 72) | ( 33.3) |
| 81 | 三菱重工業 | 31.4 | ( 52) | ( 35.8) |
| 82 | 江崎グリコ | 30.9 | ( 76) | ( 33.0) |
| 82 | ワコール | 30.9 | ( 95) | ( 31.4) |
| 82 | 髙島屋 | 30.9 | ( 77) | ( 32.8) |
| 82 | 第一生命保険 | 30.9 | ( 45) | ( 36.8) |
| 82 | 日本郵政（日本郵政グループ） | 30.9 | ( 72) | ( 33.3) |
| 87 | 日清製粉グループ本社 | 30.4 | ( 50) | ( 36.0) |
| 87 | マルコメ | 30.4 | ( 110) | ( 29.1) |
| 87 | かんぽ生命保険 | 30.4 | ( 95) | ( 31.4) |
| 87 | ウォルト・ディズニー・ジャパン | 30.4 | ( -) | ( -) |
| 91 | 旭化成 | 29.9 | ( 61) | ( 34.8) |
| 91 | 積水ハウス | 29.9 | ( 114) | ( 27.9) |
| 93 | 雪印メグミルク | 29.4 | ( 151) | ( 24.5) |
| 93 | 資生堂 | 29.4 | ( 80) | ( 32.4) |
| 93 | ヤマハ | 29.4 | ( 95) | ( 31.4) |
| 93 | 大日本印刷 | 29.4 | ( 114) | ( 27.9) |
| 93 | 三越 | 29.4 | ( 95) | ( 31.4) |
| 93 | ナイキジャパン | 29.4 | ( 104) | ( 29.4) |
| 99 | ネスレ | 28.9 | ( 171) | ( 23.0) |
| 99 | ミズノ | 28.9 | ( 52) | ( 35.8) |
| 99 | 大和証券 | 28.9 | ( 85) | ( 31.9) |
| 99 | 農業協同組合（JAグループ） | 28.9 | ( 134) | ( 26.1) |

# 伝 統 が あ る
## 〈ビジネスパーソン〉

| 順位 | 社名 | 2017年 スコア | （順位） | （スコア） | 順位 | 社名 | 2017年 スコア | （順位） | （スコア） |
|---|---|---|---|---|---|---|---|---|---|
| 1 | 三越 | 68.7 | ( 1) | ( 72.8) | 52 | 月桂冠 | 37.0 | ( 72) | ( 32.8) |
| 2 | 髙島屋 | 64.2 | ( 2) | ( 68.6) | 52 | 三井不動産 | 37.0 | ( 25) | ( 43.8) |
| 3 | 帝国ホテル | 60.8 | ( 4) | ( 63.0) | 52 | 日本郵便 | 37.0 | ( 56) | ( 35.1) |
| 4 | 日立製作所 | 59.2 | ( 5) | ( 61.3) | 55 | 大和証券 | 36.9 | ( 73) | ( 32.5) |
| 5 | 東芝 | 58.9 | ( 3) | ( 64.0) | 55 | 野村ホールディングス（野村證券） | 36.9 | ( 49) | ( 36.6) |
| 6 | 伊勢丹 | 58.1 | ( 6) | ( 59.0) | 57 | 大日本印刷 | 36.2 | ( 69) | ( 33.2) |
| 7 | トヨタ自動車 | 55.1 | ( 8) | ( 55.5) | 58 | 明治安田生命保険 | 36.1 | ( 56) | ( 35.1) |
| 8 | 大丸 | 54.0 | ( 10) | ( 53.3) | 59 | アサヒビール | 35.8 | ( 54) | ( 35.5) |
| 9 | 松坂屋 | 53.6 | ( 10) | ( 53.3) | 59 | 宝酒造（宝ホールディングス） | 35.8 | ( 87) | ( 29.1) |
| 10 | パナソニック | 53.2 | ( 9) | ( 54.4) | 59 | 新日鐵住金 | 35.8 | ( 111) | ( 26.8) |
| 11 | 三菱電機 | 52.8 | ( 7) | ( 56.3) | 62 | 第一生命保険 | 35.7 | ( 41) | ( 38.5) |
| 12 | 伊藤忠商事 | 51.7 | ( 13) | ( 52.1) | 63 | TOTO | 35.5 | ( 28) | ( 42.1) |
| 12 | 三井物産 | 51.7 | ( 14) | ( 51.3) | 63 | 三井住友銀行 | 35.5 | ( 64) | ( 34.0) |
| 14 | 三菱商事 | 51.3 | ( 12) | ( 52.8) | 65 | 明治 | 35.2 | ( 67) | ( 33.6) |
| 15 | 日本航空（JAL） | 50.6 | ( 15) | ( 49.8) | 66 | ヤクルト本社 | 35.1 | ( 98) | ( 28.2) |
| 16 | NEC（日本電気） | 49.8 | ( 17) | ( 47.5) | 67 | 武田薬品工業 | 34.7 | ( 67) | ( 33.6) |
| 17 | 日本電信電話（NTT） | 48.8 | ( 19) | ( 46.4) | 67 | コクヨ | 34.7 | ( 46) | ( 37.4) |
| 18 | 住友商事 | 48.7 | ( 17) | ( 47.5) | 67 | 帝人 | 34.7 | ( 85) | ( 29.5) |
| 19 | 大林組 | 47.2 | ( 28) | ( 42.1) | 70 | 日清製粉グループ本社 | 34.5 | ( 106) | ( 27.2) |
| 20 | 三菱地所 | 46.8 | ( 20) | ( 46.0) | 70 | マルコメ | 34.5 | ( 73) | ( 32.5) |
| 20 | 東日本旅客鉄道（JR東日本） | 46.8 | ( 31) | ( 41.5) | 72 | 凸版印刷 | 34.3 | ( 90) | ( 28.7) |
| 22 | キリンビール | 46.0 | ( 27) | ( 42.6) | 73 | セイコー | 34.0 | ( 47) | ( 37.2) |
| 23 | 富士通 | 45.7 | ( 24) | ( 44.1) | 73 | BMWジャパン | 34.0 | ( 56) | ( 35.1) |
| 23 | ソニー | 45.7 | ( 16) | ( 47.9) | 75 | 日本コカ・コーラ | 33.6 | ( 99) | ( 27.9) |
| 23 | 鹿島 | 45.7 | ( 26) | ( 43.7) | 75 | 出光興産 | 33.6 | ( 99) | ( 27.9) |
| 23 | 清水建設 | 45.7 | ( 30) | ( 41.7) | 75 | JTB | 33.6 | ( 84) | ( 30.2) |
| 23 | 全日本空輸（ANA） | 45.7 | ( 50) | ( 36.2) | 75 | プリンスホテル | 33.6 | ( 61) | ( 34.3) |
| 28 | 丸紅 | 44.9 | ( 22) | ( 44.2) | 79 | 東京ガス | 33.2 | ( 61) | ( 34.3) |
| 29 | 三菱重工業 | 44.2 | ( 22) | ( 44.2) | 80 | 神戸製鋼所（KOBELCO） | 32.8 | ( 106) | ( 27.2) |
| 30 | 日本生命保険 | 43.3 | ( 35) | ( 40.0) | 81 | 森永乳業 | 32.5 | ( 114) | ( 26.0) |
| 31 | サッポロビール | 41.5 | ( 43) | ( 38.1) | 81 | 富士フイルム | 32.5 | ( 90) | ( 28.7) |
| 32 | 味の素 | 41.3 | ( 38) | ( 39.6) | 81 | 三菱東京UFJ銀行 | 32.5 | ( 69) | ( 33.2) |
| 33 | 住友生命保険 | 41.1 | ( 41) | ( 38.5) | 84 | みずほ銀行 | 32.1 | ( 69) | ( 33.2) |
| 34 | サントリー | 40.8 | ( 43) | ( 38.1) | 85 | 資生堂 | 31.7 | ( 59) | ( 34.7) |
| 34 | シャープ | 40.8 | ( 34) | ( 40.2) | 85 | 東レ | 31.7 | ( 113) | ( 26.1) |
| 34 | 大成建設 | 40.8 | ( 37) | ( 39.8) | 85 | ホンダ | 31.7 | ( 64) | ( 34.0) |
| 37 | キッコーマン | 40.5 | ( 35) | ( 40.0) | 88 | 森永製菓 | 31.4 | ( 61) | ( 34.3) |
| 38 | 竹中工務店 | 40.4 | ( 75) | ( 32.3) | 88 | キユーピー | 31.4 | ( 87) | ( 29.1) |
| 38 | 商船三井 | 40.4 | ( 39) | ( 39.2) | 90 | 大正製薬 | 31.3 | ( 129) | ( 24.9) |
| 38 | 日本放送協会（NHK） | 40.4 | ( 21) | ( 44.5) | 90 | シチズン | 31.3 | ( 66) | ( 33.7) |
| 41 | 日産自動車 | 40.0 | ( 48) | ( 37.0) | 90 | カシオ計算機 | 31.3 | ( 82) | ( 30.3) |
| 41 | メルセデス・ベンツ | 40.0 | ( 32) | ( 41.1) | 93 | 東日本電信電話（NTT東日本） | 31.2 | ( 137) | ( 24.2) |
| 43 | ブリヂストン | 39.2 | ( 45) | ( 37.7) | 94 | ミツカン | 31.1 | ( 96) | ( 28.3) |
| 43 | 東海旅客鉄道（JR東海） | 39.2 | ( 50) | ( 36.2) | 95 | ヤマハ | 30.9 | ( 144) | ( 23.0) |
| 43 | 龍角散 | 39.2 | ( -) | ( -) | 95 | キリンビバレッジ | 30.9 | ( 102) | ( 27.5) |
| 46 | 川崎重工業 | 38.5 | ( 40) | ( 38.9) | 97 | 日本たばこ産業（JT） | 30.2 | ( 76) | ( 31.7) |
| 46 | 日本郵船 | 38.5 | ( 33) | ( 40.4) | 97 | ニコン | 30.2 | ( 80) | ( 30.6) |
| 46 | 三井造船 | 38.5 | ( 53) | ( 36.1) | 99 | 塩野義製薬（シオノギ製薬） | 29.4 | ( 168) | ( 21.1) |
| 49 | 養命酒製造 | 38.1 | ( 86) | ( 29.4) | 100 | ハウス食品 | 29.2 | ( 129) | ( 24.9) |
| 49 | 日立造船 | 38.1 | ( 55) | ( 35.4) | 100 | 日清食品 | 29.2 | ( 87) | ( 29.1) |
| 51 | 旭化成 | 37.7 | ( 94) | ( 28.4) | 100 | ヤンマー | 29.2 | ( 76) | ( 31.7) |

# 伝 統 が あ る
## 〈一般個人〉

| 順位 | 社名 | 2017年 スコア | （2016年） （順位） | （スコア） | 順位 | 社名 | 2017年 スコア | （2016年） （順位） | （スコア） |
|---|---|---|---|---|---|---|---|---|---|
| 1 | 三越 | 64.2 | ( 1) | ( 67.2) | 49 | マルコメ | 35.8 | ( 55) | ( 34.0) |
| 2 | 髙島屋 | 61.3 | ( 2) | ( 61.3) | 53 | 大正製薬 | 35.3 | ( 36) | ( 38.4) |
| 3 | 伊勢丹 | 56.4 | ( 4) | ( 54.9) | 54 | 川崎重工業 | 34.8 | ( 56) | ( 33.8) |
| 4 | 帝国ホテル | 55.4 | ( 3) | ( 58.8) | 54 | 東海旅客鉄道 （JR東海） | 34.8 | ( 96) | ( 27.9) |
| 5 | 東芝 | 52.0 | ( 7) | ( 50.5) | 56 | 養命酒製造 | 34.3 | ( 15) | ( 43.8) |
| 6 | 日本航空 （JAL） | 50.5 | ( 14) | ( 44.1) | 56 | コクヨ | 34.3 | ( 34) | ( 38.7) |
| 7 | 日立製作所 | 49.5 | ( 8) | ( 47.5) | 56 | 住友商事 | 34.3 | ( 34) | ( 38.7) |
| 7 | 大丸 | 49.5 | ( 9) | ( 46.6) | 59 | 大塚製薬 | 33.8 | ( 80) | ( 29.1) |
| 9 | キリンビール | 48.0 | ( 5) | ( 52.9) | 59 | 清水建設 | 33.8 | ( 37) | ( 38.2) |
| 10 | 三菱電機 | 47.5 | ( 11) | ( 46.1) | 61 | 武田薬品工業 | 33.3 | ( 28) | ( 39.9) |
| 11 | トヨタ自動車 | 47.1 | ( 11) | ( 46.1) | 62 | 日本郵船 | 32.8 | ( 45) | ( 35.8) |
| 11 | 松坂屋 | 47.1 | ( 5) | ( 52.9) | 63 | ロッテ | 32.4 | ( 143) | ( 21.2) |
| 13 | 味の素 | 46.1 | ( 19) | ( 42.9) | 63 | ハウス食品 | 32.4 | ( 114) | ( 26.1) |
| 13 | メルセデス・ベンツ | 46.1 | ( 53) | ( 34.3) | 63 | 日清食品 | 32.4 | ( 108) | ( 26.6) |
| 15 | キッコーマン | 45.6 | ( 15) | ( 43.8) | 63 | ロート製薬 | 32.4 | ( 108) | ( 26.6) |
| 16 | サントリー | 43.6 | ( 30) | ( 39.2) | 63 | 資生堂 | 32.4 | ( 43) | ( 36.3) |
| 17 | サッポロビール | 43.1 | ( 30) | ( 39.2) | 68 | 大日本印刷 | 31.9 | ( 50) | ( 34.8) |
| 17 | セイコー | 43.1 | ( 26) | ( 40.7) | 68 | 東レ | 31.9 | ( 96) | ( 27.9) |
| 17 | パナソニック | 43.1 | ( 13) | ( 45.1) | 68 | 大和証券 | 31.9 | ( 45) | ( 35.8) |
| 17 | ソニー | 43.1 | ( 22) | ( 41.2) | 68 | はごろもフーズ | 31.9 | ( 141) | ( 21.7) |
| 17 | 伊藤忠商事 | 43.1 | ( 22) | ( 41.2) | 68 | 東日本電信電話 （NTT東日本） | 31.9 | ( 115) | ( 26.0) |
| 22 | 日本電信電話 （NTT） | 42.2 | ( 40) | ( 36.8) | 68 | 明治安田生命保険 | 31.9 | ( 59) | ( 33.3) |
| 22 | 日本放送協会 （NHK） | 42.2 | ( 20) | ( 42.6) | 74 | 森永乳業 | 31.4 | ( 76) | ( 29.4) |
| 24 | 明治 | 41.7 | ( 64) | ( 32.5) | 74 | プリンスホテル | 31.4 | ( 43) | ( 36.3) |
| 24 | 三井物産 | 41.7 | ( 29) | ( 39.7) | 74 | 三和酒類 （いいちこ） | 31.4 | ( 161) | ( 20.1) |
| 24 | 日本生命保険 | 41.7 | ( 18) | ( 43.1) | 77 | 日産自動車 | 30.9 | ( 73) | ( 30.4) |
| 27 | アサヒビール | 41.2 | ( 21) | ( 41.7) | 77 | 西武 （SEIBU） | 30.9 | ( 103) | ( 27.5) |
| 27 | 三菱重工業 | 41.2 | ( 38) | ( 37.3) | 77 | フォルクスワーゲングループジャパン | 30.9 | ( 180) | ( 19.1) |
| 27 | 丸紅 | 41.2 | ( 30) | ( 39.2) | 80 | 住友化学 | 30.4 | ( 130) | ( 23.5) |
| 30 | TOTO | 40.7 | ( 22) | ( 41.2) | 80 | 帝人 | 30.4 | ( 47) | ( 35.3) |
| 30 | 龍角散 | 40.7 | ( -) | ( -) | 80 | ホンダ | 30.4 | ( 146) | ( 21.1) |
| 32 | NEC （日本電気） | 40.2 | ( 38) | ( 37.3) | 80 | 大成建設 | 30.4 | ( 50) | ( 34.8) |
| 32 | 日本郵便 | 40.2 | ( 56) | ( 33.8) | 80 | 三井住友銀行 | 30.4 | ( 67) | ( 30.9) |
| 34 | 富士通 | 39.2 | ( 56) | ( 33.8) | 80 | 日本中央競馬会 （JRA） | 30.4 | ( 86) | ( 28.4) |
| 34 | 三菱商事 | 39.2 | ( 22) | ( 41.2) | 80 | 薩摩酒造 （白波） | 30.4 | ( 215) | ( 16.7) |
| 34 | 全日本空輸 （ANA） | 39.2 | ( 47) | ( 35.3) | 87 | 日清製粉グループ本社 | 29.9 | ( 100) | ( 27.6) |
| 37 | シチズン | 38.2 | ( 53) | ( 34.3) | 87 | カシオ計算機 | 29.9 | ( 86) | ( 28.4) |
| 37 | 鹿島 | 38.2 | ( 9) | ( 46.6) | 87 | 雲海酒造 （雲海） | 29.9 | ( 223) | ( 16.2) |
| 39 | BMWジャパン | 37.7 | ( 76) | ( 29.4) | 87 | 日本郵政 （日本郵政グループ） | 29.9 | ( 140) | ( 22.1) |
| 40 | 森永製菓 | 37.3 | ( 95) | ( 28.1) | 87 | 霧島酒造 | 29.9 | ( 210) | ( 17.2) |
| 40 | キユーピー | 37.3 | ( 71) | ( 30.5) | 92 | ツムラ | 29.4 | ( 80) | ( 29.1) |
| 40 | シャープ | 37.3 | ( 67) | ( 30.9) | 93 | ミツカン | 28.9 | ( 71) | ( 30.5) |
| 40 | 東日本旅客鉄道 （JR東日本） | 37.3 | ( 50) | ( 34.8) | 93 | 三菱地所 | 28.9 | ( 96) | ( 27.9) |
| 44 | 住友生命保険 | 36.8 | ( 30) | ( 39.2) | 93 | 商船三井 | 28.9 | ( 62) | ( 32.8) |
| 45 | 宝酒造 （宝ホールディングス） | 36.3 | ( 47) | ( 35.3) | 93 | 東京ガス | 28.9 | ( 76) | ( 29.4) |
| 45 | 月桂冠 | 36.3 | ( 40) | ( 36.8) | 93 | JTB | 28.9 | ( 76) | ( 29.4) |
| 45 | 大林組 | 36.3 | ( 17) | ( 43.6) | 98 | 雪印メグミルク | 28.4 | ( 130) | ( 23.5) |
| 45 | 第一生命保険 | 36.3 | ( 27) | ( 40.2) | 98 | YKK | 28.4 | ( 40) | ( 36.8) |
| 49 | 江崎グリコ | 35.8 | ( 108) | ( 26.6) | 98 | ヤマハ | 28.4 | ( 86) | ( 28.4) |
| 49 | ブリヂストン | 35.8 | ( 59) | ( 33.3) | 98 | グンゼ | 28.4 | ( 103) | ( 27.5) |
| 49 | 旭化成 | 35.8 | ( 73) | ( 30.4) | | | | | |

# 信 頼 性 が あ る
## 〈ビジネスパーソン〉

| 順位 | 社名 | 2017年 スコア | （2016年 順位） | （スコア） | 順位 | 社名 | 2017年 スコア | （2016年 順位） | （スコア） |
|---|---|---|---|---|---|---|---|---|---|
| 1 | トヨタ自動車 | 66.0 | （1） | （61.1） | 51 | 明治 | 39.0 | （31） | （41.9） |
| 2 | 全日本空輸（ANA） | 60.0 | （3） | （54.0） | 52 | 大塚製薬 | 38.9 | （111） | （30.9） |
| 3 | 東日本旅客鉄道（JR東日本） | 55.5 | （2） | （54.3） | 52 | 大正製薬 | 38.9 | （98） | （32.5） |
| 4 | JTB | 51.3 | （59） | （36.6） | 54 | ミツカン | 38.6 | （84） | （34.0） |
| 5 | 三井住友銀行 | 50.6 | （6） | （50.4） | 55 | シチズン | 38.5 | （24） | （43.3） |
| 5 | 三菱東京UFJ銀行 | 50.6 | （8） | （49.6） | 56 | ソニー | 38.1 | （61） | （36.4） |
| 7 | TOTO | 50.2 | （4） | （53.1） | 57 | 日本生命保険 | 38.0 | （89） | （33.6） |
| 7 | 東海旅客鉄道（JR東海） | 50.2 | （9） | （49.4） | 58 | 清水建設 | 37.7 | （64） | （35.8） |
| 9 | キリンビバレッジ | 49.4 | （18） | （45.8） | 58 | 大丸 | 37.7 | （61） | （36.4） |
| 10 | 味の素 | 48.5 | （5） | （50.6） | 58 | 東京急行電鉄（東急電鉄） | 37.7 | （75） | （34.7） |
| 11 | 日本航空（JAL） | 47.9 | （34） | （41.1） | 58 | アサヒ飲料 | 37.7 | （67） | （35.5） |
| 12 | 日立製作所 | 47.5 | （19） | （45.2） | 62 | 丸紅 | 37.4 | （90） | （33.2） |
| 12 | 三菱地所 | 47.5 | （14） | （46.8） | 62 | ゆうちょ銀行 | 37.4 | （38） | （40.8） |
| 14 | 髙島屋 | 46.8 | （9） | （49.4） | 64 | 花王 | 37.0 | （34） | （41.1） |
| 14 | 東京地下鉄（東京メトロ） | 46.8 | （25） | （42.6） | 64 | ヤマト運輸 | 37.0 | （57） | （37.0） |
| 16 | キヤノン | 46.4 | （20） | （44.5） | 66 | 東日本電信電話（NTT東日本） | 36.9 | （25） | （42.6） |
| 17 | 三越 | 46.0 | （15） | （46.7） | 67 | 森永製菓 | 36.7 | （59） | （36.6） |
| 17 | 帝国ホテル | 46.0 | （12） | （48.7） | 67 | 日本ハム | 36.7 | （90） | （33.2） |
| 19 | 伊勢丹 | 45.7 | （13） | （48.3） | 69 | ライオン | 36.6 | （56） | （37.3） |
| 20 | セコム | 45.0 | （16） | （46.4） | 69 | 三菱重工業 | 36.6 | （72） | （35.1） |
| 21 | みずほ銀行 | 44.9 | （7） | （50.0） | 69 | オリエンタルランド（東京ディズニーリゾート） | 36.6 | （74） | （35.0） |
| 22 | キユーピー | 44.7 | （33） | （41.5） | 69 | 日本郵便 | 36.6 | （146） | （27.5） |
| 23 | 武田薬品工業 | 44.2 | （44） | （38.9） | 73 | 綜合警備保障 | 36.5 | （47） | （38.5） |
| 23 | 伊藤忠商事 | 44.2 | （31） | （41.9） | 74 | 日清製粉グループ本社 | 36.4 | （72） | （35.1） |
| 25 | キッコーマン | 43.9 | （34） | （41.1） | 75 | 資生堂 | 36.2 | （50） | （38.1） |
| 26 | ヤクルト本社 | 43.8 | （44） | （38.9） | 75 | ニコン | 36.2 | （75） | （34.7） |
| 26 | ブリヂストン | 43.8 | （34） | （41.1） | 75 | 小田急電鉄 | 36.2 | （115） | （30.6） |
| 28 | セイコー | 43.4 | （17） | （46.0） | 78 | ロート製薬 | 35.8 | （138） | （28.3） |
| 29 | ハウス食品 | 43.2 | （28） | （42.3） | 78 | 三菱電機 | 35.8 | （88） | （33.7） |
| 29 | カゴメ | 43.2 | （41） | （39.6） | 80 | アシックス | 35.5 | （53） | （37.5） |
| 31 | パナソニック | 43.0 | （43） | （39.5） | 80 | ヤマハ | 35.5 | （93） | （33.0） |
| 32 | キリンビール | 42.6 | （21） | （44.2） | 80 | 鹿島 | 35.5 | （105） | （31.9） |
| 33 | 日本電信電話（NTT） | 42.3 | （11） | （49.1） | 83 | 日清食品 | 35.2 | （57） | （37.0） |
| 33 | 三菱商事 | 42.3 | （28） | （42.3） | 84 | 日本アイ・ビー・エム（IBM） | 35.1 | （55） | （37.4） |
| 35 | アサヒビール | 41.9 | （41） | （39.6） | 84 | メルセデス・ベンツ | 35.1 | （67） | （35.5） |
| 35 | 日本コカ・コーラ | 41.9 | （40） | （40.1） | 86 | 塩野義製薬（シオノギ製薬） | 34.7 | （126） | （29.4） |
| 35 | 日産自動車 | 41.9 | （67） | （35.5） | 86 | NEC（日本電気） | 34.7 | （110） | （31.0） |
| 38 | 三井物産 | 41.5 | （22） | （43.4） | 86 | 旭化成 | 34.7 | （93） | （33.0） |
| 39 | 味の素AGF | 41.1 | （90） | （33.2） | 86 | コマツ（小松製作所） | 34.7 | （98） | （32.5） |
| 40 | インテル | 40.8 | （66） | （35.6） | 86 | ダイキン工業 | 34.7 | （63） | （36.2） |
| 40 | 三井不動産 | 40.8 | （38） | （40.8） | 91 | カシオ計算機 | 34.3 | （46） | （38.7） |
| 42 | サントリー | 40.4 | （22） | （43.4） | 91 | 川崎重工業 | 34.3 | （95） | （32.8） |
| 42 | 富士フイルム | 40.4 | （28） | （42.3） | 93 | 住友生命保険 | 34.2 | （117） | （30.2） |
| 42 | 住友商事 | 40.4 | （50） | （38.1） | 94 | 三菱地所レジデンス | 34.0 | （122） | （29.8） |
| 45 | オムロン | 40.1 | （82） | （34.2） | 94 | 野村不動産 | 34.0 | （106） | （31.7） |
| 46 | コクヨ | 40.0 | （25） | （42.6） | 96 | 伊藤ハム | 33.7 | （122） | （29.8） |
| 47 | サッポロビール | 39.6 | （47） | （38.5） | 96 | 日清オイリオグループ | 33.7 | （103） | （32.1） |
| 47 | 伊藤園 | 39.6 | （47） | （38.5） | 98 | 東レ | 33.6 | （113） | （30.7） |
| 47 | ミズノ | 39.6 | （53） | （37.5） | 98 | 日立建機 | 33.6 | （142） | （27.9） |
| 47 | ホンダ | 39.6 | （81） | （34.3） | 98 | 住友不動産 | 33.6 | （117） | （30.2） |

# 信 頼 性 が あ る
## 〈一般個人〉

| 順位 | 社名 | 2017年 スコア | (2016年) (順位) | (スコア) | 順位 | 社名 | 2017年 スコア | (2016年) (順位) | (スコア) |
|---|---|---|---|---|---|---|---|---|---|
| 1 | 全日本空輸（ANA） | 57.8 | ( 1) | ( 51.0) | 52 | りそな銀行 | 36.3 | ( 56) | ( 34.3) |
| 2 | トヨタ自動車 | 56.4 | ( 2) | ( 50.0) | 52 | ゆうちょ銀行 | 36.3 | ( 26) | ( 41.2) |
| 3 | 三井住友銀行 | 54.9 | ( 3) | ( 49.5) | 56 | カゴメ | 35.8 | ( 38) | ( 37.4) |
| 4 | 東日本旅客鉄道（JR東日本） | 52.0 | ( 31) | ( 39.7) | 56 | コクヨ | 35.8 | ( 41) | ( 36.8) |
| 5 | TOTO | 50.0 | ( 9) | ( 46.6) | 56 | 伊藤忠商事 | 35.8 | ( 56) | ( 34.3) |
| 5 | 髙島屋 | 50.0 | ( 7) | ( 48.5) | 56 | 三井物産 | 35.8 | ( 36) | ( 37.7) |
| 7 | 三菱東京UFJ銀行 | 49.5 | ( 3) | ( 49.5) | 60 | ヤマハ | 35.3 | ( 114) | ( 28.4) |
| 7 | みずほ銀行 | 49.5 | ( 3) | ( 49.5) | 60 | プリンスホテル | 35.3 | ( 110) | ( 28.9) |
| 9 | 日本航空（JAL） | 48.5 | ( 26) | ( 41.2) | 62 | 富士フイルム | 34.8 | ( 34) | ( 38.7) |
| 10 | JTB | 48.0 | ( 22) | ( 42.2) | 62 | 三井不動産 | 34.8 | ( 105) | ( 29.4) |
| 11 | セコム | 47.1 | ( 20) | ( 42.6) | 62 | 農業協同組合（JAグループ） | 34.8 | ( 116) | ( 28.1) |
| 12 | 伊勢丹 | 46.6 | ( 16) | ( 45.1) | 65 | カルビー | 34.3 | ( 67) | ( 33.5) |
| 13 | 味の素 | 46.1 | ( 6) | ( 48.8) | 65 | 日清製粉グループ本社 | 34.3 | ( 85) | ( 31.5) |
| 14 | ヤクルト本社 | 45.1 | ( 70) | ( 33.3) | 65 | セイコー | 34.3 | ( 9) | ( 46.6) |
| 14 | 帝国ホテル | 45.1 | ( 28) | ( 40.7) | 65 | はごろもフーズ | 34.3 | ( 92) | ( 31.0) |
| 16 | キユーピー | 43.6 | ( 17) | ( 44.8) | 69 | 武田薬品工業 | 33.8 | ( 52) | ( 35.0) |
| 16 | パナソニック | 43.6 | ( 9) | ( 46.6) | 69 | セイコーエプソン（EPSON） | 33.8 | ( 46) | ( 35.8) |
| 18 | サントリー | 43.1 | ( 9) | ( 46.6) | 69 | アシックス | 33.8 | ( 70) | ( 33.3) |
| 18 | キリンビール | 43.1 | ( 7) | ( 48.5) | 69 | 第一生命保険 | 33.8 | ( 35) | ( 38.2) |
| 20 | 三越 | 42.6 | ( 14) | ( 45.6) | 69 | NTTドコモ | 33.8 | ( 123) | ( 27.5) |
| 20 | キリンビバレッジ | 42.6 | ( 19) | ( 43.1) | 74 | ロート製薬 | 33.3 | ( 92) | ( 31.0) |
| 22 | 味の素AGF | 41.7 | ( 105) | ( 29.4) | 74 | オムロン | 33.3 | ( 70) | ( 33.3) |
| 22 | ミツカン | 41.7 | ( 38) | ( 37.4) | 74 | 日本生命保険 | 33.3 | ( 50) | ( 35.3) |
| 22 | ブリヂストン | 41.7 | ( 22) | ( 42.2) | 74 | 日本郵便 | 33.3 | ( 56) | ( 34.3) |
| 25 | アサヒビール | 41.2 | ( 9) | ( 46.6) | 78 | ロッテ | 32.8 | ( 121) | ( 27.6) |
| 25 | 日産自動車 | 41.2 | ( 56) | ( 34.3) | 78 | サンスター | 32.8 | ( 105) | ( 29.4) |
| 25 | 東海旅客鉄道（JR東海） | 41.2 | ( 53) | ( 34.8) | 78 | オリエンタルランド（東京ディズニーリゾート） | 32.8 | ( 20) | ( 42.6) |
| 28 | サッポロビール | 40.7 | ( 24) | ( 41.7) | 81 | 富士通 | 32.4 | ( 62) | ( 33.8) |
| 28 | キッコーマン | 40.7 | ( 15) | ( 45.3) | 81 | 三菱商事 | 32.4 | ( 62) | ( 33.8) |
| 28 | 明治 | 40.7 | ( 43) | ( 36.5) | 81 | 小田急電鉄 | 32.4 | ( 157) | ( 24.0) |
| 28 | アサヒ飲料 | 40.7 | ( 62) | ( 33.8) | 84 | ツムラ | 31.9 | ( 134) | ( 26.6) |
| 28 | ナイキジャパン | 40.7 | ( 46) | ( 35.8) | 84 | ニコン | 31.9 | ( 44) | ( 36.3) |
| 33 | 日本コカ・コーラ | 40.2 | ( 44) | ( 36.3) | 84 | ダイキン工業 | 31.9 | ( 157) | ( 24.0) |
| 33 | 森永製菓 | 40.2 | ( 83) | ( 32.0) | 84 | 大丸 | 31.9 | ( 114) | ( 28.4) |
| 33 | 花王 | 40.2 | ( 36) | ( 37.7) | 84 | 松坂屋 | 31.9 | ( 70) | ( 33.3) |
| 33 | キヤノン | 40.2 | ( 28) | ( 40.7) | 84 | マルコメ | 31.9 | ( 104) | ( 29.6) |
| 37 | 伊藤園 | 39.7 | ( 62) | ( 33.8) | 90 | 森永乳業 | 31.4 | ( 84) | ( 31.9) |
| 38 | 日本電信電話（NTT） | 38.7 | ( 78) | ( 32.8) | 90 | 三菱電機 | 31.4 | ( 70) | ( 33.3) |
| 38 | ソニー | 38.7 | ( 24) | ( 41.7) | 90 | 住友生命保険 | 31.4 | ( 46) | ( 35.8) |
| 40 | ハウス食品 | 38.2 | ( 38) | ( 37.4) | 90 | 東京ガス | 31.4 | ( 123) | ( 27.5) |
| 40 | 日清食品 | 38.2 | ( 67) | ( 33.5) | 90 | 東日本電信電話（NTT東日本） | 31.4 | ( 98) | ( 30.4) |
| 40 | ミズノ | 38.2 | ( 33) | ( 39.2) | 95 | 日本アイ・ビー・エム（IBM） | 30.9 | ( 151) | ( 24.5) |
| 40 | ワコール | 38.2 | ( 128) | ( 27.0) | 95 | 旭化成 | 30.9 | ( 87) | ( 31.4) |
| 40 | 綜合警備保障 | 38.2 | ( 78) | ( 32.8) | 95 | ホンダ | 30.9 | ( 94) | ( 30.9) |
| 40 | 東京地下鉄（東京メトロ） | 38.2 | ( 80) | ( 32.4) | 95 | 清水建設 | 30.9 | ( 70) | ( 33.3) |
| 40 | アディダスジャパン | 38.2 | ( 53) | ( 34.8) | 99 | カシオ計算機 | 30.4 | ( 41) | ( 36.8) |
| 47 | 三菱地所 | 37.7 | ( 98) | ( 30.4) | 100 | 日本ハム | 29.9 | ( 97) | ( 30.5) |
| 48 | 大塚製薬 | 37.3 | ( 61) | ( 34.0) | 100 | 資生堂 | 29.9 | ( 46) | ( 35.8) |
| 48 | ライオン | 37.3 | ( 53) | ( 34.8) | 100 | シチズン | 29.9 | ( 28) | ( 40.7) |
| 48 | 住友商事 | 37.3 | ( 87) | ( 31.4) | 100 | シャープ | 29.9 | ( 123) | ( 27.5) |
| 51 | 江崎グリコ | 36.8 | ( 116) | ( 28.1) | 100 | ヤマト運輸 | 29.9 | ( 31) | ( 39.7) |
| 52 | 大正製薬 | 36.3 | ( 67) | ( 33.5) | 100 | 龍角散 | 29.9 | ( -) | ( -) |
| 52 | 日立製作所 | 36.3 | ( 18) | ( 44.1) | | | | | |

# 21 項 目 平 均
## 〈ビジネスパーソン〉

| 順位 | 社名 | 2017年 スコア | (順位) | (2016年 スコア) |
|---|---|---|---|---|
| 1 | トヨタ自動車 | 40.5 | ( 1) | ( 38.1) |
| 2 | サントリー | 29.6 | ( 5) | ( 27.4) |
| 3 | グーグル | 29.3 | ( 2) | ( 30.9) |
| 4 | アップルジャパン | 29.1 | ( 3) | ( 29.2) |
| 5 | オリエンタルランド（東京ディズニーリゾート） | 28.6 | ( 4) | ( 28.4) |
| 6 | 日産自動車 | 27.9 | ( 15) | ( 24.6) |
| 7 | 味の素 | 27.2 | ( 7) | ( 26.6) |
| 8 | 日本コカ・コーラ | 26.7 | ( 7) | ( 26.6) |
| 9 | 全日本空輸（ANA） | 26.4 | ( 14) | ( 24.9) |
| 10 | パナソニック | 26.0 | ( 15) | ( 24.6) |
| 11 | アサヒビール | 25.9 | ( 17) | ( 24.3) |
| 12 | キリンビール | 25.7 | ( 13) | ( 25.2) |
| 13 | ファーストリテイリング（ユニクロ） | 25.6 | ( 22) | ( 23.5) |
| 14 | キリンビバレッジ | 25.5 | ( 11) | ( 25.3) |
| 15 | ソフトバンク | 25.2 | ( 23) | ( 23.4) |
| 16 | ソニー | 24.5 | ( 19) | ( 23.8) |
| 17 | ホンダ | 24.1 | ( 25) | ( 22.5) |
| 17 | ナイキジャパン | 24.1 | ( 6) | ( 27.2) |
| 19 | 花王 | 23.7 | ( 28) | ( 22.3) |
| 20 | 富士フイルム | 23.6 | ( 11) | ( 25.3) |
| 21 | キヤノン | 23.5 | ( 26) | ( 22.4) |
| 21 | ブリヂストン | 23.5 | ( 24) | ( 23.0) |
| 23 | TOTO | 23.4 | ( 9) | ( 25.7) |
| 24 | 日清食品 | 23.1 | ( 30) | ( 21.3) |
| 25 | インテル | 23.0 | ( 42) | ( 19.9) |
| 26 | キユーピー | 22.8 | ( 35) | ( 20.8) |
| 26 | 日立製作所 | 22.8 | ( 18) | ( 24.0) |
| 28 | アディダスジャパン | 22.7 | ( 10) | ( 25.4) |
| 29 | 東日本旅客鉄道（JR東日本） | 22.5 | ( 39) | ( 20.2) |
| 30 | 日本航空（JAL） | 22.4 | ( 47) | ( 19.3) |
| 31 | サッポロビール | 21.9 | ( 36) | ( 20.6) |
| 32 | アマゾン ウェブ サービス ジャパン | 21.7 | ( 21) | ( 23.7) |
| 33 | カルビー | 21.4 | ( 30) | ( 21.3) |
| 33 | ヤクルト本社 | 21.4 | ( 44) | ( 19.4) |
| 35 | 明治 | 21.2 | ( 29) | ( 21.4) |
| 36 | 日本マイクロソフト | 21.1 | ( 30) | ( 21.3) |
| 36 | ヤフー | 21.1 | ( 19) | ( 23.8) |
| 38 | ライオン | 20.8 | ( 50) | ( 19.1) |
| 39 | ウォルト・ディズニー・ジャパン | 20.5 | ( -) | ( -) |
| 40 | ダイソン | 20.4 | ( 30) | ( 21.3) |
| 41 | アサヒ飲料 | 20.2 | ( 37) | ( 20.5) |
| 42 | 資生堂 | 20.1 | ( 30) | ( 21.3) |
| 42 | 東海旅客鉄道（JR東海） | 20.1 | ( 63) | ( 18.2) |
| 44 | カゴメ | 19.7 | ( 56) | ( 18.6) |
| 44 | 三菱電機 | 19.7 | ( 61) | ( 18.3) |
| 44 | メルセデス・ベンツ | 19.7 | ( 49) | ( 19.2) |
| 47 | キッコーマン | 19.6 | ( 58) | ( 18.5) |
| 47 | 良品計画（無印良品） | 19.6 | ( 55) | ( 18.7) |
| 49 | ハウス食品 | 19.4 | ( 54) | ( 18.9) |
| 49 | セイコー | 19.4 | ( 40) | ( 20.1) |
| 49 | 三菱地所 | 19.4 | ( 58) | ( 18.5) |
| 49 | ニトリ | 19.4 | ( 58) | ( 18.5) |
| 53 | 伊藤忠商事 | 19.3 | ( 26) | ( 22.4) |
| 53 | アマゾンジャパン | 19.3 | ( 38) | ( 20.4) |
| 55 | JTB | 19.2 | ( 56) | ( 18.6) |
| 56 | 味の素AGF | 18.9 | ( 67) | ( 17.7) |
| 56 | 森永製菓 | 18.9 | ( 43) | ( 19.7) |
| 56 | P&G（プロクター・アンド・ギャンブル・ジャパン） | 18.9 | ( 76) | ( 16.8) |
| 59 | ロッテ | 18.6 | ( 52) | ( 19.0) |
| 59 | SUBARU | 18.6 | ( 122) | ( 14.0) |
| 61 | 大塚製薬 | 18.5 | ( 97) | ( 15.2) |
| 62 | 武田薬品工業 | 18.4 | ( 79) | ( 16.7) |
| 63 | 旭化成 | 18.2 | ( 92) | ( 15.6) |
| 64 | ミズノ | 18.0 | ( 41) | ( 20.0) |
| 65 | KDDI（au） | 17.9 | ( 75) | ( 16.9) |
| 65 | LINE | 17.9 | ( 100) | ( 15.0) |
| 67 | 江崎グリコ | 17.8 | ( 68) | ( 17.6) |
| 67 | シチズン | 17.8 | ( 65) | ( 18.1) |
| 67 | BMWジャパン | 17.8 | ( 69) | ( 17.5) |
| 67 | 三井物産 | 17.8 | ( 52) | ( 19.0) |
| 71 | 伊藤園 | 17.7 | ( 65) | ( 18.1) |
| 71 | セブン-イレブン・ジャパン | 17.7 | ( 44) | ( 19.4) |
| 73 | 三菱商事 | 17.6 | ( 50) | ( 19.1) |
| 74 | 日本アイ・ビー・エム（IBM） | 17.4 | ( 61) | ( 18.3) |
| 74 | マツダ | 17.4 | ( 76) | ( 16.8) |
| 74 | NTTドコモ | 17.4 | ( 93) | ( 15.5) |
| 77 | ヤマハ | 17.3 | ( 72) | ( 17.2) |
| 77 | 帝国ホテル | 17.3 | ( 105) | ( 14.8) |
| 79 | 日本マクドナルド | 17.2 | ( 137) | ( 13.0) |
| 79 | カシオ計算機 | 17.2 | ( 63) | ( 18.2) |
| 81 | 日本たばこ産業（JT） | 17.1 | ( 69) | ( 17.5) |
| 81 | 富士通 | 17.1 | ( 89) | ( 15.9) |
| 81 | アシックス | 17.1 | ( 47) | ( 19.3) |
| 84 | ミツカン | 17.0 | ( 100) | ( 15.0) |
| 85 | 楽天 | 16.8 | ( 82) | ( 16.3) |
| 86 | NEC（日本電気） | 16.7 | ( 86) | ( 16.1) |
| 87 | 東レ | 16.6 | ( 86) | ( 16.1) |
| 87 | 東京地下鉄（東京メトロ） | 16.6 | ( 93) | ( 15.5) |
| 89 | 三菱東京UFJ銀行 | 16.5 | ( 83) | ( 16.2) |
| 90 | コマツ（小松製作所） | 16.2 | ( 116) | ( 14.4) |
| 91 | エイチ・アイ・エス | 16.1 | ( 91) | ( 15.7) |
| 92 | 住友商事 | 15.9 | ( 72) | ( 17.2) |
| 93 | ロート製薬 | 15.8 | ( 150) | ( 12.4) |
| 93 | オムロン | 15.8 | ( 98) | ( 15.1) |
| 95 | 京セラ | 15.7 | ( 74) | ( 17.0) |
| 96 | モスフードサービス（モスバーガー） | 15.6 | ( -) | ( -) |
| 96 | ユニ・チャーム | 15.6 | ( 116) | ( 14.4) |
| 96 | シャープ | 15.6 | ( 137) | ( 13.0) |
| 96 | ダイキン工業 | 15.6 | ( 76) | ( 16.8) |
| 96 | 伊勢丹 | 15.6 | ( 44) | ( 19.4) |

# 21 項 目 平 均
## 〈一般個人〉

| 順位 | 社名 | 2017年 スコア | (2016年) (順位) | (スコア) | 順位 | 社名 | 2017年 スコア | (2016年) (順位) | (スコア) |
|---|---|---|---|---|---|---|---|---|---|
| 1 | トヨタ自動車 | 31.4 | ( 1) | ( 32.6) | 51 | 日清食品 | 16.7 | ( 46) | ( 17.7) |
| 2 | オリエンタルランド（東京ディズニーリゾート） | 27.5 | ( 2) | ( 30.9) | 53 | 日本マイクロソフト | 16.6 | ( 36) | ( 18.7) |
| 3 | 日本コカ・コーラ | 26.7 | ( 7) | ( 25.0) | 54 | セイコー | 16.5 | ( 63) | ( 16.1) |
| 4 | サントリー | 26.4 | ( 3) | ( 26.6) | 55 | セブン-イレブン・ジャパン | 16.4 | ( 52) | ( 16.8) |
| 5 | アサヒビール | 24.6 | ( 9) | ( 24.5) | 55 | 東海旅客鉄道（JR東海） | 16.4 | ( 66) | ( 15.6) |
| 6 | TOTO | 24.5 | ( 8) | ( 24.7) | 57 | 日本マクドナルド | 16.3 | ( 109) | ( 13.3) |
| 7 | 全日本空輸（ANA） | 24.4 | ( 11) | ( 24.4) | 58 | ヤマハ | 16.2 | ( 61) | ( 16.3) |
| 7 | ナイキジャパン | 24.4 | ( 3) | ( 26.6) | 58 | ワコール | 16.2 | ( 65) | ( 15.9) |
| 9 | キリンビール | 24.1 | ( 9) | ( 24.5) | 60 | 森永乳業 | 16.1 | ( 83) | ( 14.3) |
| 10 | キリンビバレッジ | 23.4 | ( 14) | ( 22.0) | 60 | セイコーエプソン（EPSON） | 16.1 | ( 51) | ( 17.0) |
| 11 | アディダスジャパン | 23.3 | ( 5) | ( 25.6) | 60 | アシックス | 16.1 | ( 35) | ( 18.9) |
| 12 | グーグル | 23.0 | ( 20) | ( 20.9) | 60 | メルセデス・ベンツ | 16.1 | ( 77) | ( 14.7) |
| 13 | 味の素 | 22.6 | ( 13) | ( 23.1) | 64 | 江崎グリコ | 15.9 | ( 64) | ( 16.0) |
| 14 | ソフトバンク | 22.2 | ( 25) | ( 20.3) | 64 | 資生堂 | 15.9 | ( 52) | ( 16.8) |
| 15 | 日産自動車 | 22.1 | ( 16) | ( 21.6) | 64 | 三菱電機 | 15.9 | ( 55) | ( 16.6) |
| 16 | 日本航空（JAL） | 21.9 | ( 17) | ( 21.3) | 67 | ニコン | 15.7 | ( 59) | ( 16.4) |
| 17 | サッポロビール | 21.8 | ( 18) | ( 21.1) | 67 | 三菱地所 | 15.7 | ( 95) | ( 13.9) |
| 17 | パナソニック | 21.8 | ( 12) | ( 23.6) | 67 | 楽天 | 15.7 | ( 71) | ( 15.3) |
| 19 | 花王 | 21.6 | ( 27) | ( 20.1) | 70 | インテル | 15.6 | ( 83) | ( 14.3) |
| 20 | アップルジャパン | 21.1 | ( 6) | ( 25.1) | 70 | 帝国ホテル | 15.6 | ( 73) | ( 15.1) |
| 20 | ブリヂストン | 21.1 | ( 23) | ( 20.5) | 72 | 髙島屋 | 15.5 | ( 90) | ( 14.1) |
| 22 | ソニー | 20.8 | ( 19) | ( 21.0) | 72 | ヤマト運輸 | 15.5 | ( 70) | ( 15.4) |
| 23 | ウォルト・ディズニー・ジャパン | 20.7 | ( -) | ( -) | 74 | カゴメ | 15.4 | ( 75) | ( 14.9) |
| 24 | アサヒ飲料 | 20.4 | ( 41) | ( 18.3) | 74 | ミツカン | 15.4 | ( 76) | ( 14.8) |
| 25 | キヤノン | 20.1 | ( 21) | ( 20.7) | 74 | 富士通 | 15.4 | ( 59) | ( 16.4) |
| 25 | 東日本旅客鉄道（JR東日本） | 20.1 | ( 36) | ( 18.7) | 77 | 東芝 | 15.1 | ( 54) | ( 16.7) |
| 27 | ライオン | 20.0 | ( 32) | ( 19.0) | 77 | 東京地下鉄（東京メトロ） | 15.1 | ( 90) | ( 14.1) |
| 27 | ファーストリテイリング（ユニクロ） | 20.0 | ( 15) | ( 21.9) | 79 | 大塚製薬 | 15.0 | ( 97) | ( 13.8) |
| 29 | キユーピー | 19.9 | ( 26) | ( 20.2) | 80 | シャープ | 14.9 | ( 92) | ( 14.0) |
| 30 | 明治 | 19.7 | ( 29) | ( 19.7) | 80 | ニトリ | 14.9 | ( 57) | ( 16.5) |
| 31 | ミズノ | 18.9 | ( 24) | ( 20.4) | 82 | 伊藤忠商事 | 14.7 | ( 79) | ( 14.5) |
| 32 | 富士フイルム | 18.8 | ( 21) | ( 20.7) | 82 | 良品計画（無印良品） | 14.7 | ( 42) | ( 18.0) |
| 33 | ホンダ | 18.7 | ( 31) | ( 19.1) | 84 | 日本放送協会（NHK） | 14.6 | ( 111) | ( 13.1) |
| 33 | JTB | 18.7 | ( 40) | ( 18.4) | 85 | タカラトミー | 14.5 | ( 87) | ( 14.2) |
| 35 | 味の素AGF | 18.4 | ( 92) | ( 14.0) | 86 | ダイキン工業 | 14.4 | ( 119) | ( 12.8) |
| 35 | ヤクルト本社 | 18.4 | ( 42) | ( 18.0) | 86 | LINE | 14.4 | ( 130) | ( 12.4) |
| 35 | 日立製作所 | 18.4 | ( 39) | ( 18.6) | 88 | SUBARU | 14.3 | ( 154) | ( 11.5) |
| 35 | ヤフー | 18.4 | ( 32) | ( 19.0) | 88 | マツダ | 14.3 | ( 95) | ( 13.9) |
| 39 | アマゾン ウェブ サービス ジャパン | 18.1 | ( 36) | ( 18.7) | 88 | BMWジャパン | 14.3 | ( 119) | ( 12.8) |
| 40 | ロッテ | 17.9 | ( 32) | ( 19.0) | 88 | 積水ハウス | 14.3 | ( 105) | ( 13.5) |
| 40 | カルビー | 17.9 | ( 30) | ( 19.3) | 88 | セブン&アイ・ホールディングス | 14.3 | ( 87) | ( 14.2) |
| 42 | ハウス食品 | 17.8 | ( 48) | ( 17.3) | 88 | フマキラー | 14.3 | ( 111) | ( 13.1) |
| 43 | 森永製菓 | 17.7 | ( 44) | ( 17.8) | 94 | 日本電信電話（NTT） | 14.2 | ( 127) | ( 12.5) |
| 43 | アマゾンジャパン | 17.7 | ( 48) | ( 17.3) | 95 | ユニ・チャーム | 14.1 | ( 79) | ( 14.5) |
| 45 | 伊勢丹 | 17.5 | ( 48) | ( 17.3) | 95 | シチズン | 14.1 | ( 79) | ( 14.5) |
| 46 | ダイソン | 17.4 | ( 28) | ( 19.9) | 97 | 雪印メグミルク | 14.0 | ( 125) | ( 12.6) |
| 47 | NTTドコモ | 17.3 | ( 57) | ( 16.5) | 97 | バンダイナムコホールディングス | 14.0 | ( 105) | ( 13.5) |
| 48 | キッコーマン | 17.0 | ( 44) | ( 17.8) | 97 | スズキ | 14.0 | ( 117) | ( 12.9) |
| 48 | サンスター | 17.0 | ( 74) | ( 15.0) | 97 | 三越 | 14.0 | ( 104) | ( 13.6) |
| 50 | KDDI（au） | 16.9 | ( 55) | ( 16.6) | 97 | セコム | 14.0 | ( 98) | ( 13.7) |
| 51 | 伊藤園 | 16.7 | ( 47) | ( 17.4) | | | | | |

# 地球環境に気を配っている
## 〈ビジネスパーソン〉

| 順位 | 社名 | 2017年 スコア | （2016年）（順位） | （スコア） |
|---|---|---|---|---|
| 1 | トヨタ自動車 | 60.8 | (1) | (56.2) |
| 2 | 日産自動車 | 45.3 | (4) | (41.1) |
| 3 | TOTO | 43.4 | (2) | (42.9) |
| 4 | ブリヂストン | 41.5 | (3) | (42.3) |
| 5 | 日立製作所 | 39.2 | (5) | (39.8) |
| 6 | ホンダ | 37.7 | (6) | (38.9) |
| 7 | コスモ石油 | 37.4 | (19) | (30.6) |
| 8 | ダイキン工業 | 36.6 | (8) | (34.3) |
| 8 | ダイハツ工業 | 36.6 | (21) | (30.2) |
| 10 | 住友ゴム工業（ダンロップ） | 35.1 | (24) | (28.3) |
| 11 | 花王 | 35.0 | (10) | (34.2) |
| 12 | マツダ | 34.7 | (8) | (34.3) |
| 12 | 住友林業 | 34.7 | (13) | (32.7) |
| 14 | 横浜ゴム | 34.3 | (18) | (30.9) |
| 14 | SUBARU | 34.3 | (33) | (26.4) |
| 16 | サントリー | 33.6 | (14) | (32.5) |
| 17 | ライオン | 32.7 | (10) | (34.2) |
| 18 | 日本たばこ産業（JT） | 32.1 | (6) | (38.9) |
| 18 | 三菱電機 | 32.1 | (16) | (31.4) |
| 18 | スズキ | 32.1 | (25) | (27.5) |
| 21 | 三菱自動車工業 | 30.6 | (147) | (16.2) |
| 22 | 出光興産 | 29.8 | (55) | (23.0) |
| 23 | 大日本印刷 | 29.4 | (39) | (24.9) |
| 24 | シャープ | 29.1 | (30) | (26.8) |
| 25 | クボタ | 28.7 | (89) | (19.2) |
| 26 | キリンビール | 28.3 | (35) | (26.0) |
| 26 | アサヒビール | 28.3 | (25) | (27.5) |
| 28 | パナソニック | 27.9 | (15) | (31.8) |
| 28 | 昭和シェル石油 | 27.9 | (50) | (23.8) |
| 30 | 良品計画（無印良品） | 27.5 | (17) | (31.3) |
| 31 | 富士フイルム | 27.2 | (22) | (29.1) |
| 31 | NEC（日本電気） | 27.2 | (33) | (26.4) |
| 31 | 東洋ゴム工業 | 27.2 | (52) | (23.4) |
| 34 | 東京ガス | 26.8 | (67) | (21.9) |
| 35 | ソニー | 26.4 | (43) | (24.5) |
| 35 | コマツ（小松製作所） | 26.4 | (60) | (22.6) |
| 37 | ダイソン | 25.9 | (42) | (24.8) |
| 38 | 凸版印刷 | 25.7 | (55) | (23.0) |
| 38 | いすゞ自動車 | 25.7 | (50) | (23.8) |
| 38 | 三菱重工業 | 25.7 | (93) | (18.9) |
| 41 | サッポロビール | 25.3 | (46) | (24.2) |
| 41 | モスフードサービス（モスバーガー） | 25.3 | (-) | (-) |
| 41 | キリンビバレッジ | 25.3 | (29) | (27.1) |
| 44 | 東芝 | 24.9 | (12) | (33.3) |
| 44 | 日立建機 | 24.9 | (126) | (17.4) |
| 44 | 日野自動車 | 24.9 | (60) | (22.6) |
| 47 | カネカ | 24.2 | (30) | (26.8) |
| 47 | 富士通 | 24.2 | (38) | (25.3) |
| 47 | キヤノン | 24.2 | (37) | (25.7) |
| 50 | ユニ・チャーム | 24.1 | (57) | (22.8) |
| 51 | 富士ゼロックス | 23.8 | (52) | (23.4) |
| 51 | セイコーエプソン（EPSON） | 23.8 | (46) | (24.2) |
| 51 | 旭化成 | 23.8 | (20) | (30.3) |
| 54 | P&G（プロクター・アンド・ギャンブル・ジャパン） | 23.7 | (45) | (24.3) |
| 55 | 日本コカ・コーラ | 23.4 | (32) | (26.7) |
| 55 | JXTGエネルギー | 23.4 | (70) | (21.5) |
| 57 | ダスキン | 23.0 | (147) | (16.2) |
| 58 | 山田養蜂場 | 22.6 | (25) | (27.5) |
| 59 | 川崎重工業 | 22.3 | (139) | (16.6) |
| 59 | 清水建設 | 22.3 | (49) | (24.0) |
| 61 | 東日本高速道路（NEXCO東日本） | 22.1 | (109) | (18.1) |
| 61 | 中日本高速道路（NEXCO中日本） | 22.1 | (119) | (17.7) |
| 63 | 三菱ふそうトラック・バス | 21.9 | (93) | (18.9) |
| 63 | テスラモーターズジャパン | 21.9 | (79) | (20.4) |
| 65 | オムロン | 21.8 | (183) | (14.8) |
| 66 | 積水化学工業 | 21.5 | (39) | (24.9) |
| 66 | 東京電力ホールディングス | 21.5 | (165) | (15.5) |
| 68 | サンスター | 21.4 | (23) | (28.9) |
| 69 | 積水ハウス | 21.1 | (35) | (26.0) |
| 69 | 中部電力 | 21.1 | (243) | (12.8) |
| 71 | ユニリーバ・ジャパン | 21.0 | (57) | (22.8) |
| 72 | UDトラックス | 20.8 | (209) | (14.0) |
| 72 | IHI | 20.8 | (126) | (17.4) |
| 72 | 東日本旅客鉄道（JR東日本） | 20.8 | (64) | (22.3) |
| 75 | 日清オイリオグループ | 20.5 | (60) | (22.6) |
| 75 | 首都高速道路 | 20.5 | (109) | (18.1) |
| 77 | 東レ | 20.4 | (28) | (27.2) |
| 77 | ファーストリテイリング（ユニクロ） | 20.4 | (77) | (20.8) |
| 77 | 豊田自動織機 | 20.4 | (185) | (14.7) |
| 80 | 伊藤園 | 20.0 | (65) | (22.1) |
| 80 | アサヒ飲料 | 20.0 | (85) | (19.8) |
| 82 | 味の素 | 19.7 | (46) | (24.2) |
| 83 | 住友化学 | 19.6 | (52) | (23.4) |
| 84 | ヤンマー | 19.2 | (147) | (16.2) |
| 84 | 東京電力エナジーパートナー | 19.2 | (-) | (-) |
| 86 | メルセデス・ベンツ | 18.9 | (82) | (20.0) |
| 86 | 新日鐵住金 | 18.9 | (79) | (20.4) |
| 86 | 東海旅客鉄道（JR東海） | 18.9 | (103) | (18.5) |
| 86 | LIXIL | 18.9 | (109) | (18.1) |
| 90 | 日揮 | 18.7 | (57) | (22.8) |
| 91 | 日立化成 | 18.5 | (70) | (21.5) |
| 91 | オリンパス | 18.5 | (133) | (17.0) |
| 91 | 京セラ | 18.5 | (78) | (20.7) |
| 91 | 大成建設 | 18.5 | (63) | (22.4) |
| 91 | フマキラー | 18.5 | (103) | (18.5) |
| 96 | テルモ | 18.3 | (146) | (16.3) |
| 97 | 味の素AGF | 18.1 | (131) | (17.2) |
| 97 | 村田製作所 | 18.1 | (131) | (17.2) |
| 97 | 帝人 | 18.1 | (43) | (24.5) |
| 97 | リンナイ | 18.1 | (109) | (18.1) |
| 97 | パナホーム | 18.1 | (88) | (19.3) |
| 97 | 大林組 | 18.1 | (74) | (20.9) |
| 97 | 三井化学 | 18.1 | (93) | (18.9) |
| 97 | 旭化成ホームズ | 18.1 | (136) | (16.9) |
| 97 | JX石油開発 | 18.1 | (155) | (15.8) |

# 地球環境に気を配っている
## 〈一般個人〉

| 2017年 順位 | 社名 | スコア | （順位） | （スコア） |
|---|---|---|---|---|
| 1 | トヨタ自動車 | 50.5 | (1) | (56.9) |
| 2 | 日産自動車 | 45.6 | (2) | (42.6) |
| 3 | 日立製作所 | 42.2 | (9) | (33.8) |
| 4 | ホンダ | 41.7 | (3) | (42.2) |
| 5 | ブリヂストン | 39.7 | (4) | (39.2) |
| 6 | TOTO | 39.2 | (5) | (38.2) |
| 7 | 東芝 | 37.3 | (14) | (32.8) |
| 8 | パナソニック | 36.8 | (11) | (33.3) |
| 9 | 横浜ゴム | 35.8 | (8) | (34.3) |
| 10 | SUBARU | 34.3 | (39) | (27.0) |
| 11 | 三菱電機 | 33.8 | (19) | (31.4) |
| 12 | ソニー | 33.3 | (29) | (28.4) |
| 13 | ダイハツ工業 | 32.8 | (18) | (31.9) |
| 13 | 住友林業 | 32.8 | (24) | (30.4) |
| 15 | スズキ | 32.4 | (19) | (31.4) |
| 15 | 日野自動車 | 32.4 | (48) | (25.0) |
| 15 | マツダ | 32.4 | (11) | (33.3) |
| 18 | 住友ゴム工業（ダンロップ） | 31.9 | (14) | (32.8) |
| 18 | いすゞ自動車 | 31.9 | (46) | (25.5) |
| 20 | シャープ | 31.4 | (22) | (30.9) |
| 20 | コスモ石油 | 31.4 | (6) | (35.8) |
| 22 | NEC（日本電気） | 30.4 | (29) | (28.4) |
| 22 | 三菱自動車工業 | 30.4 | (55) | (24.0) |
| 24 | 富士通 | 29.9 | (19) | (31.4) |
| 25 | ダイキン工業 | 29.4 | (17) | (32.4) |
| 26 | サントリー | 28.9 | (42) | (26.0) |
| 27 | 東洋ゴム工業 | 28.4 | (11) | (33.3) |
| 27 | 昭和シェル石油 | 28.4 | (37) | (27.5) |
| 27 | 三菱ふそうトラック・バス | 28.4 | (52) | (24.5) |
| 30 | 東京ガス | 27.9 | (29) | (28.4) |
| 30 | 出光興産 | 27.9 | (26) | (29.9) |
| 30 | 農業協同組合（JAグループ） | 27.9 | (51) | (24.6) |
| 33 | 花王 | 27.5 | (14) | (32.8) |
| 34 | ライオン | 26.5 | (22) | (30.9) |
| 35 | 良品計画（無印良品） | 26.0 | (26) | (29.9) |
| 36 | 積水ハウス | 25.5 | (60) | (23.5) |
| 36 | 山田養蜂場 | 25.5 | (36) | (27.9) |
| 38 | 日本たばこ産業（JT） | 25.0 | (6) | (35.8) |
| 38 | キリンビバレッジ | 25.0 | (37) | (27.5) |
| 38 | ダイソン | 25.0 | (9) | (33.8) |
| 41 | 積水化学工業 | 24.5 | (29) | (28.4) |
| 42 | カネカ | 24.0 | (55) | (24.0) |
| 43 | キリンビール | 23.5 | (63) | (23.0) |
| 43 | 味の素 | 23.5 | (99) | (19.7) |
| 43 | 三菱重工業 | 23.5 | (118) | (18.6) |
| 43 | クリナップ | 23.5 | (67) | (22.1) |
| 47 | サッポロビール | 23.0 | (67) | (22.1) |
| 47 | 旭化成 | 23.0 | (91) | (20.1) |
| 47 | リンナイ | 23.0 | (67) | (22.1) |
| 47 | 東京電力ホールディングス | 23.0 | (52) | (24.5) |
| 47 | 東日本高速道路（NEXCO東日本） | 23.0 | (67) | (22.1) |
| 52 | パロマ | 22.5 | (91) | (20.1) |
| 52 | クボタ | 22.5 | (118) | (18.6) |
| 52 | ヤナセ | 22.5 | (130) | (18.1) |
| 55 | アサヒビール | 22.1 | (67) | (22.1) |
| 55 | サンスター | 22.1 | (42) | (26.0) |
| 55 | UDトラックス | 22.1 | (109) | (19.1) |
| 55 | パナホーム | 22.1 | (84) | (20.6) |
| 55 | JXTGエネルギー | 22.1 | (29) | (28.4) |
| 55 | フォルクスワーゲングループジャパン | 22.1 | (173) | (16.2) |
| 55 | アウディ・ジャパン | 22.1 | (173) | (16.2) |
| 55 | ファーストリテイリング（ユニクロ） | 22.1 | (29) | (28.4) |
| 63 | 日本コカ・コーラ | 21.6 | (55) | (24.0) |
| 63 | ユニ・チャーム | 21.6 | (42) | (26.0) |
| 63 | 富士フイルム | 21.6 | (67) | (22.1) |
| 63 | ヤマハ発動機 | 21.6 | (159) | (16.7) |
| 63 | BMWジャパン | 21.6 | (130) | (18.1) |
| 63 | ボルボ・カー・ジャパン | 21.6 | (159) | (16.7) |
| 63 | メルセデス・ベンツ | 21.6 | (91) | (20.1) |
| 63 | 清水建設 | 21.6 | (79) | (21.1) |
| 63 | オリエンタルランド（東京ディズニーリゾート） | 21.6 | (24) | (30.4) |
| 63 | ホクレン農業協同組合連合会 | 21.6 | (143) | (17.7) |
| 63 | 国際石油開発帝石（INPEX） | 21.6 | (48) | (25.0) |
| 63 | 中日本高速道路（NEXCO中日本） | 21.6 | (74) | (21.6) |
| 75 | ダスキン | 21.1 | (84) | (20.6) |
| 75 | 住友化学 | 21.1 | (29) | (28.4) |
| 75 | アサヒペン | 21.1 | (101) | (19.6) |
| 75 | ミサワホーム | 21.1 | (101) | (19.6) |
| 75 | 鹿島 | 21.1 | (130) | (18.1) |
| 75 | 旭化成ホームズ | 21.1 | (74) | (21.6) |
| 75 | サラヤ | 21.1 | (46) | (25.5) |
| 82 | 日立化成 | 20.6 | (26) | (29.9) |
| 82 | キヤノン | 20.6 | (145) | (17.6) |
| 82 | ヤンマー | 20.6 | (153) | (17.2) |
| 82 | 三井ホーム | 20.6 | (145) | (17.6) |
| 82 | 大成建設 | 20.6 | (109) | (19.1) |
| 82 | 日清オイリオグループ | 20.6 | (66) | (22.2) |
| 82 | 首都高速道路 | 20.6 | (84) | (20.6) |
| 82 | LIXIL | 20.6 | (109) | (19.1) |
| 90 | コクヨ | 20.1 | (109) | (19.1) |
| 90 | 富士通ゼネラル | 20.1 | (60) | (23.5) |
| 90 | 大和ハウス工業 | 20.1 | (130) | (18.1) |
| 90 | ゼンリン | 20.1 | (198) | (15.2) |
| 90 | アサヒ飲料 | 20.1 | (130) | (18.1) |
| 90 | JX石油開発 | 20.1 | (52) | (24.5) |
| 90 | フマキラー | 20.1 | (99) | (19.7) |
| 90 | テスラモーターズジャパン | 20.1 | (198) | (15.2) |
| 90 | 東京電力エナジーパートナー | 20.1 | (-) | (-) |
| 99 | キッコーマン | 19.6 | (127) | (18.2) |
| 99 | キユーピー | 19.6 | (127) | (18.2) |
| 99 | 日本ガイシ | 19.6 | (130) | (18.1) |
| 99 | セイコーエプソン（EPSON） | 19.6 | (118) | (18.6) |
| 99 | コマツ（小松製作所） | 19.6 | (60) | (23.5) |
| 99 | 川崎重工業 | 19.6 | (79) | (21.1) |
| 99 | 大林組 | 19.6 | (153) | (17.2) |
| 99 | イオン | 19.6 | (145) | (17.6) |
| 99 | 中部電力 | 19.6 | (42) | (26.0) |
| 99 | トヨタホーム | 19.6 | (173) | (16.2) |

# コーポレートガバナンス（企業統治）がしっかりしている 〈ビジネスパーソン〉

| 順位 | 社名 | 2017年 スコア | (2016年 順位) | (スコア) | 順位 | 社名 | 2017年 スコア | (2016年 順位) | (スコア) |
|---|---|---|---|---|---|---|---|---|---|
| 1 | トヨタ自動車 | 69.1 | (1) | (64.9) | 51 | 明治 | 45.1 | (65) | (41.5) |
| 2 | 三井住友銀行 | 62.6 | (6) | (57.3) | 52 | 日立製作所 | 44.9 | (18) | (51.0) |
| 3 | 伊藤忠商事 | 61.9 | (3) | (60.0) | 52 | 野村総合研究所（NRI） | 44.9 | (98) | (37.5) |
| 3 | 三菱東京UFJ銀行 | 61.9 | (9) | (56.1) | 54 | NTTドコモ | 44.6 | (70) | (40.8) |
| 5 | サントリー | 61.5 | (5) | (57.4) | 55 | インテル | 44.5 | (96) | (37.9) |
| 6 | 三菱地所 | 60.4 | (7) | (57.0) | 55 | シチズン | 44.5 | (73) | (40.6) |
| 7 | アサヒビール | 59.6 | (4) | (59.6) | 55 | NTTデータ | 44.5 | (77) | (39.8) |
| 8 | キリンビール | 58.5 | (2) | (60.4) | 58 | キッコーマン | 44.3 | (90) | (38.1) |
| 9 | 三菱商事 | 57.4 | (11) | (55.1) | 59 | カシオ計算機 | 44.2 | (103) | (37.2) |
| 10 | みずほ銀行 | 57.0 | (12) | (53.4) | 59 | 三菱重工業 | 44.2 | (38) | (46.0) |
| 11 | 日産自動車 | 56.6 | (24) | (49.8) | 59 | 東京地下鉄（東京メトロ） | 44.2 | (65) | (41.5) |
| 11 | キリンビバレッジ | 56.6 | (21) | (50.4) | 62 | 大塚製薬 | 43.8 | (82) | (39.2) |
| 13 | 三井物産 | 55.8 | (8) | (56.6) | 62 | 三菱地所レジデンス | 43.8 | (87) | (38.5) |
| 14 | 味の素 | 55.7 | (27) | (49.1) | 62 | 帝国ホテル | 43.8 | (85) | (38.9) |
| 15 | 東日本旅客鉄道（JR東日本） | 55.5 | (13) | (53.2) | 65 | 東京海上日動火災保険 | 43.7 | (65) | (41.5) |
| 16 | 全日本空輸（ANA） | 55.1 | (19) | (50.6) | 66 | 京セラ | 43.4 | (73) | (40.6) |
| 17 | サッポロビール | 54.3 | (10) | (55.8) | 66 | SMBC信託銀行（プレスティア） | 43.4 | (75) | (40.5) |
| 18 | 日本コカ・コーラ | 52.8 | (30) | (48.5) | 68 | 大和証券 | 43.3 | (42) | (45.3) |
| 18 | 三井不動産 | 52.8 | (15) | (51.7) | 69 | 日清製粉グループ本社 | 43.2 | (90) | (38.1) |
| 18 | 住友商事 | 52.8 | (13) | (53.2) | 70 | キユーピー | 42.8 | (82) | (39.2) |
| 21 | 東海旅客鉄道（JR東海） | 52.5 | (29) | (48.7) | 70 | 日本ハム | 42.8 | (117) | (36.2) |
| 21 | 三菱UFJフィナンシャル・グループ | 52.5 | (26) | (49.6) | 72 | パナソニック | 42.6 | (24) | (49.8) |
| 23 | 三井住友信託銀行 | 52.1 | (41) | (45.4) | 72 | みずほ証券 | 42.6 | (50) | (43.4) |
| 24 | 三菱UFJ信託銀行 | 51.7 | (36) | (46.6) | 74 | ハウス食品 | 42.4 | (90) | (38.1) |
| 25 | 三井住友フィナンシャルグループ | 51.3 | (28) | (48.9) | 75 | 大正製薬 | 42.3 | (104) | (37.0) |
| 26 | 日本電信電話（NTT） | 50.8 | (22) | (50.2) | 75 | セイコーエプソン（EPSON） | 42.3 | (82) | (39.2) |
| 27 | 日清食品 | 50.4 | (90) | (38.1) | 75 | 清水建設 | 42.3 | (134) | (34.3) |
| 28 | オリエンタルランド（東京ディズニーリゾート） | 50.2 | (40) | (45.6) | 78 | 三井住友海上火災保険 | 42.2 | (46) | (43.8) |
| 29 | TOTO | 49.8 | (45) | (44.1) | 79 | カルビー | 42.0 | (99) | (37.4) |
| 29 | 武田薬品工業 | 49.8 | (46) | (43.8) | 80 | 日本郵便 | 41.9 | (159) | (32.5) |
| 29 | ホンダ | 49.8 | (69) | (41.1) | 81 | カゴメ | 41.7 | (87) | (38.5) |
| 32 | 丸紅 | 49.4 | (19) | (50.6) | 82 | 伊藤園 | 41.5 | (97) | (37.8) |
| 33 | みずほフィナンシャルグループ | 49.1 | (36) | (46.6) | 82 | 東急不動産 | 41.5 | (155) | (32.8) |
| 34 | キヤノン | 48.7 | (15) | (51.7) | 82 | 森ビル | 41.5 | (124) | (35.1) |
| 35 | 味の素AGF | 48.3 | (64) | (41.6) | 82 | NTTコミュニケーションズ | 41.5 | (60) | (41.9) |
| 36 | 日本アイ・ビー・エム（IBM） | 47.9 | (17) | (51.3) | 86 | ソフトバンク | 41.2 | (104) | (37.0) |
| 37 | セイコー | 47.5 | (56) | (42.5) | 86 | KDDI（au） | 41.2 | (99) | (37.4) |
| 38 | 富士フイルム | 47.2 | (31) | (48.3) | 88 | 三菱UFJモルガン・スタンレー証券 | 41.1 | (111) | (36.6) |
| 38 | アサヒ飲料 | 47.2 | (39) | (45.8) | 88 | 東京急行電鉄（東急電鉄） | 41.1 | (117) | (36.2) |
| 40 | 住友不動産 | 46.8 | (51) | (43.0) | 90 | ヤクルト本社 | 40.8 | (99) | (37.4) |
| 40 | みずほ信託銀行 | 46.8 | (49) | (43.5) | 90 | ヤフー | 40.8 | (122) | (35.5) |
| 42 | 野村不動産 | 46.0 | (53) | (42.6) | 92 | 東京海上ホールディングス | 40.7 | (76) | (40.0) |
| 42 | りそな銀行 | 46.0 | (43) | (44.7) | 93 | 江崎グリコ | 40.5 | (140) | (34.0) |
| 44 | グーグル | 45.7 | (53) | (42.6) | 94 | 森永乳業 | 40.4 | (104) | (37.0) |
| 45 | アップルジャパン | 45.6 | (33) | (47.9) | 94 | 三菱電機 | 40.4 | (48) | (43.7) |
| 45 | 日本マイクロソフト | 45.6 | (31) | (48.3) | 96 | ロート製薬 | 40.0 | (161) | (32.1) |
| 45 | 野村ホールディングス（野村證券） | 45.6 | (22) | (50.2) | 96 | ニコン | 40.0 | (90) | (38.1) |
| 48 | 東日本電信電話（NTT東日本） | 45.4 | (35) | (46.8) | 96 | 川崎重工業 | 40.0 | (51) | (43.0) |
| 49 | ブリヂストン | 45.3 | (34) | (47.5) | 96 | 鹿島 | 40.0 | (104) | (37.0) |
| 49 | 日本航空（JAL） | 45.3 | (78) | (39.6) | 100 | 損害保険ジャパン日本興亜 | 39.9 | (129) | (34.7) |

# コーポレートガバナンス（企業統治）がしっかりしている
## 〈一般個人〉

| 順位 | 社名 | 2017年 スコア | （2016年）（順位） | （スコア） |
|---|---|---|---|---|
| 1 | 伊藤忠商事 | 59.8 | （1） | （60.3） |
| 2 | アサヒビール | 58.8 | （8） | （55.4） |
| 3 | トヨタ自動車 | 58.3 | （5） | （55.9） |
| 4 | 東日本旅客鉄道（JR東日本） | 57.8 | （26） | （49.0） |
| 5 | キリンビール | 57.4 | （4） | （56.4） |
| 5 | みずほ銀行 | 57.4 | （13） | （52.0） |
| 7 | サントリー | 56.9 | （5） | （55.9） |
| 7 | 三井物産 | 56.9 | （2） | （58.8） |
| 7 | アサヒ飲料 | 56.9 | （19） | （50.5） |
| 10 | サッポロビール | 56.4 | （12） | （53.9） |
| 10 | 日本コカ・コーラ | 56.4 | （5） | （55.9） |
| 12 | 三菱商事 | 55.9 | （2） | （58.8） |
| 12 | 三井住友銀行 | 55.9 | （8） | （55.4） |
| 14 | 住友商事 | 55.4 | （10） | （54.9） |
| 14 | キリンビバレッジ | 55.4 | （23） | （50.0） |
| 16 | 東海旅客鉄道（JR東海） | 53.4 | （33） | （47.1） |
| 17 | 味の素AGF | 52.9 | （59） | （43.6） |
| 17 | 味の素 | 52.9 | （22） | （50.2） |
| 17 | オリエンタルランド（東京ディズニーリゾート） | 52.9 | （14） | （51.5） |
| 20 | キヤノン | 52.0 | （19） | （50.5） |
| 20 | 全日本空輸（ANA） | 52.0 | （33） | （47.1） |
| 22 | 東京急行電鉄（東急電鉄） | 51.5 | （107） | （38.7） |
| 23 | 日本電信電話（NTT） | 51.0 | （11） | （54.4） |
| 23 | 三菱東京UFJ銀行 | 51.0 | （16） | （51.0） |
| 23 | 東京地下鉄（東京メトロ） | 51.0 | （59） | （43.6） |
| 26 | 森永乳業 | 50.5 | （54） | （44.6） |
| 27 | キユーピー | 50.0 | （39） | （46.3） |
| 28 | 富士フイルム | 49.5 | （25） | （49.5） |
| 29 | ソニー | 49.0 | （40） | （46.1） |
| 29 | 丸紅 | 49.0 | （16） | （51.0） |
| 31 | 伊藤園 | 48.5 | （27） | （48.5） |
| 31 | セイコー | 48.5 | （40） | （46.1） |
| 31 | りそな銀行 | 48.5 | （59） | （43.6） |
| 31 | グーグル | 48.5 | （27） | （48.5） |
| 35 | ハウス食品 | 48.0 | （49） | （45.3） |
| 35 | シチズン | 48.0 | （66） | （43.1） |
| 35 | ミズノ | 48.0 | （29） | （48.0） |
| 38 | 日本航空（JAL） | 47.5 | （79） | （41.2） |
| 38 | 東日本電信電話（NTT東日本） | 47.5 | （16） | （51.0） |
| 40 | 三菱地所 | 47.1 | （66） | （43.1） |
| 40 | 小田急電鉄 | 47.1 | （88） | （40.2） |
| 40 | ヤフー | 47.1 | （14） | （51.5） |
| 43 | 明治 | 46.6 | （31） | （47.8） |
| 43 | 日本ハム | 46.6 | （101） | （39.4） |
| 45 | キッコーマン | 46.1 | （53） | （44.8） |
| 45 | 日産自動車 | 46.1 | （44） | （45.6） |
| 47 | ネスレ | 45.6 | （79） | （41.2） |
| 47 | カゴメ | 45.6 | （82） | （40.9） |
| 47 | TOTO | 45.6 | （50） | （45.1） |
| 47 | パナソニック | 45.6 | （36） | （46.6） |
| 47 | セイコーエプソン（EPSON） | 45.6 | （44） | （45.6） |
| 52 | アップルジャパン | 45.1 | （44） | （45.6） |
| 53 | ヤクルト本社 | 44.6 | （102） | （39.2） |
| 54 | 森永製菓 | 44.1 | （35） | （46.8） |
| 54 | エスビー食品 | 44.1 | （95） | （39.9） |
| 54 | ニコン | 44.1 | （54） | （44.6） |
| 54 | 日本マイクロソフト | 44.1 | （56） | （44.1） |
| 54 | 三井不動産 | 44.1 | （79） | （41.2） |
| 54 | 東京ガス | 44.1 | （114） | （38.2） |
| 54 | ソフトバンク | 44.1 | （40） | （46.1） |
| 54 | アディダスジャパン | 44.1 | （56） | （44.1） |
| 62 | 武田薬品工業 | 43.6 | （65） | （43.3） |
| 62 | カシオ計算機 | 43.6 | （114） | （38.2） |
| 62 | 富士ゼロックス | 43.6 | （154） | （35.8） |
| 62 | ヤマハ | 43.6 | （50） | （45.1） |
| 62 | 三越 | 43.6 | （102） | （39.2） |
| 62 | 楽天 | 43.6 | （107） | （38.7） |
| 68 | 雪印メグミルク | 43.1 | （88） | （40.2） |
| 68 | 大塚製薬 | 43.1 | （74） | （42.4） |
| 68 | 伊勢丹 | 43.1 | （86） | （40.7） |
| 68 | 帝国ホテル | 43.1 | （19） | （50.5） |
| 68 | NTTドコモ | 43.1 | （29） | （48.0） |
| 73 | オリンパス | 42.6 | （69） | （42.6） |
| 73 | 日本アイ・ビー・エム（IBM） | 42.6 | （76） | （42.2） |
| 73 | ブリヂストン | 42.6 | （135） | （36.8） |
| 73 | 大和証券 | 42.6 | （23） | （50.0） |
| 73 | 野村ホールディングス（野村證券） | 42.6 | （44） | （45.6） |
| 73 | プリンスホテル | 42.6 | （44） | （45.6） |
| 73 | 野村総合研究所（NRI） | 42.6 | （184） | （33.3） |
| 73 | タカラトミー | 42.6 | （187） | （32.8） |
| 73 | ナイキジャパン | 42.6 | （36） | （46.6） |
| 82 | アシックス | 42.2 | （107） | （38.7） |
| 82 | セブン-イレブン・ジャパン | 42.2 | （50） | （45.1） |
| 82 | みずほ信託銀行 | 42.2 | （88） | （40.2） |
| 82 | KDDI（au） | 42.2 | （40） | （46.1） |
| 82 | アマゾン ウェブ サービス ジャパン | 42.2 | （88） | （40.2） |
| 87 | バンダイナムコホールディングス | 41.7 | （187） | （32.8） |
| 87 | ホンダ | 41.7 | （59） | （43.6） |
| 87 | 積水ハウス | 41.7 | （102） | （39.2） |
| 87 | ダイドードリンコ | 41.7 | （122） | （37.7） |
| 91 | ロート製薬 | 41.2 | （152） | （36.0） |
| 91 | 三井住友信託銀行 | 41.2 | （69） | （42.6） |
| 91 | 三菱UFJフィナンシャル・グループ | 41.2 | （96） | （39.7） |
| 94 | インテル | 40.7 | （240） | （29.4） |
| 94 | 髙島屋 | 40.7 | （114） | （38.2） |
| 94 | 日本中央競馬会（JRA） | 40.7 | （122） | （37.7） |
| 94 | 日本郵便 | 40.7 | （107） | （38.7） |
| 94 | アマゾンジャパン | 40.7 | （144） | （36.3） |
| 99 | カルビー | 40.2 | （74） | （42.4） |
| 99 | 日清食品 | 40.2 | （58） | （43.8） |
| 99 | 京セラ | 40.2 | （107） | （38.7） |
| 99 | 日立製作所 | 40.2 | （32） | （47.5） |
| 99 | 大成建設 | 40.2 | （107） | （38.7） |
| 99 | 三菱UFJ信託銀行 | 40.2 | （69） | （42.6） |
| 99 | 三井住友フィナンシャルグループ | 40.2 | （96） | （39.7） |
| 99 | セブン&アイ・ホールディングス | 40.2 | （88） | （40.2） |

# 女性が活躍している〈ビジネスパーソン〉

| 順位 | 社名 | 2017年 スコア | (2016年)(順位) | (スコア) |
|---|---|---|---|---|
| 1 | 資生堂 | 71.7 | ( 2) | ( 67.5) |
| 2 | 全日本空輸（ANA） | 62.6 | ( 3) | ( 61.9) |
| 3 | ポーラ | 62.3 | ( -) | ( -) |
| 4 | 日本航空（JAL） | 60.8 | ( 4) | ( 57.4) |
| 5 | カネボウ化粧品 | 60.0 | ( 6) | ( 55.5) |
| 6 | コーセー | 59.6 | ( 8) | ( 54.7) |
| 7 | ワコール | 57.7 | ( 1) | ( 67.8) |
| 7 | JTB | 57.7 | ( 5) | ( 57.0) |
| 9 | エイチ・アイ・エス | 57.0 | ( 9) | ( 54.0) |
| 10 | オリエンタルランド（東京ディズニーリゾート） | 55.3 | ( 9) | ( 54.0) |
| 11 | 伊勢丹 | 54.3 | ( 7) | ( 55.2) |
| 12 | ファンケル | 54.0 | ( 14) | ( 48.3) |
| 13 | 髙島屋 | 52.1 | ( 11) | ( 51.7) |
| 14 | ユニ・チャーム | 51.0 | ( 14) | ( 48.3) |
| 15 | 日本生命保険 | 50.2 | ( 16) | ( 47.9) |
| 16 | 日本マクドナルド | 49.8 | ( 43) | ( 34.3) |
| 17 | 三越 | 49.1 | ( 13) | ( 49.4) |
| 18 | 住友生命保険 | 48.7 | ( 24) | ( 41.1) |
| 19 | 花王 | 47.9 | ( 19) | ( 43.7) |
| 20 | ファーストリテイリング（ユニクロ） | 47.5 | ( 17) | ( 46.4) |
| 21 | 大丸 | 46.8 | ( 18) | ( 44.4) |
| 22 | 近畿日本ツーリスト | 46.0 | ( 21) | ( 43.4) |
| 23 | 第一生命保険 | 45.6 | ( 34) | ( 38.5) |
| 24 | P&G（プロクター・アンド・ギャンブル・ジャパン） | 44.4 | ( 19) | ( 43.7) |
| 25 | 明治安田生命保険 | 43.7 | ( 23) | ( 41.9) |
| 26 | 松坂屋 | 43.4 | ( 25) | ( 41.0) |
| 27 | 再春館製薬所 | 42.3 | ( 30) | ( 39.6) |
| 28 | ライオン | 40.9 | ( 36) | ( 37.6) |
| 29 | ヤクルト本社 | 40.0 | ( 38) | ( 37.0) |
| 30 | 帝国ホテル | 39.6 | ( 38) | ( 37.0) |
| 31 | ウォルト・ディズニー・ジャパン | 39.2 | ( -) | ( -) |
| 32 | 西武（SEIBU） | 38.9 | ( 32) | ( 39.5) |
| 33 | AIRDO | 38.1 | ( 56) | ( 28.3) |
| 34 | プリンスホテル | 37.7 | ( 35) | ( 38.1) |
| 35 | クラブツーリズム | 37.4 | ( 40) | ( 36.2) |
| 36 | リクルートホールディングス | 37.0 | ( 33) | ( 38.9) |
| 37 | ユニリーバ・ジャパン | 36.6 | ( 46) | ( 33.8) |
| 37 | 良品計画（無印良品） | 36.6 | ( 30) | ( 39.6) |
| 39 | ヤフー | 35.5 | ( 48) | ( 32.5) |
| 40 | フジテレビジョン | 34.6 | ( 22) | ( 42.3) |
| 40 | ソフトバンク | 34.6 | ( 62) | ( 25.7) |
| 42 | グーグル | 34.0 | ( 53) | ( 30.2) |
| 43 | モスフードサービス（モスバーガー） | 33.6 | ( -) | ( -) |
| 44 | 西松屋チェーン（西松屋） | 33.2 | ( 41) | ( 35.8) |
| 45 | 日本テレビ放送網（日本テレビ） | 33.1 | ( 28) | ( 40.0) |
| 46 | ぐるなび | 32.5 | ( 50) | ( 30.6) |
| 47 | テレビ朝日 | 32.3 | ( 28) | ( 40.0) |
| 48 | TBS | 31.9 | ( 27) | ( 40.8) |
| 49 | サンスター | 31.5 | ( 51) | ( 30.4) |
| 50 | イオン | 31.3 | ( 52) | ( 30.3) |
| 51 | すかいらーく（ガスト） | 30.9 | ( 86) | ( 21.5) |
| 51 | しまむら | 30.9 | ( -) | ( -) |
| 53 | イトーヨーカ堂 | 29.8 | ( 54) | ( 29.5) |
| 54 | オンワード樫山 | 29.7 | ( 42) | ( 35.1) |
| 54 | 大同生命保険 | 29.7 | ( 78) | ( 22.3) |
| 56 | テレビ東京 | 29.6 | ( 37) | ( 37.4) |
| 57 | マンダム | 29.4 | ( 55) | ( 28.7) |
| 57 | ABCマート | 29.4 | ( 67) | ( 24.2) |
| 59 | 東日本旅客鉄道（JR東日本） | 29.1 | ( 61) | ( 26.4) |
| 59 | マイナビ | 29.1 | ( 59) | ( 27.5) |
| 59 | LINE | 29.1 | ( 71) | ( 22.6) |
| 62 | ダスキン | 28.3 | ( 64) | ( 25.3) |
| 62 | 大塚家具 | 28.3 | ( 43) | ( 34.3) |
| 62 | パソナ | 28.3 | ( 49) | ( 31.3) |
| 65 | 日本放送協会（NHK） | 28.1 | ( 45) | ( 34.0) |
| 66 | アップルジャパン | 27.0 | ( 78) | ( 22.3) |
| 67 | KDDI（au） | 26.5 | ( 83) | ( 21.9) |
| 68 | 阪急交通社 | 26.4 | ( 70) | ( 23.0) |
| 68 | イオンモール | 26.4 | ( 71) | ( 22.6) |
| 70 | NTTドコモ | 26.2 | ( 83) | ( 21.9) |
| 71 | ニトリ | 26.0 | ( 104) | ( 18.1) |
| 72 | みずほ銀行 | 25.7 | ( 85) | ( 21.8) |
| 72 | ディー・エヌ・エー（DeNA） | 25.7 | ( 95) | ( 19.9) |
| 72 | インターメスティック（Zoff） | 25.7 | ( 71) | ( 22.6) |
| 75 | グンゼ | 24.9 | ( 62) | ( 25.7) |
| 75 | 三井住友銀行 | 24.9 | ( 82) | ( 22.1) |
| 75 | ジンズ（JINS） | 24.9 | ( 78) | ( 22.3) |
| 78 | 明治 | 24.6 | ( 71) | ( 22.6) |
| 79 | 日本マイクロソフト | 24.3 | ( 87) | ( 21.1) |
| 80 | レナウン | 23.8 | ( 66) | ( 24.5) |
| 81 | カルビー | 23.5 | ( 71) | ( 22.6) |
| 82 | 森永製菓 | 22.3 | ( 101) | ( 18.9) |
| 82 | セブン-イレブン・ジャパン | 22.3 | ( 97) | ( 19.5) |
| 82 | アマゾン ウェブ サービス ジャパン | 22.3 | ( 60) | ( 26.8) |
| 85 | サントリー | 21.9 | ( 104) | ( 18.1) |
| 85 | 東海旅客鉄道（JR東海） | 21.9 | ( 92) | ( 20.0) |
| 85 | 三菱東京UFJ銀行 | 21.9 | ( 91) | ( 20.2) |
| 85 | 楽天 | 21.9 | ( 111) | ( 17.2) |
| 85 | トリドールホールディングス（丸亀製麺） | 21.9 | ( 332) | ( 6.8) |
| 90 | アフラック（アメリカンファミリー生命保険） | 21.7 | ( 92) | ( 20.0) |
| 91 | セブン&アイ・ホールディングス | 21.5 | ( 71) | ( 22.6) |
| 92 | 味の素 | 21.2 | ( 103) | ( 18.5) |
| 92 | キユーピー | 21.2 | ( 65) | ( 24.9) |
| 94 | ベネッセコーポレーション | 21.1 | ( 56) | ( 28.3) |
| 95 | アクサ生命保険 | 20.9 | ( 98) | ( 19.2) |
| 96 | ローソン | 20.8 | ( 124) | ( 14.9) |
| 97 | ソニー生命 | 20.2 | ( 121) | ( 15.1) |
| 97 | ナイキジャパン | 20.2 | ( 67) | ( 24.2) |
| 99 | エン・ジャパン | 20.0 | ( 98) | ( 19.2) |
| 100 | 三陽商会（SANYO） | 19.8 | ( 58) | ( 27.9) |
| 100 | アディダスジャパン | 19.8 | ( 78) | ( 22.3) |
| 100 | かんぽ生命保険 | 19.8 | ( 140) | ( 14.0) |

# 女性が活躍している
## 〈一般個人〉

| 2017年<br>順位 | 社名 | スコア | （順位） | （スコア） | 2017年<br>順位 | 社名 | スコア | （順位） | （スコア） |
|---|---|---|---|---|---|---|---|---|---|
| 1 | 資生堂 | 69.6 | 1 | 66.7 | 50 | レナウン | 32.8 | 51 | 30.9 |
| 2 | ポーラ | 64.2 | - | - | 50 | イオン | 32.8 | 37 | 38.7 |
| 3 | ワコール | 62.3 | 2 | 65.7 | 53 | イトーヨーカ堂 | 31.9 | 33 | 40.7 |
| 4 | コーセー | 60.8 | 6 | 57.4 | 54 | サンスター | 31.4 | 47 | 33.8 |
| 5 | カネボウ化粧品 | 59.3 | 7 | 53.9 | 54 | 日本放送協会（NHK） | 31.4 | 50 | 31.9 |
| 6 | 全日本空輸（ANA） | 58.8 | 4 | 62.7 | 56 | グンゼ | 30.4 | 56 | 29.9 |
| 7 | 日本航空（JAL） | 57.8 | 3 | 63.7 | 57 | みずほ銀行 | 29.9 | 64 | 24.5 |
| 8 | 日本マクドナルド | 54.9 | 28 | 43.6 | 58 | ユニリーバ・ジャパン | 29.4 | 47 | 33.8 |
| 9 | オリエンタルランド（東京ディズニーリゾート） | 53.4 | 10 | 52.5 | 58 | NTTドコモ | 29.4 | 75 | 22.1 |
| 10 | 伊勢丹 | 52.5 | 5 | 57.8 | 58 | AIRDO | 29.4 | 51 | 30.9 |
| 10 | 高島屋 | 52.5 | 9 | 52.9 | 61 | セブン＆アイ・ホールディングス | 28.9 | 54 | 30.4 |
| 12 | 第一生命保険 | 50.0 | 25 | 44.1 | 62 | ソフトバンク | 28.4 | 68 | 24.0 |
| 12 | 日本生命保険 | 50.0 | 25 | 44.1 | 62 | ニトリ | 28.4 | 54 | 30.4 |
| 14 | ヤクルト本社 | 49.5 | 17 | 47.1 | 64 | 阪急交通社 | 27.9 | 57 | 29.4 |
| 15 | すかいらーく（ガスト） | 48.5 | 40 | 37.7 | 64 | アクサ生命保険 | 27.9 | 60 | 27.5 |
| 15 | ユニ・チャーム | 48.5 | 18 | 46.6 | 66 | ファミリーマート | 27.5 | 71 | 23.5 |
| 15 | 三越 | 48.5 | 13 | 50.0 | 66 | アフラック（アメリカンファミリー生命保険） | 27.5 | 64 | 24.5 |
| 15 | ファンケル | 48.5 | 18 | 46.6 | 66 | ゆうちょ銀行 | 27.5 | 58 | 28.9 |
| 19 | モスフードサービス（モスバーガー） | 47.5 | - | - | 69 | ローソン | 27.0 | 63 | 25.0 |
| 19 | 花王 | 47.5 | 14 | 49.5 | 69 | 三井住友銀行 | 27.0 | 61 | 26.0 |
| 21 | JTB | 47.1 | 8 | 53.4 | 69 | リクルートホールディングス | 27.0 | 64 | 24.5 |
| 22 | 西武（SEIBU） | 46.6 | 16 | 48.0 | 72 | セブン-イレブン・ジャパン | 26.5 | 68 | 24.0 |
| 23 | 大丸 | 45.1 | 21 | 45.1 | 73 | 三菱東京UFJ銀行 | 26.0 | 64 | 24.5 |
| 23 | 松坂屋 | 45.1 | 15 | 48.5 | 73 | 王将フードサービス（餃子の王将） | 26.0 | 93 | 18.1 |
| 23 | 再春館製薬所 | 45.1 | 28 | 43.6 | 73 | ぐるなび | 26.0 | 68 | 24.0 |
| 26 | しまむら | 44.6 | - | - | 76 | KDDI（au） | 25.5 | 88 | 19.1 |
| 27 | 住友生命保険 | 44.1 | 30 | 43.1 | 77 | りそな銀行 | 24.5 | 72 | 23.0 |
| 28 | エイチ・アイ・エス | 42.6 | 10 | 52.5 | 78 | ハウス食品 | 24.0 | 157 | 12.3 |
| 29 | テレビ朝日 | 42.2 | 33 | 40.7 | 79 | キユーピー | 23.0 | 82 | 20.2 |
| 29 | フジテレビジョン | 42.2 | 21 | 45.1 | 79 | 三陽商会（SANYO） | 23.0 | 77 | 21.1 |
| 29 | 明治安田生命保険 | 42.2 | 37 | 38.7 | 79 | ヤフー | 23.0 | 91 | 18.6 |
| 32 | 近畿日本ツーリスト | 41.7 | 23 | 44.6 | 79 | かんぽ生命保険 | 23.0 | 80 | 20.6 |
| 32 | プリンスホテル | 41.7 | 44 | 35.3 | 83 | メットライフ生命 | 22.5 | 97 | 17.6 |
| 32 | TBS | 41.7 | 35 | 40.2 | 83 | 東日本旅客鉄道（JR東日本） | 22.5 | 61 | 26.0 |
| 32 | ファーストリテイリング（ユニクロ） | 41.7 | 25 | 44.1 | 83 | アディダスジャパン | 22.5 | 88 | 19.1 |
| 36 | 日本テレビ放送網（日本テレビ） | 40.7 | 32 | 41.2 | 86 | ドンキホーテホールディングス | 22.1 | 84 | 20.1 |
| 37 | ライオン | 39.7 | 36 | 39.2 | 87 | ヤマト運輸 | 21.6 | 75 | 22.1 |
| 37 | クラブツーリズム | 39.7 | 31 | 41.7 | 87 | 楽天 | 21.6 | 93 | 18.1 |
| 39 | 帝国ホテル | 39.2 | 44 | 35.3 | 87 | ナイキジャパン | 21.6 | 77 | 21.1 |
| 40 | 西松屋チェーン（西松屋） | 38.7 | 43 | 36.3 | 87 | グーグル | 21.6 | 93 | 18.1 |
| 41 | 良品計画（無印良品） | 37.7 | 39 | 38.2 | 91 | ソニー生命 | 20.6 | 110 | 16.7 |
| 41 | トリドールホールディングス（丸亀製麺） | 37.7 | 300 | 6.4 | 92 | ABCマート | 20.1 | 72 | 23.0 |
| 43 | テレビ東京 | 37.3 | 41 | 36.8 | 92 | アマゾンジャパン | 20.1 | 97 | 17.6 |
| 44 | ダスキン | 36.8 | 23 | 44.6 | 92 | マイナビ | 20.1 | 97 | 17.6 |
| 45 | オンワード樫山 | 35.8 | 44 | 35.3 | 95 | 味の素 | 19.6 | 85 | 19.7 |
| 46 | P&G（プロクター・アンド・ギャンブル・ジャパン） | 34.8 | 41 | 36.8 | 95 | 明治 | 19.6 | 96 | 17.7 |
| 47 | 大同生命保険 | 34.3 | 51 | 30.9 | 95 | アップルジャパン | 19.6 | 116 | 16.2 |
| 48 | イオンモール | 33.3 | 58 | 28.9 | 95 | アメリカンホーム保険 | 19.6 | 110 | 16.7 |
| 48 | ウォルト・ディズニー・ジャパン | 33.3 | - | - | 95 | コジマ | 19.6 | 122 | 15.2 |
| 50 | マンダム | 32.8 | 77 | 21.1 | 95 | ビックカメラ | 19.6 | 97 | 17.6 |

# 社会貢献への取り組みに積極的
## 〈ビジネスパーソン〉

| 順位 | 社名 | 2017年 スコア | （2016年） （順位） | （スコア） | 順位 | 社名 | 2017年 スコア | （2016年） （順位） | （スコア） |
|---|---|---|---|---|---|---|---|---|---|
| 1 | トヨタ自動車 | 47.5 | ( 1) | ( 43.0) | 52 | 旭化成 | 24.5 | ( 72) | ( 21.8) |
| 2 | サントリー | 40.0 | ( 4) | ( 35.8) | 54 | 武田薬品工業 | 24.2 | ( 39) | ( 25.7) |
| 3 | 日本たばこ産業（JT） | 38.9 | ( 2) | ( 36.2) | 54 | NEC（日本電気） | 24.2 | ( 40) | ( 25.3) |
| 4 | オリエンタルランド（東京ディズニーリゾート） | 36.6 | ( 11) | ( 31.9) | 54 | セブン＆アイ・ホールディングス | 24.2 | ( 73) | ( 21.5) |
| 5 | 日本コカ・コーラ | 34.0 | ( 7) | ( 33.2) | 57 | ニプロ | 24.1 | ( 55) | ( 23.6) |
| 6 | セコム | 33.5 | ( 18) | ( 29.4) | 58 | ヤクルト本社 | 23.8 | ( 36) | ( 26.0) |
| 7 | 日産自動車 | 32.5 | ( 14) | ( 30.6) | 58 | 村田製作所 | 23.8 | ( 123) | ( 18.8) |
| 7 | グーグル | 32.5 | ( 6) | ( 34.0) | 58 | 伊藤忠商事 | 23.8 | ( 17) | ( 29.8) |
| 9 | キリンビール | 32.1 | ( 9) | ( 32.5) | 58 | 三菱商事 | 23.8 | ( 24) | ( 28.3) |
| 10 | オムロン | 31.9 | ( 38) | ( 25.9) | 58 | アサヒ飲料 | 23.8 | ( 67) | ( 22.5) |
| 11 | 富士フイルム | 31.7 | ( 5) | ( 34.7) | 58 | ヤマトホールディングス | 23.8 | ( 127) | ( 18.5) |
| 12 | 日立製作所 | 31.3 | ( 3) | ( 36.0) | 64 | ハウス食品 | 23.5 | ( 96) | ( 20.0) |
| 13 | サッポロビール | 30.6 | ( 24) | ( 28.3) | 64 | セントラル警備保障 | 23.5 | ( 87) | ( 20.4) |
| 14 | 味の素 | 30.3 | ( 18) | ( 29.4) | 64 | KDDI（au） | 23.5 | ( 111) | ( 19.2) |
| 15 | アサヒビール | 30.2 | ( 12) | ( 31.7) | 67 | インテル | 23.4 | ( 149) | ( 18.0) |
| 15 | 三菱地所 | 30.2 | ( 40) | ( 25.3) | 67 | ソニー | 23.4 | ( 61) | ( 23.0) |
| 15 | キリンビバレッジ | 30.2 | ( 10) | ( 32.4) | 67 | 東京地下鉄（東京メトロ） | 23.4 | ( 46) | ( 24.5) |
| 18 | 花王 | 29.6 | ( 20) | ( 29.3) | 70 | 東日本電信電話（NTT東日本） | 23.1 | ( 87) | ( 20.4) |
| 19 | 東日本旅客鉄道（JR東日本） | 29.4 | ( 8) | ( 32.8) | 71 | 味の素AGF | 23.0 | ( 60) | ( 23.3) |
| 20 | 首都高速道路 | 28.5 | ( 57) | ( 23.4) | 71 | 久光製薬 | 23.0 | ( 104) | ( 19.6) |
| 20 | アディダスジャパン | 28.5 | ( 24) | ( 28.3) | 71 | 大正製薬 | 23.0 | ( 46) | ( 24.5) |
| 22 | テルモ | 28.4 | ( 51) | ( 24.3) | 74 | SUBARU | 22.6 | ( 117) | ( 18.9) |
| 22 | 日本中央競馬会（JRA） | 28.4 | ( 111) | ( 19.2) | 74 | 東海旅客鉄道（JR東海） | 22.6 | ( 21) | ( 29.1) |
| 24 | 綜合警備保障 | 28.1 | ( 35) | ( 26.4) | 74 | ヤマト運輸 | 22.6 | ( 78) | ( 21.1) |
| 24 | ウォルト・ディズニー・ジャパン | 28.1 | ( -) | ( -) | 74 | 東京ガス | 22.6 | ( 139) | ( 18.1) |
| 26 | 大塚製薬 | 27.9 | ( 31) | ( 27.2) | 74 | ユニリーバ・ジャパン | 22.6 | ( 137) | ( 18.3) |
| 26 | パナソニック | 27.9 | ( 21) | ( 29.1) | 79 | 東レ | 22.3 | ( 102) | ( 19.9) |
| 26 | キヤノン | 27.9 | ( 36) | ( 26.0) | 79 | マツダ | 22.3 | ( 87) | ( 20.4) |
| 26 | ホンダ | 27.9 | ( 28) | ( 27.9) | 79 | 鹿島 | 22.3 | ( 94) | ( 20.1) |
| 30 | ファーストリテイリング（ユニクロ） | 27.5 | ( 40) | ( 25.3) | 79 | イオン | 22.3 | ( 78) | ( 21.1) |
| 31 | ナイキジャパン | 27.4 | ( 13) | ( 31.3) | 79 | 全日本空輸（ANA） | 22.3 | ( 29) | ( 27.5) |
| 32 | ライオン | 27.2 | ( 32) | ( 27.0) | 79 | 日本テレビ放送網（日本テレビ） | 22.3 | ( 78) | ( 21.1) |
| 33 | 三井不動産 | 26.8 | ( 104) | ( 19.6) | 79 | NTTドコモ | 22.3 | ( 87) | ( 20.4) |
| 33 | ヤフー | 26.8 | ( 16) | ( 30.2) | 86 | 農業協同組合（JAグループ） | 22.0 | ( 181) | ( 16.2) |
| 35 | 東日本高速道路（NEXCO東日本） | 26.6 | ( 40) | ( 25.3) | 87 | 森ビル | 21.9 | ( 139) | ( 18.1) |
| 36 | TOTO | 26.4 | ( 33) | ( 26.8) | 87 | 大成建設 | 21.9 | ( 68) | ( 22.4) |
| 37 | 中日本高速道路（NEXCO中日本） | 26.2 | ( 46) | ( 24.5) | 89 | サンスター | 21.8 | ( 110) | ( 19.4) |
| 38 | 富士通 | 26.0 | ( 64) | ( 22.6) | 90 | ダスキン | 21.5 | ( 255) | ( 13.6) |
| 39 | 日本放送協会（NHK） | 25.8 | ( 64) | ( 22.6) | 90 | ヤマハ | 21.5 | ( 46) | ( 24.5) |
| 40 | 日本マクドナルド | 25.7 | ( 69) | ( 22.3) | 92 | アップルジャパン | 21.3 | ( 127) | ( 18.5) |
| 40 | ブリヂストン | 25.7 | ( 21) | ( 29.1) | 93 | カゴメ | 21.2 | ( 111) | ( 19.2) |
| 40 | クボタ | 25.7 | ( 181) | ( 16.2) | 93 | キユーピー | 21.2 | ( 87) | ( 20.4) |
| 40 | コスモ石油 | 25.7 | ( 127) | ( 18.5) | 95 | セブン-イレブン・ジャパン | 21.1 | ( 123) | ( 18.8) |
| 44 | 日本電信電話（NTT） | 25.4 | ( 64) | ( 22.6) | 95 | 丸紅 | 21.1 | ( 53) | ( 23.8) |
| 45 | コマツ（小松製作所） | 25.3 | ( 61) | ( 23.0) | 95 | 三井物産 | 21.1 | ( 57) | ( 23.4) |
| 45 | 清水建設 | 25.3 | ( 55) | ( 23.6) | 95 | 日本航空（JAL） | 21.1 | ( 52) | ( 24.2) |
| 47 | 塩野義製薬（シオノギ製薬） | 24.9 | ( 73) | ( 21.5) | 99 | ロート製薬 | 20.8 | ( 61) | ( 23.0) |
| 47 | 京セラ | 24.9 | ( 149) | ( 18.0) | 99 | 小林製薬 | 20.8 | ( 96) | ( 20.0) |
| 47 | 三菱電機 | 24.9 | ( 33) | ( 26.8) | 99 | エステー | 20.8 | ( 127) | ( 18.5) |
| 47 | ミズノ | 24.9 | ( 15) | ( 30.3) | 99 | オリンパス | 20.8 | ( 73) | ( 21.5) |
| 51 | ソフトバンク | 24.6 | ( 46) | ( 24.5) | 99 | セイコーエプソン（EPSON） | 20.8 | ( 87) | ( 20.4) |
| 52 | P&G（プロクター・アンド・ギャンブル・ジャパン） | 24.5 | ( 85) | ( 20.5) | | | | | |

# 社会貢献への取り組みに積極的
## 〈一般個人〉

| 順位 | 社名 | 2017年 スコア | (2016年) (順位) | (スコア) | 順位 | 社名 | 2017年 スコア | (2016年) (順位) | (スコア) |
|---|---|---|---|---|---|---|---|---|---|
| 1 | トヨタ自動車 | 35.8 | ( 8) | ( 29.4) | 51 | ヤマハ | 24.5 | ( 24) | ( 26.0) |
| 2 | セコム | 34.8 | ( 1) | ( 34.8) | 51 | テレビ朝日 | 24.5 | ( 254) | ( 14.7) |
| 3 | 綜合警備保障 | 33.8 | ( 7) | ( 29.9) | 54 | ロッテ | 24.0 | ( 131) | ( 18.2) |
| 4 | 味の素 | 33.3 | ( 14) | ( 28.1) | 54 | キッコーマン | 24.0 | ( 122) | ( 18.7) |
| 5 | サントリー | 32.4 | ( 20) | ( 26.5) | 54 | 明治 | 24.0 | ( 131) | ( 18.2) |
| 5 | セントラル警備保障 | 32.4 | ( 9) | ( 28.9) | 54 | 大塚製薬 | 24.0 | ( 23) | ( 26.1) |
| 7 | 日本放送協会（NHK） | 31.9 | ( 50) | ( 22.5) | 54 | ニコン | 24.0 | ( 136) | ( 18.1) |
| 8 | パナソニック | 31.4 | ( 9) | ( 28.9) | 54 | 富士通 | 24.0 | ( 24) | ( 26.0) |
| 8 | ヤマト運輸 | 31.4 | ( 40) | ( 23.5) | 54 | ホンダ | 24.0 | ( 88) | ( 20.1) |
| 8 | 東日本高速道路（NEXCO東日本） | 31.4 | ( 12) | ( 28.4) | 61 | ハウス食品 | 23.5 | ( 131) | ( 18.2) |
| 11 | ソフトバンク | 30.9 | ( 164) | ( 17.2) | 61 | 伊藤園 | 23.5 | ( 136) | ( 18.1) |
| 11 | 首都高速道路 | 30.9 | ( 6) | ( 30.4) | 61 | 花王 | 23.5 | ( 124) | ( 18.6) |
| 13 | キリンビール | 30.4 | ( 46) | ( 23.0) | 61 | 東芝 | 23.5 | ( 28) | ( 25.0) |
| 13 | 日本たばこ産業（JT） | 30.4 | ( 2) | ( 34.3) | 61 | NEC（日本電気） | 23.5 | ( 24) | ( 26.0) |
| 13 | 中日本高速道路（NEXCO中日本） | 30.4 | ( 16) | ( 27.5) | 61 | キヤノン | 23.5 | ( 30) | ( 24.5) |
| 16 | 東日本旅客鉄道（JR東日本） | 29.9 | ( 30) | ( 24.5) | 61 | ダイキン工業 | 23.5 | ( 205) | ( 16.2) |
| 16 | オリエンタルランド（東京ディズニーリゾート） | 29.9 | ( 2) | ( 34.3) | 61 | 清水建設 | 23.5 | ( 28) | ( 25.0) |
| 16 | キリンビバレッジ | 29.9 | ( 40) | ( 23.5) | 61 | 東京急行電鉄（東急電鉄） | 23.5 | ( 184) | ( 16.7) |
| 19 | サッポロビール | 29.4 | ( 64) | ( 21.6) | 61 | Z会 | 23.5 | ( 109) | ( 19.1) |
| 19 | 日本電信電話（NTT） | 29.4 | ( 215) | ( 15.7) | 61 | アサヒ飲料 | 23.5 | ( 184) | ( 16.7) |
| 19 | ソニー | 29.4 | ( 30) | ( 24.5) | 61 | 日本郵政（日本郵政グループ） | 23.5 | ( 80) | ( 20.6) |
| 19 | 日産自動車 | 29.4 | ( 40) | ( 23.5) | 73 | 森永製菓 | 23.0 | ( 202) | ( 16.3) |
| 19 | 東日本電信電話（NTT東日本） | 29.4 | ( 150) | ( 17.6) | 73 | カルビー | 23.0 | ( 297) | ( 13.8) |
| 24 | アサヒビール | 28.9 | ( 68) | ( 21.1) | 73 | キユーピー | 23.0 | ( 95) | ( 19.7) |
| 24 | TOTO | 28.9 | ( 40) | ( 23.5) | 73 | 京セラ | 23.0 | ( 88) | ( 20.1) |
| 26 | 日本コカ・コーラ | 28.4 | ( 5) | ( 30.9) | 73 | 大和ハウス工業 | 23.0 | ( 56) | ( 22.1) |
| 26 | 佐川急便 | 28.4 | ( 56) | ( 22.1) | 73 | イオン | 23.0 | ( 68) | ( 21.1) |
| 26 | ベネッセコーポレーション | 28.4 | ( 30) | ( 24.5) | 73 | 全日本空輸（ANA） | 23.0 | ( 30) | ( 24.5) |
| 26 | グーグル | 28.4 | ( 50) | ( 22.5) | 73 | フジテレビジョン | 23.0 | ( 301) | ( 13.7) |
| 30 | 富士フイルム | 27.5 | ( 15) | ( 27.9) | 81 | 味の素AGF | 22.5 | ( 274) | ( 14.2) |
| 30 | 日立製作所 | 27.5 | ( 12) | ( 28.4) | 81 | 森永乳業 | 22.5 | ( 254) | ( 14.7) |
| 30 | NTTドコモ | 27.5 | ( 215) | ( 15.7) | 81 | エスビー食品 | 22.5 | ( 107) | ( 19.2) |
| 33 | 日本テレビ放送網（日本テレビ） | 27.0 | ( 164) | ( 17.2) | 81 | ダスキン | 22.5 | ( 150) | ( 17.6) |
| 33 | NTTコミュニケーションズ | 27.0 | ( 327) | ( 13.2) | 81 | 塩野義製薬（シオノギ製薬） | 22.5 | ( 48) | ( 22.7) |
| 35 | ミズノ | 26.5 | ( 18) | ( 27.0) | 81 | 三菱電機 | 22.5 | ( 38) | ( 24.0) |
| 35 | ブリヂストン | 26.5 | ( 27) | ( 25.5) | 81 | 日本アイ・ビー・エム（IBM） | 22.5 | ( 50) | ( 22.5) |
| 35 | 東海旅客鉄道（JR東海） | 26.5 | ( 109) | ( 19.1) | 81 | オムロン | 22.5 | ( 68) | ( 21.1) |
| 35 | 東京地下鉄（東京メトロ） | 26.5 | ( 109) | ( 19.1) | 81 | 住友林業 | 22.5 | ( 99) | ( 19.6) |
| 35 | 農業協同組合（JAグループ） | 26.5 | ( 164) | ( 17.2) | 81 | 東京ガス | 22.5 | ( 136) | ( 18.1) |
| 40 | ヤクルト本社 | 26.0 | ( 20) | ( 26.5) | 81 | TBS | 22.5 | ( 358) | ( 12.7) |
| 40 | シャープ | 26.0 | ( 30) | ( 24.5) | 92 | 武田薬品工業 | 22.1 | ( 48) | ( 22.7) |
| 40 | 村田製作所 | 26.0 | ( 68) | ( 21.1) | 92 | ロート製薬 | 22.1 | ( 55) | ( 22.2) |
| 40 | 学研ホールディングス | 26.0 | ( 124) | ( 18.6) | 92 | ライオン | 22.1 | ( 109) | ( 19.1) |
| 40 | KDDI（au） | 26.0 | ( 215) | ( 15.7) | 92 | セイコーエプソン（EPSON） | 22.1 | ( 50) | ( 22.5) |
| 40 | ヤフー | 26.0 | ( 109) | ( 19.1) | 92 | アシックス | 22.1 | ( 20) | ( 26.5) |
| 40 | ナイキジャパン | 26.0 | ( 4) | ( 31.4) | 92 | 三菱重工業 | 22.1 | ( 184) | ( 16.7) |
| 47 | テレビ東京 | 25.5 | ( 150) | ( 17.6) | 92 | 日本中央競馬会（JRA） | 22.1 | ( 16) | ( 27.5) |
| 48 | 日本マクドナルド | 25.0 | ( 56) | ( 22.1) | 92 | 沢井製薬 | 22.1 | ( 62) | ( 21.7) |
| 48 | アディダスジャパン | 25.0 | ( 9) | ( 28.9) | 92 | NTTコムウェア | 22.1 | ( 446) | ( 11.3) |
| 48 | ウォルト・ディズニー・ジャパン | 25.0 | ( -) | ( -) | 92 | ダンロップスポーツ | 22.1 | ( 109) | ( 19.1) |
| 51 | 大正製薬 | 24.5 | ( 37) | ( 24.1) | 92 | アマゾン ウェブ サービス ジャパン | 22.1 | ( 164) | ( 17.2) |

# 第4章　企業イメージのエッセンス
## ―企業イメージの因子分析

## 1．イメージを探る意義とその方法

消費者は、製品やサービス、ブランドを評価する際、その対象に関連しそうな情報を探索し、得られた情報を解釈（意味づけ）することで、対象の評価を形成していく。このプロセスにおいて、どのような情報を探索しどのように解釈するのかは、消費者の知識によって大きく異なる点が指摘されている。企業イメージは消費者の知識の一部であり、例えば、発信した情報が同じでも、企業イメージによって解釈のされ方は異なる可能性がある。つまり、消費者もしくは投資家や取引相手に対して適切なコミュニケーションを実施するためには、まずは、自社のイメージを把握することが重要であると言える。

その「イメージ」だが、これは人々の心の中に浮かぶ印象であり、目に見える形で存在するわけではない。曖昧で抽象的なものであり、イメージを抱く本人でさえ、それを端的に表現するのは困難である。そのため、人にイメージを伝達する際、私たちは多くの言葉を並べて、セットとして表現することが多い。イメージは、ひとつのまとまった印象なのだが、たいていの場合、単一の言葉だけではぴったりと表わすのが難しいためだ。複数の言葉を用い、それらの意味の重なり、つまり、共通する意味内容を浮かび上がらせることによって、自らのもつイメージの姿を伝えようとするのである。

日経企業イメージ調査において、消費者が抱いている企業イメージを測定する方法も、上のような仕組みと対応している。つまり、企業イメージの表現に用いられる言葉を網羅的に集めた「一般的な企業イメージ」21項目を用いて、調査対象企業が、それぞれの意味内容にあてはまるかどうかを尋ねている。これは、消費者がその企業のイメージを表現しようとする時に、どのような言葉をセットとして用いるのかを明らかにするものである。消費者が複数のイメージ項目を用い、表現しようとした企業イメージの内容は、以下に示すような手順で行う因子分析により、共通の因子として抽出・解釈することによって見いだせる。

まず、得られた回答を、各企業について、イメージ項目ごとに集計し、「あてはまる」と判断された比率をもって、その企業の得点とする。これにより、それぞれの企業のイメージは、21のイメージ項目得点のセットとして、そのプロフィールが描かれるわけである。

このように表現された企業イメージを、全企業を通して検討すると、企業イメージ項目得点の高低に、関連があることが見えてくる。例えば、「安定性がある」という項目得点の高い企業は、概して「信頼性がある」の得点も高い傾向にあり、逆に、「安定性がある」の得点が低い企業は、「信頼性がある」の得点も低いといった関係である。この時、2つのイメージ項目には相関があると言い、ある程度共通する意味を持ち合わせていると判断する。

相関関係を定量的にあらわす指標として用いられるのが【相関係数】である。これは、−1.0〜＋1.0の範囲の値をとり、係数の絶対値の大きさは関係の強さを、符号の正負は、関係の方向性と対応している。つまり、「一方の得点が高ければ他方も

## 図表1 イメージ項目間の関連度（相関係数）＜ビジネスパーソン＞

| | 顧客ニーズへの対応に熱心である | よい広告活動をしている | 親しみやすい | 営業・販売力が強い | センスがよい | 個性がある | 文化・スポーツ・イベント活動に熱心である | 研究開発力・商品開発力が旺盛である | 技術力がある | 扱っている製品・サービスの質がよい | 活気がある | 成長力がある | 新分野進出に熱心である | 社会の変化に対応できる | 国際化がすすんでいる | 優秀な人材が多い | 経営者がすぐれている | 財務内容がすぐれている | 安定性がある | 伝統がある | 信頼性がある |
|---|---|---|---|---|---|---|---|---|---|---|---|---|---|---|---|---|---|---|---|---|---|
| 顧客ニーズへの対応に熱心である | 1 | 0.78 | 0.85 | 0.77 | 0.65 | 0.59 | 0.44 | 0.63 | 0.22 | 0.69 | 0.80 | 0.69 | 0.52 | 0.71 | 0.33 | 0.34 | 0.64 | 0.43 | 0.41 | 0.27 | 0.52 |
| よい広告活動をしている | 0.78 | 1 | 0.83 | 0.78 | 0.66 | 0.51 | 0.50 | 0.65 | 0.30 | 0.71 | 0.69 | 0.59 | 0.43 | 0.62 | 0.27 | 0.31 | 0.55 | 0.50 | 0.54 | 0.35 | 0.60 |
| 親しみやすい | 0.85 | 0.83 | 1 | 0.73 | 0.59 | 0.49 | 0.49 | 0.57 | 0.19 | 0.74 | 0.69 | 0.53 | 0.36 | 0.56 | 0.17 | 0.21 | 0.47 | 0.38 | 0.53 | 0.38 | 0.59 |
| 営業・販売力が強い | 0.77 | 0.78 | 0.73 | 1 | 0.59 | 0.40 | 0.46 | 0.58 | 0.23 | 0.65 | 0.72 | 0.60 | 0.47 | 0.67 | 0.40 | 0.46 | 0.65 | 0.59 | 0.55 | 0.40 | 0.60 |
| センスがよい | 0.65 | 0.66 | 0.59 | 0.59 | 1 | 0.67 | 0.49 | 0.57 | 0.32 | 0.73 | 0.59 | 0.56 | 0.41 | 0.54 | 0.53 | 0.36 | 0.54 | 0.39 | 0.34 | 0.33 | 0.49 |
| 個性がある | 0.59 | 0.51 | 0.49 | 0.40 | 0.67 | 1 | 0.25 | 0.42 | 0.16 | 0.42 | 0.66 | 0.62 | 0.51 | 0.52 | 0.38 | 0.21 | 0.48 | 0.13 | 0.02 | 0.01 | 0.13 |
| 文化・スポーツ・イベント活動に熱心である | 0.44 | 0.50 | 0.49 | 0.46 | 0.49 | 0.25 | 1 | 0.44 | 0.30 | 0.51 | 0.44 | 0.37 | 0.34 | 0.40 | 0.35 | 0.28 | 0.40 | 0.37 | 0.37 | 0.33 | 0.42 |
| 研究開発力・商品開発力が旺盛である | 0.63 | 0.65 | 0.57 | 0.58 | 0.57 | 0.42 | 0.44 | 1 | 0.71 | 0.77 | 0.44 | 0.60 | 0.53 | 0.57 | 0.44 | 0.46 | 0.58 | 0.48 | 0.42 | 0.34 | 0.53 |
| 技術力がある | 0.22 | 0.30 | 0.19 | 0.23 | 0.32 | 0.16 | 0.30 | 0.71 | 1 | 0.53 | 0.11 | 0.35 | 0.36 | 0.36 | 0.43 | 0.48 | 0.41 | 0.42 | 0.36 | 0.43 | 0.44 |
| 扱っている製品・サービスの質がよい | 0.69 | 0.71 | 0.74 | 0.65 | 0.73 | 0.42 | 0.51 | 0.77 | 0.53 | 1 | 0.44 | 0.46 | 0.34 | 0.47 | 0.34 | 0.34 | 0.49 | 0.46 | 0.57 | 0.56 | 0.73 |
| 活気がある | 0.80 | 0.69 | 0.69 | 0.72 | 0.59 | 0.66 | 0.44 | 0.44 | 0.11 | 0.44 | 1 | 0.79 | 0.64 | 0.76 | 0.39 | 0.38 | 0.67 | 0.39 | 0.26 | 0.10 | 0.30 |
| 成長力がある | 0.69 | 0.59 | 0.53 | 0.60 | 0.56 | 0.62 | 0.37 | 0.60 | 0.35 | 0.46 | 0.79 | 1 | 0.81 | 0.86 | 0.55 | 0.53 | 0.76 | 0.52 | 0.30 | 0.11 | 0.35 |
| 新分野進出に熱心である | 0.52 | 0.43 | 0.36 | 0.47 | 0.41 | 0.51 | 0.34 | 0.53 | 0.36 | 0.34 | 0.64 | 0.81 | 1 | 0.81 | 0.47 | 0.53 | 0.69 | 0.43 | 0.20 | 0.11 | 0.24 |
| 社会の変化に対応できる | 0.71 | 0.62 | 0.56 | 0.67 | 0.54 | 0.52 | 0.40 | 0.57 | 0.36 | 0.47 | 0.76 | 0.86 | 0.81 | 1 | 0.55 | 0.66 | 0.78 | 0.64 | 0.45 | 0.25 | 0.48 |
| 国際化がすすんでいる | 0.33 | 0.27 | 0.17 | 0.40 | 0.53 | 0.38 | 0.35 | 0.44 | 0.43 | 0.34 | 0.39 | 0.55 | 0.47 | 0.55 | 1 | 0.68 | 0.57 | 0.47 | 0.24 | 0.25 | 0.31 |
| 優秀な人材が多い | 0.34 | 0.31 | 0.21 | 0.46 | 0.36 | 0.21 | 0.28 | 0.46 | 0.48 | 0.34 | 0.38 | 0.53 | 0.53 | 0.66 | 0.68 | 1 | 0.64 | 0.76 | 0.53 | 0.48 | 0.55 |
| 経営者がすぐれている | 0.64 | 0.55 | 0.47 | 0.65 | 0.54 | 0.48 | 0.40 | 0.58 | 0.41 | 0.49 | 0.67 | 0.76 | 0.69 | 0.78 | 0.57 | 0.64 | 1 | 0.67 | 0.40 | 0.29 | 0.45 |
| 財務内容がすぐれている | 0.43 | 0.50 | 0.38 | 0.59 | 0.39 | 0.13 | 0.37 | 0.48 | 0.42 | 0.46 | 0.39 | 0.52 | 0.43 | 0.64 | 0.47 | 0.76 | 0.67 | 1 | 0.78 | 0.58 | 0.74 |
| 安定性がある | 0.41 | 0.54 | 0.53 | 0.55 | 0.34 | 0.02 | 0.37 | 0.42 | 0.36 | 0.57 | 0.26 | 0.30 | 0.20 | 0.45 | 0.24 | 0.53 | 0.40 | 0.78 | 1 | 0.78 | 0.92 |
| 伝統がある | 0.27 | 0.35 | 0.38 | 0.40 | 0.33 | 0.01 | 0.33 | 0.34 | 0.43 | 0.56 | 0.10 | 0.11 | 0.11 | 0.25 | 0.25 | 0.48 | 0.29 | 0.58 | 0.78 | 1 | 0.80 |
| 信頼性がある | 0.52 | 0.60 | 0.59 | 0.60 | 0.49 | 0.13 | 0.42 | 0.53 | 0.44 | 0.73 | 0.30 | 0.35 | 0.24 | 0.48 | 0.31 | 0.55 | 0.45 | 0.74 | 0.92 | 0.80 | 1 |

## 図表2 イメージ項目間の関連度（相関係数）＜一般個人＞

| | 顧客ニーズへの対応に熱心である | よい広告活動をしている | 親しみやすい | 営業・販売力が強い | センスがよい | 個性がある | 文化・スポーツ・イベント活動に熱心である | 研究開発力・商品開発力が旺盛である | 技術力がある | 扱っている製品・サービスの質がよい | 活気がある | 成長力がある | 新分野進出に熱心である | 社会の変化に対応できる | 国際化がすすんでいる | 優秀な人材が多い | 経営者がすぐれている | 財務内容がすぐれている | 安定性がある | 伝統がある | 信頼性がある |
|---|---|---|---|---|---|---|---|---|---|---|---|---|---|---|---|---|---|---|---|---|---|
| 顧客ニーズへの対応に熱心である | 1 | 0.77 | 0.84 | 0.82 | 0.61 | 0.35 | 0.40 | 0.52 | 0.17 | 0.67 | 0.78 | 0.62 | 0.39 | 0.64 | 0.30 | 0.35 | 0.60 | 0.44 | 0.61 | 0.37 | 0.63 |
| よい広告活動をしている | 0.77 | 1 | 0.81 | 0.84 | 0.62 | 0.35 | 0.48 | 0.65 | 0.33 | 0.69 | 0.71 | 0.62 | 0.44 | 0.58 | 0.27 | 0.31 | 0.56 | 0.48 | 0.64 | 0.42 | 0.64 |
| 親しみやすい | 0.84 | 0.81 | 1 | 0.81 | 0.59 | 0.29 | 0.49 | 0.63 | 0.30 | 0.76 | 0.73 | 0.54 | 0.33 | 0.55 | 0.20 | 0.28 | 0.52 | 0.42 | 0.71 | 0.49 | 0.70 |
| 営業・販売力が強い | 0.82 | 0.84 | 0.81 | 1 | 0.65 | 0.30 | 0.52 | 0.63 | 0.31 | 0.72 | 0.76 | 0.61 | 0.39 | 0.61 | 0.36 | 0.40 | 0.62 | 0.53 | 0.66 | 0.46 | 0.67 |
| センスがよい | 0.61 | 0.62 | 0.59 | 0.65 | 1 | 0.57 | 0.53 | 0.58 | 0.42 | 0.74 | 0.59 | 0.57 | 0.36 | 0.50 | 0.57 | 0.40 | 0.57 | 0.49 | 0.49 | 0.41 | 0.54 |
| 個性がある | 0.35 | 0.35 | 0.29 | 0.30 | 0.57 | 1 | 0.26 | 0.25 | 0.16 | 0.27 | 0.48 | 0.49 | 0.44 | 0.37 | 0.46 | 0.15 | 0.39 | 0.17 | 0.04 | 0.00 | 0.04 |
| 文化・スポーツ・イベント活動に熱心である | 0.40 | 0.48 | 0.49 | 0.52 | 0.53 | 0.26 | 1 | 0.45 | 0.32 | 0.50 | 0.55 | 0.40 | 0.35 | 0.38 | 0.38 | 0.31 | 0.39 | 0.38 | 0.43 | 0.32 | 0.44 |
| 研究開発力・商品開発力が旺盛である | 0.52 | 0.65 | 0.63 | 0.63 | 0.58 | 0.25 | 0.45 | 1 | 0.70 | 0.73 | 0.45 | 0.54 | 0.43 | 0.49 | 0.36 | 0.44 | 0.57 | 0.43 | 0.55 | 0.41 | 0.57 |
| 技術力がある | 0.17 | 0.33 | 0.30 | 0.31 | 0.42 | 0.16 | 0.32 | 0.70 | 1 | 0.49 | 0.20 | 0.33 | 0.25 | 0.29 | 0.40 | 0.48 | 0.46 | 0.42 | 0.44 | 0.47 | 0.45 |
| 扱っている製品・サービスの質がよい | 0.67 | 0.69 | 0.76 | 0.72 | 0.74 | 0.27 | 0.50 | 0.73 | 0.49 | 1 | 0.48 | 0.41 | 0.40 | 0.40 | 0.31 | 0.33 | 0.52 | 0.44 | 0.68 | 0.65 | 0.77 |
| 活気がある | 0.78 | 0.71 | 0.73 | 0.76 | 0.59 | 0.48 | 0.55 | 0.45 | 0.20 | 0.48 | 1 | 0.78 | 0.59 | 0.76 | 0.44 | 0.38 | 0.63 | 0.48 | 0.46 | 0.20 | 0.42 |
| 成長力がある | 0.62 | 0.62 | 0.54 | 0.61 | 0.57 | 0.49 | 0.40 | 0.54 | 0.33 | 0.41 | 0.78 | 1 | 0.70 | 0.81 | 0.54 | 0.47 | 0.70 | 0.52 | 0.37 | 0.10 | 0.36 |
| 新分野進出に熱心である | 0.39 | 0.44 | 0.33 | 0.39 | 0.36 | 0.44 | 0.35 | 0.43 | 0.25 | 0.24 | 0.59 | 0.70 | 1 | 0.70 | 0.51 | 0.41 | 0.56 | 0.37 | 0.21 | 0.05 | 0.18 |
| 社会の変化に対応できる | 0.64 | 0.58 | 0.55 | 0.61 | 0.50 | 0.37 | 0.38 | 0.49 | 0.29 | 0.40 | 0.76 | 0.81 | 0.70 | 1 | 0.52 | 0.58 | 0.69 | 0.60 | 0.46 | 0.21 | 0.43 |
| 国際化がすすんでいる | 0.30 | 0.27 | 0.20 | 0.36 | 0.57 | 0.46 | 0.38 | 0.36 | 0.40 | 0.31 | 0.44 | 0.54 | 0.51 | 0.52 | 1 | 0.59 | 0.58 | 0.47 | 0.28 | 0.22 | 0.28 |
| 優秀な人材が多い | 0.35 | 0.31 | 0.28 | 0.40 | 0.40 | 0.15 | 0.31 | 0.44 | 0.48 | 0.33 | 0.38 | 0.47 | 0.41 | 0.58 | 0.59 | 1 | 0.63 | 0.70 | 0.57 | 0.48 | 0.55 |
| 経営者がすぐれている | 0.60 | 0.56 | 0.52 | 0.62 | 0.58 | 0.39 | 0.39 | 0.57 | 0.46 | 0.52 | 0.63 | 0.70 | 0.56 | 0.69 | 0.58 | 0.63 | 1 | 0.72 | 0.53 | 0.39 | 0.50 |
| 財務内容がすぐれている | 0.44 | 0.48 | 0.42 | 0.53 | 0.49 | 0.17 | 0.38 | 0.43 | 0.42 | 0.44 | 0.48 | 0.52 | 0.37 | 0.60 | 0.47 | 0.70 | 0.72 | 1 | 0.67 | 0.50 | 0.63 |
| 安定性がある | 0.61 | 0.64 | 0.71 | 0.66 | 0.49 | 0.04 | 0.43 | 0.55 | 0.44 | 0.68 | 0.46 | 0.37 | 0.21 | 0.46 | 0.28 | 0.57 | 0.53 | 0.67 | 1 | 0.80 | 0.93 |
| 伝統がある | 0.37 | 0.42 | 0.49 | 0.46 | 0.41 | 0.00 | 0.32 | 0.41 | 0.47 | 0.65 | 0.20 | 0.10 | 0.05 | 0.21 | 0.22 | 0.48 | 0.39 | 0.50 | 0.80 | 1 | 0.80 |
| 信頼性がある | 0.63 | 0.64 | 0.70 | 0.67 | 0.54 | 0.04 | 0.44 | 0.57 | 0.45 | 0.77 | 0.42 | 0.36 | 0.18 | 0.43 | 0.28 | 0.55 | 0.50 | 0.63 | 0.93 | 0.80 | 1 |

高い傾向にある」といった正の相関関係なのか、あるいは、「一方が高ければ他方は低い傾向にある」という負の相関関係なのかである。

図表1と図表2は、それぞれビジネスパーソンと一般個人について、すべての企業イメージ項目間の相関係数を算出したものである。これらを見ると、いずれの場合も、多くのイメージ項目の間で相関係数が高い値となっており、項目得点間に相関関係があること、つまり、共通する意味、イメージ成分があることをうかがわせる。

こうした表中にあるさまざまな相関関係をうまく整理・分類する際に役立つのが因子分析という手法であり、これらの相関関係から、その背後にある大きな意味を見つけるのに優れている。具体的な計算の手続きについては省略するが、今回の分析では、例年通り3つの因子が抽出され、消費

者の抱く企業イメージが3種類であることが確認できた。

それらがどのような内容のイメージであるのかは、因子分析で得られる結果のうち、図表3、図表4に示した【因子負荷量】をもとに解釈できる。因子負荷量は各企業イメージ項目それぞれの内容が、抽出された各因子とどの程度関わっているかを示す数値である。言い換えれば、因子として抽出されたそれぞれの企業イメージは、その因子に対する因子負荷量の高いイメージ項目が共通にもつ意味内容と考えることができる。

また、これらの表の下段に示した、「因子の説明する分散」は、企業イメージ項目のもつ分散（イメージの情報量）を、それぞれの因子がどれほど担っているのかを示している。多少の大小はあるものの、企業イメージを構成する各因子の重

図表3　企業イメージの基本因子と各項目との関わり（因子負荷量）＜ビジネスパーソン＞

| イメージ項目 | 第1因子【存在感】（現在） | 第2因子【躍動感】（未来） | 第3因子【安定感】（過去） |
|---|---|---|---|
| 親しみやすい | 88* | 2 | 33 |
| 顧客ニーズへの対応に熱心である | 86* | 27 | 20 |
| よい広告活動をしている | 81* | 17 | 35 |
| 活気がある | 78* | 47 | -4 |
| 営業・販売力が強い | 69* | 31 | 38 |
| センスがよい | 67* | 31 | 25 |
| 製品・サービスの質がよい | 67* | 11 | 57* |
| 個性がある | 65* | 37 | -17 |
| 研究・商品開発力が旺盛である | 52* | 41 | 40 |
| 文化・スポーツ・イベントに熱心 | 44 | 20 | 31 |
| 新分野進出に熱心である | 39 | 75* | 0 |
| 優秀な人材が多い | 3 | 74* | 48 |
| 社会の変化に対応できる | 52* | 73* | 20 |
| 成長力がある | 57* | 72* | 3 |
| 経営者がすぐれている | 45 | 70* | 24 |
| 国際化がすすんでいる | 15 | 69* | 21 |
| 信頼性がある | 34 | 14 | 89* |
| 安定性がある | 23 | 13 | 89* |
| 伝統がある | 11 | 7 | 84* |
| 財務内容がすぐれている | 17 | 54* | 67* |
| 技術力がある | 7 | 43 | 48 |
| 因子の説明する分散 | 6.20 | 4.52 | 4.43 |
| 寄与率（％） | 40.9% | 29.8% | 29.3% |

図表4　企業イメージの基本因子と各項目との関わり（因子負荷量）＜一般個人＞

| イメージ項目 | 第1因子【存在感】（現在） | 第2因子【躍動感】（未来） | 第3因子【安定感】（過去） |
|---|---|---|---|
| 親しみやすい | 89* | 27 | 15 |
| 顧客ニーズへの対応に熱心である | 79* | 43 | 9 |
| 営業・販売力が強い | 78* | 40 | 23 |
| よい広告活動をしている | 78* | 39 | 17 |
| 製品・サービスの質がよい | 77* | 14 | 40 |
| 信頼性がある | 70* | -1 | 65* |
| 安定性がある | 67* | 2 | 65* |
| センスがよい | 52* | 48 | 32 |
| 研究・商品開発力が旺盛である | 52* | 33 | 45 |
| 文化・スポーツ・イベントに熱心 | 42 | 33 | 26 |
| 成長力がある | 33 | 82* | 18 |
| 新分野進出に熱心である | 11 | 75* | 16 |
| 社会の変化に対応できる | 32 | 74* | 28 |
| 活気がある | 58* | 71* | 4 |
| 経営者がすぐれている | 31 | 62* | 50* |
| 国際化がすすんでいる | 0 | 62* | 46 |
| 個性がある | 16 | 61* | -4 |
| 優秀な人材が多い | 7 | 39 | 74* |
| 伝統がある | 50* | -18 | 69* |
| 財務内容がすぐれている | 27 | 37 | 67* |
| 技術力がある | 17 | 18 | 64* |
| 因子の説明する分散 | 5.90 | 4.82 | 3.98 |
| 寄与率（％） | 40.1% | 32.8% | 27.1% |

※　因子負荷量はバリマックス回転後の値を100倍して小数点以下を四捨五入してある
　　また平均以上に各因子への負荷量が高い値に＊を記してある

要性は、ほぼ等しいと言ってよいだろう。

　以下に、各因子の内容を具体的に解釈・命名していくことにしよう。

## 2．3つの基本因子
### ──存在感、躍動感、安定感

　まず、**図表3**から、ビジネスパーソンの抱くイメージについて検討していく。第1因子は、「親しみやすい」「顧客ニーズへの対応に熱心である」「よい広告活動をしている」「活気がある」といった項目と特に関わりが深い。これらのイメージ項目に共通しているのは、顧客との積極的なコミュニケーション活動によって抱かれる親近感、つまり消費者の生活への密着度の強さを表現していると考えられる。【存在感（現在）】因子と呼ぶことにしよう。

　第2因子は、「新分野進出に熱心である」「優秀な人材が多い」「社会の変化に対応できる」「成長力がある」「経営者がすぐれている」といった項目との関わりが深い。人材や経営者の力といった企業の基礎体力がしっかりしているため、成長が期待できること、加えて、新分野に挑戦することや、社会の変化にも対応していけるという、強さと勢い、そして将来に対する可能性を表すイメージだと解釈できる。【躍動感（未来）】因子と呼ぶことにしよう。

　第3因子は、「信頼性がある」「安定性がある」「伝統がある」「財務内容がすぐれている」との関わりが特に深い。企業の過去の蓄積、財務基盤、社会に対する実績や、顧客との関係の積み重ねに由来する信頼性の高さや、安定感を表すと解釈できる。【安定感（過去）】因子と呼ぶことにしよう。

　一般個人の結果も、概してビジネスパーソンと同じ因子構造になっているが、細部を見るとその内容は異なることに注意が必要である（**図表4**）。

例えば、ビジネスパーソンでは第1因子の【存在感（現在）】因子と関わりが深かった「個性がある」は、第2因子の【躍動感（未来）】因子との関わりのほうが強い。同様に、ビジネスパーソンでは第2因子の【躍動感（未来）】因子との関わりが深かった「優秀な人材が多い」は、一般個人では第3因子の【安定感（過去）】因子と関わりが深く、またビジネスパーソンでは第3因子の【安定感（過去）】因子との関わりが深かった「信頼性がある」「安定性がある」は、一般個人では第1因子の【存在感（現在）】因子とも関わりが深い。ビジネスパーソンと一般個人の抱く企業イメージの構造は、毎年の調査において繰り返し確認され比較的安定していたため、今までと同様に、ビジネスパーソン、一般個人とも同じ因子名が付けられているが、前年に引き続き、各因子を構成する中身が、ビジネスパーソンと一般個人とでは変わってきており、解釈の際は注意が必要である。

　本報告書のこれまでの章では、イメージ項目に対する得点を項目ごとに検討してきたが、相関係数でも示されたように、それぞれの項目は関連しており、内容が重複する場合もあった。本章の因子分析から抽出される因子は、そうしたイメージの重複を整理し、うまくまとめることによって、その重複の排除に成功している。このため、効率的な記述・考察ができる。加えて、企業イメージを個々の項目ごとに検討する場合、その意味のとり方、つまり、解釈に幅があり、時にはぶれてしまうこともある。これに対し、因子という複数項目の意味の重なりとしてイメージをとらえると、その内容をより正確に、かつ、安定的に理解することが可能となる。さらに、冒頭に述べたように、人々はイメージを表現する際、複数の言葉をあわせ用いて内容を明確化するが、その表現方法

と因子分析の仕組みが対応することから、本章で見出された、存在感、躍動感、安定感は、企業イメージのエッセンスと考えることができる。

## 3．因子得点の考え方と因子得点ランキング

次に、存在感、躍動感、安定感という、ここで見出された企業イメージのエッセンスの内容を、各企業がどの程度持ち合わせているのかを検討する。因子分析では、各因子と企業の関係を【因子得点】と呼ぶ数値として算出する。因子得点が高いということは、企業がその因子内容のイメージを強く抱かれている（例えば、存在感が高い）ことを意味している。逆に、因子得点の値が低いということは、企業が因子の表すイメージを持ち合わせていない（存在感が低い）ことだと解釈できる。平均的な度合いで因子のあらわすイメージをもつ企業の場合、因子得点は0付近の値となる。また、因子得点は、絶対的なものではなく、毎年の調査対象企業の中での相対的な位置を示す偏差値のようなものであることにも注意が必要である。

**図表5～図表10**は、ビジネスパーソンおよび一般個人についての各因子得点の上位50位を挙げたものである。それぞれの因子において、高く評価されているのは、どういった企業なのか、ビジネスパーソンと一般個人の評価に違いがあるのか、といった点に着目しながら検討していくことにしよう。

【存在感】について（図表5、図表6）

昨年に引き続き、ビジネスパーソンでは、1位はオリエンタルランド（東京ディズニーリゾート）であり、以下ファーストリテイリング（ユニクロ）、ドンキホーテホールディングス、ニトリ、サントリー、ナイキジャパン、日本コカ・コー

ラ、エイチ・アイ・エス、ソフトバンク、良品計画（無印良品）と続いており、16年とほとんど同様の結果が示されている。しかしながら、これらの企業の中で一般個人の上位20位の中に挙がっている企業は、サントリーと日本コカ・コーラ、ナイキジャパンであり、ビジネスパーソンの上位20位を見てみても、この3つの企業とアサヒビール、花王、カルビーの計6つの企業だけである。このことは、前年と比べて、ビジネスパーソンと一般個人では上位企業群の存在感についての評価に違いが生じていることを示している。

ビジネスパーソンと一般個人で共通している部分は、実際の日常生活に関連した企業が上位に挙がっている点である。その上で、ビジネスパーソンは話題の多い小売業、そして、一般個人はメーカーが多い点が特徴的である。具体的には、ビジネスパーソンでは、ファーストリテイリング（ユニクロ）、ドンキホーテホールディングス、ニトリ、が上位2位から4位までを占め、11位にはジャパネットたかたが挙げられているのに対して、一般個人では、上位20位の中でメーカー以外の企業はJTB（2位）とヤマダ電機（18位）、ヨドバシカメラ（19位）のみであり、メーカーの中でも、特に、日用品や食品に関するメーカーが上位に挙がっている。上記した通り、ここでの存在感は、積極的なコミュニケーション活動を通じて、消費者の生活への密着度の強さを表わしているため、一般個人にとってみれば、普段の生活で目にする頻度が高いメーカーに対して存在感を抱くことには納得ができる。

【躍動感】因子について（図表7、図表8）

ビジネスパーソン、一般個人とも1位はグーグルであった。ビジネスパーソンでは、1位のグーグルに次いで、トヨタ自動車、アップルジャパ

— 106 —

**図表５　「存在感」因子得点ランキング**
**＜ビジネスパーソン＞**

| 順位 | 企　業　名 | 因子得点 |
|---|---|---|
| 1 | オリエンタルランド（東京ディズニーリゾート） | 4.04 |
| 2 | ファーストリテイリング（ユニクロ） | 3.16 |
| 3 | ドンキホーテホールディングス | 3.04 |
| 4 | ニトリ | 3.03 |
| 5 | サントリー | 2.89 |
| 6 | ナイキジャパン | 2.87 |
| 7 | 日本コカ・コーラ | 2.86 |
| 8 | エイチ・アイ・エス | 2.79 |
| 9 | ソフトバンク | 2.76 |
| 9 | 良品計画（無印良品） | 2.76 |
| 11 | ジャパネットたかた | 2.72 |
| 12 | モスフードサービス（モスバーガー） | 2.67 |
| 13 | アサヒビール | 2.60 |
| 14 | 花王 | 2.59 |
| 15 | アディダスジャパン | 2.55 |
| 15 | LINE | 2.55 |
| 17 | カルビー | 2.54 |
| 18 | トリドールホールディングス（丸亀製麺） | 2.47 |
| 18 | KDDI（au） | 2.47 |
| 20 | 日本マクドナルド | 2.44 |
| 21 | ライオン | 2.42 |
| 22 | キユーピー | 2.38 |
| 23 | ウォルト・ディズニー・ジャパン | 2.35 |
| 24 | 王将フードサービス（餃子の王将） | 2.29 |
| 25 | キリンビール | 2.22 |
| 26 | ヨドバシカメラ | 2.21 |
| 27 | キリンビバレッジ | 2.17 |
| 28 | セブン-イレブン・ジャパン | 2.07 |
| 28 | エステー | 2.07 |
| 28 | ダイソン | 2.07 |
| 31 | 明治 | 2.06 |
| 32 | ジンズ（JINS） | 2.04 |
| 33 | アマゾン ウェブ サービス ジャパン | 2.03 |
| 34 | グーグル | 2.02 |
| 35 | ABCマート | 2.01 |
| 36 | 日清食品 | 1.96 |
| 37 | ビックカメラ | 1.95 |
| 37 | 江崎グリコ | 1.95 |
| 37 | アップルジャパン | 1.95 |
| 40 | JTB | 1.94 |
| 41 | サッポロビール | 1.93 |
| 41 | P&G（プロクター・アンド・ギャンブル・ジャパン） | 1.93 |
| 43 | 森永製菓 | 1.89 |
| 43 | ヤフー | 1.89 |
| 45 | ロッテ | 1.86 |
| 45 | タカラトミー | 1.86 |
| 47 | アマゾンジャパン | 1.82 |
| 48 | フマキラー | 1.79 |
| 49 | カゴメ | 1.78 |
| 49 | 味の素 | 1.78 |

**図表６　「存在感」因子得点ランキング**
**＜一般個人＞**

| 順位 | 企　業　名 | 因子得点 |
|---|---|---|
| 1 | 花王 | 3.09 |
| 2 | JTB | 2.99 |
| 3 | ライオン | 2.93 |
| 4 | サッポロビール | 2.83 |
| 5 | アサヒビール | 2.78 |
| 6 | 日本コカ・コーラ | 2.75 |
| 7 | キリンビバレッジ | 2.71 |
| 8 | キユーピー | 2.70 |
| 9 | サントリー | 2.69 |
| 10 | カルビー | 2.66 |
| 10 | キリンビール | 2.66 |
| 12 | ヤクルト本社 | 2.63 |
| 13 | 伊藤園 | 2.59 |
| 14 | サンスター | 2.48 |
| 15 | 森永製菓 | 2.45 |
| 16 | ハウス食品 | 2.44 |
| 17 | 明治 | 2.39 |
| 18 | ヤマダ電機 | 2.32 |
| 19 | ヨドバシカメラ | 2.30 |
| 20 | アサヒ飲料 | 2.29 |
| 20 | ロッテ | 2.29 |
| 20 | TOTO | 2.29 |
| 20 | ナイキジャパン | 2.29 |
| 24 | ビックカメラ | 2.27 |
| 25 | 味の素 | 2.23 |
| 26 | アディダスジャパン | 2.22 |
| 27 | ミツカン | 2.21 |
| 28 | 味の素AGF | 2.13 |
| 29 | 江崎グリコ | 2.11 |
| 29 | キッコーマン | 2.11 |
| 31 | カゴメ | 2.09 |
| 32 | モスフードサービス（モスバーガー） | 2.08 |
| 33 | 日本マクドナルド | 2.07 |
| 34 | 森永乳業 | 2.03 |
| 35 | ヤマト運輸 | 1.94 |
| 36 | 雪印メグミルク | 1.93 |
| 37 | マルコメ | 1.89 |
| 38 | コジマ | 1.86 |
| 39 | KDDI（au） | 1.81 |
| 40 | 大塚製薬 | 1.77 |
| 40 | ABCマート | 1.77 |
| 42 | エスビー食品 | 1.74 |
| 43 | ユニ・チャーム | 1.73 |
| 43 | エイチ・アイ・エス | 1.73 |
| 45 | オリエンタルランド（東京ディズニーリゾート） | 1.70 |
| 46 | すかいらーく（ガスト） | 1.68 |
| 47 | フマキラー | 1.67 |
| 48 | 日本ハム | 1.63 |
| 48 | 王将フードサービス（餃子の王将） | 1.63 |
| 48 | トリドールホールディングス（丸亀製麺） | 1.63 |

※　因子得点は小数点第３位を四捨五入し、その値が同じ場合は同順位とした

**図表7 「躍動感」因子得点ランキング**
**＜ビジネスパーソン＞**

| 順位 | 企 業 名 | 因子得点 |
|---|---|---|
| 1 | グーグル | 6.78 |
| 2 | トヨタ自動車 | 6.14 |
| 3 | アップルジャパン | 5.50 |
| 4 | アマゾンジャパン | 4.86 |
| 5 | ソフトバンク | 4.81 |
| 6 | LINE | 4.35 |
| 7 | アマゾン ウェブ サービス ジャパン | 4.06 |
| 8 | 日本マイクロソフト | 3.99 |
| 9 | 楽天 | 3.69 |
| 10 | 伊藤忠商事 | 3.43 |
| 11 | ヤフー | 3.40 |
| 12 | ディー・エヌ・エー（DeNA） | 3.29 |
| 13 | リクルートホールディングス | 2.97 |
| 14 | 富士フイルム | 2.95 |
| 15 | 日産自動車 | 2.93 |
| 16 | 三菱商事 | 2.88 |
| 17 | 三井物産 | 2.78 |
| 18 | サムスン | 2.74 |
| 19 | インテル | 2.60 |
| 20 | ゴールドマン・サックス | 2.58 |
| 21 | 住友商事 | 2.45 |
| 22 | 日本アイ・ビー・エム（IBM） | 2.42 |
| 23 | GREE | 2.39 |
| 24 | ソニー | 2.31 |
| 25 | ファーストリテイリング（ユニクロ） | 2.24 |
| 26 | 日立製作所 | 2.23 |
| 27 | ドワンゴ（dwango） | 2.10 |
| 28 | 丸紅 | 2.09 |
| 29 | パナソニック | 2.05 |
| 30 | オリエンタルランド（東京ディズニーリゾート） | 2.02 |
| 31 | JPモルガン | 2.00 |
| 32 | ダイソン | 1.93 |
| 33 | LG Electronics Japan | 1.86 |
| 34 | テスラモーターズジャパン | 1.74 |
| 35 | 東レ | 1.73 |
| 36 | 三菱電機 | 1.63 |
| 36 | 双日 | 1.63 |
| 38 | ホンダ | 1.62 |
| 39 | 旭化成 | 1.46 |
| 40 | 日本たばこ産業（JT） | 1.39 |
| 41 | 村田製作所 | 1.38 |
| 42 | 日本電産 | 1.36 |
| 42 | 日揮 | 1.36 |
| 44 | セブン＆アイ・ホールディングス | 1.34 |
| 45 | 豊田通商 | 1.31 |
| 45 | オリックス | 1.31 |
| 45 | ハイアールジャパンセールス（ハイアール） | 1.31 |
| 48 | 三菱UFJモルガン・スタンレー証券 | 1.27 |
| 49 | セブン-イレブン・ジャパン | 1.26 |
| 50 | ウォルト・ディズニー・ジャパン | 1.25 |

**図表8 「躍動感」因子得点ランキング**
**＜一般個人＞**

| 順位 | 企 業 名 | 因子得点 |
|---|---|---|
| 1 | グーグル | 7.50 |
| 2 | アマゾンジャパン | 5.56 |
| 3 | ヤフー | 5.39 |
| 4 | ソフトバンク | 5.33 |
| 5 | アマゾン ウェブ サービス ジャパン | 5.32 |
| 6 | オリエンタルランド（東京ディズニーリゾート） | 5.24 |
| 7 | LINE | 5.14 |
| 8 | アップルジャパン | 4.86 |
| 9 | 楽天 | 4.43 |
| 10 | ファーストリテイリング（ユニクロ） | 4.14 |
| 11 | ウォルト・ディズニー・ジャパン | 3.36 |
| 12 | ドンキホーテホールディングス | 3.34 |
| 13 | 日本マイクロソフト | 3.14 |
| 14 | トヨタ自動車 | 2.90 |
| 15 | 日本コカ・コーラ | 2.83 |
| 16 | ダイソン | 2.62 |
| 17 | ディー・エヌ・エー（DeNA） | 2.51 |
| 18 | セブン＆アイ・ホールディングス | 2.37 |
| 19 | GREE | 2.36 |
| 19 | リクルートホールディングス | 2.36 |
| 21 | KDDI（au） | 2.29 |
| 22 | セブン-イレブン・ジャパン | 2.15 |
| 23 | ナイキジャパン | 2.08 |
| 24 | ドワンゴ（dwango） | 2.00 |
| 25 | ニトリ | 1.91 |
| 26 | テレビ東京 | 1.90 |
| 27 | ジャパネットたかた | 1.87 |
| 28 | インテル | 1.86 |
| 29 | エイチ・アイ・エス | 1.84 |
| 30 | 日産自動車 | 1.82 |
| 31 | ぐるなび | 1.80 |
| 32 | アディダスジャパン | 1.79 |
| 33 | WOWOW | 1.76 |
| 34 | 日本マクドナルド | 1.72 |
| 35 | ソニー | 1.58 |
| 36 | サムスン | 1.56 |
| 37 | 全日本空輸（ANA） | 1.52 |
| 38 | サントリー | 1.49 |
| 39 | 日本テレビ放送網（日本テレビ） | 1.43 |
| 39 | スカパーJSAT | 1.43 |
| 41 | マイナビ | 1.38 |
| 42 | イオン | 1.31 |
| 43 | トリドールホールディングス（丸亀製麺） | 1.29 |
| 44 | 富士フイルム | 1.28 |
| 44 | キリンビバレッジ | 1.28 |
| 44 | TBS | 1.28 |
| 47 | BMWジャパン | 1.26 |
| 48 | メルセデス・ベンツ | 1.25 |
| 48 | アサヒビール | 1.25 |
| 50 | アフラック（アメリカンファミリー生命保険） | 1.18 |

※　因子得点は小数点第3位を四捨五入し、その値が同じ場合は同順位とした

**図表9 「安定感」因子得点ランキング**
**＜ビジネスパーソン＞**

| 順位 | 企　業　名 | 因子得点 |
|---|---|---|
| 1 | トヨタ自動車 | 3.78 |
| 2 | 日立製作所 | 3.01 |
| 3 | 東日本旅客鉄道（JR東日本） | 2.58 |
| 4 | TOTO | 2.50 |
| 5 | 全日本空輸（ANA） | 2.48 |
| 6 | 三井住友銀行 | 2.46 |
| 7 | 日本電信電話（NTT） | 2.40 |
| 8 | 三菱東京UFJ銀行 | 2.39 |
| 9 | 武田薬品工業 | 2.27 |
| 10 | 味の素 | 2.26 |
| 10 | パナソニック | 2.26 |
| 12 | キリンビール | 2.25 |
| 13 | 三菱電機 | 2.20 |
| 14 | ブリヂストン | 2.16 |
| 15 | 東海旅客鉄道（JR東海） | 2.12 |
| 16 | みずほ銀行 | 2.03 |
| 17 | 三菱商事 | 2.02 |
| 18 | NEC（日本電気） | 2.01 |
| 19 | 三菱地所 | 1.99 |
| 19 | 三菱重工業 | 1.99 |
| 19 | セイコー | 1.99 |
| 19 | 三井物産 | 1.99 |
| 23 | キヤノン | 1.98 |
| 24 | 鹿島 | 1.97 |
| 25 | 清水建設 | 1.91 |
| 26 | アサヒビール | 1.84 |
| 27 | 富士通 | 1.82 |
| 28 | JTB | 1.81 |
| 29 | 帝国ホテル | 1.80 |
| 30 | 日産自動車 | 1.79 |
| 31 | サッポロビール | 1.77 |
| 32 | 日清製粉グループ本社 | 1.76 |
| 33 | 東日本電信電話（NTT東日本） | 1.75 |
| 33 | シチズン | 1.75 |
| 35 | 伊藤忠商事 | 1.74 |
| 35 | キリンビバレッジ | 1.74 |
| 37 | ヤクルト本社 | 1.73 |
| 38 | 日本航空（JAL） | 1.72 |
| 39 | キッコーマン | 1.71 |
| 40 | 住友商事 | 1.70 |
| 41 | ハウス食品 | 1.66 |
| 41 | 髙島屋 | 1.66 |
| 41 | 川崎重工業 | 1.66 |
| 41 | コクヨ | 1.66 |
| 45 | 丸紅 | 1.65 |
| 46 | 三井不動産 | 1.64 |
| 46 | 大林組 | 1.64 |
| 48 | 日本生命保険 | 1.63 |
| 49 | 明治 | 1.58 |
| 49 | 大正製薬 | 1.58 |

**図表10 「安定感」因子得点ランキング**
**＜一般個人＞**

| 順位 | 企　業　名 | 因子得点 |
|---|---|---|
| 1 | トヨタ自動車 | 5.43 |
| 2 | 伊藤忠商事 | 3.68 |
| 3 | 三井物産 | 3.30 |
| 4 | 日本マイクロソフト | 2.93 |
| 5 | 三菱商事 | 2.89 |
| 6 | 住友商事 | 2.87 |
| 7 | 三菱重工業 | 2.83 |
| 8 | ソニー | 2.82 |
| 9 | ブリヂストン | 2.81 |
| 9 | 日立製作所 | 2.81 |
| 11 | パナソニック | 2.80 |
| 12 | 丸紅 | 2.70 |
| 13 | アップルジャパン | 2.67 |
| 13 | 全日本空輸（ANA） | 2.67 |
| 15 | 日産自動車 | 2.57 |
| 16 | 日本アイ・ビー・エム（IBM） | 2.54 |
| 17 | メルセデス・ベンツ | 2.52 |
| 18 | TOTO | 2.39 |
| 19 | 帝国ホテル | 2.36 |
| 20 | 日本電信電話（NTT） | 2.28 |
| 21 | 日本航空（JAL） | 2.26 |
| 22 | 東日本旅客鉄道（JR東日本） | 2.13 |
| 23 | 清水建設 | 2.07 |
| 24 | 味の素 | 1.94 |
| 25 | 伊勢丹 | 1.93 |
| 26 | 川崎重工業 | 1.92 |
| 26 | 鹿島 | 1.92 |
| 28 | 野村総合研究所（NRI） | 1.91 |
| 29 | 三菱地所 | 1.86 |
| 30 | キヤノン | 1.85 |
| 31 | セイコー | 1.84 |
| 31 | 大林組 | 1.84 |
| 33 | BMWジャパン | 1.81 |
| 34 | 富士通 | 1.80 |
| 35 | 三菱電機 | 1.78 |
| 36 | グーグル | 1.76 |
| 37 | 東海旅客鉄道（JR東海） | 1.75 |
| 38 | 髙島屋 | 1.73 |
| 39 | 旭化成 | 1.72 |
| 40 | ホンダ | 1.71 |
| 41 | 日本放送協会（NHK） | 1.70 |
| 42 | NEC（日本電気） | 1.69 |
| 43 | 大成建設 | 1.68 |
| 44 | 三菱東京UFJ銀行 | 1.65 |
| 44 | 三井不動産 | 1.65 |
| 46 | 富士フイルム | 1.63 |
| 47 | コマツ（小松製作所） | 1.60 |
| 48 | 京セラ | 1.56 |
| 49 | 三井住友銀行 | 1.55 |
| 50 | 三井造船 | 1.54 |

※　因子得点は小数点第3位を四捨五入し、その値が同じ場合は同順位とした

ン、アマゾンジャパン、ソフトバンク、LINE、アマゾン ウェブ サービス ジャパン、日本マイクロソフト、楽天、伊藤忠商事が上位10位を占めており、一般個人のランキングにおいてもトヨタ自動車（14位）、日本マイクロソフト（13位）、伊藤忠商事（ランク外）を除く7企業が上位10位以内に挙げられている。つまり、上位企業に関しては、ビジネスパーソンと一般個人に大きな違いはなく、ネットを通じたサービスやそのデバイスに深く関わる事業を展開している企業が多い。例えば、一般個人の上位10位のうち、グーグル、アマゾンジャパン、ヤフー、ソフトバンク、アマゾン ウェブ サービス ジャパン、LINE、アップルジャパン、楽天の計8企業がネットに関わる事業を展開している企業である。

　一方で、10位以下のランキングについては、ビジネスパーソンと一般個人で異なる特徴が見られる。まず、ビジネスパーソンは伊藤忠商事、三菱商事、三井物産、住友商事、丸紅、双日、豊田通商などの総合商社、そして、ゴールドマン・サックスやJPモルガン、オリックス、三菱UFJモルガン・スタンレー証券などの金融、証券・保険がランキングに挙がっているが、これらの業種で、一般個人においてランキングに挙がっているのは50位のアフラック（アメリカンファミリー生命保険）のみである。反対に、一般個人では、日本コカ・コーラ、サントリー、キリンビバレッジ、アサヒビールなどの食品メーカー、テレビ東京、WOWOW、日本テレビ放送網（日本テレビ）、スカパーJSATなどの放送関連企業、日本マクドナルド、トリドールホールディングス（丸亀製麺）などの外食店などが躍動感のある企業として評価されているが、ビジネスパーソンでは上位50位には挙がっていない。これらのことから、ビジネスパーソンはビジネス界における市場シェアやポジ

ションから企業の躍動感を評価し、一方で、一般個人は日常生活の中で頻繁に利用する製品やサービスの内容から企業の躍動感を評価していることがわかる。

【安定感】因子について（図表9、図表10）

　ビジネスパーソン、一般個人とも1位はトヨタ自動車であり、それ以外でも上位50位に挙げられている企業は、ビジネスパーソン、一般個人において大きな差は見られない。例えば、総合商社の伊藤忠商事、三井物産、三菱商事、住友商事、丸紅、銀行の三井住友銀行、三菱東京UFJ銀行、旅客運送業の東日本旅客鉄道（JR東日本）、東海旅客鉄道（JR東海）、全日本空輸（ANA）、日本航空（JAL）、重工業の三菱重工業、川崎重工業、建設業の鹿島、清水建設、大林組、不動産業の三菱地所、三井不動産、電機メーカーの日立製作所、パナソニック、三菱電機、NEC（日本電気）、キヤノン、富士通などの企業は、ビジネスパーソン、一般個人ともに上位50位に挙げられている。このことから、安定感といったイメージで企業を評価する場合には、企業規模、日本を代表する企業かどうかといった軸が用いられていると考えられる。

　ビジネスパーソンと一般個人の違いは、上位10位の企業構成である。一般個人では、1位のトヨタに次いで、伊藤忠商事（ビジネスパーソンでは35位）、三井物産（同19位）、日本マイクロソフト（ランク外）、三菱商事（17位）、住友商事（40位）、三菱重工業（19位）、ソニー（ランク外）、ブリヂストン（14位）、日立製作所（2位）が挙げられており、上位10位の中に総合商社が4社ランクインしている。この中でビジネスパーソンにおいても上位10位に入っているのは、トヨタ自動車と日立製作所だけである。反対に、ビジネスパー

ソンでは、6位に三井住友銀行、8位に三菱東京UFJ銀行が挙がっているが、一般個人ではそれぞれ49位と44位である。このことから、ビジネスパーソンと一般個人では、各企業が属する業種によって、上位企業の順位に差があると言える。つまり、安定感の評価には、企業規模、日本を代表する企業かどうか、といった項目だけではなく、業界自体に対する考え（評価）も大きく影響することがわかる。

加えて、一般個人では4位に日本マイクロソフト、13位にアップルジャパンが挙げられている。前年までのランキングの傾向では、存在感や躍動感において高く評価されていた2社であるが、今年は安定感においてもランクインしており、先進的な製品やサービスを提供し続けること自体が、安定感といったイメージにも結びついた可能性が考えられる。

## 4．各因子と各評価項目の相関関係

これまでの議論から、存在感、躍動感、安定感の各因子によって企業の特徴を明確に捉えられることが確認できた。これを受け、ここでは各因子と各項目（広告接触度、企業認知度、就職意向、一流評価、好感度、株購入意向）の関係について、本章のはじめの部分で説明した相関係数に着目して検討していく。これにより、「ある因子の得点が高い（低い）場合にはある項目の得点も高い（低い）傾向にある」といった相関関係の程度や方向性を理解することができ、各因子の特徴をより明確に識別することができる。

はじめの部分で説明した通り、相関係数は、相関関係を定量的に示す指標で、−1.0～＋1.0の範囲

**図表11　ビジネスパーソン：各因子と各項目の相関係数**

| | 存在感因子 | 躍動感因子 | 安定感因子 | 広告接触度 | 企業認知度 | 就職意向 | 一流評価 | 好感度 | 株購入意向 |
|---|---|---|---|---|---|---|---|---|---|
| 存在感因子 | 1 | 0.755 | 0.632 | 0.145 | 0.031 | 0.098 | 0.266 | 0.399 | 0.434 |
| 躍動感因子 | 0.755 | 1 | 0.685 | 0.103 | -0.088 | 0.121 | 0.126 | 0.359 | 0.426 |
| 安定感因子 | 0.632 | 0.685 | 1 | 0.421 | 0.451 | 0.343 | 0.201 | 0.407 | 0.633 |
| 広告接触度 | 0.145 | 0.103 | 0.421 | 1 | 0.932 | 0.728 | 0.768 | 0.891 | 0.848 |
| 企業認知度 | 0.031 | -0.088 | 0.451 | 0.932 | 1 | 0.738 | 0.761 | 0.843 | 0.838 |
| 就職意向 | 0.098 | 0.121 | 0.343 | 0.728 | 0.738 | 1 | 0.840 | 0.765 | 0.857 |
| 一流評価 | 0.266 | 0.126 | 0.201 | 0.768 | 0.761 | 0.840 | 1 | 0.785 | 0.771 |
| 好感度 | 0.399 | 0.359 | 0.407 | 0.891 | 0.843 | 0.765 | 0.785 | 1 | 0.874 |
| 株購入意向 | 0.434 | 0.426 | 0.633 | 0.848 | 0.838 | 0.857 | 0.771 | 0.874 | 1 |

**図表12　一般個人：各因子と各項目の相関係数**

| | 存在感因子 | 躍動感因子 | 安定感因子 | 広告接触度 | 企業認知度 | 就職意向 | 一流評価 | 好感度 | 株購入意向 |
|---|---|---|---|---|---|---|---|---|---|
| 存在感因子 | 1 | 0.770 | 0.733 | 0.350 | 0.239 | 0.213 | 0.237 | 0.425 | 0.556 |
| 躍動感因子 | 0.770 | 1 | 0.692 | 0.301 | 0.046 | 0.116 | 0.058 | 0.335 | 0.460 |
| 安定感因子 | 0.733 | 0.692 | 1 | 0.224 | 0.294 | 0.325 | 0.201 | 0.338 | 0.595 |
| 広告接触度 | 0.350 | 0.301 | 0.224 | 1 | 0.949 | 0.833 | 0.863 | 0.928 | 0.896 |
| 企業認知度 | 0.239 | 0.046 | 0.294 | 0.949 | 1 | 0.850 | 0.877 | 0.926 | 0.900 |
| 就職意向 | 0.213 | 0.116 | 0.325 | 0.833 | 0.850 | 1 | 0.914 | 0.854 | 0.866 |
| 一流評価 | 0.237 | 0.058 | 0.201 | 0.863 | 0.877 | 0.914 | 1 | 0.850 | 0.793 |
| 好感度 | 0.425 | 0.335 | 0.338 | 0.928 | 0.926 | 0.854 | 0.850 | 1 | 0.909 |
| 株購入意向 | 0.556 | 0.460 | 0.595 | 0.896 | 0.900 | 0.866 | 0.793 | 0.909 | 1 |

の値をとり、符号の正負が関係の方向性に対応している。相関関係の強さは、相関係数の絶対値の大きさから判断でき、一般的には、0〜0.2は「ほとんど相関なし」、0.2〜0.4は「弱い相関あり」、0.4〜0.7は「相関あり」、0.7〜1.0は「強い相関あり」とされている。

**図表11**がビジネスパーソン、**図表12**が一般個人の相関係数を整理したものである。項目ごとにビジネスパーソンと一般個人の相関係数を見比べながら（網掛部分）、各因子の特徴について検討する。まず、「広告接触度」については、ビジネスパーソンでは「存在感」（0.145）と「躍動感」（0.103）は相関がほとんどないが、「安定感」（0.421）と相関があることがわかる。つまり、ビジネスパーソンにおいては、「安定感が高く評価されている場合には広告接触度も高い傾向にある」ということが言える。一方で、一般個人の場合は、「安定感」（0.224）よりも「存在感」（0.350）や「躍動感」（0.301）のほうが相関は強いことが示されている。「存在感」や「躍動感」の因子得点ランキングを見てみると、日常生活に密着した製品やサービスを提供するような企業が上位に挙がっており、このことが広告接触度との相関を強めている要因であると考えられる。

続いて、「企業認知度」については、他の因子と比べて、ビジネスパーソン（0.451）、一般個人（0.294）ともに「安定感」との相関が強いことがわかる。「安定感」で評価される企業には歴史のある企業が多いため、その分、企業認知度とも相関が強い可能性が指摘できる。この傾向は、「就職意向」についても同様である。

「一流評価」については、ビジネスパーソン（0.266）、一般個人（0.237）ともに、低い値ではあるが「存在感」と相関関係にあり、「存在感が高く評価されている場合には一流評価も高い傾向に

ある」と理解することができる。しかしながら、ビジネスパーソンと一般個人では、「存在感」因子得点ランキングにおいて上位に挙がっている企業が異なるため、一流企業であると評価されている企業も異なる場合が考えられる。この点は注意が必要である。

「好感度」については、ビジネスパーソンでは、最も相関が強いのが「安定感」（0.407）であり、「存在感」（0.399）、「躍動感」（0.359）についてもある程度の相関関係があると判断できる。つまり、各因子が「好感度」と相関関係にあると言え、この傾向は、一般個人においても示されている。その中でも、一般個人の場合には「存在感」（0.425）が最も相関が強く、「広告接触度」との相関関係の場合と同様に、日常生活に密着した製品やサービスを提供するような企業において「好感度」を高く評価する可能性が考えられる。

最後に、「株購入意向」については、ビジネスパーソン（0.633）、一般個人（0.595）ともに最も相関が強いのは「安定感」であり、また、他の因子とも相関関係にあることがわかる。具体的には、ビジネスパーソンでは「存在感」（0.434）、「躍動感」（0.426）、一般個人では「存在感」（0.556）、「躍動感」（0.460）である。この傾向は、16年の分析結果とも整合性が高く、因果関係に言及するならば、「安定感」といった企業イメージを獲得することで、「株購入意向」を高められる可能性を指摘することができる。

## 5．まとめ

ビジネスパーソン、一般個人とも、例年と同じく企業に対して抱くイメージは「存在感」「躍動感」「安定感」の3つに集約でき、各企業の特徴をよく表す指標になっていることが明らかになった。但し、昨年と同様に、「存在感」「躍動感」

「安定感」といっても、ビジネスパーソンが感じるイメージと、一般個人が感じるイメージには違いがあることが、その構成要素を探った因子分析から明らかになり、その点は解釈する際に注意が必要である。

　また、ビジネスパーソンと一般個人を比較しながら、項目ごとに各因子との相関関係についても検討した。その結果、「企業認知」「就職意向」「一流評価」については、ビジネスパーソンと一般個人で同様の傾向が示されたが、「広告接触度」「好感度」については、各因子によって相関の強さが異なる点が明らかになった。つまり、各因子（イメージ）を向上させることは大事であるが、その目的・対象者に応じて、どの因子を高めることが効果的・効率的であるのかは異なる場合がある。この点に関するより詳細な分析、そして、実際の施策とイメージとの関連についても検討していくことが今後は必要になってくるだろう。

# 付　表

主要6項目、継続調査イメージ項目、トピック・イメージ項目の計31項目間の相関係数

**＜ビジネスパーソン＞**

| | | 広告接触度 | 企業認知度 | 一流評価 | 好感度 | 株購入意向 | 就職意向 | 顧客ニーズへの対応に熱心である | よい広告活動をしている | 親しみやすい | 営業・販売力が強い | センスがよい | 個性がある | 文化・スポーツ・イベント活動に熱心である | 研究開発力・商品開発力が旺盛である | 技術力がある | 扱っている製品・サービスの質がよい | 活気がある | 成長力がある | 新分野進出に熱心である | 社会の変化に対応できる | 国際化がすすんでいる | 優秀な人材が多い | 経営者がすぐれている | 財務内容がすぐれている | 安定性がある | 伝統がある | 信頼性がある | 地球環境に気を配っている | コーポレートガバナンス(企業統治)がしっかりしている | 女性が活躍している | 社会貢献への取り組みに積極的 |
|---|---|---|---|---|---|---|---|---|---|---|---|---|---|---|---|---|---|---|---|---|---|---|---|---|---|---|---|---|---|---|---|---|
| A | 広告接触度 | 1 | 0.93 | 0.83 | 0.89 | 0.85 | 0.72 | 0.79 | 0.86 | 0.88 | 0.76 | 0.59 | 0.46 | 0.49 | 0.56 | 0.25 | 0.69 | 0.65 | 0.53 | 0.39 | 0.59 | 0.23 | 0.30 | 0.48 | 0.48 | 0.59 | 0.47 | 0.66 | 0.34 | 0.59 | 0.55 | 0.63 |
| | 企業認知度 | 0.93 | 1 | 0.86 | 0.93 | 0.85 | 0.74 | 0.75 | 0.70 | 0.83 | 0.68 | 0.57 | 0.44 | 0.47 | 0.50 | 0.28 | 0.68 | 0.60 | 0.48 | 0.36 | 0.56 | 0.26 | 0.31 | 0.44 | 0.44 | 0.60 | 0.54 | 0.67 | 0.34 | 0.57 | 0.53 | 0.60 |
| | 一流評価 | 0.83 | 0.86 | 1 | 0.87 | 0.93 | 0.91 | 0.64 | 0.69 | 0.71 | 0.69 | 0.60 | 0.31 | 0.50 | 0.59 | 0.42 | 0.72 | 0.48 | 0.47 | 0.37 | 0.60 | 0.40 | 0.55 | 0.51 | 0.67 | 0.83 | 0.73 | 0.87 | 0.44 | 0.82 | 0.43 | 0.71 |
| | 好感度 | 0.89 | 0.93 | 0.87 | 1 | 0.91 | 0.81 | 0.79 | 0.75 | 0.90 | 0.70 | 0.64 | 0.46 | 0.51 | 0.61 | 0.34 | 0.81 | 0.59 | 0.51 | 0.37 | 0.56 | 0.29 | 0.33 | 0.48 | 0.47 | 0.65 | 0.58 | 0.74 | 0.41 | 0.60 | 0.51 | 0.65 |
| | 株購入意向 | 0.85 | 0.85 | 0.93 | 0.91 | 1 | 0.92 | 0.75 | 0.78 | 0.81 | 0.73 | 0.63 | 0.41 | 0.52 | 0.70 | 0.45 | 0.79 | 0.59 | 0.60 | 0.45 | 0.66 | 0.39 | 0.53 | 0.58 | 0.68 | 0.79 | 0.62 | 0.84 | 0.48 | 0.78 | 0.44 | 0.77 |
| | 就職意向 | 0.72 | 0.74 | 0.91 | 0.81 | 0.92 | 1 | 0.58 | 0.67 | 0.66 | 0.57 | 0.57 | 0.30 | 0.50 | 0.67 | 0.52 | 0.75 | 0.39 | 0.46 | 0.38 | 0.55 | 0.37 | 0.55 | 0.49 | 0.69 | 0.82 | 0.69 | 0.86 | 0.49 | 0.82 | 0.33 | 0.72 |
| B | 顧客ニーズへの対応に熱心である | 0.79 | 0.75 | 0.64 | 0.79 | 0.75 | 0.58 | 1 | 0.78 | 0.85 | 0.77 | 0.65 | 0.59 | 0.44 | 0.63 | 0.22 | 0.69 | 0.80 | 0.69 | 0.52 | 0.71 | 0.33 | 0.34 | 0.64 | 0.43 | 0.41 | 0.27 | 0.66 | 0.32 | 0.44 | 0.66 | 0.56 |
| | よい広告活動をしている | 0.86 | 0.70 | 0.69 | 0.75 | 0.78 | 0.67 | 0.78 | 1 | 0.83 | 0.78 | 0.66 | 0.51 | 0.50 | 0.65 | 0.30 | 0.71 | 0.69 | 0.59 | 0.43 | 0.62 | 0.27 | 0.31 | 0.55 | 0.50 | 0.54 | 0.35 | 0.67 | 0.54 | 0.47 | 0.47 | 0.60 |
| | 親しみやすい | 0.88 | 0.83 | 0.71 | 0.90 | 0.81 | 0.66 | 0.85 | 0.83 | 1 | 0.73 | 0.73 | 0.49 | 0.49 | 0.58 | 0.19 | 0.74 | 0.69 | 0.53 | 0.36 | 0.56 | 0.17 | 0.21 | 0.47 | 0.38 | 0.53 | 0.38 | 0.57 | 0.32 | 0.47 | 0.57 | 0.60 |
| | 営業・販売力が強い | 0.76 | 0.68 | 0.69 | 0.70 | 0.73 | 0.57 | 0.77 | 0.78 | 0.73 | 1 | 0.59 | 0.40 | 0.46 | 0.58 | 0.23 | 0.65 | 0.72 | 0.60 | 0.47 | 0.67 | 0.40 | 0.46 | 0.65 | 0.59 | 0.55 | 0.40 | 0.57 | 0.40 | 0.60 | 0.47 | 0.57 |
| | センスがよい | 0.59 | 0.57 | 0.60 | 0.64 | 0.63 | 0.57 | 0.65 | 0.66 | 0.73 | 0.59 | 1 | 0.67 | 0.49 | 0.57 | 0.32 | 0.73 | 0.66 | 0.56 | 0.41 | 0.54 | 0.33 | 0.36 | 0.54 | 0.39 | 0.34 | 0.33 | 0.49 | 0.27 | 0.42 | 0.47 | 0.43 |
| | 個性がある | 0.46 | 0.44 | 0.31 | 0.46 | 0.41 | 0.30 | 0.59 | 0.51 | 0.49 | 0.40 | 0.67 | 1 | 0.25 | 0.42 | 0.16 | 0.42 | 0.66 | 0.62 | 0.51 | 0.52 | 0.38 | 0.21 | 0.48 | 0.13 | 0.02 | 0.01 | 0.13 | 0.14 | 0.14 | 0.32 | 0.26 |
| | 文化・スポーツ・イベント活動に熱心である | 0.49 | 0.47 | 0.50 | 0.51 | 0.52 | 0.50 | 0.44 | 0.50 | 0.49 | 0.46 | 0.49 | 0.25 | 1 | 0.44 | 0.30 | 0.51 | 0.44 | 0.37 | 0.34 | 0.40 | 0.35 | 0.40 | 0.37 | 0.37 | 0.36 | 0.34 | 0.42 | 0.30 | 0.39 | 0.26 | 0.57 |
| | 研究開発力・商品開発力が旺盛である | 0.56 | 0.50 | 0.59 | 0.61 | 0.70 | 0.67 | 0.63 | 0.65 | 0.58 | 0.58 | 0.57 | 0.42 | 0.44 | 1 | 0.71 | 0.77 | 0.60 | 0.53 | 0.57 | 0.57 | 0.44 | 0.58 | 0.48 | 0.42 | 0.34 | 0.34 | 0.63 | 0.57 | 0.46 | 0.26 | 0.63 |
| | 技術力がある | 0.25 | 0.28 | 0.42 | 0.34 | 0.45 | 0.52 | 0.22 | 0.30 | 0.19 | 0.23 | 0.32 | 0.16 | 0.30 | 0.71 | 1 | 0.53 | 0.11 | 0.35 | 0.36 | 0.36 | 0.43 | 0.48 | 0.41 | 0.42 | 0.36 | 0.43 | 0.44 | 0.68 | -0.10 | -0.10 | 0.51 |
| | 扱っている製品・サービスの質がよい | 0.69 | 0.68 | 0.72 | 0.81 | 0.79 | 0.75 | 0.69 | 0.71 | 0.74 | 0.65 | 0.73 | 0.42 | 0.51 | 0.77 | 0.53 | 1 | 0.44 | 0.46 | 0.34 | 0.47 | 0.34 | 0.34 | 0.49 | 0.46 | 0.57 | 0.56 | 0.73 | 0.50 | 0.54 | 0.41 | 0.60 |
| | 活気がある | 0.65 | 0.60 | 0.48 | 0.59 | 0.59 | 0.39 | 0.80 | 0.69 | 0.69 | 0.72 | 0.66 | 0.66 | 0.44 | 0.60 | 0.11 | 0.44 | 1 | 0.79 | 0.64 | 0.76 | 0.39 | 0.38 | 0.67 | 0.39 | 0.26 | 0.10 | 0.30 | 0.16 | 0.34 | 0.51 | 0.49 |
| | 成長力がある | 0.53 | 0.48 | 0.47 | 0.51 | 0.60 | 0.46 | 0.69 | 0.59 | 0.53 | 0.60 | 0.56 | 0.62 | 0.37 | 0.53 | 0.35 | 0.46 | 0.79 | 1 | 0.81 | 0.79 | 0.55 | 0.53 | 0.76 | 0.52 | 0.30 | 0.11 | 0.35 | 0.28 | 0.40 | 0.37 | 0.53 |
| | 新分野進出に熱心である | 0.39 | 0.36 | 0.37 | 0.37 | 0.45 | 0.38 | 0.52 | 0.43 | 0.36 | 0.47 | 0.41 | 0.51 | 0.34 | 0.57 | 0.36 | 0.34 | 0.64 | 0.81 | 1 | 0.81 | 0.47 | 0.53 | 0.69 | 0.43 | 0.20 | 0.11 | 0.24 | 0.26 | 0.30 | 0.27 | 0.24 |
| | 社会の変化に対応できる | 0.59 | 0.56 | 0.60 | 0.56 | 0.66 | 0.55 | 0.71 | 0.62 | 0.56 | 0.67 | 0.54 | 0.52 | 0.40 | 0.57 | 0.36 | 0.47 | 0.76 | 0.79 | 0.81 | 1 | 0.55 | 0.66 | 0.78 | 0.64 | 0.45 | 0.25 | 0.48 | 0.32 | 0.52 | 0.42 | 0.62 |
| | 国際化がすすんでいる | 0.23 | 0.26 | 0.40 | 0.29 | 0.39 | 0.37 | 0.33 | 0.27 | 0.17 | 0.40 | 0.33 | 0.38 | 0.35 | 0.44 | 0.43 | 0.34 | 0.39 | 0.55 | 0.47 | 0.55 | 1 | 0.68 | 0.57 | 0.47 | 0.24 | 0.25 | 0.31 | 0.29 | 0.38 | 0.15 | 0.35 |
| | 優秀な人材が多い | 0.30 | 0.31 | 0.55 | 0.33 | 0.53 | 0.55 | 0.34 | 0.31 | 0.21 | 0.46 | 0.36 | 0.21 | 0.40 | 0.58 | 0.48 | 0.34 | 0.38 | 0.53 | 0.53 | 0.66 | 0.68 | 1 | 0.64 | 0.76 | 0.53 | 0.48 | 0.55 | 0.30 | 0.67 | 0.17 | 0.49 |
| | 経営者がすぐれている | 0.48 | 0.44 | 0.51 | 0.48 | 0.58 | 0.49 | 0.64 | 0.55 | 0.47 | 0.65 | 0.54 | 0.48 | 0.37 | 0.48 | 0.41 | 0.49 | 0.67 | 0.76 | 0.69 | 0.78 | 0.57 | 0.64 | 1 | 0.67 | 0.40 | 0.29 | 0.45 | 0.36 | 0.52 | 0.34 | 0.55 |
| | 財務内容がすぐれている | 0.48 | 0.44 | 0.67 | 0.47 | 0.68 | 0.69 | 0.43 | 0.50 | 0.38 | 0.59 | 0.39 | 0.13 | 0.37 | 0.42 | 0.42 | 0.46 | 0.39 | 0.52 | 0.43 | 0.64 | 0.47 | 0.76 | 0.67 | 1 | 0.78 | 0.58 | 0.74 | 0.38 | 0.83 | 0.19 | 0.69 |
| | 安定性がある | 0.59 | 0.60 | 0.83 | 0.65 | 0.79 | 0.82 | 0.41 | 0.54 | 0.53 | 0.55 | 0.34 | 0.02 | 0.36 | 0.34 | 0.36 | 0.57 | 0.26 | 0.30 | 0.20 | 0.45 | 0.24 | 0.53 | 0.40 | 0.78 | 1 | 0.78 | 0.92 | 0.44 | 0.87 | 0.23 | 0.69 |
| | 伝統がある | 0.47 | 0.54 | 0.73 | 0.58 | 0.62 | 0.69 | 0.27 | 0.35 | 0.38 | 0.40 | 0.33 | 0.01 | 0.34 | 0.34 | 0.43 | 0.56 | 0.10 | 0.11 | 0.11 | 0.25 | 0.25 | 0.48 | 0.29 | 0.58 | 0.78 | 1 | 0.80 | 0.45 | 0.66 | 0.22 | 0.51 |
| | 信頼性がある | 0.66 | 0.67 | 0.87 | 0.74 | 0.84 | 0.86 | 0.66 | 0.67 | 0.57 | 0.57 | 0.49 | 0.13 | 0.42 | 0.63 | 0.44 | 0.73 | 0.30 | 0.35 | 0.24 | 0.48 | 0.31 | 0.55 | 0.45 | 0.74 | 0.92 | 0.80 | 1 | 0.45 | 0.86 | 0.22 | 0.69 |
| C | 地球環境に気を配っている | 0.34 | 0.34 | 0.44 | 0.41 | 0.48 | 0.49 | 0.32 | 0.41 | 0.32 | 0.29 | 0.27 | 0.40 | 0.30 | 0.57 | 0.68 | 0.50 | 0.16 | 0.28 | 0.26 | 0.32 | 0.29 | 0.30 | 0.36 | 0.38 | 0.44 | 0.45 | 0.45 | 1 | 0.33 | -0.09 | 0.60 |
| | コーポレートガバナンス(企業統治)がしっかりしている | 0.59 | 0.57 | 0.82 | 0.60 | 0.78 | 0.82 | 0.44 | 0.54 | 0.47 | 0.60 | 0.42 | 0.14 | 0.39 | 0.46 | -0.10 | 0.54 | 0.34 | 0.40 | 0.30 | 0.52 | 0.38 | 0.67 | 0.52 | 0.83 | 0.87 | 0.66 | 0.86 | 0.33 | 1 | 0.19 | 0.63 |
| | 女性が活躍している | 0.55 | 0.53 | 0.43 | 0.51 | 0.44 | 0.33 | 0.66 | 0.47 | 0.57 | 0.47 | 0.47 | 0.32 | 0.26 | 0.26 | -0.10 | 0.41 | 0.51 | 0.37 | 0.27 | 0.42 | 0.15 | 0.17 | 0.34 | 0.19 | 0.23 | 0.22 | 0.22 | -0.09 | 0.19 | 1 | 0.19 |
| | 社会貢献への取り組みに積極的 | 0.63 | 0.60 | 0.71 | 0.65 | 0.77 | 0.72 | 0.56 | 0.60 | 0.60 | 0.57 | 0.43 | 0.26 | 0.57 | 0.63 | 0.51 | 0.60 | 0.49 | 0.53 | 0.24 | 0.62 | 0.35 | 0.49 | 0.55 | 0.69 | 0.69 | 0.51 | 0.69 | 0.60 | 0.63 | 0.19 | 1 |

(注) Aは主要6項目、Bは継続調査イメージ項目21項目、Cはトピック・イメージ項目。相関係数は測定した企業672社のスコアから算出。

主要６項目、継続調査イメージ項目、トピック・イメージ項目の計31項目間の相関係数

**＜一般個人＞**

| | | 広告接触度 | 企業認知度 | 一流評価 | 好感度 | 株購入意向 | 就職意向 | 顧客ニーズへの対応に熱心である | よい広告活動をしている | 親しみやすい | 営業・販売力が強い | センスがよい | 個性がある | 文化スポーツ・イベント活動に熱心である | 研究開発力・商品開発力が旺盛である | 技術力がある | 扱っている製品・サービスの質がよい | 活気がある | 成長力がある | 新分野進出に熱心である | 社会の変化に対応できる | 国際化がすすんでいる | 優秀な人材が多い | 経営者がすぐれている | 財務内容がすぐれている | 安定性がある | 伝統がある | 信頼性がある | 地球環境に気を配っている | コーポレートガバナンス（企業統治）がしっかりしている | 女性が活躍している | 社会貢献への取り組みに積極的 |
|---|---|---|---|---|---|---|---|---|---|---|---|---|---|---|---|---|---|---|---|---|---|---|---|---|---|---|---|---|---|---|---|---|
| A | 広告接触度 | 1 | 0.94 | 0.88 | 0.92 | 0.89 | 0.83 | 0.83 | 0.87 | 0.90 | 0.83 | 0.61 | 0.30 | 0.49 | 0.62 | 0.34 | 0.73 | 0.70 | 0.55 | 0.36 | 0.56 | 0.24 | 0.34 | 0.54 | 0.48 | 0.74 | 0.55 | 0.74 | 0.35 | 0.73 | 0.55 | 0.71 |
| A | 企業認知度 | 0.94 | 1 | 0.91 | 0.95 | 0.90 | 0.85 | 0.81 | 0.75 | 0.88 | 0.76 | 0.61 | 0.30 | 0.48 | 0.58 | 0.36 | 0.74 | 0.67 | 0.51 | 0.33 | 0.55 | 0.26 | 0.37 | 0.53 | 0.48 | 0.75 | 0.62 | 0.75 | 0.34 | 0.75 | 0.55 | 0.70 |
| A | 一流評価 | 0.88 | 0.91 | 1 | 0.90 | 0.93 | 0.94 | 0.72 | 0.74 | 0.79 | 0.75 | 0.63 | 0.21 | 0.50 | 0.62 | 0.47 | 0.77 | 0.58 | 0.46 | 0.31 | 0.54 | 0.35 | 0.53 | 0.57 | 0.63 | 0.89 | 0.78 | 0.89 | 0.40 | 0.88 | 0.46 | 0.73 |
| A | 好感度 | 0.92 | 0.95 | 0.90 | 1 | 0.93 | 0.87 | 0.82 | 0.77 | 0.94 | 0.79 | 0.66 | 0.31 | 0.51 | 0.64 | 0.39 | 0.81 | 0.69 | 0.53 | 0.34 | 0.56 | 0.29 | 0.37 | 0.56 | 0.48 | 0.78 | 0.63 | 0.78 | 0.38 | 0.76 | 0.53 | 0.70 |
| A | 株購入意向 | 0.89 | 0.90 | 0.93 | 0.93 | 1 | 0.93 | 0.80 | 0.80 | 0.88 | 0.80 | 0.66 | 0.27 | 0.50 | 0.72 | 0.45 | 0.80 | 0.67 | 0.59 | 0.41 | 0.62 | 0.34 | 0.51 | 0.62 | 0.59 | 0.85 | 0.65 | 0.85 | 0.38 | 0.85 | 0.46 | 0.74 |
| A | 就職意向 | 0.83 | 0.85 | 0.94 | 0.87 | 0.93 | 1 | 0.67 | 0.71 | 0.78 | 0.71 | 0.62 | 0.21 | 0.52 | 0.68 | 0.52 | 0.76 | 0.55 | 0.49 | 0.35 | 0.54 | 0.36 | 0.57 | 0.56 | 0.61 | 0.89 | 0.73 | 0.88 | 0.42 | 0.89 | 0.40 | 0.72 |
| B | 顧客ニーズへの対応に熱心である | 0.83 | 0.81 | 0.72 | 0.82 | 0.80 | 0.67 | 1 | 0.77 | 0.84 | 0.82 | 0.61 | 0.35 | 0.40 | 0.52 | 0.17 | 0.67 | 0.78 | 0.62 | 0.39 | 0.64 | 0.30 | 0.35 | 0.60 | 0.44 | 0.61 | 0.37 | 0.63 | 0.17 | 0.62 | 0.68 | 0.58 |
| B | よい広告活動をしている | 0.87 | 0.75 | 0.74 | 0.77 | 0.80 | 0.71 | 0.77 | 1 | 0.81 | 0.84 | 0.62 | 0.35 | 0.48 | 0.65 | 0.33 | 0.69 | 0.71 | 0.62 | 0.44 | 0.58 | 0.27 | 0.31 | 0.56 | 0.48 | 0.64 | 0.42 | 0.64 | 0.35 | 0.63 | 0.45 | 0.66 |
| B | 親しみやすい | 0.90 | 0.88 | 0.79 | 0.94 | 0.88 | 0.78 | 0.84 | 0.81 | 1 | 0.81 | 0.59 | 0.29 | 0.49 | 0.63 | 0.30 | 0.76 | 0.73 | 0.54 | 0.33 | 0.55 | 0.20 | 0.28 | 0.52 | 0.42 | 0.71 | 0.49 | 0.70 | 0.33 | 0.68 | 0.54 | 0.67 |
| B | 営業・販売力が強い | 0.83 | 0.76 | 0.75 | 0.79 | 0.80 | 0.71 | 0.82 | 0.84 | 0.81 | 1 | 0.65 | 0.30 | 0.52 | 0.63 | 0.31 | 0.72 | 0.76 | 0.61 | 0.39 | 0.61 | 0.36 | 0.40 | 0.62 | 0.53 | 0.66 | 0.46 | 0.67 | 0.29 | 0.69 | 0.49 | 0.60 |
| B | センスがよい | 0.61 | 0.61 | 0.63 | 0.66 | 0.66 | 0.62 | 0.61 | 0.62 | 0.59 | 0.65 | 1 | 0.57 | 0.53 | 0.58 | 0.42 | 0.74 | 0.59 | 0.57 | 0.36 | 0.50 | 0.57 | 0.40 | 0.58 | 0.49 | 0.49 | 0.41 | 0.54 | 0.27 | 0.51 | 0.44 | 0.40 |
| B | 個性がある | 0.30 | 0.30 | 0.21 | 0.31 | 0.27 | 0.21 | 0.35 | 0.35 | 0.29 | 0.30 | 0.57 | 1 | 0.26 | 0.25 | 0.16 | 0.27 | 0.48 | 0.49 | 0.44 | 0.37 | 0.46 | 0.15 | 0.39 | 0.17 | 0.04 | 0.00 | 0.04 | 0.13 | 0.14 | 0.17 | 0.20 |
| B | 文化スポーツ・イベント活動に熱心である | 0.49 | 0.48 | 0.50 | 0.51 | 0.50 | 0.52 | 0.40 | 0.48 | 0.49 | 0.52 | 0.53 | 0.26 | 1 | 0.45 | 0.32 | 0.50 | 0.45 | 0.54 | 0.43 | 0.49 | 0.32 | 0.39 | 0.38 | 0.43 | 0.44 | 0.47 | 0.44 | 0.24 | 0.45 | 0.22 | 0.53 |
| B | 研究開発力・商品開発力が旺盛である | 0.62 | 0.58 | 0.62 | 0.64 | 0.72 | 0.68 | 0.52 | 0.65 | 0.63 | 0.63 | 0.58 | 0.25 | 0.45 | 1 | 0.70 | 0.73 | 0.20 | 0.54 | 0.43 | 0.49 | 0.36 | 0.44 | 0.57 | 0.43 | 0.55 | 0.55 | 0.57 | 0.25 | 0.53 | 0.53 | 0.58 |
| B | 技術力がある | 0.34 | 0.36 | 0.47 | 0.39 | 0.45 | 0.52 | 0.17 | 0.33 | 0.30 | 0.31 | 0.42 | 0.16 | 0.32 | 0.70 | 1 | 0.49 | 0.20 | 0.33 | 0.25 | 0.29 | 0.40 | 0.48 | 0.46 | 0.42 | 0.44 | 0.70 | 0.45 | 0.35 | -0.11 | 0.22 | 0.46 |
| B | 扱っている製品・サービスの質がよい | 0.73 | 0.74 | 0.77 | 0.81 | 0.80 | 0.76 | 0.67 | 0.69 | 0.76 | 0.72 | 0.74 | 0.27 | 0.50 | 0.73 | 0.49 | 1 | 0.48 | 0.41 | 0.24 | 0.40 | 0.31 | 0.33 | 0.52 | 0.44 | 0.68 | 0.65 | 0.77 | 0.42 | 0.65 | 0.45 | 0.55 |
| B | 活気がある | 0.70 | 0.67 | 0.58 | 0.69 | 0.67 | 0.55 | 0.78 | 0.71 | 0.73 | 0.76 | 0.59 | 0.48 | 0.45 | 0.20 | 0.20 | 0.48 | 1 | 0.78 | 0.59 | 0.76 | 0.44 | 0.38 | 0.63 | 0.48 | 0.46 | 0.20 | 0.42 | 0.15 | 0.50 | 0.58 | 0.42 |
| B | 成長力がある | 0.55 | 0.51 | 0.46 | 0.53 | 0.59 | 0.49 | 0.62 | 0.62 | 0.54 | 0.61 | 0.57 | 0.49 | 0.54 | 0.54 | 0.33 | 0.41 | 0.78 | 1 | 0.70 | 0.81 | 0.54 | 0.47 | 0.70 | 0.52 | 0.37 | 0.10 | 0.36 | 0.17 | 0.45 | 0.33 | 0.52 |
| B | 新分野進出に熱心である | 0.36 | 0.33 | 0.31 | 0.34 | 0.41 | 0.35 | 0.39 | 0.44 | 0.33 | 0.39 | 0.36 | 0.44 | 0.43 | 0.43 | 0.25 | 0.24 | 0.59 | 0.70 | 1 | 0.70 | 0.51 | 0.41 | 0.56 | 0.37 | 0.21 | 0.05 | 0.18 | 0.14 | 0.30 | 0.16 | 0.42 |
| B | 社会の変化に対応できる | 0.56 | 0.55 | 0.54 | 0.56 | 0.62 | 0.54 | 0.64 | 0.58 | 0.55 | 0.61 | 0.50 | 0.37 | 0.49 | 0.49 | 0.29 | 0.40 | 0.76 | 0.81 | 0.70 | 1 | 0.52 | 0.58 | 0.69 | 0.60 | 0.46 | 0.21 | 0.43 | 0.16 | 0.53 | 0.34 | 0.58 |
| B | 国際化がすすんでいる | 0.24 | 0.26 | 0.35 | 0.29 | 0.34 | 0.36 | 0.30 | 0.27 | 0.20 | 0.36 | 0.57 | 0.46 | 0.32 | 0.36 | 0.40 | 0.31 | 0.44 | 0.54 | 0.51 | 0.52 | 1 | 0.59 | 0.58 | 0.47 | 0.28 | 0.22 | 0.28 | 0.21 | 0.36 | 0.13 | 0.26 |
| B | 優秀な人材が多い | 0.34 | 0.37 | 0.53 | 0.37 | 0.51 | 0.57 | 0.35 | 0.31 | 0.28 | 0.40 | 0.40 | 0.15 | 0.39 | 0.44 | 0.48 | 0.33 | 0.38 | 0.47 | 0.41 | 0.58 | 0.59 | 1 | 0.63 | 0.70 | 0.57 | 0.48 | 0.55 | 0.20 | 0.63 | 0.19 | 0.43 |
| B | 経営者がすぐれている | 0.54 | 0.53 | 0.57 | 0.56 | 0.62 | 0.56 | 0.60 | 0.56 | 0.52 | 0.62 | 0.58 | 0.39 | 0.38 | 0.57 | 0.46 | 0.52 | 0.63 | 0.70 | 0.56 | 0.69 | 0.58 | 0.63 | 1 | 0.72 | 0.53 | 0.39 | 0.50 | 0.33 | 0.56 | 0.33 | 0.49 |
| B | 財務内容がすぐれている | 0.48 | 0.48 | 0.63 | 0.48 | 0.59 | 0.61 | 0.44 | 0.48 | 0.42 | 0.53 | 0.49 | 0.17 | 0.43 | 0.43 | 0.42 | 0.44 | 0.48 | 0.52 | 0.37 | 0.60 | 0.47 | 0.70 | 0.72 | 1 | 0.67 | 0.50 | 0.63 | 0.29 | 0.67 | 0.24 | 0.52 |
| B | 安定性がある | 0.74 | 0.75 | 0.89 | 0.78 | 0.85 | 0.89 | 0.61 | 0.64 | 0.71 | 0.66 | 0.49 | 0.04 | 0.44 | 0.55 | 0.44 | 0.68 | 0.46 | 0.37 | 0.21 | 0.46 | 0.28 | 0.57 | 0.53 | 0.67 | 1 | 0.80 | 0.93 | 0.39 | 0.89 | 0.37 | 0.72 |
| B | 伝統がある | 0.55 | 0.62 | 0.78 | 0.63 | 0.65 | 0.73 | 0.37 | 0.42 | 0.49 | 0.46 | 0.41 | 0.00 | 0.47 | 0.55 | 0.70 | 0.65 | 0.20 | 0.10 | 0.05 | 0.21 | 0.22 | 0.48 | 0.39 | 0.50 | 0.80 | 1 | 0.80 | 0.42 | 0.70 | 0.26 | 0.51 |
| B | 信頼性がある | 0.74 | 0.75 | 0.89 | 0.78 | 0.85 | 0.88 | 0.63 | 0.64 | 0.70 | 0.67 | 0.54 | 0.04 | 0.44 | 0.57 | 0.45 | 0.77 | 0.42 | 0.36 | 0.18 | 0.43 | 0.28 | 0.55 | 0.50 | 0.63 | 0.93 | 0.80 | 1 | 0.35 | 0.87 | 0.41 | 0.67 |
| C | 地球環境に気を配っている | 0.35 | 0.34 | 0.40 | 0.38 | 0.38 | 0.42 | 0.17 | 0.35 | 0.33 | 0.29 | 0.27 | 0.13 | 0.24 | 0.25 | 0.35 | 0.42 | 0.15 | 0.17 | 0.14 | 0.16 | 0.21 | 0.20 | 0.33 | 0.29 | 0.39 | 0.42 | 0.35 | 1 | 0.28 | -0.18 | 0.45 |
| C | コーポレートガバナンス（企業統治）がしっかりしている | 0.73 | 0.75 | 0.88 | 0.76 | 0.85 | 0.89 | 0.62 | 0.63 | 0.68 | 0.69 | 0.51 | 0.14 | 0.45 | 0.53 | -0.11 | 0.65 | 0.50 | 0.45 | 0.30 | 0.53 | 0.36 | 0.63 | 0.56 | 0.67 | 0.89 | 0.70 | 0.87 | 0.28 | 1 | 0.29 | 0.67 |
| C | 女性が活躍している | 0.55 | 0.55 | 0.46 | 0.53 | 0.46 | 0.40 | 0.68 | 0.45 | 0.54 | 0.49 | 0.44 | 0.17 | 0.22 | 0.53 | 0.22 | 0.45 | 0.58 | 0.33 | 0.16 | 0.34 | 0.13 | 0.19 | 0.33 | 0.24 | 0.37 | 0.26 | 0.41 | -0.18 | 0.29 | 1 | 0.17 |
| C | 社会貢献への取り組みに積極的 | 0.71 | 0.70 | 0.73 | 0.70 | 0.74 | 0.72 | 0.58 | 0.66 | 0.67 | 0.60 | 0.40 | 0.20 | 0.53 | 0.58 | 0.46 | 0.55 | 0.42 | 0.52 | 0.42 | 0.58 | 0.26 | 0.43 | 0.49 | 0.52 | 0.72 | 0.51 | 0.67 | 0.45 | 0.67 | 0.17 | 1 |

（注）Aは主要６項目、Bは継続調査イメージ項目21項目、Cはトピック・イメージ項目。相関係数は全企業672社のスコアから算出。